Grünwied
Usability von Produkten und Anleitungen
im digitalen Zeitalter

**Prof. Dr. Gertrud Grünwied** ist Gründerin des Studiengangs Technische Redaktion und Kommunikation sowie Leiterin des Usability-Labors an der Hochschule München. Sie ist Mitglied der tekom, der Usability Professionals Association und Expertin in nationalen und internationalen Normungsgremien.
Als Leiterin des Steinbeis-Beratungszentrums „Dokumentation und Usability – EVIDOC" begleitet sie Industrieprojekte. Die Elektroingenieurin und Informatikerin promovierte im Bereich der Humanbiologie über Usability bei der Mensch-Computer-Interaktion; 2015 erhielt sie den Oskar-von-Miller Preis für Qualität in der Lehre.

# Usability von Produkten und Anleitungen im digitalen Zeitalter

Handbuch für Entwickler, IT-Spezialisten und Technische Redakteure

Mit Checklisten und Fallstudien

Von Gertrud Grünwied

Die Deutsche Nationalbibliothek verzeichnet diese Publikation in der Deutschen Nationalbibliografie; detaillierte bibliografische Daten sind im Internet über http://dnb.d-nb.de abrufbar.

Autor und Verlag haben alle Texte in diesem Buch mit großer Sorgfalt erarbeitet. Dennoch können Fehler nicht ausgeschlossen werden. Eine Haftung des Verlags oder des Autors, gleich aus welchem Rechtsgrund, ist ausgeschlossen. Die in diesem Buch wiedergegebenen Bezeichnungen können Warenzeichen sein, deren Benutzung durch Dritte für deren Zwecke die Rechte der Inhaber verletzen kann.

www.publicis-books.de

Lektorat: Dr. Gerhard Seitfudem, gerhard.seitfudem@publicispixelpark.de

Print ISBN 978-3-89578-464-4
ePDF ISBN 978-3-89578-952-6
EPUB ISBN 978-3-89578-730-0
mobi ISBN 978-3-89578-828-4

Verlag: Publicis Publishing, Erlangen
© 2017 by Publicis Pixelpark Erlangen – eine Zweigniederlassung der Publicis Pixelpark GmbH

Das Werk einschließlich aller seiner Teile ist urheberrechtlich geschützt. Jede Verwendung außerhalb der engen Grenzen des Urheberrechtsgesetzes ist ohne Zustimmung des Verlags unzulässig und strafbar. Das gilt insbesondere für Vervielfältigungen, Übersetzungen, Mikroverfilmungen, Bearbeitungen sonstiger Art sowie für die Einspeicherung und Verarbeitung in elektronischen Systemen. Dies gilt auch für die Entnahme von einzelnen Abbildungen und bei auszugsweiser Verwendung von Texten.

Printed in Germany

# Vorwort

*Welche Veränderungen bringt die Digitalisierung mit sich?*

Die Welt hat sich mit dem Einzug der Digitalisierung maßgeblich verändert. Auf verschiedenen Ebenen finden Paradigmenwechsel statt:

- *Bei Produkten*
  Digitale, „smarte" und vernetzte Produkte bestimmen die Abläufe und Prozesse in Industrie, Beruf und Freizeit.

- *Bei Anleitungen*
  Dicke Handbücher, egal ob Print oder elektronisch, werden häufig nicht (mehr) gelesen und nicht mehr gebraucht: Sie sind unattraktiv, sie passen nicht in die schnelllebige Zeit, in der *Skimming* und *Scanning* das vollinhaltliche Lesen verdrängt haben. Hochgranulare und kontextuelle Informationsmodule sind gefragt.

- *Bei den Menschen*
  Die Digitalisierung erstreckt sich nicht nur auf technische Produkte, sondern auch auf Dienstleistungen, Kommunikation, Gesellschaft und nicht zuletzt das Denken der Menschen. Die Menschen sind zudem Computeraffin geworden – in Beruf, Alltag und Freizeit. Digital Natives sind mit den neuen Technologien und Medien aufgewachsen und kennen (… verstehen) die alte „analoge" Welt kaum noch.

- *Bei der Usability*
  Die Auswirkungen der Digitalisierung führen schließlich auch zu einem ganz neuen Anspruch an die Gebrauchstauglichkeit von Produkt und Anleitung.

Dieses Buch bezieht sich auf digitale Produkte und Anleitungen. Der Fokus liegt also auf Software, Web, Apps sowie Geräten mit interaktiven, softwaregesteuerten Benutzerschnittstellen. Bei letzteren kann es sich um Konsumgüter wie Elektro- und Kommunikationsgeräte oder um Maschinen aus dem Investitionsgüterbereich mit Bedienpulten handeln.

*Warum dieses Buch?*

Usability wird gemeinhin verstanden als *Gebrauchstauglichkeit von Produkten,* mit den Stichworten Effektivität, Effizienz, Zufriedenstellung und Nutzungskontext. Der Buchtitel „Usability von Produkten und Anleitungen …" bedeutet aber mehr als nur eine Reihung von zwei Objekten: Er beschreibt eine Beziehung. Welche wechselseitige Bedeutung hat das eine für das andere? Beispiel: Hilfetexte auf einer Softwareoberfläche machen das *Produkt* selbsterklärend, sie unterstützen damit die Benutzerführung des Produkts.

Das Forschungsfeld „Usability" der letzten 20 Jahre weist sehr verschiedene Perspektiven auf: Psychologie, Informatik, Ergonomie, Design und empirische Sozialforschung. Dieses Buch bringt mit den Informationsentwicklern eine weitere Sichtweise ein und verfolgt einen *ganzheitlichen Ansatz* zwischen zwei Welten, die derzeit zumeist (noch) „nebeneinander" existieren: die Produktentwicklung und die Informationsentwicklung. Mit einem ganzheitlichen Ansatz, der die untrennbare Verbindung dieser beiden Welten zur Grundlage macht, nähern sich im Buch genau diese Welten einander an, die bislang in der Praxis als Parallelwelten nebeneinander existieren. Übrigens: Die Benutzer nehmen die Ergebnisse dieser Welten, also Produkt und Anleitung, ohnehin nicht getrennt voneinander wahr. Gekauft wird stets das Produkt, und dieses muss seinen Zweck erfüllen und dabei mit allen Mitteln der *Benutzerführung*, zu der auch Anleitungen zählen, als Gesamtes gebrauchstauglich sein.

Obwohl starke Bezüge zwischen Produkt-Usability und Anleitungs-Usability bestehen, ist es erstaunlich, dass Entwickler, Usability-Fachleute und Technische Redakteure nicht besonders viel voneinander wissen. Dieses Buch möchte das ändern und zeigt die Vorteile auf, die sich durch eine engere interdisziplinäre Zusammenarbeit ergeben.

*Was ist unter „Anleitungen" zu verstehen?*

Ein wichtiger Hinweis zuvor: Der Begriff „Anleitung" im Buchtitel umfasst sämtliche Arten von Benutzerassistenz: von aussagekräftigen Beschriftungen auf Displays über eingebettete Benutzerinformation und Fehlermeldungen bis hin zu Onlinehilfen oder Produkt-externen Anleitungen. Usability erstreckt sich aber nicht nur auf unterstützende Hilfe, sondern auch auf Informationen, die für sich selbst eigenständige Produkte (hier: Informationsprodukte) darstellen. Nehmen wir als Beispiel eine Dokumentations-App oder eine Service-App auf mobilen Geräten. Derartige Applikationen müssen ebenso wie Software, Apps und Web ebenfalls den Ansprüchen an Usability genügen.

*Wer hat an diesem Buch mitgewirkt?*

In der heutigen Informationsflut als Einzelautorin ein Buch zu verfassen, gelingt nur, wenn mehrere Fachleute ihr Spezialwissen beitragen. Dankenswerterweise haben erfahrene Experten Statements zu unterschiedlichen Themen beigesteuert. Dies sind:

- Magali Baumgartner, Coperion GmbH
- Marlis Friedl, Technikredakteurin
- Sebastian Goldstein, USEYE
- Professor Wolfgang Henseler, Sensory-Minds GmbH
- Sabina Hitzler und Andrea Gocke, SAP SE
- Anne Schäfer, SchäferStolz – Technical Content Design
- Markus Steinhauser, Testbirds GmbH
- Sebastian Syperek, car2go Group GmbH

Weiterhin ermöglichen die Vertreter der Firmen mit ihrer Zustimmung zur Veröffentlichung von Fallstudien und Anwendungsbeispielen in diesem Buch Praxisnähe.

Das Fachlektorat übernahmen die beiden Dokumentations-Experten Prof. Dr.-Ing. Ulrich Thiele und Petra Thiemann M.A. Auf den benutzerorientierten Prüfstand der Verständlichkeit stellte Dipl.-Ing. Jürgen Schneider das Buch. Bei den Recherchen unterstützte Kirsten Allerdt-Stoll und bei der Gestaltung der Infografiken Beatrice Hibler, beide vom Studiengang Technische Redaktion und Kommunikation an der Hochschule München. Die Idee für das Titelbild stammt von Christoph Amann und Miriam Gaissmaier.

Schließlich gab der Chefredakteur von Publicis Publishing, Herr Dr. Gerhard Seitfudem, bei den vielfältigen „Use Cases" des Entstehungsprozesses des Buchs willkommene Hilfestellung.

Ich danke allen Mitwirkenden herzlich für ihr tolles Engagement!

*Prof. Dr. Gertrud Grünwied*
*Dezember 2016, München/Neu-Ulm*

# Inhaltsverzeichnis

1 Zum Einstieg .................................................................... 11

2 Digitalisierung ................................................................. 15
2.1 Produkte 4.0 .................................................................. 15
   2.1.1 Digitales Zeitalter ....................................................... 15
   2.1.2 Cyber-physikalische Systeme (CPS) und Internet der Dinge (IoT) ........ 17
   2.1.3 Selbstbedienungssysteme (Self-Service) ................................. 21
   2.1.4 Mobilgeräte und Apps .................................................... 24
   2.1.5 Wearables – ständige Wegbegleiter ...................................... 28
   2.1.6 Digitale Transformation ................................................. 31
2.2 Anleitungen 4.0 ............................................................... 36
   2.2.1 Smarte Information ...................................................... 36
   2.2.2 Digitale Informationsmedien ............................................. 41
   2.2.3 Lesestrategien Skimming und Scanning .................................... 47
   2.2.4 Studie: Anleitungen als Instrument zur Nutzung unbekannter Funktionen ............................................................... 51

3 Usability ........................................................................ 57
3.1 Stellenwert von Usability in der Digitalisierung ............................. 57
3.2 Utility, Usability und multimodale Attraktivität ............................. 58
3.3 Zugriffsverfahren für die Benutzerassistenz ................................... 60
3.4 Usability in der Firmenpraxis (Styleguides) ................................... 64
3.5 Vorgaben und Ausführungsbeispiele ............................................. 71
   3.5.1 Normenreihe für Usability (ISO 9241) .................................... 71
   3.5.2 Gestaltung von Software und Systemen .................................... 72
   3.5.3 Eingabe- und Anzeigeperipherie interaktiver Systeme ..................... 77
   3.5.4 Rechtliche und normative Aspekte zur Usability von Anleitungen ......... 80

4 Prozesse und Planung ........................................................... 85
4.1 Nutzerorientierte Prozessmodelle .............................................. 85
   4.1.1 Prozess-Normen zur menschzentrierten Gestaltung ......................... 85
   4.1.2 User-Centered Design für Benutzerinformationen .......................... 87
4.2 Integration in bestehende Entwicklungsprozesse ................................ 92
   4.2.1 Phasen der Informationsentwicklung ...................................... 92
   4.2.2 Agile Entwicklung ........................................................ 94
4.3 Projektsteuerung mit Kanban ................................................... 98
4.4 Usability-Methoden und Techniken .............................................. 100
   4.4.1 Übersicht und Kurzbeschreibungen ........................................ 100

4.4.2 Methoden für die nutzerzentrierten Entwicklungsphasen .............. 104
4.4.3 Testobjekt und Wahl der Methode ..................... 106

**5 Nutzer- und Nutzungsforschung** ........................................... 111
5.1 Überblick der Methoden ..................... 111
5.2 Befragungen: Interviews und Umfragen im Vergleich ..................... 112
5.3 Benutzerumfragen mit Fragebogen ..................... 114
5.4 Benutzertagebuch ..................... 115
5.5 Persona ..................... 118
5.6 Use Cases (Nutzungsszenarien) ..................... 120
5.7 Wettbewerbsanalyse ..................... 122

**6 Gestaltung** ........................................... 125
6.1 Überblick der Methoden ..................... 125
6.2 Wer-macht-was-Matrix ..................... 125
6.3 Card Sorting/Wording ..................... 127
6.4 Prototyping (Konzepttest) ..................... 130

**7 Evaluation** ........................................... 134
7.1 Überblick der Methoden ..................... 134
7.2 Vergleich: Evaluation durch Experten oder Benutzer ..................... 134
7.3 Usability-Test ..................... 136
7.4 Vergleich: Labortest oder Remote-Test ..................... 144
7.5 Befragungen: Fragebögen zur Evaluation ..................... 150
7.6 Befragungen: Interviews nach Usability-Tests ..................... 158
7.7 Expertenevaluation ..................... 163

**8 Anwenden der Methoden** ........................................... 166
8.1 Referenzbeispiel Pulsuhr ..................... 166
8.2 Empfehlungen zum Methoden-Mix ..................... 174
  8.2.1 Beispiel 1: Neues Produkt in einem Wettbewerbsmarkt ..................... 175
  8.2.2 Beispiel 2: Neuartiges Produkt oder Anleitung ..................... 176
  8.2.3 Beispiel 3: Relaunch eines Produkts bzw. einer Anleitung ..................... 178
8.3 Wirtschaftlichkeitsbetrachtung ..................... 181
  8.3.1 Kosten und Nutzen von Usability ..................... 181
  8.3.2 Übersicht über den Aufwand und benötigte Ressourcen je Methode ... 184
  8.3.3 Externe Dienstleister und Hochschulforschung ..................... 186
  8.3.4 Kostenstrukturen bei Usability-Methoden ..................... 187

**9 Fallstudien** ........................................... 194
9.1 Driver's Guide Apps (BMW Group) ..................... 194
9.2 Video-Tutorials für Imaging Software (Zeiss Microscopy) ..................... 208
9.3 Self-Service-Beratung im Web (Hochschule München) ..................... 218

**10 Anhang** .................................................... 230
10.1 Software-Tools ........................................... 230
10.2 Normen .................................................. 236
10.3 Literatur ................................................ 237

**Endnoten** ................................................... 241
**Index** ...................................................... 247

# 1 Zum Einstieg

*Für wen ist das Buch gedacht?*

Das Buch bewegt sich „zwischen" verschiedenen Fachdisziplinen. Durch seine ganzheitliche Sichtweise auf Usability von Produkt und Anleitung lässt es sich nicht einer einzelnen Fachrichtung zuordnen. Stattdessen darf der Leser sich einer interdisziplinären Denkweise annähern und profitiert von den sich daraus ergebenden Synergien.

Das Buch richtet sich primär an die verschiedenen *Entwickler:* Entwickler im Technik- und IT-Bereich sowie Technische Redakteure (hier: Informationsentwickler). Meiner Erfahrung nach ist bei diesen Berufsgruppen das Thema Usability noch nicht selbstverständlich und nicht überall im Arbeitsalltag angekommen.

Daneben gibt es weitere Fachdisziplinen, die Berührungspunkte zur Usability haben und von den Inhalten des Buchs profitieren können:

- *Produktverantwortliche*
  Das Buch gibt ihnen Impulse, ihren Produkten eine strategische Ausrichtung hin zu mehr Benutzerorientierung zu geben und Usability als Erfolgsfaktor zu erkennen.
- *Mitarbeiter im Kundenservice und Support*
  Der Kundenservice ist häufig mit Bedienproblemen konfrontiert. Diese Gruppe kann die Usability-Probleme der Benutzer besser einordnen und unternehmensintern wichtige Rückmeldungen geben, die zu verbesserter Usability führen.
- *Designer*
  Designer, insbesondere Interaktionsdesigner und Informationsdesigner, sind mit Themen zu Usability und User Experience vertraut. Dieses Buch gibt für User Interfaces digitaler Produkte keine Design-Empfehlungen, die man zahlreich in aktueller Fachliteratur findet, wie bei Semler (2016), Schilling (2016), Moser (2012) oder Florin (2015). Da Designer häufig bereits eine feste Rolle im Prozess des User-Centered Design einnehmen, kann das Buch für sie die speziellen Herausforderungen, vor denen Informationsentwickler stehen, noch deutlicher machen.
- *Usability-Experten*
  Hier gilt ähnliches wie für Designer. Selbstverständlich sind sie bereits in die Prozesse der benutzerorientierten Entwicklung involviert und prägen diese maßgeblich. Auch sie sollen von den anleitungsrelevanten und ganzheitlichen Usability-Aspekten dieses Buchs profitieren.

*Usability-Pyramide und Wegweiser durch das Buch*

Was bedeutet Usability von Produkten und Anleitungen im digitalen Zeitalter? Dieser komplexen Fragestellung nähert man sich, wenn man erkennt, dass Digi-

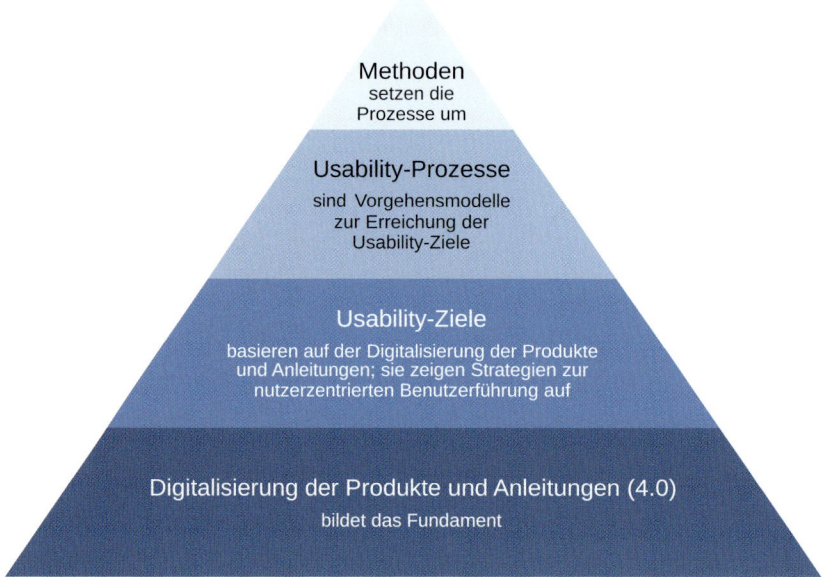

**Bild 1** Usability-Pyramide im Zeitalter der Digitalisierung

talisierung, Usability-Ziele, Prozesse und Methoden wie Bausteine aufeinander aufbauen und unmittelbar voneinander abhängen (siehe Bild 1). Die einzelnen Bausteine sind in diesem Buch kapitelweise beschrieben.

Wie baut sich die Usability-Pyramide auf?

- Das Fundament bilden die smarten Produkte und smarten Anleitungen aus dem Zeitalter der Digitalisierung (Kapitel 2).
- Darauf aufbauend ist es notwendig, Usability-Ziele für die Gestaltung und Benutzerführung der 4.0-Produkte und Anleitungen zu definieren (Kapitel 3). Die Usability-Anforderungen haben sich in der digitalen Welt geändert: Ein Mehr an autonom agierenden Produkten bedingt ein Weniger an Komplexität für den Benutzer und damit auch ein Weniger an Anleitungen. Dieses Weniger hat gleichzeitig neue Eigenschaften wie etwa Kontextualität, Medialität und Konnektivität.
- Usability-Prozesse sind Vorgehensmodelle (Kapitel 4), mit denen das Ziel einer guten Usability von Produkten und Anleitungen erreicht werden kann. Zu diesen Prozessen gehört auch die Planung, wie die Auswahl der jeweils geeigneten Usability-Methoden.
- Zur praktischen Umsetzung der Prozesse gibt es standardisierte Usability-Methoden. Der Fokus liegt auf Methoden im Anwendungsfall der Digitalisierung sowie im Zusammenspiel zwischen Produkt und Anleitung. Der Einsatz der einzelnen Methoden richtet sich nach den verschiedenen Phasen der Produktentwicklung. Unterschieden werden die 3 Phasen Nutzer- und Nutzungsanalyse (Kapitel 5), Gestaltung (Kapitel 6) und Evaluation (Kapitel 7).

Ein Referenzbeispiel, gängige Methoden-Kombinationen und die Wirtschaftlichkeitsbetrachtung von Usability-Maßnahmen zeigen, wie die Methoden in der Praxis angewandt werden (Kapitel 8).

Im Anschluss zeigen Fallstudien, wie die Usability-Pyramide umgesetzt werden kann (Kapitel 9). Die Best-Practice-Beispiele gehen von verschiedenen digitalen Produkten aus, stellen konkrete Usability-Ziele vor, definieren Vorgehensweisen und schildern den Methodeneinsatz.

Der Anhang informiert über Software-Tools zur Unterstützung der Prozesse und Methoden. Weiterhin werden darin die derzeitigen Normen und Standards sowie einschlägige Literatur aufgeführt.

*Abgrenzung zu User Experience*

An dieser Stelle sei kurz erläutert, warum sich dieses Buch auf *Usability* und nicht auf die derzeit stark aufkeimende *User Experience* fokussiert. In der Usability ist neben den pragmatischen Konzepten der Effizienz, Effektivität und des Nutzungskontexts auch die Zufriedenstellung des Nutzers postuliert. Bei dem Maß der Zufriedenstellung ergibt sich eine erste Überlappung zur User Experience. User Experience konzentriert sich dabei jedoch mehr auf die individuellen Vorlieben, Sinneswahrnehmungen und Emotionen, die sich vor, während und nach der Nutzung ergeben. Anleitungen haben typischerweise ihren unterstützenden Haupteinsatzbereich während der Produktnutzung im Zusammenhang mit optimalen Vorgehensweisen und Problemlösungen. Welchen Beitrag die Anleitungen für eine gelungene User Experience haben, ist derzeit noch nicht in Ansätzen erforscht: Hier herrscht noch ein konzeptionelles Vakuum.

Aber auch allgemein ist User Experience derzeit von unterschiedlichen Ansätzen und Modellen aus der Psychologie und Emotionsforschung geprägt und befindet sich noch in der Definitionsphase. Normativ gibt es in der ISO 9241 in den Teilen 11 und 210 erste Annäherungen an das Konstrukt der User Experience. Der Aspekt der User Experience wird in diesem Buch daher nur punktuell an Stellen angesprochen, die wissenschaftlich erprobt sind.

*Sprache und Stil*

Wenn von Benutzern, Entwicklern und Experten die Rede ist, sind selbstverständlich auch die Benutzerinnen, Entwicklerinnen und Expertinnen gemeint.

Auf sprachlicher Ebene verwendet das Buch allgemein verständliche Begriffe. Bewusst wird nicht der Fachjargon von Entwicklern, Technischen Redakteuren oder Usability-Experten verwendet.

Eine Anmerkung speziell für Technische Redakteure, um (vorherzusehender) Kritik an terminologischer Inkonsistenz vorzubeugen. In der Technischen Kommunikation lauten schließlich zwei „goldene Regeln":

- *Verwende immer die selbe Benennung für das gleiche Ding!*
- *Verwende verschiedene Benennungen für verschiedene Dinge!*

Diese Regeln sind in diesem Fachbuch nicht eingehalten. Grund: In der Usability-Literatur finden verschiedene Begriffe Verwendung und je nach Kontext eignen sich die Begriffe unterschiedlich gut. So sind etwa Benutzer, Anwender, User und

Nutzer gleichbedeutend. Synonym zueinander stehen Testperson, Proband und Tester. Designer werden auch als Mediengestalter bezeichnet, technische Redakteure als Informationsentwickler und deren Arbeitsergebnisse als Benutzerinformationen, Informationsprodukte oder Anleitungen.

# 2 Digitalisierung

*„Die Lebenskraft eines Zeitalters liegt nicht in seiner Ernte, sondern in seiner Aussaat."*

Ludwig Börne (Journalist und Kritiker)

## 2.1 Produkte 4.0

### 2.1.1 Digitales Zeitalter

Digital, offen, vernetzt & smart! Mit diesen Buzzwords lässt sich die Digitalisierung und Vernetzung der Lebensbereiche („Connected Life") beschreiben. „Smart" steht für die automatisierte Bedienung von verschiedenen Geräten und Services. In diese Rubrik fallen Konzepte wie Smart Services, Smart Mobility, Smart Home oder Smart Factory. Ein anderer zentraler Begriff ist „4.0", wie Industrie 4.0, Produkte 4.0 oder User Experience 4.0. „4.0" steht für die 4. Technische Revolution, die bedeutet, dass Maschinen mit Maschinen kommunizieren.

Die seit Ende des 18. Jahrhunderts fortschreitende *Industrielle Revolution* lässt sich in mehrere Stufen unterteilen (siehe Bild 2). Die bis heute andauernde 3. Industri-

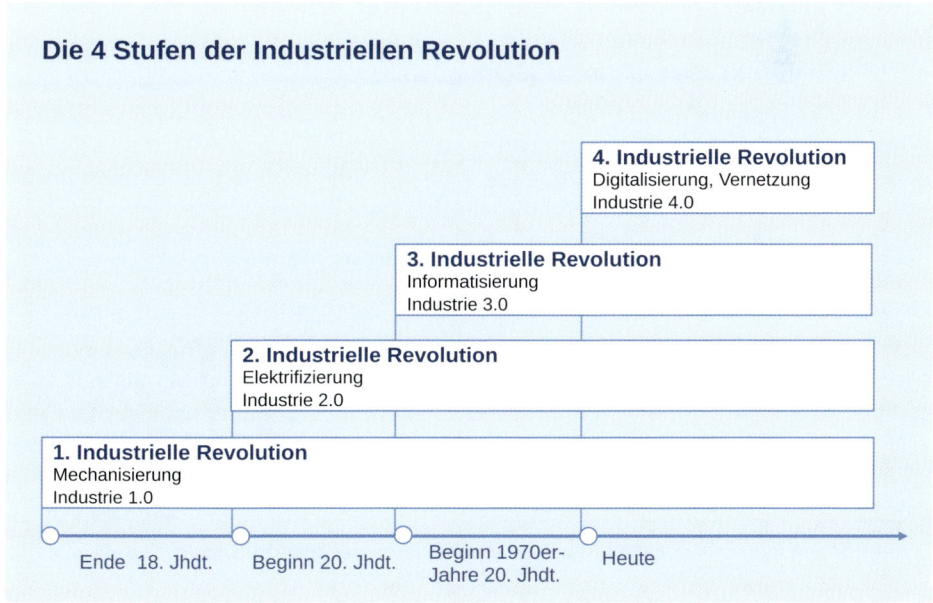

**Bild 2** Die 4 Stufen der Industriellen Revolution
(Eigene Bearbeitung, nach Forschungsunion/acatech[1])

elle Revolution der Informatisierung steht für den Einsatz von Elektronik und IT zur weiteren Automatisierung der Produktion. Mit der zunehmenden Digitalisierung durch eingebettete Systeme in Verbindung mit Netzen beginnt derzeit die neue und 4. Stufe der Industrialisierung. Vom Beginn der Industrialisierung bis heute hat der Grad der Komplexität stets zugenommen. Der Wandel von der Industrie- zur Wissens- und Kommunikationsgesellschaft erfordert daher den Umgang mit komplexen Systemen.

Ein Merkmal des ständigen Fortschreitens zeichnet sich in *disruptiven Technologie-Innovationen* ab. Dabei handelt es sich um Techniken und Technologien, die andere vom Markt verdrängen. Ein Beispiel sind die Automobile, welche die Pferdekutschen ablösten. In Zukunft werden vielleicht die Kraftfahrzeuge mit Verbrennungsmotoren von Elektroautos verdrängt. Oder: Private Mobiltelefone haben die öffentlichen Telefonzellen zum Verschwinden gebracht. Das digitale Zeitalter ist besonders geprägt von disruptiven Technologien. Nie zuvor war so viel Innovation in so kurzer Zeit möglich.

Das Zeitalter der Digitalisierung hat technisch-technologisch betrachtet mehrere Triebfedern. Eine Schlüsselfunktion nimmt die *Sensorik und Aktorik* von Geräten und Maschinen ein (siehe Textbox „Aktorik und Sensorik in zukünftigen Produkten des Internets der Dinge"). Sensoren sind technische Bauteile, die qualitative Eigenschaften und quantitative Messgrößen erfassen, sammeln und als elektrische Signale weitergeben. Die Weiterentwicklung der Sensorik führt zu einer verbesserten Erkennung der Eigenschaften von Mensch und Umfeld durch technische Erfassungssysteme. Sensoren können die Zustände von Geräten erfassen, und Aktoren sind für die Ausführung von Aktionen zuständig. So stecken z. B. Smartphones voller Sensoren, wie etwa Barometer zur Luftdruckmessung, Helligkeitssensoren zur Displayanpassung oder Fingerabdrucksensoren zur Erkennung von Nutzungsberechtigten. Zu den Aktoren in einem Smartphone gehören etwa Lautsprecher, LED-Blitz oder Vibrationsalarm.

Der Begriff der *ubiquitären Intelligenz* (lat. „ubique" = überall) beschreibt die Durchdringung aller Lebensbereiche mit Informationstechnik und die dazu notwendige Vernetzung. In enger Verbindung dazu steht die Evolution der *künstlichen Intelligenz*, die Geräte mit Fähigkeiten des menschlichen Verstands erwartet oder sogar übertreffen wird. Ein wesentliches Merkmal smarter Produkte liegt darin, dass sie Daten emittieren. Aus diesen Echtzeitdaten werden situativ relevante Dienste generiert. Das Sammeln und Auswerten dieser Daten ermöglicht vielfältige Produktreaktionen und Services, die im Interesse der Anwender stehen.

Die technologischen Grundlagen für das digitale Zeitalter sind bereits seit Längerem vorhanden und erfahren eine stetige Weiterentwicklung und Vernetzung. Technologisch gesehen lässt sich die Digitalisierung daher eher als Evolution einstufen, denn als Revolution.

---

**Aktorik und Sensorik in zukünftigen Produkten des Internets der Dinge**
Durch den Einzug des Internets der Dinge (IoT) mit seinen konnektierten und smarten Produkten in allen Bereichen unseres Lebens werden die beiden Bereiche „Sensorik" und „Aktorik" immer relevanter. Sie bilden die Basis dafür, dass alle „Dinge" untereinander kom-

munizieren und interagieren können. *Unter „Sensorik" werden hierbei alle technologischen, umweltbezogenen oder biologischen Wahrnehmungskanäle verstanden, die ein Objekt besitzt, um seine Umwelt zu erfassen – also Sensoren plus Wahrnehmungskompetenz.* Bei einem selbstfahrenden Auto sind dies u. a. Infrarot-, Ultraschall- und Radarsensoren, Kameras, auditive Sensoren zur Geräuschwahrnehmung etc. Analog zu den Wahrnehmungsorganen des Menschen, der mit seinen Augen, Ohren, Händen, Haut, Nase, Mund und den darin befindlichen Rezeptorzellen seine Umwelt multimodal wahrnimmt, erlauben die Sinnessensoren der IoT-Produkte eine vielschichtige Erkennung der Umwelt, die mittels Interpretationssoftware analysiert und interpretiert wird.

In der Regel besitzen die neuen technologischen Systeme (IoT-Produkte) aber nicht nur Sensoren zur Erfassung ihrer Umwelt, sondern auch eine digitale Handlungs- und Steuerungselektronik sowie Aktoren, um (autonom) handeln zu können. *Die Aktoren sind in diesen Systemen jene Komponenten, die eine aktive Rolle übernehmen, z. B. Antriebselemente. Der Aktorik kommt somit die Aufgabe zu, digitale Ausgangssignale des Steuerungscomputers in mechanische oder physikalische Aktivitäten umzusetzen.* Durch den technologischen Fortschritt und die damit einhergehende Miniaturisierung sind die Aktoren mittlerweile so klein geworden, dass sie häufig mit dem menschlichen Auge kaum mehr wahrnehmbar sind bzw. so mit dem Produkt verschmelzen, dass sie diesem inhärent sind. Sogenannte Wearables – Kleidungsstücke mit Computertechnologie – sind gute Beispiele hierfür. Hier sind die Aktoren bereits in der Stofffaser selbst eingebettet und können von außen nicht wahrgenommen werden. Sie dienen dann beispielsweise dazu, eine Faser im Millisekundenbereich zu versteifen, um bei einem Unfall besseren Schutz für den Träger zu schaffen. Levis und Google[2] haben solch eine smarte Jeansjacke für Rad- und Motorradfahrer entwickelt, deren Fasern sich im Falle eines drohenden Zusammenstoßes zusammenziehen können, um so eine „Schutzhaut" wie bei einem Airbag zu bilden. Hierzu wurden Google's Jacquard-Fasern[3] in den Jeansstoff eingewebt. Sie bilden nunmehr im Zusammenspiel mit den eingewobenen Sensoren und der implementierten Handlungs- und Kommunikationslogik ein typisches IoT-Produkt.

*Professor Wolfgang Henseler, Creative Managing Director,*
*Sensory-Minds GmbH, www.sensory-minds.com*

### 2.1.2 Cyber-physikalische Systeme (CPS) und Internet der Dinge (IoT)

Zunehmende Digitalisierung bedeutet, dass die physikalische Welt (die Geräte) und die virtuelle Welt (der Cyberspace) miteinander verschmelzen. Ausprägungen dieser Entwicklung sind vor allem zwei miteinander verwandte Systeme, die die digitale Gegenwart und Zukunft prägen:

- Cyber-physikalische Systeme (kurz: CPS)
- Das „Internet der Dinge und Dienste" (englisch: Internet of Things, kurz: IoT)

Bei CPS handelt es sich um verbundene Informations- oder Software-Komponenten mit mechanischen und elektronischen Teilen. Die Vernetzung zwischen den eingebetteten Systemen wird über eine Daten-Infrastruktur, wie etwa das Internet oder Bussysteme, hergestellt. Mit anderen Worten: Computer, Chips, Internet, Smartphones etc. „unterhalten" sich untereinander, tauschen Daten aus und verarbeiten diese, so dass Menschen in deren Betrieb kaum oder gar nicht eingreifen müssen.

Der Begriff *Internet der Dinge* beschreibt die Vernetzung von digitalen Gegenständen über deren eingebettete Systeme mit dem Internet. Die herkömmlichen

Gegenstände werden „smart", also „schlau". Beispiele reichen von smarten Kaffeemaschinen bis hin zur ferngesteuerten smarten Fabrik.

CPS bilden die übergeordnete Struktur, der das IoT als seine Ausführungstechnologie hierarchisch untergeordnet ist. Die CPS brauchen eine Anbindung an globale Netze, IoT mit seiner Internet-Verbindung ist dabei eine (von mehreren) Möglichkeiten, das zu leisten.

Die Systeme CPS und IoT weisen einen hohen Grad an Komplexität und Verteilung auf. Anwendungsfelder sind beispielsweise:

- Energieversorgungsmanagement-Systeme
  (Stichwörter: intelligentes Stromnetz, intelligente Stromspeicher, Smart Meter)
- Industrielle Prozesssteuerungs- und Automationssysteme
  (Stichwort: Industrie 4.0 oder „Vernetzte Industrie")
- Altersgerechte Assistenzsysteme im Gebäude (AAL)

Ein weiteres digitales Szenario, das die Notwendigkeit von nützlichen und gebrauchstauglichen Informationen besonders deutlich macht, ist Predictive Maintenance, auf Deutsch „vorausschauende Wartung". Der Service und die Fehlersuche sind in derartigen digitalen Systemen erheblich abstrakter als die reine Bedienung. Daher muss die Usability in solchen Systemen besonders berücksichtigt werden, damit die Stillstandszeit reduziert wird, wenn sich die Maschinen nicht mehr ordnungsgemäß unterhalten. Beispiel: Die Fehlersuche in vernetzten CPS ist hochkomplex, daher muss der Techniker in besonderer Weise bei den Service-Anleitungen unterstützt werden. Ein Service-Handbuch von 3.000 Seiten ist hier nicht effektiv! Der Techniker muss vielmehr die richtige Information schnell finden, oder besser: dorthin geführt werden. Zugleich muss die Entwicklung viel

**Bild 3** Globales Schema vom Internet der Dinge (IoT)

mehr als bisher in die Dokumentation der Fehler investieren. Industrie 4.0 und Predictive Maintenance sind damit eindringliche Fälle für fortgeschrittenes Usability-Design und High-Usability-Anleitungen.

Die Anwendungsbereiche für das Internet der Dinge sind vielseitig und berühren sämtliche Lebensbereiche wie Wohnen, Arbeiten, Lernen, Mobilität und Gesundheit. Die smarten Produkte werden in der Regel per Smartphone-Applikationen unter Auswertung der Gerätezustände gesteuert (siehe auch Textbox „Digitale Verbindungen zur Anbindung von Smart Devices in IoT"). Die von den Sensoren, Geräten und Apps gesammelten Daten werden in der Cloud abgelegt und können so untereinander ausgetauscht werden (Bild 3).

---

**Digitale Verbindungen zur Anbindung von Smart Devices in IoT**

Smart Devices haben keine direkte Verbindung in das Internet. Die Verbindung wird entweder über einen Router bzw. Access Point, über ein Smartphone oder über eine LAN-Verbindung (meist im industriellen Umfeld) hergestellt. Die Kommunikation mit dem Smartphone kann über einen Hotspot, also ein lokal aufgespanntes WLAN, über Bluetooth oder über RFID (NFC – Near Field Communication) stattfinden. Beispiel: Eine digitale Personenwaage kann per Bluetooth mit einer App auf dem Smartphone kommunizieren, das dann die gemessenen Daten als Relaisstation per Funk ans Internet weitergibt.

Das Smartphone kann über Apps die von den Smart Devices gewonnenen (emittierten) Daten sammeln und auswerten sowie die Devices steuern. Das Sammeln, Analysieren und Verarbeiten von umfangreichen digitalen Datenmengen wird als „Big Data" bezeichnet und etwa von Suchmaschinen, Apps und IT-Anwendungen angewendet.

---

Beispielszenarien für smarte Produkte sind:

- *Smart Home*
  Ein Bewohner kann von unterwegs über eine App auf dem Smartphone die Heizungstemperatur im Haus ablesen und steuern. Die Steuerung lässt sich dabei so konfigurieren, dass sie vom aktuellen Standort des Bewohners gesteuert wird und dabei gleichzeitig Heizkosten spart. Dies geschieht so: Die Heizung regelt automatisch herunter, wenn alle Bewohner das Haus verlassen haben, und heizt rechtzeitig auf, bevor der erste wieder nach Hause kommt. Zusätzlich lässt sich von überall die Kontrolle über die Heizung per App steuern. Im 4.0-Szenario kann zudem aus dem programmierbaren Thermostat ein smarter, selbstlernender Thermostat werden. Dieser Thermostat merkt sich die Einstellung in der integrierten Speichereinheit und lernt die Bedürfnisse der Bewohner kontinuierlich dazu. Der Aufwand für das manuelle Einstellen wird dadurch nach und nach geringer. Sogar $CO_2$-Gehalt und Feuchte der Raumluft lassen sich so steuern.

- *Auf Reisen*
  Ein Beispiel im Internet der Dinge für unterwegs ist der „vernetzte Koffer". Ein in den Koffer integrierter, wieder aufladbarer Akku kann die mobilen Geräte laden. Über eine Smartphone-App kann sich der Koffer über eine im Handgriff eingebaute digitale Waage selber wiegen oder per Fernsteuerung ent- und verriegeln. Zwischen dem Smartphone und dem Koffer besteht eine ständige Bluetooth-Verbindung. Sobald diese Verbindung unterbrochen ist, weil sich der Besitzer zu weit vom Koffer entfernt, wird dieser automa-

tisch verriegelt. Dieses und weitere smarte Produkte wurden von Buzzfeed zum „Most Life-Changing Product 2014" gewählt.[4]

- *Ständige Wegbegleiter*
  Zu IoT zählen auch miniaturisierte Computer, so genannte Wearables, also am Körper oder an der Kleidung tragbare computerisierte Gegenstände. Für den Menschen sind die Wearables kaum als Computer erkennbar.

> **Fokus auf Usability bei 4.0-Produkten**
>
> Im Jahr 2015 gab es knapp 4,9 Milliarden verbundene Geräte, für 2020 prognostizieren die Analysten 25 Milliarden Geräte. Angesichts dieser immensen Zahlen müssen Usability und die digitale Information im Vordergrund stehen, um die Geräte effektiv nutzen zu können.
>
> Für Usability-Tests von IoT-Produkten bedeutet dies, stets beide Komponenten – das Gerät und die Applikation, jeweils mit Anleitungen – zu testen. Die Testpersonen brauchen also im Labor oder zu Hause das Gerät wie auch die App.

*Internet der Dienste*

Aufbauend auf dem *Internet der Dinge* ist ein nächster Schritt der Entwicklung das *Internet der Dienste*. Dabei ergänzen sich Softwarelösungen von Unternehmen mit innovativen Geschäftsmodellen, die wiederum auf dem Internet basieren. Die ausgelesenen Informationen werden hierbei über verschiedene Rechner direkt verarbeitet und nutzen Internet-basierte Dienste.

Es gibt viele Beispiele, wie Services von Herstellern in Kombination mit smarten Geräten einbezogen werden können. Dabei kann der Service den menschlichen Eingriff sogar in den Hintergrund drängen. Ein solches Beispiel ist ein Bürostuhl, der nicht wie herkömmlich vom Nutzer selbst eingestellt wird, der wiederum selten Kenntnisse über ergonomisches Sitzen hat.[5] Im smarten Bürostuhl sind Sensoren eingebaut, die die Abmessungen und andere Größen des Nutzers erfassen. Der im Stuhl eingebettete Computer ist mit einem Service des Herstellers im Internet verbunden, der die Maße auswertet und verbesserte Einstellungen ermittelt. Diese lassen sich über die entsprechenden Stellteile am Stuhl vornehmen.

*Ziele der digitalen Vernetzung*

Das „Internet der Dinge und Dienste" hat das Ziel, die Menschen bei ihren typischen Tätigkeiten zu unterstützen. Es soll Lebensqualität, Komfort und Sicherheit im täglichen Leben steigern. Aber auch Unterhaltung und Spaß sind treibende Faktoren für die Entwicklung der 4.0-Produkte. Das allgegenwärtige Internet und die eingebetteten Systeme nehmen längst auch einen wichtigen Einfluss auf die industriellen Prozesse von Produktion und Logistik.

So kann zum Beispiel eine 3D-Datenbrille im Produktionsprozess einen Montagearbeiter situationsabhängig mit Informationen versorgen. Dazu scannen die Kameras an den 3D-Brillen die auf technischen Komponenten angebrachten Barcodes. Die Informationen werden auf dem Brillendisplay als Text, Bild, Videofilm oder Höranleitung präsentiert. Der Montagearbeiter selbst gibt an meist mobilen Geräten Daten ein – über Tasten, Sprache und Gesten.

Der Vorteil einer Datenbrille ist die dadurch verbesserte Ergonomie der Arbeitssituation, da sich die Informationen unmittelbar im Sichtfeld des Arbeiters befinden und er sich beispielsweise nicht zu einem Monitor hindrehen oder hinbewegen muss. Ausserdem bleibt ihm das Transportieren von Blättern in umfangreichen Montageanleitungen erspart.

**Checkliste – CPS und IoT**

- ☐ Die smarten Geräte sind nutzen- und nutzerzentriert.
- ☐ Über Sensorik, Aktorik und Software (Embedded System) sind sie autonom agierend, predictive, selbstkontrollierend und über die Cloud konnektiert.
- ☐ Konfiguration und Steuerung geschieht häufig über Smartphones.
- ☐ Smarte Geräte sind situativ relevant.

### 2.1.3 Selbstbedienungssysteme (Self-Service)

Selbstständig das Gepäck am Flughafen aufgeben, Fahrkarten lösen, an der Kasse die Einkaufsware zahlen oder sich an einem Info-Terminal über die Sehenswürdigkeiten einer Stadt informieren, all das erfolgt heute zunehmend mit Hilfe von Automaten. Wo früher noch Servicepersonal die Vorgänge für die Kunden abwickelte, stehen heute Selbstbedienungs-Automaten. Aber nicht nur Automaten bieten Self-Service an, auch bei den Services etablieren sich zunehmend Self-Service-Angebote. Hierbei kann es sich um einen Sprachcomputer am Telefon handeln, beispielsweise bei Callcentern von Banken oder Mobilfunkgesellschaften, um einen ins Internet verlegten Kundenservice oder um eine mobile Service-App.

Self-Services liegen also im Trend; sie steigern die Kundenbindung im Zeitalter der Digitalisierung. Bei Self-Services steht nicht die direkte Beziehung zwischen Kunde und Unternehmen im Vordergrund, sondern die Technologie als Vermittler dazwischen. Sie bringt den Kunden dazu, Beratungsanliegen oder Käufe eigenständig auszuführen. Ein Mehrwert für das Unternehmen dabei ist: Die Anliegen der Kunden werden durch Kunden-Feedback sichtbar. So kann das Feedback, in der Regel über Chats, Blogs oder Bewertungen, zur Verbesserung von Produkten und Dienstleistungen beitragen.

**Self-Services und ihre Akzeptanz beim Nutzer**

Self-Services sind nach einer empirischen Zürcher Forschungsstudie mit 275 Studierenden[6] intelligent, wenn sie *individuell und passgenau*, *nützlich* und *einfach* sowie *sicher* sind. Sicherheit ist für die jungen Befragten der Studie essenziell. Self-Service im Internet und über Apps wie auch Selbstbedienungs-Automaten haben demnach bei den befragten 21- bis 26-jährigen Digital Natives ein sehr gutes Image, lediglich Telefonhotlines mit Computerstimme kommen gar nicht gut an.

Laut einer Marktstudie von Detecom Consulting von 2014[7] bilden Self-Services die „strategische Brücke", um die wirtschaftlichen Herausforderungen des Markts (Kostendruck!) über einfache und schnelle Services zu verbinden. Zudem müssen die Services auch von den anspruchsvollen Kunden akzeptiert werden. Als wichtigste Eigenschaften von guten Self-Services werden eine *gute Bedienbarkeit* und Stabilität der Dienste genannt. Die Prozesse sollten

- so transparent und nutzerfreundlich wie möglich gestaltet und
- idealerweise in maximal drei bis fünf Schritten abgeschlossen sein.

Andere wesentliche Eigenschaften sind: gute Auffindbarkeit, Wertigkeit der Information und gutes Design.

Zusammenfassend lässt sich festhalten, dass Self-Service bei der jüngeren Generation gut akzeptiert und erwünscht ist. Ein wesentliches Merkmal dieser Zielgruppe ist der natürliche, alltägliche Umgang mit digitalen Geräten. Sofern dieses Merkmal auch auf Menschen anderer Altersgruppen zutrifft, lässt sich die Aussage für die IT-affinen Menschen erweitern, unabhängig von der Altersgruppe. Eine weitere in Studien erforschte Erkenntnis ist, dass die Self-Service-Angebote eine besonders gute und einfache Bedienung (Usability) sowie eine Nützlichkeit (Utility) benötigen.

Wenn Self-Service allerdings nicht funktioniert – egal ob wegen technischer Probleme, fehlender Vertrauenswürdigkeit, zu langer Wartezeit am Servicetelefon oder Bedienschwierigkeiten – führt dies zu einer Frustration der Kunden. Hierbei ist es für die Unternehmen besonders wichtig, dass sie davon in Kenntnis gesetzt werden. Feedback-Möglichkeiten oder im Bedarfsfall zur Verfügung stehendes (menschliches) Personal sollten daher gezielt geplant werden.

An mehreren Beispielen sollen nun die besonderen Herausforderungen der Selbstbedienungssysteme erläutert werden.

**Anwendungsbeispiele**

*Self-Service-Automaten am Flughafen*

Gerade am Flughafen sind in den letzten Jahren neue Self-Service-Angebote entstanden, die eine schnellere Abwicklung von Gepäckaufgabe und Check-in bewirken sollen (Bild 4). Bei der Gepäckabgabe genügt es, das Gepäckstück auf das Band zu stellen und den Barcode der Bordkarte auf den Scanner am Automaten zu legen. Der Gepäckautomat druckt daraufhin einen selbstklebenden Anhänger aus. Nachdem der Fluggast diesen am Gepäck befestigt hat, transportiert der Automat das Gepäckstück auf dem Förderband weiter und der Fluggast erhält abschließend eine gedruckte Quittung. Die Anleitung zu den einzelnen Bedienschritten wird auf dem Display des Automaten angezeigt.

*Service auf verschiedenen Kanälen*

Moderner Self-Service kann nicht nur aus einem einzigen Service bestehen, sondern auch aus einem Spektrum der Serviceangebote, verteilt auf verschiedene Kommunikationskanäle. Man bezeichnet diese Strategie auch als „Multikanal" oder „Multichannel". Multichannel ist nicht nur im Self-Service oder allgemein im Service verbreitet, sondern vor allem im Marketing und Vertrieb. Per Multikanal-Dienst bietet das Unternehmen seinen Kunden an, über verschiedene Wege mit dem Anbieter oder dem Serviceangebot in Kontakt zu treten und Geschäfte abzuwickeln.

2.1 Produkte 4.0

**Bild 4** Self-Service bei Gepäckaufgabe am Flughafen
(Quelle: Hamburg Airport[8])

Ein Beispiel stellt das Spektrum der Vertriebswege beim Fahrausweis-Kauf bei der Bahn dar. Die Reisenden können die Fahrausweise über mehrere Vertriebswege kaufen: Fahrausweis-Kauf am Schalter oder über Self-Service-Möglichkeiten im Internet, am Automaten oder per Smartphone. Die Vertriebswege orientieren sich dabei an verschiedenen Situationen, verschiedenen Benutzerbedürfnissen sowie verschiedenen technischen Kompetenzgraden und Ausstattungen der Benutzergruppen. Grünwied & Schäfer führen die Kaufmöglichkeiten der „Nahezu Jeder"-Zielgruppe am Beispiel der Deutschen Bahn AG[9] aus:

- *Fahrausweis-Kauf am Schalter*
  Eignet sich für beratungsintensiven Kartenkauf mit eventuellen Zusatzleistungen oder Sonderwünschen, bei denen auch Fachbegriffe umschrieben werden können (auch in mehreren Sprachen, da am Schalter mehrsprachiges Personal zur Verfügung steht). Längere Wartezeit ist einzuplanen. Geeignet für Menschen, die keine Self-Service-Angebote nutzen möchten oder können.

- *Fahrausweis-Kauf im Internet*
  Orts- und zeitunabhängiger Kauf, der Fahrausweis kann vorab ausgedruckt oder als 2D-Matrixcode auf ein Mobiltelefon mit MMS-Fähigkeit gesendet werden.

- *Fahrausweis-Kauf am Automat im Bahnhof*
  Sehr schnelle Möglichkeit des Kaufs, mit kurzer oder keiner Wartezeit, mehrsprachig. Die Bedienbarkeit des Automaten wurde in den letzten Jahren wiederholt optimiert, sie muss jedoch erlernt werden und Neulinge müssen etwas Zeit einplanen oder Servicepersonal zum Erklären bitten.
- *Fahrausweis-Kauf per Smartphone*
  Orts- und zeitunabhängiger Kauf, auch unterwegs ohne Rechner, mit Vorwissen sehr schnell durchführbar.

Die Bedeutung von *Multikanal-Management* und *Multikanal-Nutzersicht* betont auch das Verbundprojekt „Future Self Service"[10] verschiedener Unternehmen in Kooperation mit Fraunhofer IAO (2014-2016): Effizientes Management von Self-Service-Angeboten ist demnach, wenn der Kundenbedarf kontextabhängig mit entsprechenden neuen Produkten und Diensten gedeckt werden kann. Dabei geht es vor allem darum, Self-Service-Prozesse auf verschiedenen Kanälen (Automat, Internet etc.) anzubieten und diese für den Nutzer konsistent zu gestalten. Nur durchgängige Abwicklungsprozesse sind leicht erlernbar, merkbar und rasch wiederholbar, egal auf welchem Kanal. Das Projekt geht noch einen Schritt weiter in Richtung Nutzerzentrierung und beschäftigt sich mit branchenübergreifenden Konzepten der Kundeninteraktion, individueller Kundenansprache, digitaler Identität und standortbezogenen Diensten.

**Zum Weiterlesen in diesem Buch:** In der Fallstudie *Self-Service Online-Studienberatung* (siehe Kapitel 9.3 „Self-Service-Beratung im Web (Hochschule München)", Seite 218) geht es um komplexe Beratungsanliegen von Studieninteressenten und Studierenden. In solchen Fällen genügen rein automatisierte Prozesse nicht und ein optionaler, persönlicher Beratungsservice, z. B. über Telefon, Chat oder Vor-Ort-Termin, ist wichtig. Reindl und Weiß schildern im e-beratungsjournal, moderne Studienberatung funktioniere daher am besten als hybride Beratungsform für Studierende und Studieninteressenten.[11] Die persönliche Beratung kann dabei bevorzugt durch Studierende selbst als Peer-Berater oder durch professionell ausgebildete Studienberater den vielfältigen Informations- und Beratungsbedarf abdecken.

**Checkliste – Selbstbedienungssysteme**

- ☐ Self-Services über Automaten, Internet oder mobile Apps nehmen zu.
- ☐ Einfache Bedienung, Nützlichkeit und Sicherheit sind erfolgskritisch.
- ☐ Multikanal-Serviceangebote müssen logisch konsistent sein.

### 2.1.4 Mobilgeräte und Apps

Mobilgeräte wie Smartphones oder Tablets sind im Prinzip ebenso Computer wie Desktop-Computer, Notebooks oder Laptops, werden aber von Nutzern nicht als Computer wahrgenommen. Dies liegt daran, dass weder langwierige Bootvorgänge notwendig sind, noch Dateien mühsam im Dateisystem gesucht werden müssen. Die mobilen Geräte begleiten ihre Nutzer zudem ständig im Alltag („always on") und deren intuitive Bedienkonzepte sind den Anwendern vertraut geworden. Über die Geräte ist auch das *mobile Internet* entstanden, bei dem die Nutzer von überall und jederzeit einen mobilen Zugriff auf das Internet haben und damit Zugang zu Kommunikationsdiensten, Plattformen, Informationen und vielem mehr.

Die Mobilgeräte haben die technische Möglichkeit, mit ihrer Umgebung in Kontakt zu treten. Dabei wird zwischen Konnektivität und Kontextualität unterschieden.[12]

*Konnektivität*

Konnektivität meint das Kommunizieren mobiler Geräte mit anderen digitalen Geräten über Mobilfunknetz, lokales Funknetz oder Nahverbindungen. Die Kommunikationsnetze müssen demnach als Voraussetzung aktiviert und verfügbar sein, und bei den Verbindungen müssen entsprechende Berechtigungen vorhanden sein. Die Konnektivität ermöglicht verschiedene Anwendungsszenarien bezogen auf die Geräte oder auch auf die Anleitungen:

- *Bereitstellung* von Daten und Statusinformationen eines Produkts sowie Online-Abruf von Informationen, Anleitungen oder Updates.
- *Rückfluss* von Daten und Informationen, die von Nutzern oder Systemen selbst an eine zentrale Stelle wie Kundendienst oder Hersteller gesendet werden. Beispiele sind die Rückmeldung von Fehlercodes eines Produkts, Tracking des Nutzungsverhaltens bei der Informationssuche oder manuelles Feedback eines Nutzers.
- *Weitergabe* von Daten an andere Applikationen und Services zur Vervollständigung einer Prozesskette. Beispielsweise kann bei einem Reparaturfall eine Teilenummer an ein Ersatzteilkatalogsystem gemeldet werden, das einen Bestellvorgang auslöst.
- *Interaktion* zwischen einer mobilen Anwendung und einem digitalen Gerät wie etwa zur Authentifizierung oder zur Fernsteuerung einer Maschine für Wartungstätigkeiten.

*Kontextualität*

Wenn Mobilgeräte über Sensoren und Aktoren eine Verbindung zur Umgebung aufnehmen, bezeichnet man dies als Kontextualität. Es können verschiedene Arten von Kontextualität verwendet werden, die sowohl Produktfunktionalitäten als auch Anleitungen kontextbezogen und individualisiert auf eine Nutzungssituation anwenden:

- *Örtlicher Kontext* – über GPS, Kompass oder Lagesensoren lassen sich Position und Blickwinkel des Nutzers des mobilen Endgeräts ermitteln. Die Standortbestimmung kann für verschiedene Dienste wie Navigation genutzt werden.
- *Produkt-Kontext* ist technisch realisierbar durch Einscannen von Identifikations-Codes an zu bedienenden Geräten und Maschinen und das anschließende Bereitstellen von produktspezifischen Informationen oder Daten.
- *Aktivitäts-Kontext* bedeutet, dass die am mobilen Endgerät getätigten Interaktionen einschließlich der Pausen ausgewertet werden können und Folge-Aktivitäten oder Hilfestellung bei längeren Wartezeiten angezeigt werden.

- *Anwendungs-Kontext* bezieht sich auf Merkmale oder Umgebungsbedingungen und -situationen des mobilen Endgeräts an sich. So lässt sich über Licht- oder Erschütterungssensoren feststellen, in welcher Situation ein Anwender sich befindet, und entsprechende Funktionalitäten oder Informationen können bereitgestellt werden.

*Arten von Apps*

Zu Beginn einer App-Entwicklung steht die Frage, welcher Ansatz verfolgt werden soll. Soll die App nativ, eine mobile Web-App oder eine Hybrid-App sein? Abhängig davon sind die Zielgruppen, die Wirtschaftlichkeit und auch die Usability. Wo sind die verschiedenen Arten verfügbar? Native Apps und Hybrid-Apps sind aus einem App Store installierbar, mobile Web-Apps sind Websites, die für Mobilgeräte optimiert sind.

- *Native App*
  Native Apps sind Anwendungen, die direkt im mobilen Betriebssystem (Android, iOS, Mac OS X und Windows) laufen und über ein App-Icon auf dem Home-Bildschirm aufgerufen werden. Sie sind damit abhängig vom Betriebssystem und können nur schwierig in ein anderes adaptiert werden (Multiplattform). Der Aufwand für eine native App ist hoch in Bezug auf Entwicklung und Updates sowie Bereitstellung auf derzeit ca. 200 verschiedenen Endgeräten bzw. Darstellungsarten auf verschiedenen Displays durch Responsive Design. Gleichzeitig lassen sich als Vorteile die User-Interface-Elemente und die Bedienweisen wie Gestenbedienung eines Betriebssystems optimal nutzen. Auch die interne Hardware wie Kamera, GPS-Modul oder Mikrofon kann bei einer nativen App genutzt werden.

- *Mobile Web-App*
  Diese Apps nutzen die Webbrowser, die auf Smartphones und Tablets installiert sind. Die Web-Technologien sind dabei in der Regel HTML5, CSS3 und JavaScript. Je besser diese Websites für Mobilgeräte angepasst sind, umso mehr ähnelt ihr Look&Feel denen nativer Apps. Die Nutzung der aus dem Web bekannten interaktiven Elemente ist möglich, das grafische User Interface des Browsers lässt sich ausblenden. Ein Vorteil besteht darin, dass eine Web-App betriebssystem- und auch geräteunabhängig entwickelt werden kann. Nachteilig bei Web-Apps wirkt sich aus, dass eine performante Internetverbindung für eine komfortable Nutzung vorhanden sein sollte (Funkloch).

- *Hybrid-App*
  Wie der Name andeutet, kombiniert diese App Teile aus Webtechnologien mit einer nativen App. Voraussetzung für Entwickler ist, dass der Zugang zur nativen App über eine native Schnittstelle (API) offengelegt ist. Im Unterschied zu Web-Apps nutzen Hybrid-Apps einen Browser, der in der App eingebettet ist, um HTML-Websites anzuzeigen. Der Vorteil ist, dass eine Hybrid-App auf allen unterstützten Betriebssystemen lauffähig ist und keine ständige Internet-Verbindung braucht.

## 2.1 Produkte 4.0

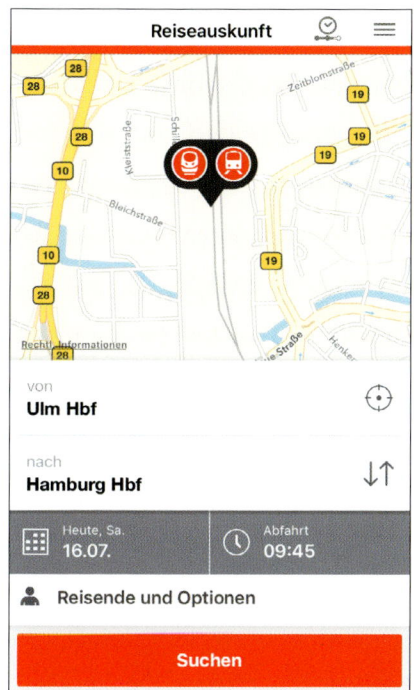 

**Bild 5** Native DB Bahn-App auf iOS (links) und als Web-App im Safari-Browser (rechts)

Einen Vergleich zwischen einer nativen App und einer mobilen Web-App am Beispiel der DB Bahn zeigt Bild 5.

Bezogen auf Usability lässt sich ein Vergleich zwischen den App-Arten ziehen (siehe auch Raluca Budiu, Nielsen Norman Group[13]). Zum einen wirkt sich die Geschwindigkeit der Verarbeitung und Anzeige einer App bedeutend auf die Effizienz bei der Usability aus. Native Apps liegen hier klar vorne. Dies zeigt unter anderem der mehrfache Umbau der Facebook App, ursprünglich eine Web-App, dann eine Hybrid-App, und nun eine native App. Das Ziel war, die Social Media App schneller zu machen, etwa beim Scrollen der News Feeds.

Ein weiterer Usability-Aspekt liegt im User Interface selbst und dessen Konsistenz zum mobilen Betriebssystem. Auch hier sind native Apps im Vorteil, da die interaktiven Elemente über die Apps hinweg einheitlich sind und der Nutzer die einmal gelernten Handhabungen in verschiedenen Apps auf gleiche Weise anwenden kann. Auch Web-Apps oder hybride Apps können eine gute Usability haben, aber die Grafiken und anderen visuellen Elemente sind einfach nicht die gleichen, die die Benutzer gewohnt sind. Zur Usability eines neuartigen App-übergeordneten Kommunikatonsmediums, den so genannten Chatbots, lesen Sie die Textbox „Das Ende der Apps durch Chatbots?".

27

## Das Ende der Apps durch Chatbots?

Chatbots sind ein neues, smartes Kommunikationsmedium. Unter Chatbots versteht man Chat-Programme, die mit Menschen kommunizieren und für sie Aufgaben erledigen. Die Bots durchsuchen verschiedene Anwendungen und liefern die Ergebnisse auf übergeordneten Messaging-Plattformen. Einzelne Apps werden so nicht mehr direkt genutzt. Dabei funktioniert die Eingabe an den mobilen Geräten per Stimme (Siri, Cortana etc.). Es gibt die Prognose, dass sich durch Chatbots das Geschäft mit den Smartphones und Apps verändern wird.

Passt aber die Stimmeingabe überhaupt in den Use Case der einzelnen Anwendungen? Derzeit herrscht eine klare App-Sicht vor. Die Nutzer sind vertraut damit, das Smartphone über die Icons (Apps) zu steuern. Auch die Programm-„Kacheln" bei Microsoft verfolgen die App-Sicht. Nutzer sind auf die App-Verwendung trainiert.

Die Spracheingabe ist in vielen Situationen auch nicht unbedingt gewollt: voller Zug, Restaurant, lautes Konzert. Auch wenn jetzt bereits häufig Telefonate im öffentlichen Bereich geführt werden, würde die Spracheingabe in viel stärkerem Maße noch jegliche Distanz und Privatsphäre verloren gehen lassen. Auch Datenschutz ist ein wichtiges Stichwort bei Chatbots, denn die Nutzer und App-Betreiber erlauben einem übergeordneten Sprachdienst einen generellen Zugriff. Auch die Usability spricht für den weiteren Gebrauch der bekannten Anwendungen. Inhalte wie Artikel oder Suchergebnisse werden über Apps optimal, schnell und sicher dargestellt. Nutzer werden daher weiterhin Spezial-Apps bevorzugen, um Hotels zu vergleichen, Öffnungszeiten zu finden oder zu kommunizieren. Chatbots können dabei helfen, diese Apps direkter zu nutzen.

*(Quelle: Internetworld[14])*

### Checkliste – Technische Merkmale von Mobilgeräten

- ☐ Konnektivität ist die technische Voraussetzung, damit Mobilgeräte mit anderen digitalen Geräten kommunizieren können.
- ☐ Kontextualität schließt die Umgebung mit ein und ermöglicht situationsabhängige und individuelle Funktionen und Dienste.
- ☐ Native Apps nutzen im Vergleich zu Web-Apps und Hybrid-Apps die gerätespezifischen Benutzeroberflächen und Bedienweisen optimal und weisen eine hohe Schnelligkeit in den Funktionen und Anzeigen auf.
- ☐ Spracheingabedienste wie Siri oder Chatbots sind stark situationsabhängig einsetzbar.

### 2.1.5 Wearables – ständige Wegbegleiter

Unter den Mobile-Computing-Produkten bilden die Wearables die neueste Geräteklasse. Wearables sind direkt am Körper oder an der Kleidung getragene Geräte (Beispiele siehe Bild 6). Die kleinen Geräte sind mit Sensoren und einem Computer ausgestattet. Anders als Smartphones und Tablets, die „off-body" getragen werden, gehören Wearables zu den „On-Body-Geräten". Wearables sind damit noch stärker mit dem Menschen „verschmolzen" als die Off-Body-Technologie. Sie sammeln verschiedene Daten ein, wie etwa eingehende Nachrichten und Telefonate eines verbundenen Smartphones, Aktivitätsdaten und biometrische Körperfunktionen des Trägers, geographische Standortdaten oder Access Points aus der Umgebung. Die eingesammelten Daten der Wearables können in Echtzeit mit anderen Systemen verknüpft werden, wie etwa das Tracking der Schritte über ein Armband, dessen Auswertung auf dem Smartphone visualisiert wird. Es wird prognostiziert,

## 2.1 Produkte 4.0

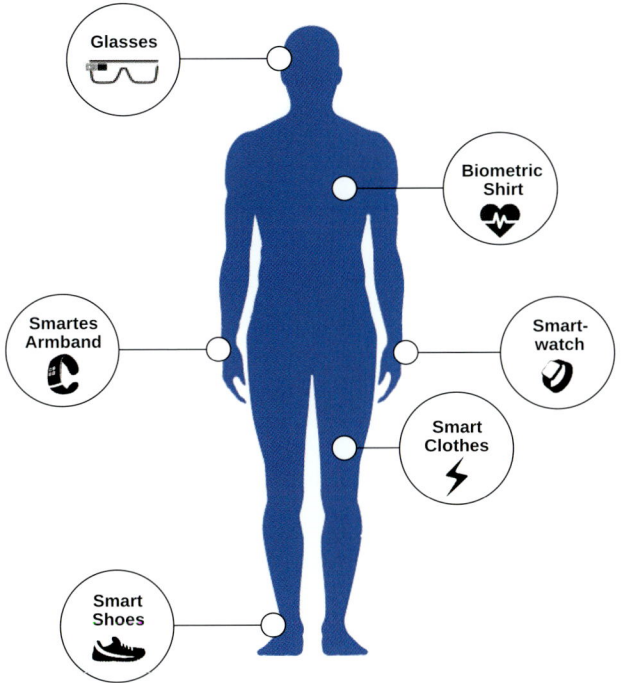

**Bild 6** Körper-Landkarte für Wearables

dass Wearables als Zusatzgeräte zur herkömmlichen Hardware den Technikmarkt zunehmend verändern werden.

*Smartwatches*

Zu den bekanntesten Wearables zählen derzeit Smartwatches. Smartwatches sind smarte Uhren mit zusätzlichen Kommunikations- und Sport-Funktionen (Beispiele siehe Bild 7). In der Regel können Smartwatches nur in Verbindung mit Smartphones genutzt werden. Die Smartwatch kann dabei zeitweise für sich alleine verwendet und bei Verbindung zum Smartphone mit diesem synchronisiert werden.

Zu den Fitness- und Gesundheits-Funktionen einer Smartwatch gehören zumeist ein Aktivitätstracker, eine Sportuhr, die Pulsmessung und die Schrittzählung. Das Smartphone kann somit beim Training zu Hause gelassen werden. Sobald sich die Smartwatch wieder in Funkweite zum Smartphone befindet, werden die Aktivitätsdaten übertragen und können mit der leistungsfähigeren Rechenleistung des Smartphones in speziellen Apps ausgewertet und visualisiert werden. Wie sich die Usability von Pulsmessern bei Smartwatches gesteigert hat, lesen Sie in der Textbox „Traditonelle Pulsuhr und Smartwatch im Usability-Vergleich".

**Traditionelle Pulsuhr und Smartwatch im Usability-Vergleich**
Vergleicht man die modernen Smartwatches mit zum Beispiel einer herkömmlichen Herzfrequenz-Pulsuhr, stellt man fest, dass hier Usability deutlich Einzug gehalten hat. Sämtliche

## 2 Digitalisierung

**Bild 7** Beispiele für Smartwatches:
Samsung UWATCH (links), Apple Watch (rechts)

Funktionen der traditionellen Pulsuhr müssen in der Regel über vier seitliche Knöpfe bedient werden. Die Folge sind komplex verschachtelte Menüs, die die Orientierung und Navigation schwierig und unübersichtlich machen. Auf dem winzigen Display der Pulsuhr stehen zudem kryptische Abkürzungen, die sich nur über eine separate Anleitung erschließen lassen. Die Anleitung hat einen vergleichsweise großen Umfang von 70 Seiten und mehr, um die wenig intuitiven Bedienschritte und Handhabungen zu erklären. Fazit: Komplizierte Bedienung und umfangreiche Anleitungen sind weder für die schnelle Inbetriebnahme noch für die normale Nutzung gebrauchstauglich.

Eine Smartwatch kann unter anderem auch als Pulsmesser dienen. Sie lässt sich über einen Konfigurator einfach und schnell einstellen und kann dann komfortabel über eine App auf dem deutlich größeren Display eines Smartphones gesteuert werden. Dabei kann die Smartwatch zusätzlich auf die umfangreiche Sensorik des Smartphones zurückgreifen, wie etwa auf Temperatur- oder Höhenmessung. Der Fortschritt in der Usability liegt in der Komplexitätsreduktion der Bedienung und der gesteigerten Gebrauchstauglichkeit durch die Verteilung der Bedienweisen auf die beiden Geräte Smartwatch und Smartphone.

Eine weitere wichtige Funktion: Auf der Smartwatch gehen laufend Mitteilungen von Menschen oder Apps (siehe dazu Textbox „Notifications") ein. Diese werden taktil über einen leichten Druck oder leisen Ton signalisiert und auf dem kleinen Display angezeigt. Die Benutzer können entweder direkt über kurze, voreingestellte Sätze ad hoc, oder erst später antworten.

**Notifications**

Notification (im Deutschen als Benachrichtigung bezeichnet) ist der Oberbegriff über verschiedene Nachrichtenarten, die ein Nutzer eines Smartphones, Tablets oder Wearables erhält. Diese Nachrichten können Mitteilungen von anderen Nutzern, Updates aus Social-Media-Plattformen, Zustandsänderungen von beobachteten Objekten in einem Online-Marktplatz oder allgemein Benachrichtigungen einer App (Kalender, Sport Live-Ticker etc.) sein.

Notifications unterliegen dem Push-Verfahren. Der Benutzer wird automatisch über neue Mitteilungen informiert. Wenn die Notifications auf mehreren Mobilgeräten angezeigt werden sollen, damit eine Mitteilung beispielsweise auch auf der handlichen Smartwatch erscheint, lässt sich dies am zentralen Gerät, meist dem Smartphone, konfigurieren.

Smartwatches bilden also eine Einheit mit dem verbundenen Smartphone und können über unterschiedliche Apps auf dessen Informationspool zugreifen. Welche Nutzungssituationen sprechen eher für den Einsatz einer Smartwatch anstelle eines Smartphones? Zu nennen sind hier Situationen, in denen Informationen auf der stets griffbereiten Armbanduhr schneller gelesen werden können. Beim Lauftraining beispielsweise ist eine kurze Terminerinnerung hilfreich, wenn dazu kein Smartphone aus der Tasche gezogen werden muss. Bei gleicher Situation ist auch die Steuerung des Musik-Players handlicher. Die Smartwatch ist also ein praktischer Begleiter für den privaten, aber auch für den geschäftlichen Alltag, wenn es etwa um Verkehrsnavigation, Empfang von Nachrichten und Telefonaten geht. Immer dann, wenn der Nutzer sich frei bewegen möchte und dennoch das Smartphone steuern oder auf Informationen zugreifen möchte, ohne dabei einen unmittelbaren Zugriff auf das Smartphone zu haben.

**Zum Weiterlesen in diesem Buch:** Das Referenzbeispiel für Usability-Methoden in diesem Buch stellt eine digitale Pulsuhr in Verbindung mit einer Fitness-App dar (siehe Kapitel „8.1 Referenzbeispiel Pulsuhr", Seite 161).

**Checkliste – Wearables**

- ☐ Wearables sind am Körper oder an der Kleidung getragene Minicomputer.
- ☐ Sie sind im derzeitigen Entwicklungsstand nur für Use Cases in speziellen Umgebungen und Nutzungssituationen geeignet.

### 2.1.6 Digitale Transformation

Die digitale Transformation beschreibt den Weg von „Analog zu Digital". Ein typisches Beispiel dafür sind die Medienunternehmen, die seit mehreren Jahren ihre Daten von Printmedien (analog) zu digitalen Medien wandeln. Die WDR Media Group digitalisiert seit 1999 täglich mehrere hundert WDR-Printmedien.[15] Die Text-Originale werden eingescannt, gesetzt und als digitale Bild- und Textdateien gespeichert. Jährlich werden auf diese Weise im Schnitt 80.000 Presseartikel in eine Pressedatenbank, die vielfältige Recherchemöglichkeiten bietet, eingespeist.

Die digitale Transformation ist aber deutlich mehr als nur eine Digitalisierung von Medien. Die Transformation kann aus verschiedenen Perspektiven betrachtet werden. Eine Sichtweise fokussiert auf die eingesetzten Informations- und Kommunikations-Technologien und die Vernetzung, eine andere auf Menschen und Kundenerlebnisse, wieder eine andere Perspektive sieht die Veränderung des Betriebsprozesses und der Geschäftsmodelle als Schwerpunkt. Hier sollen vor allem die Auswirkungen auf den Benutzer herausgestellt werden:

- Wandel der beim Nutzer liegenden Komplexität der Bedienung
- Wandel der Technik-Generationen
- Mentale Transformation

*Wandel der beim Nutzer liegenden Komplexität der Bedienung*

Ein Merkmal der digitalen Transformation ist die veränderte Komplexität im Umgang mit den 4.0-Produkten. Vor der Transformation, im 1.0-Zeitalter also, musste der Nutzer den größten Teil der Komplexität selbst bewältigen. Ein Beispiel stellt die Fotografie dar: Früher war Fotografieren ein komplexes Zusammenspiel aus Kameratechnik, Objekt, Licht und Schatten. Die Filmentwicklung war zudem zeitraubend. Heute hat jedes Smartphone fast schon eine Profikamera eingebaut. Die Bilder können unmittelbar über Fotosoftware bearbeitet werden. Ein anderes Beispiel ist die Autowerkstatt: Früher mussten fachkundige Automechaniker eine komplexe Fehlersuche durchführen; heute genügt das Auslesen des Fehlerspeichers. Zudem sorgt *Predictive Maintenance* für die vorbeugende Wartung, so dass erwartbare Fehlerquellen, etwa durch Verschleiss, minimiert werden.

Durch smarte, selbstlernende Geräte erübrigt sich die frühere aufwändige Programmierung und Konfiguration. Der Aufwand für das manuelle Einstellen wird dadurch nach und nach geringer. Über die automatisierte Programmierung müssen sich die Anwender weniger Gedanken machen. Zudem ist die Bedienung der Geräte intuitiver geworden – etwa durch einfache Dreh- oder Wischbewegungen.

*Wandel der Technik-Generationen X, Y und Z*

Das Alter nimmt unter den demografischen Merkmalen eine wichtige Rolle ein. Derzeit existieren aufgrund der kurzen technischen Entwicklungssprünge mehrere verschiedenartig geprägte Generationen nebeneinander. Die Kenntnis dieser Technologie-Generationen ist grundlegend für die Nutzerforschung im digitalen Zeitalter.

- *Generation X*
  Diese zwischen den frühen 1960er Jahren bis 1980 Geborenen haben die digitale Welt erst im Erwachsenenalter kennengelernt. Sie sind die Elterngeneration der Generation Y/Z und ihr Denken ist traditionell und analog geprägt. Beispiele für die analoge Welt zur Zeit des Aufwachsens der „Generation X" sind etwa: Blättern in Enzyklopädien, Lesen in Büchern und Arbeiten mit elektrischen Schreibmaschinen.

- *Generation Y*
  Geboren zwischen 1980 und 1995 ist diese bereits umfassend geprägt von Internet und mobiler Kommunikation und hat eine technologieaffine Lebensweise.

- *Generation Z*
  Diese als „Digital Natives"[16] Bezeichneten und zwischen 1995 und 2010 Geborenen sind in eine digitale Welt mit Internet hineingeboren worden und vernetzen sich in der immer mobiler werdenden, globalen Internetwelt zu jeder Zeit und an jedem Ort mit allem.

Bezogen auf Lernprozesse, die im Umgang mit neuen Produkten eine entscheidende Rolle einnehmen, werden die beiden Generationen Y und Z als *digital Lernende* bezeichnet, die Generation X als *traditionell Lernende*. Belwe & Schutz unterscheiden dabei die Merkmale digital Lernender von den traditionell Lernenden (Tabelle 1). Dabei untersuchen sie die Unterschiedlichkeit der Eigenschaften in ihrer Konsequenz auf Lehr- und Lernmodelle in Schule und Hochschule. Die Herausforderung für gelingendes Lehren und Lernen sei groß, da Personen der analog geprägten Generation X derzeit die Lehrenden der digital aufgewachsenen

Generation Z sind. Beispiel: Lernen mit Stift und Papier funktioniert für die junge Generation nicht, die auf mobilen Geräten schreiben und lesen gelernt hat. Elemente wie Lernen in Virtualität, Lernen durch Spiele oder Lernen durch Suchen stellen die Neuerungen dar, die durch Produkte und Anleitungen geleistet werden müssen, um auch den Digital Natives ein positives Nutzungserlebnis zu vermitteln und sie als Nutzer eines Produkts zu gewinnen und zu behalten.

**Tabelle 1** Merkmale digitalen und traditionellen Lernens (Quelle: Belwe & Schutz 2014[17])

| Digital Lernende ... | Traditionell Lernende ... |
|---|---|
| bevorzugen digitale Kommunikationsmedien | bevorzugen Telefonate, Face-to-Face-Gespräche |
| lesen eher fragmentiert (Multitasking) | lesen eher nicht fragmentiert (Monotasking) |
| bevorzugen Videos, Bilder und Farben | bevorzugen Texte und ggf. Textmarkierungen |
| verfügen über eine kurze Aufmerksamkeitsspanne | verfügen über eine längere Aufmerksamkeitsspanne |
| lernen eher informell und kollaborativ | lernen eher formell und individuell |
| bevorzugen nicht-lineare Vorgehensweisen | bevorzugen lineare Vorgehensweisen |
| lernen durch Suchen | lernen durch Absorbieren |
| lernen durch Externalisieren | lernen durch Internalisieren |
| bevorzugen Lernen mit Fantasie | bevorzugen Lernen mit starkem Realitätsfokus |
| lernen durch Spielen | trennen Lernen und Spielen |

*Mentale Transformation*

Die digitale Transformation stellt uns vor neue, veränderte Bedingungen. Dabei stellt sich die Frage, wie wir unser Denken verändern müssen, um diese neuen Herausforderungen zu meistern. Der Umgang mit Daten muss so gestaltet sein, dass er zu einem verbesserten Nutzererlebnis bei der Produktnutzung führt und gleichzeitig gesellschaftlich akzeptabel ist. Letzteres betrifft auch die *digitale Bildung* der Gesellschaft und ein Bewusstsein dafür, wie Hersteller wie Google und Facebook mit Datenschutz umgehen, z. B. bei multi-dimensionalem Tracking. Digitale Transformation bedeutet daher gleichzeitig auch eine mentale Transformation.

Durch die allgegenwärtigen smarten Gegenstände und das Internet verändert sich das Denken der Menschen grundlegend. Das Denken wird Nutzen- und Nutzerzentriert. Anwenderperspektive und User Experience treten in den Vordergrund. Die Medien und die Digitalisierung verändern die Wahrnehmung. Mit diesem Bereich beschäftigt sich intensiv die Wirkungsforschung, insbesondere die Medienwirkungsforschung.

Die technische Entwicklung konnte bei der Digitalisierung auf bestehender Technik und Technologie aufsetzen und stellt damit eine Evolution dar. Für das menschliche Denken, für ethische, soziale, arbeitsrechtliche, Copyright- und Datensicherheitsprobleme ist die 4.0-Welt dagegen eine Revolution.

2 Digitalisierung

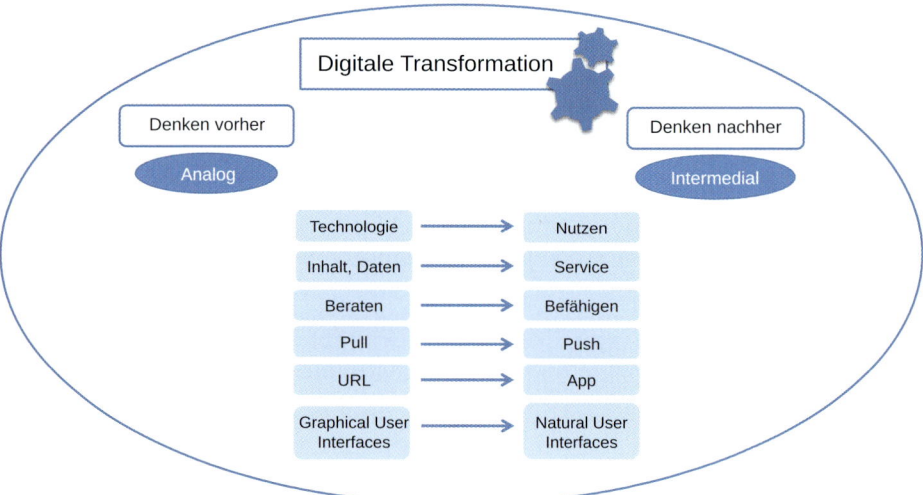

**Bild 8** Digitale Transformation verändert das Denken
(Eigene Bearbeitung, nach Henseler[18])

In vielen Aspekten ändern sich die Denkweisen, einige davon sollen hier vorgestellt werden (siehe Bild 8):

- Nicht mehr die Technologie steht im Vordergrund, sondern der Nutzen, der aus der Technologie gezogen werden kann. Also nicht das Auto ist zum Beispiel gewünscht, sondern die Wirkung des Autos, hier die Mobilität. Menschen möchten sich flexibel und individualisiert fortbewegen können. Das konkrete Modell tritt in den Hintergrund, ein smartes Car-Sharing-Elektroauto, das den Kalender des Nutzers kennt und termingerecht zur Verfügung steht, erfüllt den Wunsch nach Mobilität besser.
- Inhalt oder Daten erweitern sich zu Services. Dies lässt sich am Beispiel der Technikkommunikation erläutern. Es gibt zunehmend Produkte und Services, die ohne Handbuch funktionieren. Es muss nur noch eine Taste gedrückt werden und die Heizung startet ein automatisches Programm oder über einen Dash Button wird eine Bestellung über ausgegangene Vorräte im Haushalt ausgelöst.
- Der digitale Umbruch findet auch im Kundenservice statt. Im *Customer Service 4.0* wandelt sich die Aufgabe des Services von einer Beratung hin zu einer Befähigung des Kunden. Dabei findet eine Emanzipierung des Kunden statt. Auf Seite der Unternehmen werden Kundenservices zunehmend durch verschiedene Kanäle und neue Technologien bei Self-Service-Automaten, Service per Internet oder mobile Apps vernetzt und personalisiert.
- Aus Pull-Verfahren werden durch die digitale Transformation Push-Verfahren. Der Nutzer muss die Funktionen und Dienste nicht selbst aktiv anfordern oder abrufen, sondern sie werden ihm automatisch und kontextbezogen angeboten. Beispielsweise kann in einer App eine situationsbezogene

Anleitung eingeblendet werden. Auch Notifications funktionieren nach dem Push-Verfahren, indem sie die Nutzer über etwas benachrichtigen, das gerade geschieht.

- Aus einer URL für eine Web-Anwendung im Internet wird eine allgegenwärtige mobile App. Eine App lässt sich einfacher und schneller aufrufen als eine URL. Sie ist zudem auf das portable Gerät oder den Desktop-Computer optimiert und leistungsfähiger.
- Herkömmliche grafische Bedieneroberflächen (GUI) wandeln sich grundlegend hin zu natürlichen Bedieneroberflächen (NUI). Unter einer natürlichen Bedienweise werden häufig Touchscreens, die über intuitive Gesten und Bewegungen bedient werden, verstanden. Die weitreichenden Auswirkungen dieses Wandels beschreibt die Textbox „Der Wandel von GUI zu NUI".

**Der Wandel von GUI zu NUI**

Mitte der 70er Jahre erkannte ein junger Mann namens Steve Jobs beim Xerox Palo Alto Research Center (PARC), dass die Erfindung der grafischen Benutzungsoberfläche (GUI = Graphical User Interface) die Verbreitung des Computers in alle Bereiche unseres Lebens ermöglichen würde.[19] Der Personal Computer mit grafischer Benutzungsoberfläche war einfach signifikant benutzungsfreundlicher als die bis dato zum Einsatz kommenden Command-Line-basierten Betriebssysteme á la MS-DOS oder ProDOS. Diese Erkenntnis schuf die Basis für unsere heutige digitale Transformation.

Wie aber war es den Xerox-Leuten gelungen, den Paradigmenwechsel von Befehlszeilenorientierten Computern zu auf Desktop-Metaphern basierenden Betriebssystemen hinzubekommen? Nun, die PARC-Entwickler hatten sich den Umgang mit dem Computer aus Nutzersicht und nicht aus technologischer Sicht angeschaut und verstanden, dass, wenn der Computer durch den Einsatz einer Desktop-Metapher intuitiver zu handhaben sei, der weltweite Durchbruch ermöglicht würde.

Es war die bessere Usability, die den Siegeszug des Personal Computers und damit die weltweite Verbreitung bewirkte.

Unter Usability wird jedoch nicht nur die Benutzungsfreundlichkeit von Hard- oder Software verstanden, sondern vielmehr *„die Zeit, die ein bestimmter Benutzer in einem bestimmten Nutzungskontext benötigt, um ein bestimmtes Ziel möglichst effektiv, effizient und zufriedenstellend zu erreichen"*.[20]

Es ist also die schnellere Zielerreichung mittels einer besseren Usability, die uns Menschen dazu bringt, von einem Zustand oder Medium zu etwas Neuem und Besserem zu wechseln. Die Usability ist damit der wahre (natürliche) Treiber der digitalen Transformation und deren Erfolgs in allen Bereichen unseres Lebens. In diesem Zusammenhang bleibt noch zu erwähnen, dass die grafischen Benutzungsoberflächen unserer heutigen Smartphones (iOS oder Android) noch immer auf den damals entwickelten GUI-Prinzipien der PARC-Pioniere basieren.

Durch die technologische Miniaturisierung und die digitale Infrastruktur des globalen Internets ergeben sich nunmehr neue Rahmenbedingungen, wie mit dem Computer der Zukunft interagiert werden kann. Die Veränderung führt dazu, dass der Computer sukzessive in alle Objekte unseres Lebens integriert wird, ohne als solcher wahrgenommen zu werden. Im Internet der Dinge und Dienste mit seinen „smarten Produkten" bedeutet dies, dass sich die Schnittstellen und die Interaktionsoptionen mit dem Computer erneut verändern. Von grafischen hin zu natürlichen Interaktionsformen (von GUI zu NUI – „Natural User Interfaces").[21]

War zu Beginn des Personal Computers die Interaktion nur mittels Tastatur möglich, so erhielt mit dem Einzug der Maus der Mensch einen weiteren Eingabekanal. Heutige Smartphones verfügen im Vergleich zu ihren Urahnen über vielfältigste aktive und passive Interaktionsschnittstellen. So kann nicht nur mittels Touch, Geste, Sprache oder Stift unmittelbarer und direkter interagiert werden als mit den Vorgängergeräten, sondern es wird auch durch die Nutzung der im Hintergrund laufenden Sensorik, z. B. GPS-Tracking, die Interaktion effizienter und relevanter gestaltet. Die Interaktionen werden somit wesentlich multimodaler und vielschichtiger und ermöglichen hierdurch den Menschen einen natürlicheren Umgang mit dem Computer (siehe Bild 9).

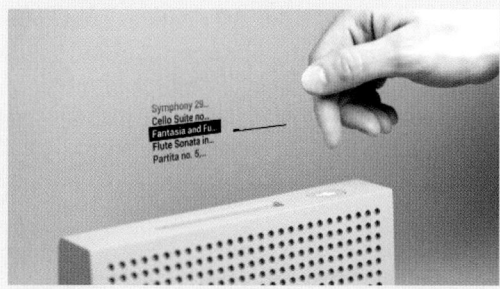

**Bild 9** Google nutzt Radargerät für die Fingererkennung
(Quelle: YouTube.com/Google ATAP)

Diese neue Multimodalität im Umgang mit dem Computer lässt diesen von der einstmals digitalen Rechenmaschine zum digitalen Assistenten mutieren. Diesen Paradigmenwechsel bildet der Wandel von GUI zu NUI ab.[22]

Analog der Entwicklung von Befehlszeilen (Command Line Interfaces) zu grafischen Benutzungsoberflächen (GUI) findet aktuell die nächste Evolution zu natürlichen Interaktionssystemen (NUI) statt. Der Grund für die Nutzerakzeptanz dieses erneuten Wandels ist auch hier wieder die signifikant verbesserte Usability.

Die Auswirkungen der Veränderung machen sich für Konzepter, Gestalter und Entwickler vor allem darin bemerkbar, dass bei der Gestaltung von NUI-basierten Interaktionssystemen das Design der Verhaltenskomponente wichtiger wird als das Aussehen des Systems. Der Schwerpunkt der Gestaltung verändert sich also vom Design des visuellen Aussehens (Look) hin zum Design des multimodalen Verhaltens (Feel), und es sind wesentlich mehr Interaktionskanäle zu berücksichtigen als bisher.[23] In diesem Kontext wird auch vom „Management der Simplexität" gesprochen – einfach und intuitiv für den Nutzer, extrem komplex für die Entwickler solch smarter Systeme.

*Professor Wolfgang Henseler, Creative Managing Director, Sensory-Minds GmbH,*
*www.sensory-minds.com*

## 2.2 Anleitungen 4.0

### 2.2.1 Smarte Information

Die eruptiven Veränderungen in der Wahrnehmung und den Gewohnheiten der Nutzer in der digitalen Welt wirken sich auch auf die Benutzerinformationen aus. Mit „smarter" Information entsteht gerade ein neues Konzept. Es handelt sich dabei nicht um etwas, das herkömmliches Vermittlungswissen mit einem kleinen Zusatz versieht oder leicht variiert. Es geht vielmehr um ein grundlegend neues

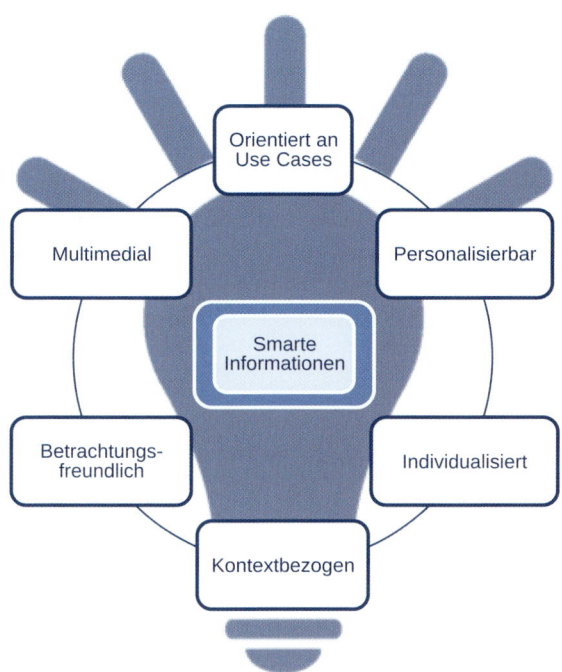

**Bild 10** Merkmale smarter Information

Konzept, das mit einem Perspektivwechsel einhergeht. Aus der an Produktfunktionen orientierten Dokumentation wird eine *smarte Nutzerinformation*.

Die Benutzerinformation stellt den Nutzer, seine Aufgaben und das dafür benötigte Wissen in den Vordergrund. Die neue Sichtweise hat die Nutzerzentrierung und eine gesteigerte Usability durch smarte Information zum Ziel. Die Nutzerinformation fügt sich nahtlos in das interaktive System ein, sie wird nicht mehr als ein separates System wahrgenommen. Die Benutzer werden durchgängig durch passgenaue Inhalte und in verschiedenen Situationen unterstützt. Folge ist eine gesteigerte User Experience des gesamten Produkts; für den Nutzer entsteht echter Mehrwert.

Die smarte Information weist mehrere Merkmale auf. Einige davon sind bereits in bekannten Dokumentationsformen wie Onlinehilfen oder Anleitungsvideos umgesetzt. Die Besonderheit der smarten Information ist jedoch die Summe der Merkmale und deren gegenseitige Verzahnung. Die smarte Information kann mit sechs wesentlichen Merkmalen beschrieben werden, die Bild 10 zeigt.

*Orientiert an Use Cases*

Voraussetzung für Use-Case-bezogene Information ist eine Beschäftigung mit den Nutzern, den Nutzungssituationen und den dazu benötigten Informationen. Das dazu zentrale Stichwort in der Technischen Kommunikation ist die *Zielgruppenanalyse*. Welche Informationen benötigt die Zielgruppe zur Erledigung welcher

Aufgaben? Die Informationen in einem System orientieren sich dynamisch an den Nutzungsszenarien (Use Cases) der verschiedenen Anwendergruppen. Dieses Merkmal ist an erster Stelle zu nennen, da es übergeordneter Natur ist und sich auf die anderen Merkmale auswirkt. Der Unterschied zu herkömmlichen aufgabenorientierten Teilen in Anleitungen ist, dass Use Cases weiter gefasst sind.

> **Beispiel für Use-Case-orientierte Information**
>
> Eine typische Schritt-für-Schritt-Anleitung beschreibt einen in sich abgeschlossenen Handlungsvorgang, wie etwa das Aufnehmen eines Fotos mit einem Smartphone (1. Foto-App aufrufen, 2. Fotoformat auswählen, 3. Foto aufnehmen). Je Schritt werden das Handlungsziel, die Einzelschritte und das Resultat sowie eventuelle Hinweise beschrieben. Ein Use Case dagegen unterscheidet zunächst die Nutzer, etwa Schnappschuss-Fotograf oder ambitionierter Fotograf. Die Nutzungsszenarien sind komplexer und beschreiben beispielsweise für den ambitionierten Fotografen auch Voreinstellungen zu Kontrast oder Lichtverhältnissen. Zudem ist das Aufnehmen eines Fotos auch nicht der einzige Use Case. Die Nutzungsszenarien umfassen z. B. auch: Foto verwalten, Foto bearbeiten und Foto verteilen.

*Betrachtungsfreundlich*

Die Wahrnehmung und Informationsverarbeitung am Bildschirm unterscheidet sich erwiesenermaßen von der auf Papier. Das Betrachten ist kürzer und flüchtiger. Die Aufmerksamkeit des Betrachters wird eher durch dynamische als durch statische Medien geweckt. Kurze Informationen sind lesefreundlicher und kommen dem Skimming und Scanning in digitalen Medien entgegen. Die Kürze lässt sich über das nutzerorientierte Erstellen der Information herstellen. Welche Information benötigt die Zielgruppe über das eigene Vorwissen hinaus für die Produktnutzung? Was ist kulturelles Hintergrundwissen und kann vorausgesetzt werden? Welche trivialen Informationen, die sich aus der Oberfläche des Systems selbst erklären, können weggelassen werden?

Der Anspruch an „Vollständigkeit" professioneller Dokumentation wird neu definiert: Vollständig bedeutet hier eine vom Nutzer in bestimmten Situationen benötigte Anwenderunterstützung mit Fokus auf dem effizienten Erfassen von Informationen.

*Kontextbezogen*

Die Nutzungsinformation hat einen klaren Kontextbezug zur aktuellen Aufgabe und Nutzungssituation. Kontextbezogene Hilfe wird demnach bei den jeweiligen Workflows an den passenden Stellen im System angezeigt. Der Benutzer muss die gesuchte Information nicht in der Fülle von Informationen suchen, sondern sie wird ihm vom System meist direkt und unmittelbar angeboten (Push-Verfahren) oder auf Anfrage des Benutzers (Pull-Verfahren) unmittelbar dargestellt. Die Informationen werden damit je nach Nutzungsart auf das System und in separate kurze Hilfeprodukte *verteilt*.

> **Beispiel für kontextbezogen verteilte Informationen**
>
> Angenommen, eine Software oder Maschinensteuerung soll kontextbezogene Informationen bereitstellen. Die Referenz-Beschreibungen der Dialoge, Felder und Parameter sind in Form von Tooltips in der Software eingebettet. Sie sind so kurz wie möglich, enthalten keine trivialen Aussagen, sondern hilfreiche Beschreibungen oder Eingabebeispiele. Bei umfangreicheren Beschreibungen bieten Tooltips einen Link in die Onlinehilfe. Kurze Anleitungsvideos können kontextbezogen direkt in der Software zur Workflow-Unterstützung aufgerufen werden. Die über einen Hilfe-Button aufrufbare Onlinehilfe hat eine logische Hauptgliederung nach den Zielgruppen und deren Nutzungsszenarien und vermittelt das benötigte Konzeptwissen. Zur intelligenten Suche dient ein fest in die Software-Benutzeroberfläche eingebundenes Suchfeld. Mit den Suchbegriffen wird entweder ein Software-Element direkt adressiert oder es werden Treffer in der Onlinehilfe angezeigt.

*Individualisiert*

Dieses Merkmal ist eine Ausprägung der Kontextualität und meint den Produktkontext. Individualisierte Benutzerinformationen enthalten nur die auf das vorliegende Produkt zutreffenden Informationen. Sie sind produkt- und gerätespezifisch. Dies gilt auch für customisierte Produkte. Dem Benutzer wird es erspart, die Informationen zur eigenen Produktvariante aus sämtlichen Varianten mühsam herauszusuchen. Es gibt mehrere Möglichkeiten, einen Produkt-Kontext zwischen dem eigenen Produkt und der passgenauen Anleitung herzustellen. Beispielsweise lässt sich eine gerätespezifische, mobile Dokumentation auf einem Smartphone über Funk oder über Abscannen eines am Produkt angebrachten Produkt-Codes (etwa QR-Code) aufrufen. Eine andere Variante ist das manuelle Eingeben einer Gerätenummer zum Aufruf der elektronischen Anleitung.

*Personalisierbar*

Unter personalisierbarer Information versteht man, dass diese auf die Bedarfe und Gewohnheiten der Nutzer angepasst werden kann. Betrachtet man die Papierform, wäre eine Anleitung personalisiert, wenn Benutzer sich handschriftliche Notizen machen oder einen Ordner mit einem Set an verschiedenen Produktinformationen zusammenstellen.

Im digitalen Zeitalter bedeutet Personalisierung, dass sich etwa in einem Dokumentations-Portal verschiedene Informationsmedien in einem benutzerbezogenen Fundus sammeln lassen – z. B. die Hersteller-Anleitung, Fragen und Antworten (FAQ) sowie Forumseinträge der Anwender-Community. In Onlinehilfen lassen sich Favoriten mit den am häufigsten benötigten Hilfethemen definieren. Eigene Kommentare sind digital möglich über Kommentarfunktionen bei z. B. PDF-Handbüchern oder über eigene Forumsbeiträge. Über Big Data können den Benutzern entweder auf Basis des eigenen Nutzungsverhaltens wie auch dem der Anwender-Community Vorschläge für weitere Themen unterbreitet werden.

*Multimedial*

Mobile und multimediale Informationsprodukte entsprechen dem Nutzungsverhalten der Anwender bei digitalen Produkten. Die Inhalte werden orientiert an den Use Cases in den passenden Medien bereitgestellt. Beispiel: Texte und Grafiken zur Wissensvermittlung in elektronischen Dokumenten, How-to's über Anleitungsvideos oder auf der Benutzeroberfläche eingebettete Informationshäppchen (On-Screen).

Ein wichtiger Aspekt von Multimedia ist, dass sich die Benutzer die Informationen im Medium ihrer Wahl anzeigen lassen können. Manche bevorzugen Texte und Bilder, um sich anleiten zu lassen, andere sehen sich lieber ein How-to-Video an (mehr dazu in der Textbox „Infos, wie ich will").

---

**Infos, wie ich will**

Mit dem Konzept *DOKUMI – Infos, wie ich will* gewann das studentische Team der Hochschule München, Studiengang Technische Redaktion und Kommunikation, den Innovations-Hochschulwettbewerb INTRO 2014.[24] Das Ziel von DOKUMI ist es, den Schritt zu wagen, den Endkunden voll und ganz in den Mittelpunkt der Anleitung zu rücken. Der Kunde kann dazu „seine" Anleitung nach Belieben konfigurieren und diese wird so für ihn zum Erlebnis.

Der Anwender legt zunächst ein Benutzerprofil an. Merkmale sind etwa das Alter des Benutzers, das sich auf die Schriftgröße und Medienvorschläge auswirkt. Oder: Die Angabe des technischen Vorwissens hat Konsequenzen auf die Fachterminologie und Begriffserklärungen sowie auf den Abstraktionsgrad der Bilder. Als bevorzugtes Medium kann der Benutzer Papier oder elektronische Formate mit wahlweise Text und Bild, Animation, Video oder Augmented Reality auswählen. Auch den gewünschten Detaillierungsgrad sowie inhaltliche Schwerpunkte kann der Benutzer individuell angeben; damit beeinflusst er Art und Umfang der Anleitung. Gefiltert und algorithmisiert nach diesen Daten erzeugt ein Redaktionssystem automatisch eine individuelle Masteranleitung. Das Profil ist rekonfigurierbar, zum Beispiel für erfahrene Benutzer und nicht mehr benötigte Informationen.

Neben der Anleitung ist auch ein Forum verfügbar, auf dem die Kunden dem Hersteller oder sich untereinander Feedback geben können. Dies unterstützt den Hersteller dabei, seine Anleitungen stets weiter zu optimieren.

Die Anleitung passt jedoch nicht nur zum Benutzer, sondern auch zum Produkt. Denn sie kann entweder direkt nach der Online-Bestellung eines Produkts bezogen oder bei Produktlieferung über einen Link und einen QR-Code zur mobilen App bereitgestellt werden. Auch für bereits gekaufte Produkte kann die persönliche Anleitung genutzt werden, indem der Kunde sein Produkt für die Anleitung registriert.

(Quelle: tekom INTRO[25])

---

**Checkliste – Smarte Information**

☐ Smarte Information ist das Äquivalent zu smarten Produkten.
☐ Sie orientiert sich an den Use Cases der Anwender, nicht an den Produktfunktionen.
☐ Durch kleine Informationshäppchen und angepasst auf das Anzeigegerät ist sie besonders betrachtungsfreundlich.
☐ Sie ist kontextbezogen auf die Aufgabe und individualisiert auf das vorliegende Gerät.
☐ Smarte Information ermöglicht dem Benutzer, die Anleitung auf die persönlichen Bedürfnisse zu personalisieren.
☐ Die personalisierte Anleitung steht dem Benutzer in verschiedenen Medien mit Schwerpunkt auf dynamischen Medien wie Animationen und Videos zur Auswahl.

## 2.2.2 Digitale Informationsmedien

Konzepte wie Industrie 4.0 sowie smarte Geräte und Services benötigen smarte Benutzerinformationen. Digitale Anleitungen sind das passende technische Äquivalent für digitale Produkte. Die elektronische Dokumentation ist einfacher auffindbar und schneller aufrufbar, beispielsweise auf Knopfdruck in einem System. In das Gerät integrierte Anleitungen sind eindeutig dem Produkt zuzuordnen, da sie dessen fester Bestandteil sind. Ein Beispiel sind kontextsensitive Hilfen, die entweder unmittelbar oder auf Anforderung Informationen mit Bezug zur aktuellen Arbeitsaufgabe oder Programmfunktion anzeigen.

Digitale Benutzerinformationen sind interaktiv bedienbar und mit intelligenten Recherchetools durchsuchbar. Wird eine Anleitung über das Internet auf einem Server bereitgestellt, ist es für den Hersteller einfach, diese stets aktuell zu halten. Die jeweils neueste Version wird auf einem Server einmal bereitgestellt und kann weltweit abgerufen werden. Damit kann vermieden werden, dass bei Nutzern veraltete Anleitungen in Gebrauch sind. Die einfache und häufige Aktualisierbarkeit von Anleitungen ist für dynamische Produkte, wie Software, unabdingbar.

Die Informationen sind zudem einfach miteinander vernetzbar. Dies kann über Links geschehen, die beispielsweise von einer Oberflächenhilfe in ein Informationsprodukt verzweigen. Für den Anwender ist die vernetzte Information nur einen oder wenige Klicks entfernt.

Außerdem können über vielfältige dynamische Medien Mehrwerte im Vergleich zu statischen Inhalten geschaffen werden. Feedback- und Chat-Techniken erleichtern etwa die beidseitige Kommunikation zwischen Anwender und Hersteller.

---

**Papierform als Use Case betrachten**

Die Papierform ist im Zeitalter der Digitalisierung nur noch für bestimmte Nutzungssituationen in der Praxis zu betrachten. Die Nutzung einer Anleitung auf Papier stellt sozusagen einen eigenen Use Case dar. Solche Anwendungsfälle liegen etwa vor, wenn die Nutzer die Papierform ausdrücklich wünschen oder situationsbezogen aus praktischen Gründen benötigen (Beispiel: Gebrauchsanleitung für ein Haushaltsgerät zur raschen Inbetriebnahme oder eine zur Einmalnutzung gedachte Einbauanleitung für Bauteile wie etwa ein Ikea-Regal, Dachfenster oder Garagentore). Ein weiterer Use Case kann aus Marketingsicht vorliegen, wenn Hersteller über eine attraktiv gestaltete Kurzanleitung dem Gerät oder der Software ein wertiges Image und dem Benutzer eine gesteigerte User Experience verschaffen möchten.

Wie aber sieht es mit dem derzeit größten Hemmnis der Gesetzgeber bzw. der EU aus, die die Technikredakteure zum Papier zwingt? Die juristische Seite fordert die „ständige Verfügbarkeit von Nutzerinformationen". Papier ist also generell verlangt, wenn elektronische Formen nicht nutzbar sind. Regionen, die vom Internet und vom Strom ausgeschlossen sind, sind weltweit rar geworden. Daher ist mit Spannung das Ergebnis der geplanten EU-weiten Leitlinie eDok, eine Initiative der tekom Deutschland e.V. – Gesellschaft für Technische Kommunikation (www.tekom.de),[26] zu erwarten, die die Eingrenzung von Dokumentation in Papierform fordert und damit den Schlüssel in die 4.0-Zukunft darstellt.

*Digitalisierungsarten*

Es gibt mehrere Digitalisierungsarten von Anleitungen. Ausschlaggebend für deren Anwendung ist das Präsentationsmedium. Dabei kann es sich um ein System/Software/Gerät, das Internet, ein mobiles Gerät oder um spezielle Darstellungsmittel von Augmented Reality handeln.

- *On-Screen* ist der Oberbegriff für sämtliche am Bildschirm dargestellte Informationen, die nicht zwingend eine Online-Verbindung aufweisen.
- *Online* bedeutet: über das Internet zugängliche oder herunterladbare Informationen, wie etwa eine serverbasierte Onlinehilfe oder ein PDF-Handbuch auf der Hersteller-Website.
- *Mobil* sind Apps auf mobilen Geräten wie Smartphones oder Tablets.
- *Neue Formen der Visualisierung* sind Datenbrille, Head-up Display, Augmented Reality Apps etc.

Für On-Screen und Online stehen wiederum verschiedene Ausgabeformate zur Verfügung: PDF für Print und Online, HTML-Dokumente, Anleitungsvideos, Software-Hilfen, Multimedia, Animationen und E-Learning.

*Anleitungsvideos*

Videos eignen sich für verschiedene Funktionen und Benutzergruppen. Für Einsteiger in ein System können ein einführendes Übersichtsvideo und ein Video mit grundlegenden Einstellungen hilfreich sein. Für Fortgeschrittene sind eher Sonderfunktionen interessant, die mit einem Video erläutert werden. Videos schaffen einen hohen Anreiz zum Betrachten (mehr dazu in der Textbox „Anleitungsvideos sind beliebt").

> **Beispiel Maschinenbau**
>
> Im Maschinenbau lassen sich über Gebrauchsfilme und Simulationen sowohl abstrakte Sachverhalte wie auch komplexe Tätigkeiten anschaulich demonstrieren. Die Videos werden vom Hersteller produziert und auf der eigenen Website, in Computer-Based-Trainings oder über Kanäle wie YouTube verteilt. Speziell für die Wartung von Maschinen sind Erklärfilme und Simulationen längst unverzichtbar geworden.

Die How-to-Videos werden heute häufig als HTML5-Video produziert. Sie können Cuepoints (Zeitmarken) enthalten, mit denen die einzelnen Sequenzen voneinander getrennt und vom Benutzer direkt abgerufen werden können. Auf diese Weise lassen sich die dynamischen Inhalte gut strukturieren und auch zum Nacharbeiten öfter abspielen.

Um die Interaktionen zu veranschaulichen, werden Hände und Finger gerne als schematisierte Körperteile gestaltet und animiert. Bild 11 zeigt beispielhaft eine halbtransparente Bedienhand auf einem Video, das die Kamerafunktion der 360°-Panoramaaufnahme veranschaulicht.

## 2.2 Anleitungen 4.0

**Bild 11** Anleitungsvideo für 360° Panorama
(Quelle: Studie „Meins kann mehr", S. 125[27])

**Anleitungsvideos sind beliebt**

Als Video-Anleitung, Video-Tutorial, Utility-Film oder Erklärfilm wird eine elektronische Form der Gebrauchsanleitung bezeichnet, die versucht, dem Betrachter vorwiegend visuell Kenntnisse und Fertigkeiten zu vermitteln. Mehr als ein Drittel der Internetnutzer (37 %) schaut Video-Anleitungen im Internet an, so lautet das Ergebnis einer Bitkom-Studie vom 16.6.2015.[28] Danach haben sich 20 Millionen Deutsche ab 14 Jahren bereits Online-Tutorials angesehen. Die Videos geben Antworten auf alle möglichen Fragen des Alltags, dabei sind Haushalt, Technik und Bildung die beliebtesten Themen. In YouTube belegen Erklärvideos mit 43 % Platz 3 unter den verschiedenen Video-Genres. Übertroffen wird diese Art des Videos nur von Musikvideos (Platz 1) und lustigen Clips (Platz 2).[29]

Anleitende Videos sind also ein zunehmend nachgefragtes Medium. Hersteller müssen auf diesen Wunsch der Anwender reagieren, um ihre Produkte zielgruppenorientiert zu vermarkten. Das amerikanische Marktforschungsinstitut *LevelsBeyond* empfiehlt den Unternehmen eine Priorisierung der Produktion und Verteilung von Videos. Der Fokus sollte dabei auf den sozialen Kanälen liegen, da dort die meisten Personen Videos anschauen. Weiterhin sollten die verschiedenen Videoarten wie Event-Videos, How-to-Videos, Interviews und Testimonials auf ihre spezielle Eignung hin geprüft und zielgerichtet eingesetzt werden. Auch die Technologie der Videos spielt eine wichtige Rolle. Videos müssen auf verschiedenen Plattformen und in verschiedenen Formaten verteilt werden können.[30] Die Video Effects Studie 2015 der ForwardAdGroup gibt bezüglich der Plattformen eine Tendenzaussage für die deutsche Internetbevölkerung, nach welcher YouTube mit fast 98 % das beliebteste Medium für Online-Videos ist (gefolgt von Facebook mit 46 % und MyVideo mit 22 %).[31]

Neben Hersteller-Videos sind von Privatpersonen erstellte Videos im Internet verbreitet. Eine Erklärung des Phänomens nichtkommerzieller Video-Tutorials im Internet gibt Katrin Valentin, Herausgeberin der Dokumentation eines Studentischen Forschungsprojektes 2015: Die Motivation, ein Tutorial zu produzieren, ist „wahrscheinlich der Wunsch des Produzenten, anderen etwas mitzuteilen, das eigene Können zu zeigen, Wissen weiterzugeben oder die eigene Begabung zu präsentieren. Über die Online-Freigabe soll auch ein möglichst großer Teil der Menschheit erreicht werden."[32] Beliebt sind diese nutzergenerierten Tutorials, weil keine Illusion hergestellt, sondern die tatsächliche Realität gezeigt wird. Diese Videos sind authentisch, alltagsnah, meist in der eigenen Wohnung gedreht und verstärken das Persönliche durch den direkten Kamerablick des Produzenten. In der YouTube Creator Academy können sich die Youtube-Filmer Tipps von Profis holen, um die Qualität der Videos zu optimieren.

Zum Weiterlesen in diesem Buch: Ein Beispiel für ein Software-Tutorial beschreibt die Usability-Fallstudie in Kapitel 9.2 „Video-Tutorials für Imaging Software (Zeiss Microscopy)", Seite 208. Die Tutorials werden dabei von Beginn an nach einem benutzerorientierten Vorgehensmodell und unter Einbeziehung von typischen Softwarenutzern entwickelt.

*Mobile Dokumentation*

44 Millionen Menschen nutzen in Deutschland ein Smartphone und ein Viertel der Nutzer liest E-Books oder E-Paper auf dem Smartphone (23 %), so lautet das Ergebnis einer Bitkom-Studie 2015.[33] Im Zeitalter der Digitalisierung ist es selbstverständlich, sich auch mit Hilfe mobiler Geräte zu informieren. Der Wunsch der Anwender nach mobilen Anleitungen ist damit offenkundig. Die Anwendungsfälle für mobile Dokumentationen sind vielfältig. Derzeit stellen beispielsweise alle Hersteller im Automobilbereich neben der gedruckten Bordliteratur und der im Fahrzeug integrierten Bedienungsanleitung Dokumentations-Apps zur Verfügung. Ein anderes Anwendungsbeispiel stellen interaktive Montageanleitungen dar.

Die Konzepte und Einsatzgebiete der mobilen Dokumentation sind in den letzten Jahren in mehreren Publikationen behandelt worden (u. a. tekom Technische Kommunikation und mobile Endgeräte 2014[34], Broda 2016[35], tekom Leitfaden Mobile Dokumentation 2013[36]). Welche modellhaften Ausprägungen von Dokumentations-Apps gibt es derzeit, und was sind die Trendsetter?

- Dokumentzentrierte Apps
- Topic-zentrierte Apps
- Augmented Reality Apps mit digitaler Benutzerassistenz

Die *dokumentzentrierten Apps* kapseln mehrere Handbücher in einer App. Die Anleitungen selbst haben das Format PDF, ePub oder HTML und werden allgemein als E-Book bezeichnet. Die Apps sind benutzerindividuell, da Benutzer die gewünschten Dokumente zusammen mit anderen Medien wie Animationen oder Videos durch Download selbst in der App zusammenfügen. Zu dieser Kategorie zählen beispielsweise die Dokumentations-Apps mehrerer Automobilhersteller oder Dokumentations-Apps von Geräten wie z. B. GigaSet Help oder Nokia Manual Viewer 2 für Kamera-Anleitungen.

> **PDF ist kein benutzbares Format in Dokumentations-Apps**
>
> Das PDF-Format und auch E-Books sind für die mobile Dokumentation aus Usability-Sicht eher als ungeeignet zu betrachten. Der sequentielle Textfluss entspricht nicht den Lesegewohnheiten auf den Mobilgeräten. Selbst wenn die PDF-Anzeige auf Tablet- oder Smartphone-Größe miniaturisiert und angepasst wird, genügt dies nicht den Anforderungen an eine Dokumentations-App mit kleinteiligen Strukturen, komprimierten Texten und gängigen App-Funktionen für Suche und Navigation.

Eine andere Kategorie bilden die *Topic-zentrierten Apps*, bei denen die Inhalte in kurze Themen (Topics) untergliedert sind und kein lineares Handbuch bilden. Ein Beispiel dafür ist der Adobe Experience Manager Mobile (AEM Mobile), der eine Vielzahl von Artikeln in so genannten Collections (Ordnern) bündelt. Diese Dokumentations-Apps können nativ, hybrid oder Web-Apps sein.

Mit der Digitalisierung wachsen ebenso die Möglichkeiten, virtuelle Informationen zur Realität zu ergänzen *(Augmented Reality)*. Eine Ausbaustufe der Dokumentations-Apps bezeichnet man daher als *digitale Benutzerassistenz*, bei der eine aktive Benutzerunterstützung durch Augmented Reality stattfindet und Anwendereingaben verarbeitet werden. Ein Beispiel sind interaktive Serviceanleitungen, die mit Störmeldungsassistenten, direkten Schadensmeldungen oder Objekterkennung mittels Kamera aufwarten. Als Referenz kann beispielsweise die Bosch Toolbox App genannt werden, die eine Aufmaßkamera ansteuert oder Einheiten umrechnet.

Zum Weiterlesen in diesem Buch: Ein Beispiel für eine individuelle fahrzeugspezifische Dokumentations-App beschreibt die Usability-Fallstudie in Kapitel 9.1 „Driver's Guide Apps (BMW Group)", Seite 194. Nutzer können mittels manueller Eingabe der Fahrzeugidentifikationsnummer die passende Betriebsanleitung speziell für ihr Fahrzeug aufrufen.

*Eingebettete Benutzerinformation*

Hier geht es um den Aspekt der Produktkopplung, also ob und in welchem Grad eine OnScreen-Anleitung in das System oder in die Software integriert ist. Der Übergang zwischen Oberflächenbeschriftungen und eingebetteter Benutzerinformation (engl. Embedded User Assistance) ist unter Umständen fließend und für den Nutzer nicht trennscharf wahrnehmbar. So können bloße Feldbeschriftungen zu kurzen statischen Texten erweitert werden, die dem Benutzer z. B. mit einem Beispiel unmittelbar die Eingabe erleichtern.

Die Darstellungsmöglichkeiten sind vielfältig. Eine systematische Darstellung der Arten von OnScreen-Dokumentation und eingebetteter Benutzerinformation findet sich in der Literatur zu Software-Dokumentation bei Grünwied 2013.[37] Die wichtigsten sind:

- Blindtexte in Formularfeldern oder Templates (z. B. „*Untertitel durch Klicken hinzufügen*" bei Microsoft Powerpoint beim Anzeigen einer leeren Folie)
- Beschriftungen und kleine Informationshäppchen eingebettet in der Benutzeroberfläche
- Assistent, der den Benutzer schrittweise durch einen Workflow leitet
- Reservierte Informationsfelder (engl. User Assistance Panel) auf dem Display zur Anzeige von anleitender oder konzeptioneller Benutzerinformation
- Aufklappbare Hilfe, Hilfe-Tabs, In-App-Hilfe oder Tooltips bei Mouse Over

Viel Hilfe auf dem Bildschirm integriert hat beispielsweise die Website der Deutschen Bahn. So gibt es Blindtexte in den Formularfeldern, Info-Symbole, die beim Klick einen Erläuterungstext einblenden, Schrittanleitungen, Fragen und Antworten (FAQ), Konzeptinformationen und Anleitungsvideos (siehe Bild 12).

Diese integrierten Informationshäppchen haben den großen Vorteil, dass sie automatisch kontextbezogen sind. Sie sind also an der Stelle im System präsent, an der sie benötigt werden. Weiterhin sind sie sofort sichtbar, ohne dass der Benutzer sie aufrufen muss. Je näher die Anleitung zur aktuellen Nutzungssituation positioniert und in die Bedienoberfläche integriert ist, umso besser ist auch deren Usability. Und zwar die Gesamt-Usability von Produkt und Anleitung!

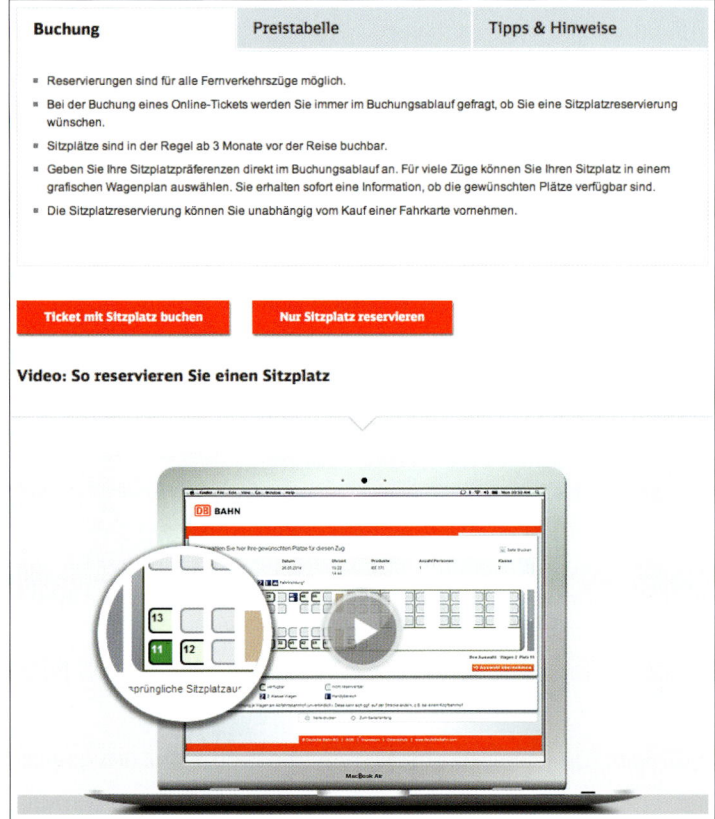

**Bild 12**  Best Practice für eingebettete Hilfe (www.bahn.de)

Natürlich kann eine integrierte Benutzerinformation nur in enger Abstimmung mit den Designern, Entwicklern und Usability-Experten entstehen (Bild 13). Die Benutzerinformation muss auf das Notwendigste reduziert werden, damit sie die Benutzeroberfläche nicht unnötig überfrachtet oder verlängert und Scrollen notwendig macht, wie dies bei einer Website der Fall sein kann.

Welche Informationen für integrierte Anleitungen ausgewählt werden, müssen die Informationsbedarfsanalyse sowie Konzepttests beim Prototyping der Anleitungsentwürfe aufzeigen. Embedded User Assistance sollte die häufigsten und wichtigsten Fragen der Anwender beantworten:

- Was passiert, wenn ...? (Funktionsbeschreibung)
- Wie kann ich die Aufgabe ... erledigen? (Schrittanleitung)
- Wie kann ich das Problem... lösen? (Problembehebung)

## 2.2 Anleitungen 4.0

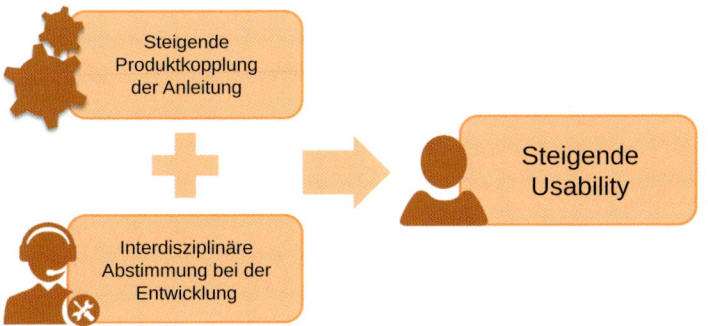

**Bild 13** Steigende Produktkopplung der Anleitung und Wirkung auf Usability

- Warum sollte ich …? (Konzeptwissen)
- Warum kann ich nicht …? (Konzeptwissen)
- Was bedeutet … ? (Programmbeschreibung)

Eingebettete Benutzerinformation darf im Rahmen der Informationsentwicklung nicht isoliert entworfen werden. Ein sinnvoller Abgleich zwischen eingebetteter Benutzerinformation und anderen, separaten Informationsprodukten ist notwendig, um Redundanzen zu vermeiden und die Wissenspakete zu verteilen. Ausführliche Konzepte und übergreifende Prozessbeschreibungen stehen beispielsweise in einem Web-basierten Informationssystem; das moderierte User Forum beantwortet häufige Fragen, oder Tutorials demonstrieren wichtige Abläufe. Die verschiedenen Informationsmedien sollten bei der Planung der Gesamtinformation priorisiert werden.

### Checkliste – Digitale Informationen

- ☐ Schneller und gezielter Zugriff (per Suche & Filter) auf benötigte Informationen.
- ☐ Attraktiver Mehrwert durch dynamische Medien wie Anleitungsvideos.
- ☐ Mobile Dokumentation eignet sich für viele Einsatzszenarien und kann bis hin zur digitalen Benutzerassistenz mit Augmented Reality ausgebaut werden.
- ☐ Sinnvolle Informationsverteilung auf unterschiedliche Medien.
- ☐ Integrierte Anleitungen ermöglichen situative Informationsversorgung.

### 2.2.3 Lesestrategien Skimming und Scanning

Anleitungen sind textreich. Dies stellt die Anwender vor eine besondere Herausforderung beim Lesen auf digitalen Medien. Verschärft ist die Leseanforderung für kleine Displays mobiler Geräte, bei denen komplexe Informationen wie durch „ein Schlüsselloch" gesehen werden. Es stellt sich also die Frage, wie man die beschreibenden und anleitenden Texte möglichst lesefreundlich gestalten kann.

Hier hilft eine Auseinandersetzung mit bekannten Lesestrategien, um Anhaltspunkte für die Wahrnehmungs- und Verarbeitungsprozesse der digital lesenden Benutzer zu erhalten. Je nach Informationsbedarf lassen sich Strategien wie

„überfliegendes Lesen" (z. B. Skimming und Scanning) oder „verstehendes Lesen" anwenden. Beide Arten werden nun kurz vorgestellt. Anschließend sollen Erkenntnisse für die Textgestaltung bezogen auf Nutzungsarten der Dokumentation abgeleitet werden.

**„Überfliegendes Lesen"**

Hierbei handelt es sich um Strategien, die als „Schnelllesen" (engl: Rapid Reading) bekannt sind. Zwei bekannte Lesestrategien des „überfliegenden Lesens", die im Zusammenhang mit interaktiven Systemen häufig genannt werden, sind Skimming und Scanning. Skimming und Scanning unterscheiden sich vor allem in ihrem Zweck. Beides sind Verfahren zur Informationsaufnahme, die aber nichts mit einem ganz oberflächlichen Überfliegen oder „Kurz-Daraufblicken" auf einen Text zu tun haben. Häufiges Anwenden der Strategien in der richtigen Ausführungsart führt zu Höchstleistungen bei den Lesemengen (Skimming ca. 1000 englische Wörter pro Minute, Scanning ca. 1500 oder mehr englische Wörter pro Minute).

Beim Skimming hat der Leser die Absicht, einen Überblick über den Inhalt und seine wesentlichen Aussagen zu erhalten. Beim Scanning dagegen sucht ein Leser nach einer ganz konkreten Information oder einem Detail, welches ihn interessiert. Scanning ist daher sinnvoll einzusetzen, wenn etwa ein bestimmter Begriff, Fakten, Daten oder Statistiken gefunden werden sollen, ohne den ganzen Artikel zu lesen. Der Leser entscheidet sich beim Scanning bewusst, große Abschnitte zu überspringen ohne diese zu lesen oder zu verstehen.

Die Vorgehensweisen von Skimming und Scanning sind festgelegt und unterscheiden sich nach Arundel[38] deutlich voneinander. Die schrittweise Vorgehensweise beim Skimming, dem überfliegenden Lesen, zeigt Tabelle 2.

**Tabelle 2** Vorgehensweise beim Skimming (überfliegendes Lesen)

| | |
|---|---|
| 1 | Titel lesen |
| 2 | Einleitung lesen |
| 3 | Ersten Absatz vollständig lesen |
| 4 | Zwischentitel lesen und Zusammenhänge zwischen ihnen ermitteln |
| 5 | Ersten Satz in jedem interessant erscheinenden Absatz lesen |
| 6 | Gründliches Lesen des Texts unter Berücksichtigung von:<br>• Wörter, die Anhaltspunkte auf die W-Fragen geben (wer, was, wann, wo, warum)<br>• Eigennamen<br>• Ungewohnte oder z. B. in Großbuchstaben gesetzte Begriffe<br>• Aufzählungen<br>• Hervorhebende Adjektive (beste, schlechteste, häufig etc.)<br>• Typografische Auszeichnungen (kursiv, fett etc.) (beste, schlechteste, häufig etc.) |
| 7 | Letzten Absatz vollständig lesen |

Das schrittweise Vorgehen beim Scanning, dem suchenden Lesen, schildert Tabelle 3.

**Tabelle 3**  Vorgehensweise beim Scanning (suchendes Lesen)

| | |
|---|---|
| 1 | Klare Vorstellung der gesuchten Information entwickeln und während des Suchprozesses im Gedächtnis behalten |
| 2 | Sich vorstellen, welche Form die Information wahrscheinlich haben wird (wie Zahl, Eigenname etc.) |
| 3 | Struktur des Inhalts analysieren, bevor mit dem Scannen begonnen wird:<br>• Wenn der Inhalt vertraut oder kurz ist, genügt ein einziger Suchvorgang für den gesamten Text.<br>• Wenn der Inhalt schwieriger oder lange ist, kann ein vorheriges Skimming notwendig sein, um den betreffenden Abschnitt des Texts zu ermitteln. |
| 4 | Die Augen sehr schnell über mehrere Zeilen hinweg gleichzeitig bewegen |
| 5 | Wenn der Satz mit der gesuchten Information gefunden ist, diesen ganzen Satz lesen |

**„Verstehendes Lesen"**

Im Unterschied zum Schnelllesen gibt es auch Strategien zum „verstehenden Lesen" oder „studierenden Lesen", die das Ziel des intensiveren gedanklichen Verarbeitens und Verstehens eines Textes haben. Eine bekannte Methode dazu ist die *SQ3R-Methode* von F. P. Robinson und ihre Erweiterungen. Bild 14 zeigt den schrittweisen Ablauf.

Der erste Schritt „Survey" zielt darauf ab, einen Überblick über den Text oder das Informationsprodukt zu gewinnen. Im nächsten Schritt „Question" stellt sich der Leser mögliche Fragen zum Text. Anschließend findet im „Read"-Schritt ein sorgfältiges Lesen des Texts statt, mit dem Ziel, die Aussage zu verstehen. Im darauffolgenden Schritt „Recite" wird der Abschnitt zusammengefasst und Verknüpfungen werden hergestellt. Als letzte Stufe wird in einem „Review" der Gesamtzusammenhang verstanden und in die Anwendung übertragen.

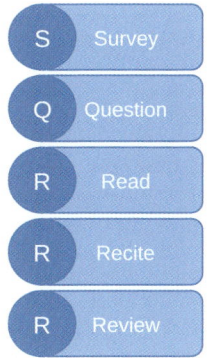

**Bild 14**  SQ3R-Methode

## Erkenntnisse für die Gestaltung von Benutzerinformationen

Für die Gestaltung der digitalen Texte beim „überfliegenden Lesen" lassen sich daraus wichtige Erkenntnisse ziehen. Zunächst einmal ist zu untersuchen, bei welcher Nutzungsart der Dokumentation das überfliegende Lesen eingesetzt wird. Tabelle 4 fasst die Eignung der Lesestrategien je Nutzungsart in drei Eignungsstufen zusammen (nicht geeignet, etwas geeignet, sehr geeignet).

**Tabelle 4**  Nutzungsarten und Lesestrategien von Benutzerinformationen

| Lesestrategie<br>Nutzungsart | „Überfliegendes Lesen"<br>Skimming und Scanning | „Verstehendes Lesen" |
|---|---|---|
| Überblick verschaffen | Etwas geeignet | Sehr geeignet |
| Nachschlagen | Sehr geeignet | Nicht geeignet |
| Sich anleiten lassen | Sehr geeignet | Etwas geeignet |
| Wissen über das Produkt aufbauen oder vertiefen | Nicht geeignet | Sehr geeignet |

### *Nutzungsarten „Nachschlagen" und „sich anleiten lassen"*

Hier kann zunächst Skimming helfen, einen Überblick und eine Orientierung über den Aufbau der Benutzerinformation zu gewinnen. Gestalterisch besonders hilfreich sind:

### Checkliste – Gestaltungsempfehlungen für Skimming beim „Überfliegenden Lesen"

- ☐ Orientierungshilfen wie Inhaltsverzeichnis und Suche prägnant platzieren und gestalten.
- ☐ Bei Mobilgeräten: Mini-Informationsarchitekturen, die die Informationen in passende Einzelteile zerlegen und dem Leser einen Zugriff auf Unterthemen bieten.
- ☐ Titel und Zwischentitel aussagekräftig formulieren.
- ☐ Kerninformationen in die Anfänge von Topics und einzelnen Absätzen legen.
- ☐ Adjektive und Präpositionen wie „immer", „nie", „erst – dann" zur Eindeutigkeit von Aktivitäten verwenden.
- ☐ Bei Handlungsanleitungen: Notwendige Vorarbeiten nennen und am Ende eine Resultatsangabe und evtl. weitere mögliche Schritte angeben.
- ☐ Cuepoints in einem Video (d. h. Einsprungsmarken in einzelne Sequenzen) anbieten.

Im zweiten Schritt kann mittels Scanning das gesuchte Wort oder Konzept innerhalb der gefundenen Informationseinheit gesucht werden. Die Gestaltung wird besonders unterstützt durch:

**Checkliste – Gestaltungsempfehlungen für Scanning beim „Überfliegenden Lesen"**

- ☐ Typografische Auszeichnungen von Schlüsselwörtern, Fakten, Namen von Oberflächenelementen.
- ☐ Feingliedrige Strukturierung der Inhalte in Tabellen und Listen.
- ☐ Nummerierung der Schritte bei Handlungsanleitungen.
- ☐ Bei Touchscreens: Pinch-to-Zoom-Funktion, um gefundene Stellen in gut lesbarer Größe anzuzeigen.

*Nutzungsarten „Überblick verschaffen" und „Wissen über das Produkt aufbauen und vertiefen"*

Auch hier kann zunächst Skimming helfen, einen Überblick und eine Orientierung über den Inhalt zu geben (entspricht „Survey"-Schritt in SQ3R). Die nach dem Survey kommenden Schritte „Question", „Read", „Recite" und „Review" werden von folgenden Gestaltungsmöglichkeiten unterstützt:

**Checkliste – Gestaltungsempfehlungen für „Verstehendes Lesen"**

- ☐ Titel in Frageform formulieren und/oder einleitend Fragestellungen zum Text anbieten.
- ☐ Regelbasierte Fachsprache der Technischen Dokumentation (u. a. Weissgerber[39]).
- ☐ Listen für Aufzählungen von Funktionen oder Tabellen für technische Daten.
- ☐ Bei Konzepten und Funktionsprinzipien: Infografiken zur Veranschaulichung technischer und abstrakter Zusammenhänge.
- ☐ Am Ende die wichtigsten Aussagen zusammenfassen und Praxisbezug herstellen.

### 2.2.4 Studie: Anleitungen als Instrument zur Nutzung unbekannter Funktionen

Produktvielfalt und Funktionsumfang nehmen bei Konsumerprodukten stetig zu. Neue Funktionen werden zwar beworben, allerdings oft nur eine begrenzte Auswahl vor allem neuartiger oder ungewöhnlicher Funktionen. Gleichzeitig ist bekannt, dass Konsumenten nur einen Teil des Funktionsumfangs tatsächlich anwenden (siehe auch die Textbox „Jede fünfte heruntergeladene App wird nur einmal gestartet"). Dabei stellt sich die Frage, ob die nicht genutzten Funktionen für den jeweiligen Anwender

- nicht interessant und nützlich,
- zu kompliziert zu bedienen oder
- einfach nicht bekannt sind.

Falls letzteres zutrifft, müsste der Bekanntheitsgrad der Funktionen gesteigert werden. Hier hat die Bedienungsanleitung einen entscheidenden Vorteil gegenüber allen anderen Kommunikationsmitteln: Nur in der Anleitung werden alle Funktionen eines Gerätes vollumfänglich beschrieben und erklärt. Die Anleitung hätte daher viel zu bieten, wenn sie im Bewusstsein der Konsumenten aus ihrer untergeordneten Rolle herauswachsen würde.

> **Jede fünfte heruntergeladene App wird nur einmal gestartet**
>
> Im Mai 2016 veröffentlichte der Softwarehersteller Localytics aus den USA eine Studie zur App-Nutzung. Localytics bietet mobile Plattformlösungen für mehr als 2,7 Milliarden Geräte und 37.000 Apps an. Ergebnis der Studie zu Abbrüchen von Apps: Jede fünfte heruntergeladene App (23 %) wird vom Nutzer nur einmal gestartet, bevor sie wieder deinstalliert wird. Die Vergleichszahlen in den Vorjahren lagen ähnlich hoch. Dies lässt darauf schließen, dass das erste Öffnen und Nutzen der App entscheidend für die weitere Nutzung ist.
>
> Eine andere Metrik untersuchte als Gegenstück die beibehaltenen Apps. Es zeigte sich, dass 38 % der Nutzer eine App 11mal und häufiger nutzen. Andersherum ausgedrückt: 62 % nutzen eine App seltener als 11mal.
>
> Beide Ergebnisse liegen deutlich unter den Erwartungen der Hersteller, und es stellt sich die Frage nach den Ursachen.
>
> Localytics führte eine weitere interessante Studie durch: Erfüllt das Push-Verfahren, dem allgemein eine positive Wirkung nachgesagt wird, tatsächlich die Erwartungen? In der Studie wurden daher Apps mit In-App-Messaging mit Apps ohne Messaging verglichen. In der Tat zeigte sich, dass die Apps mit Messaging deutlich stärker unter den häufig genutzten Apps vertreten waren (46 %) als Apps ohne Messaging (36 %). Auch in der frühen Nutzungsphase (bei nur ein- oder zweimaliger Nutzung einer App) zeigen In-App-Messages eine positive Wirkung. Das In-App-Messaging kann demnach als vielversprechender Weg betrachtet werden, die Nutzungsdauer von Apps zu verlängern.
>
> *(Quelle: Localytics[40])*

*Bevorzugte Nutzungssituationen von Anleitungen*

Unterschiedliche Studien belegen, dass Anleitungen am häufigsten zur akuten Problemlösung genutzt werden. Auch in dieser Studie wurden zu Beginn in einer Online-Umfrage unter anderem die Nutzungssituationen einer Bedienungsanleitung abgefragt. Die Erkenntnisse waren, dass nur wenige Befragte die Bedienungsanleitung vor der Inbetriebnahme lesen (ca. 8 %). Nach längerem Gebrauch eines Geräts greifen über die Hälfte der Befragten (53 %) auf die Anleitung zur Lösung von Problemen zurück und nur ein Fünftel (20 %), um neue Funktionen auszuprobieren.

*Forschungsfrage*

Kann eine Bedienungsanleitung dazu beitragen, dass mehr Funktionen eines Geräts genutzt werden? Wie kann eine Anleitung zum Ausprobieren neuer Funktionen animieren? Welche Rolle spielt dabei die Gestaltung?

*Studiendesign*

Eine Studie an der Hochschule München erforschte diese grundlegende Fragestellung mit empirischen Methoden. Für die Durchführung der Studie wurde ein aktuelles Alltagsgerät mit neuartigen, vielfach noch unbekannten Funktionen verwendet. Hierzu eignete sich ein Smartphone aufgrund des großen Funktionsumfangs besonders gut. Die praktischen Tests wurden mit dem Samsung Galaxy Nexus durchgeführt. Die getestete Version hatte zum Beispiel gerade die neue NFC-Technik zum Datenaustausch auf geringste Entfernung implementiert, deren Bekanntheitsgrad zum Testzeitpunkt noch nicht so groß war.

Je Phase nahmen 12 Probanden an der qualitativen Studie teil. Die Tester erhielten das Smartphone mit der Bedienungsanleitung. Das Smartphone wurde mit der

## 2.2 Anleitungen 4.0

persönlichen SIM-Karte des jeweiligen Probanden 14 Tage lang unter realen Bedingungen benutzt. Anschließend wurden die Testpersonen interviewt, über einen Fragebogen zur Nutzung des Funktionsumfangs befragt und sie nahmen an einem Eyetracking-Test mit Aufgaben zur Usability der Anleitung teil.

### Qualitative Untersuchung in 3 Testphasen

In den 3 Testphasen wurden unterschiedliche Anleitungstypen für das Smartphone getestet. In Phase 1 und 2 wurden die Original-Anleitung und eine gestalterisch optimierte Variante getestet. Beide Anleitungen hatten gedruckte Form. Die optisch verschönerte Anleitung (gezeigt in Bild 15) wurde von den Benutzern als attraktiv bezeichnet, wies aber auf Grund der gleichen Inhalte nur einen gerin-

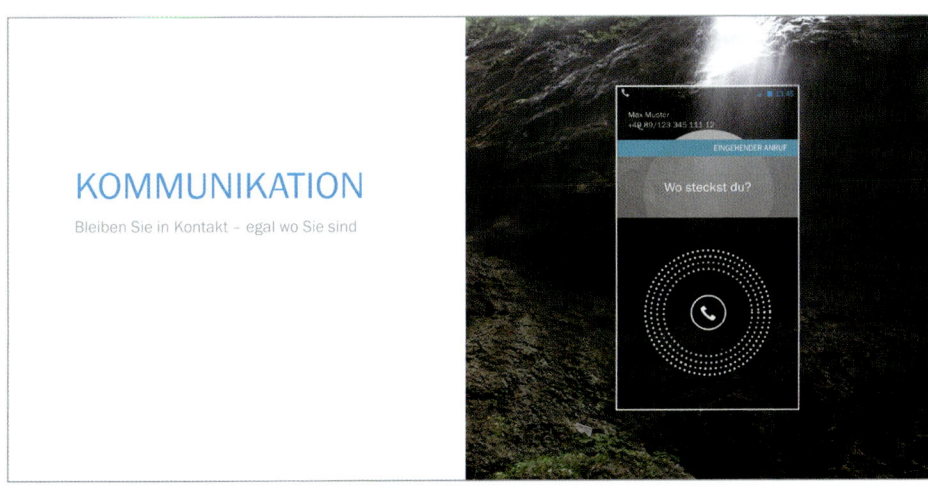

**Bild 15** Beispielseiten der Bedienungsanleitung zur Testphase 2. Quadratisches Format, 4-farbig mit vielen Abbildungen und werblichen Zwischenseiten.
(Quelle: Studie „Meins kann mehr", S. 107)

gen Mehrwert auf. Beide Anleitungen wurden eher wenig genutzt. Das eigentliche Ziel, die Benutzer zum Ausprobieren anzuregen, wurde nicht erreicht.

Die Anleitung in der Testphase 3 sollte die Lust am Kennenlernen und Ausprobieren der Funktionen aktiv fördern. Sie sollte Impulse liefern, mit denen sie auf Funktionen aufmerksam macht. Gleichzeitig sollte der Nutzer dadurch das Produkt für sich selbst entdecken. In der Lernpsychologie ist diese Methode unter „Freude am Lernen durch spielerisches Entdecken" bekannt. Selbstverständlich sollte die Anleitung auch einfach und intuitiv zu handhaben sein. Um diese Anforderungen zu erfüllen, wies die Anleitung folgende Merkmale auf:

- Anstelle einer gebundenen Anleitung eine lose Sammlung von *Funktionskarten* in bunter Spielkarten-Optik und angenehmer Haptik (Bild 16). Die Karten sind erster Eyecatcher und vermitteln einen Überblick über den Funktionsumfang des Geräts.
- *Medienmix* durch unterschiedliche, einfach und schnell aufzufindende Medien, die Abwechslung versprechen und zu einer höheren Akzeptanz der Anleitung führen. Die Funktionskarten, die neue oder komplexe Funktionen beinhalten, sind mit einem NFC-Tag versehen. Durch Halten des Smartphones in unmittelbare Nähe zur Funktionskarte wird ein *Video-Tutorial* aufgerufen. Zudem werden alle Anleitungen, Videos und tiefergehenden Zusatzinformationen zum Gerät über eine *responsive Website* bereitgestellt.
- Inhaltlich ausgerichtet ist die multimediale Anleitung sowohl auf *Einsteiger* als auch auf *Fortgeschrittene*. Neben Schrittanleitungen sind auch Zusatzinformationen enthalten.
- Als weiterer Anreiz zur Nutzung der Anleitung wurde jeweils nach einer Woche eine *Push-Mail* an die Tester verschickt. Die Mail enthielt eine kleine Auswahl an favorisierten Funktionen und schilderte kurz die dazu notwendigen Schritte.

**Bild 16** Beispiele für Anleitungskarten zu Testphase 3
(Quelle: Studie „Meins kann mehr", S. 116)

*Ergebnisse*

In Testphase 1 und 2 wurde die Anleitung kaum genutzt, so dass die hilfreichsten Informationsquellen die Methoden „Ausprobieren" und „Freunde und Bekannte fragen" darstellten. Ganz anders dagegen verhielt es sich bei der Anleitung in Testphase 3, denn dort war die Anleitung der Favorit.

Die andersartige Anleitung, die Strukturierung in Informationshäppchen und der Medienmix waren so gut aufeinander abgestimmt, dass diese Anleitung von einer großen Mehrheit der Teilnehmer (80 %) aus Freude freiwillig genutzt wurde. Der große Vorteil lag im Medienmix, da über diesen verschiedene Zielgruppen und Lerntypen erreicht werden konnten. Über die Funktionskarten wurden die Tester auf die Funktionen aufmerksam und zum Ausprobieren animiert. Über die einfach zu handhabenden Utility-Videos kamen Schritt für Schritt zusätzliche Inhalte hinzu, ohne die Testpersonen mit Informationen zu überfrachten.

Über die Push-Mails und die Inhalte auf der responsive Webseite wurde das Interesse zu tiefergehenden Informationen geweckt. Das Erlernen unbekannter Funktionen konnte dadurch deutlich gesteigert werden. Aus Neugierde auf Neues wurde die Anleitung immer wieder verwendet. Die intensive Nutzung der Anleitung stärkte zudem – eine weitere wichtige Erkenntnis – das Vertrauen in die Anleitung.

*Ausblick*

Natürlich ist der Aufwand, eine individuell konzipierte Anleitung zu erstellen, höher, als diese nur als gebundene Anleitung auf Knopfdruck über ein Redaktionssystem zu erstellen. In welchen Fällen also lohnt sich dieser Aufwand?

- Wenn sich der Funktionsumfang eines Geräts regelmäßig ändert und die Nutzer die neuen Funktionen auch kennenlernen und nutzen sollen.
- Wenn sich ein Produkt in einem Mitbewerbermarkt befindet und Konkurrenzdruck besteht. Über die ausgiebige Nutzung der Funktionen und das Vertrauen in die Anleitung entsteht Kundenbindung.
- Wenn ein neues Gerät, große Produktneuerungen oder neue Varianten auf den Markt gebracht werden.

Ziel der Steigerung des Bekanntheitsgrads von Funktionen und der Nutzung möglichst vieler Funktionen eines Produkts ist die Kundenbindung. Dadurch ist ein neuartiges Konzept zur Steigerung der Funktionsnutzung, wie in dieser Studie erforscht, generell im Interesse eines Unternehmens. An erster Stelle sind hier das Marketing und der Vertrieb zu nennen, um gemeinsam mit der Technischen Redaktion ein strategisches Gesamtkonzept zu erarbeiten.

Ein aktueller Trend geht hin zum Content Marketing. Der Begriff bedeutet, die Interessenten für ein Produkt mittels informierender, beratender und unterhaltender Inhalte anzusprechen und als Kunden zu gewinnen und zu halten. Das Marketing könnte von der Technikkommunikation die für das Content Marketing notwendigen interessanten Sachinformationen erhalten. Und nicht zuletzt gewinnt die Technische Redaktion in zwei Richtungen:

- Unternehmensintern, indem sie einen Beitrag zur Wertschöpfung des Leistungsangebots erstellt.
- Nach außen hin beim Kunden durch höhere Akzeptanz der Anleitungen.

### Checkliste – Wie Anleitungen die Nutzung unbekannter Funktionen steigern können

- ☐ Spielerische Methoden anwenden, wie Funktionskarten in Spielkarten-Optik.
- ☐ Medienmix (von Print über Videos, bis hin zu Webseiten) ist von zentraler Bedeutung.
- ☐ Anleitungs-Medien müssen einfach aufzufinden (z. B. NFC-Tag) sein.
- ☐ Push-Mails mit Hinweisen auf Favoriten-Funktionen steigern die Nutzung der beworbenen Funktionen.
- ☐ Zusammenarbeit zwischen Content Marketing und Technikkommunikation bietet Mehrwert für das Markenimage sowie Möglichkeiten zur Umsatzsteigerung.

> **Veröffentlichung der Studie**
>
> Die Studie wurde in den Jahren 2012 bis 2014 an der Hochschule München als angewandte Forschung im Studiengang Technische Redaktion und Kommunikation durchgeführt. Die Studie mit dem Titel *„Meins kann mehr! Die Bedienungsanleitung als Instrument zur Nutzung unbekannter Funktionen. Eine Studie am Beispiel von Smartphones"* kann über die Website www.trk.hm.edu/forschung/index.de.html bezogen werden.

# 3 Usability

> *„Every application has an inherent amount of irreducible complexity. The only question is who will have to deal with it, the user or the developer."*
>
> Larry Tesler (Der Erfinder von Copy and Paste)

## 3.1 Stellenwert von Usability in der Digitalisierung

Digitale Transformation, smarte Medien und innovative Technologien führen zu einer neuen Dimension von Usability. Die Nutzung der digitalen Geräte wird immer effektiver, effizienter und zufriedenstellender. Da die Digitalisierung sich vielfach als weitgehend automatisierter Prozess zwischen Maschinen äußert, stellt sich die Frage nach neuen Schnittstellen zwischen Mensch und Maschine. In welchen Fällen muss der Mensch noch bei Geräten eingreifen und diese bedienen und steuern? Etwa bei Notfällen, wie Theodor Holm („Ted") Nelson vorgab: „A user interface should be so simple that a beginner in an emergency can understand it within ten seconds."[41]

Zur Veranschaulichung des hohen Stellenwerts von Usability bei 4.0-Produkten und Anleitungen soll der Beitrag in der Textbox aus Sicht der Marktforschung bei car2go dienen.

> **Bedeutung von Usability aus Sicht der Marktforschung bei car2go**
>
> Insbesondere für Unternehmen, die mehr als eine zentrale Benutzungsschnittstelle im Rahmen der Customer Journey aufweisen, spielt eine gute Usability eine entscheidende Rolle bei der Gewinnung und Weiterentwicklung von Kunden. car2go, der weltweit größte Anbieter von flexiblem Carsharing, ist ein hervorragendes Beispiel:
>
> Drei verschiedene Schnittstellen müssen auf Usability hin optimiert und darüber hinaus perfekt aufeinander abgestimmt werden, um dem Kunden eine benutzerfreundliche und nahtlose Inanspruchnahme des Carsharing-Services gewährleisten zu können:
>
> - Die Website des Unternehmens (www.car2go.com) – zum Abruf von allgemeinen Informationen, Kontodaten und Rechnungen sowie für die Erst-Registrierung als Kunde.
> - Die car2go App – zur Abwicklung des gesamten Miet- und Nutzungsprozesses der Fahrzeuge.
> - Das Carsharing-Fahrzeug selbst und dessen dahinter liegende App-gesteuerte Telematik. Unter die Telematik-Funktionen fallen etwa das Öffnen und Schließen des Autos sowie der Abmiet-Prozess.
>
> Eine optimal aufeinander abgestimmte User Interaction ist gegeben, wenn der Kunde beim Anmieten des Fahrzeugs mit dem Smartphone (Bild 17 links), bei der Fahrzeugnutzung am integrierten Touchscreen (Bild 17 rechts) und beim Einsehen der für die Fahrt angefallenen Rechnung auf der Website einen stringenten gehaltenen User Flow erlebt.

**Bild 17** Links: car2go App; Rechts: car2go Nutzung im Fahrzeug

Seit Anfang 2015 investiert car2go im Rahmen der User Experience Division der globalen Marktforschungsabteilung systematisch in die Erforschung und Optimierung der Usability dieser Benutzungsschnittstellen. Zu den regelmäßig durchgeführten Maßnahmen zählen:

- Qualitative Grundlagenforschung zu Nutzungsmotiven und -anforderungen, realisiert in Form von Tiefeninterviews, Fokusgruppen oder ethnografischen Ansätzen.
- Online-Panel-Befragungen über vorrekrutierte Probanden-Pools im Internet zur Überarbeitung der Konzepterklärungen und Anleitungen – beispielsweise das Testen unterschiedlicher Wordings/Tonalitäten über quantitative Erhebungen.
- Leitfadengestützte Usability-Interviews mit Vorgabe konkreter Bedienaufgaben im Labor oder im Fahrzeug selbst, teilweise mit Einsatz von Eyetracking.
- Remote Usability-Tests, zum Beispiel über Access-Panel-Studien oder Crowd-basiert.
- Interne Workshops unter Beteiligung der Product Owner und der Softwareentwickler, moderiert vom User Experience Research Team.

Die systematische Usability-Verbesserung stellt bei car2go einen entscheidenden Treiber für das übergreifende Kundenerlebnis (Customer Experience) dar. Die Maßnahmen tragen wesentlich dazu bei, die Bindung der Kunden an den Anbieter zu erhöhen und sie schlussendlich zu vermehrten Fahrten mit der Carsharing-Flotte zu animieren. Außerdem werden darüber Weiterempfehlungs-Effekte (Word-of-Mouth) angestoßen, die die Grundgesamtheit der Kunden auf organischem Wege vergrößern.

*Sebastian Syperek, Head of Market Research, car2go Group GmbH*

## 3.2 Utility, Usability und multimodale Attraktivität

Zu Beginn sollen die zentralen Konstrukte Utility und Usability in Bezug auf Produkt und Anleitung voneinander unterschieden und definiert werden. Da die Anleitung nach dem Produkthaftungsgesetz integraler Bestandteil des Produkts ist, treffen auf diese die gleichen Anforderungen zu. Utility und Usability sind Eigenschaften eines Produkts, die jedoch keine festen Produkteigenschaften sind, sondern sich erst im Gebrauch durch den Benutzer objektiv und situationsabhängig messen lassen. Die Erfüllung des Produktnutzens und damit auch der Anleitung zeigt sich erst in deren Gebrauch.

Utility und Usability treten in Verbindung miteinander auf und sind Eigenschaften des übergeordneten Konstrukts der User Experience. User Experience ist weiter

## 3.2 Utility, Usability und multimodale Attraktivität

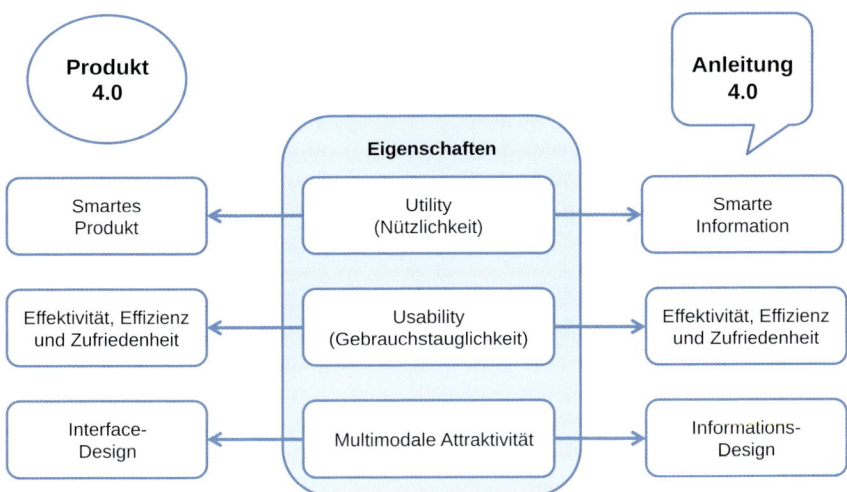

**Bild 18** Utility, Usability und multimodale Attraktivität in Bezug auf Produkte und Anleitungen

gefasst und bezieht sich auf die Gesamtheit der Erfahrungen, die ein Nutzer mit einem Produkt oder Service macht.

Bild 18 gibt einen Überblick über die Konstrukte Utility, Usability und multimodale Attraktivität in Bezug auf Produkt und Anleitung.

*Utility*

Die Tauglichkeit (Utility) eines Produkts oder einer Anleitung ist dann gegeben, wenn die vom Benutzer benötigte Funktionalität bzw. Information zur Verfügung gestellt wird.

Ein digitales Produkt ist also für den Benutzer nützlich, wenn es sich im Zeitalter der Digitalisierung um ein smartes Produkt handelt. Ein solches Produkt weist die technischen und technologischen Merkmale von Cyber-physikalischen Sytemen) und IoT) auf, wie etwa Vernetzung oder Autonomie.

Eine Anleitung ist für den Benutzer nützlich, wenn sie smarte Informationen bietet und so für eine optimale Benutzerassistenz (User Assistance) sorgt. Benutzerassistenz umfasst alle Arten von Benutzerinformation. Sie unterstützt den Benutzer etwa durch Use-Case-orientierte Anleitungen, Workflow-Assistenten oder individualisierte Information.

*Usability*

Bei Usability geht es darum, wie gut ein Benutzer die Funktionalität bzw. die Information nutzen kann, die ein Produkt bzw. eine Anleitung anbietet. Usability wird auch als Gebrauchstauglichkeit oder Benutzerfreundlichkeit bezeichnet. Die Kriterien für eine gute Usability sind Effektivität, Effizienz und Zufriedenstellung (DIN EN ISO 9241-11), die sowohl für technische Produkte als auch für Informationsprodukte gleichermaßen gelten.

Effektivität bezieht sich sowohl auf die vollständige Zielerreichung bei der Produktfunktion wie bei der Informationsaufnahme. Unter Effizienz ist der verhältnismäßige Aufwand des Benutzers zu verstehen, um mit einer Funktion ein Ziel zu erreichen oder eine Anleitung zu finden, aufzunehmen und umzusetzen. Die Zufriedenstellung umfasst die positiven Einstellungen gegenüber der Produkt- und Anleitungsnutzung.

In diesem Buch sind die Kriterien sowie die Grundsätze der Dialoggestaltung wie Aufgabenangemessenheit, Selbstbeschreibungsfähigkeit etc. im normativen Teil erläutert und mit Beispielen getrennt nach Produkt und Anleitung beschrieben (3.5.2 Gestaltung von Software und Systemen, ab Seite 67).

*Multimodale Attraktivität*

Nach Krömker stellt die visuelle Attraktivität eine weitere von Utility und Usability zu unterscheidende Produkteigenschaft dar, die sich auf die User Experience auswirkt.[42] Die Beschränkung bei Krömker auf die rein visuelle Sinneswahrnehmung wird hier erweitert. Sie umfasst alle Modalitäten (siehe auch DIN EN ISO 9241-112), das heißt, die visuelle, akustische und taktil/haptische Art der Ein- und Ausgaben bei der Mensch-Maschine-Interaktion. Die Wahrnehmung kann visuell über die Augen, auditiv über die Ohren, aber auch haptisch über die Haut erfolgen. Eine 3D-Animation ist visuell anschaulich, eine Höranleitung ist auditiv prägnant verfolgbar. Produktoberflächen können durch vielfältige Bearbeitungsmethoden haptisch ansprechend gestaltet werden. Die multimodale Attraktivität wird hier also auf gestalterische Aspekte bezogen. Im Falle des Produkts handelt es sich um die Gestaltung des Interface-Designs, bei Anleitungen um die Darstellung der Information.

## 3.3 Zugriffsverfahren für die Benutzerassistenz

Im digitalen Zeitalter haben sich die Möglichkeiten, wie Benutzer an hilfreiche Informationen zur Produktnutzung gelangen, vervielfältigt. Im Fokus stehen dabei die Hilfeformen, die über digitale Medien zur Verfügung gestellt werden. Natürlich gibt es daneben auch die Form, Bekannte und Freunde zu befragen und sich anleiten zu lassen. Sie ist wegen der direkten Art der Kommunikation geschätzt und wird stets mit digitalen Angeboten konkurrieren. Allerdings haben sich neue Community-basierte Formen entwickelt, die dem „Freunde-fragen" sehr nahe kommen und ähnliche Beliebtheit erreicht haben.

Welche Hilfeangebote generell bereit stehen, soll ein Modell erläutern. Zunächst werden die Zugriffsverfahren Pull, Push und Contact vorgestellt:

- *Pull*
  Hierbei steuert in erster Linie der Benutzer den Informationsfluss, indem er aktiv nach Informationen sucht. Der Zugriff führt zu einer benutzerinitiierten Hilfe. In der Regel lässt sich dieses Zugriffsprinzip nicht aus einem Arbeitskontext ableiten.

- *Push*
  Die Informationen werden automatisch von einem System oder Produkt angeboten und der Benutzer kann sie unmittelbar lesen, ohne selbst aktiv

## 3.3 Zugriffsverfahren für die Benutzerassistenz

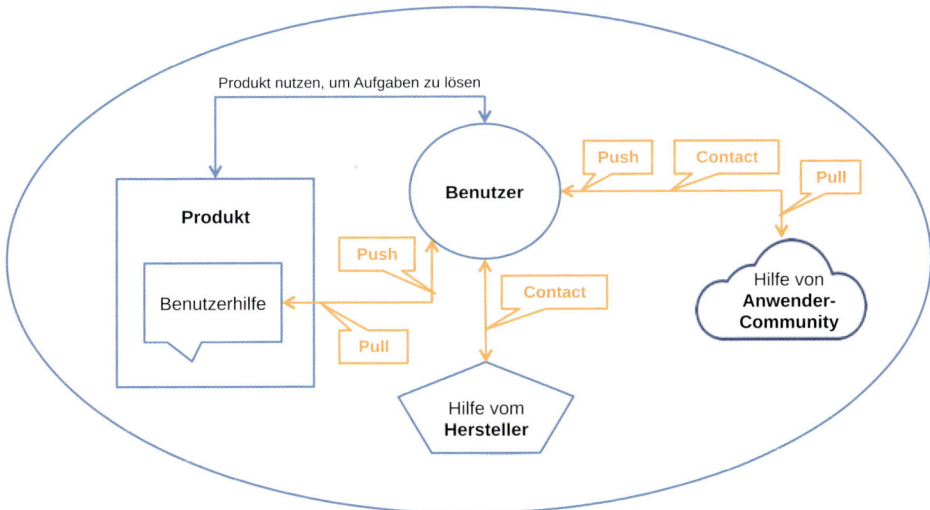

**Bild 19** Zugriffsverfahren für die Benutzerassistenz (Modell)

danach zu suchen. Dieser Zugriff führt zu einer systeminitiierten Hilfe. Produktbezogene Hilfe hat in der Regel einen Kontext zur aktuellen Aufgabe des Benutzers im System.

- *Contact*
  Hier findet eine in der Regel beidseitige Kommunikation zwischen Personen statt. Ein hilfesuchender Benutzer führt einen Dialog, mündlich oder schriftlich, mit einer erfahrenen Person. Zum Contact-Prinzip zählt daneben auch die einseitige digitale Kommunikation des Benutzers, um Feedback zu geben.

Das Modell (Bild 19) zeigt den Benutzer im Mittelpunkt. Die Ausgangssituation ist bekannt: Er möchte ein Produkt nutzen, um ein bestimmtes Ziel zu erreichen und Aufgaben zu lösen. Benutzerunterstützung beim Lösen der Aufgabe erhält der Anwender unter anderem durch Benutzerinformationen. Diese Informationen können zum Produkt selbst gehören, von Mitarbeitern des Herstellers stammen oder Anwender-Community-Foren entnommen werden. Das Bild veranschaulicht, auf welche Weise der Benutzer auf die verschiedenen digitalen Hilfeangebote zugreifen kann.

### Benutzer und Produkt

Jedem Produkt liegt eine Benutzerinformation zum Gebrauch oder zur Vermittlung von Hintergrundwissen bei. Die Information kann dabei in das Produkt integriert sein, zum Beispiel als Onlinehilfe oder In-App-Help, oder ein separates Informationsprodukt wie eine mobile Dokumentations-App sein. Verwendet der Benutzer die Benutzerinformationen des Produkts, lassen sich zwei Zugriffsverfahren unterscheiden. Beiden Verfahren ist gemeinsam, dass sich der Benutzer über ein schriftliches Medium informiert:

- *Pull*
  Der Benutzer wendet verschiedene Strategien an, um aktiv nach den gewünschten Informationen zu suchen. Das System stellt Hilfefunktionen, aufrufbar über Menüs oder Buttons, zur Verfügung. Innerhalb der Dokumentationen kann der Benutzer über verschiedene Suchfunktionen oder Verzeichnisse detaillierter suchen. Alternativ lassen sich Suchbegriffe auch über Spracheingabe oder QR-Codes eingeben, die im Vergleich zu den schriftlichen Suchanfragen effizienter sind.

- *Push*
  Systeminitiierte Hilfe hat in der Regel einen Bezug zur aktuellen Aufgabe und zur letzten Benutzeraktion. Sie ist damit themenbezogen und situationsbezogen. Sie kann auch von bestimmten Systemzuständen abhängen, wie im Falle einer Fehlermeldung oder eines nächsten Wartungsschritts. Die aktuelle Nutzungssituation kann hier im Vergleich zu den anderen Zugriffen am stärksten einbezogen werden. Die Hilfe wird automatisch bereitgestellt und der Benutzer kann entscheiden, ob er sie lesen möchte.

*Benutzer und Hersteller*

Manche Benutzer bevorzugen generell den Kontakt zum sachverständigen Hersteller, um dort gezielt ihre Fragen zu besprechen. Beim Hersteller wird in der Regel der Kundendienst oder Support angefragt. Es findet ein Dialog nach dem Contact-Prinzip in den Varianten beidseitig (typisch), aber auch einseitig, statt.

- *Contact (beidseitig)*
  Der Benutzer nutzt aktiv das Telefon, Instant-Chats, Video-Chats oder Fragen und Antworten (FAQ) mit abschließender direkter Kontaktaufnahme, um seine Fragen zu stellen. Über den zustande kommenden Dialog hat er die Möglichkeit, so lange nachzufragen, bis seine Fragen zufriedenstellend beantwortet sind.

- *Contact (einseitig)*
  Der Benutzer möchte hierbei mit dem Hersteller in Kontakt treten, um Feedback zu geben. Beim Feedback kann es vorkommen, dass der Benutzer Inhalte bewertet, wie etwa die Abfrage in einem Hilfethema: „War diese Information für Sie hilfreich?" Auch das Einreichen von Verbesserungsvorschlägen gehört zu dieser Form.

*Benutzer und Anwender-Community*

In den letzten Jahren hat der Informationsaustausch mit der Anwender-Community stark zugenommen. Die eingesetzten Zugriffsverfahren umfassen Push, Pull und Contact.

- *Pull*
  Der Benutzer greift mittels Suchmaschinen und Benutzer-Foren auf Informationen, Erfahrungswerte und Lösungsvorschläge anderer Anwender zu. Eine immer häufigere Form sind benutzererstellte Videos, die eine Problemlösung authentisch veranschaulichen.

- *Push*
  Über Big Data lassen sich die häufigsten oder kritische Fälle von elektronisch erfassten Benutzerproblemen ermitteln. Die Lösungen dieser Probleme können Unternehmen wieder an die gesamte Community zurückgeben, z. B.: „Die häufigsten Fragen" oder „Andere interessieren sich auch für …". Benutzer können auch Nachrichten über neue Problemlösungen abonnieren.

- *Contact*
  Bei der beidseitigen Variante versuchen Benutzer eine Frage an die Community zu stellen, die dann von einem oder mehreren anderen Benutzern mit etwas Zeitversatz beantwortet wird. Typisch ist, dass mehrere Antworten eingehen. Über Forumsfunktionen kann in der Regel auch ein schriftlicher Dialog zur Problemlösung geführt werden. Die einseitige Variante bezieht sich dagegen z. B. auf Bewertungen eines Produkts einschließlich Anleitung, die nur für andere Benutzer bestimmt sind. Bewertungen lassen sich wiederum von anderen Community-Mitgliedern durch Zustimmung oder Ablehnung kommentieren.

Die unterschiedlichen Zugriffskonzepte sollen nun im Hinblick auf deren Usability bewertet werden. Angesetzt werden die Konzepte der Effektivität, Effizienz und Zufriedenstellung. Effektivität gibt an, wie passgenau und konkret die Informationen auf die Problemlösung passen. Effizienz beschreibt die Zugriffszeit und die nötigen Interaktionen bis zur gesuchten Information. Unterschieden wird dabei je Informationsquelle: Produkt, Hersteller oder Community nach den Zugriffsverfahren Push, Pull und Contact. Im Falle von Contact ist hier nur die beidseitige Dialogform gemeint. Die Werte unterteilen sich in *hoch*, *mittel* oder *gering* mit jeweiliger Begründung.

Das Usability-Konzept der Zufriedenheit wird nicht detailliert ausgewertet, da es abhängig ist vom Erfolg der Informationssuche. Grundsätzlich sind die Contact-Zugriffe von einer höheren Zufriedenheit geprägt als Push und Pull, was sich vom persönlichen Austausch ableiten lässt. Dabei ist die Hemmschwelle, sich mit der Community auszutauschen, niedriger als für den Austausch mit dem Hersteller.

Zusammenfassend lässt sich festhalten, dass die *Push-Verfahren* einerseits eine hohe Effizienz aufweisen, die (vorausgewählten) Informationen aber nicht immer den Informationsbedarf der Anwender in Gänze erfüllen.

Bei Informationen, die ein Benutzer per *Pull-Verfahren* abruft, ist die Effizienz bei Suche und Navigation niedriger, d. h. die Aufwände sind höher. Ein Vorteil ist, dass die Information durch wiederholte Pull-Zugriffe vollständig ermittelt werden kann.

Bei den *Contact-Zugriffen* hängt die Effizienz von den technischen Kommunikationsmedien, dem Know-how der Befragten, den Ressourcen und den Wartezeiten ab und schwankt demzufolge stark. Ein Instant-Chat mit einem gut besetzten Kundendienst, der ad hoc in Dialog tritt, ist effizienter als ein Sprachcomputer mit Wartezeiten, der erst als letzte Option den persönlichen Dialog bietet.

**Tabelle 5** Bewertung von Zugriffsverfahren auf Informationen (Pull, Push und Contact) hinsichtlich Effektivität und Effizienz

| Zugriffsverfahren auf Informationen | Effektivität | Effizienz |
|---|---|---|
| | **Benutzer und Produkt** | |
| Pull | • Hoch (vollständige Information) | • Niedrig (Such- und Navigationsaufwand) |
| Push | • Mittel (knapp, deckt nicht tieferen Informationsbedarf) | • Hoch (unmittelbar angezeigt, keine bis wenige Klicks) |
| | **Benutzer und Hersteller** | |
| Contact | • Hoch (da Fachpersonal) | • Mittel (abhängig von Wartezeit, Ressourcen und Kommunikationstechnik) |
| | **Benutzer und Anwender-Community** | |
| Pull | • Hoch (Qualitätssicherung durch Crowd) | • Mittel (Google-Suche, Foren, Suchaufwand durch Vielzahl von Einträgen) |
| Push | • Niedrig (Relevanz schwankt) | • Hoch (unmittelbar angezeigt, keine bis wenige Klicks) |
| Contact | • Mittel (Qualität kann schwanken) | • Niedrig (Zeitverzug im Dialog) |

#### Checkliste – Zugriffsverfahren für Benutzerassistenz

☐ Die im Produkt integrierte Benutzerinformation im Push-Zugriff eignet sich gut für kontextbezogene Informationen.

☐ Benutzerinformationen, die Benutzer im Pull-Verfahren aufrufen, sollten umfassende, übergreifende und tiefergehende Informationen bereithalten.

☐ Die Informationsanfragen beim Hersteller können durch Instant-Chats, Video-Chats sowie durch gute personelle Besetzung effizient gestaltet werden.

☐ Die Benutzeraktivitäten in den Anwender-Communities sind einem regelmäßigen Monitoring zu unterziehen. Weiter empfiehlt es sich, teils moderierend einzugreifen, um die Effektivität der Information zu heben.

## 3.4 Usability in der Firmenpraxis (Styleguides)

Als Styleguides werden im Softwarebereich Hersteller- und Firmenrichtlinien bezeichnet, die die Gestaltung von Benutzungsoberflächen beschreiben. Dabei werden in der Regel sämtliche Bedienelemente, deren Position sowie allgemeine Gestaltungsgrundsätze wie Farben, Typografie oder Sprachgebrauch festgelegt.

Firmen-Styleguides verfolgen das Ziel, die User Interfaces ihrer Softwareprodukte und Systeme zu vereinheitlichen und an Gebrauchstauglichkeit auszurichten. Die Art der Gestaltung wirkt sich auch auf das Image und die Beliebtheit der Firmen aus und ist auch deshalb für diese von großer strategischer Bedeutung. Die Styleguides sind meist öffentlich verfügbar, damit verschiedene Programmierer standardisierte Anwendungen auf dieser Basis entwickeln können.

An der Konzeption von Styleguides arbeiten Interfacedesigner, Interaktionsdesigner, Usability-Experten und Informationsentwickler in enger Zusammenarbeit mit. Insbesondere auch die Richtlinien für Benutzerinformationen in den Systemen sind für die Zusammenarbeit zwischen App-Entwicklern und Informationsentwicklern von zentraler Bedeutung. Beide Parteien sollten Kenntnis von den Richtlinien haben und Hilfen benutzerorientiert umsetzen. Zur Akzeptanz auf dem Markt ist es nötig, auch spätere Benutzer in iterative Testreihen einzubeziehen. Damit die Benutzer die Entwürfe der Bedienelemente bewerten können, sollten diese als mehr oder weniger ausgefeilte Prototypen vorliegen.

**Styleguides für Betriebssysteme auf Desktop-Computern**

Jedes Desktop-Betriebssystem besitzt seine eigenen Styleguides. Für die Hersteller Apple und Microsoft sollen diese mit Fokus auf die Gestaltungselemente für die Benutzerinformation kurz vorgestellt werden.

*Apple OS X Human Interface Guidelines*[43]

Die Designrichtlinien für Mac OS X Yosemite Desktop-Computer unterteilen sich in Designgrundlagen und -strategien mit Fokussierung auf den User, Menüs, Windows, Controls und Views, Technologien, Icon und Image Design sowie Revisionshinweise. Angaben zur *User Assistance*, also zur Benutzerassistenz, finden sich im Abschnitt unter den Technologien.

OS X unterstützt zwei Arten von Benutzerinformationen:

- *Help tags*
  Sie bieten kontextsensitive, temporäre Hilfe (entspricht Tooltips bei Mouse Over).
- *Apple Help*
  Sie enthält ausführliche Beschreibungen von Themen und Aufgaben. Diese Hilfe ist über das Hilfemenü, über den Hilfe-Button in einem Dialog (kleiner runder Button mit Fragezeichen) oder über einen Menübefehl aufrufbar. Die Themen werden im Apple-spezifischen Help Viewer angezeigt, der einer Browser-basierten Anwendung ähnelt. Ein wichtiger Vorteil des Help Viewers ist die Suchfunktion, über die die Benutzer sämtliche auf dem System verfügbaren Hilfeinhalte übergreifend durchsuchen können (siehe Bild 20). Der Styleguide rät davon ab, kundenspezifische Help Viewer zu entwickeln, da die hilfesuchenden Anwender womöglich in einer frustrierten Stimmung sind und es daher kein guter Zeitpunkt ist, sie mit einer weiteren Funktion zu konfrontieren.

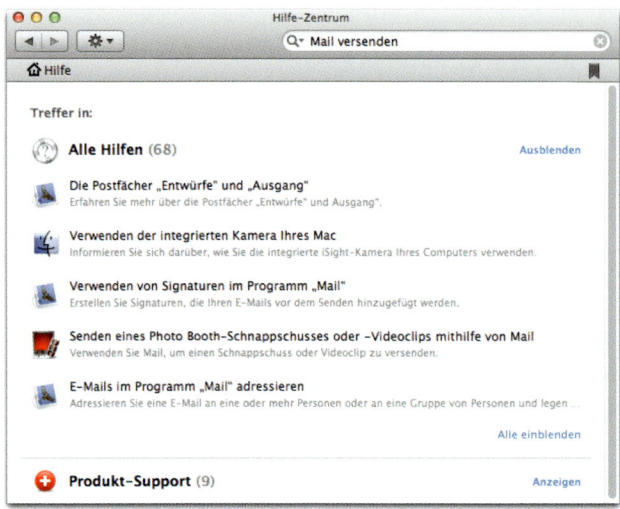

**Bild 20** Apple Help Programming Guide: Suchfeld im Help Viewer (Quelle: Website[44])

*Microsoft Universal Windows Platform (UWP)*

Bei Microsoft wirkt sich das Konzept der *universellen Windows-Plattform* (kurz: UWP) neben der Entwicklung auch auf die Design- und User-Interface-Richtlinien aus. Mit UWP ist eine Windows-Umgebung für sämtliche Anwendungen/Apps gemeint, die unter Windows 10 (erstmals unter Windows 8) ausgeführt werden kann. Dabei werden alle Windows 10-basierten Geräte wie Desktop-Computer, Tablets, Smartphones, Xbox-Geräte und IoT-Geräte unterstützt. Hinter UWP liegt der Gedanke, dass die Nutzer die gelernte Bedienung der Apps auf allen Geräten anwenden können. Da sich die Geräte je nach Bildschirmgröße und Interaktionsmodellen wie Touchscreen, Maus, Tastatur, Gamecontroller oder Stift vielfach unterscheiden, werden UWP-Apps nach Gerätefamilien entwickelt, nicht nach dem Betriebssystem. Eine Beschreibung des Windows Styleguides findet sich im folgenden Abschnitt für Styleguides für Mobilgeräte.

**Styleguides für Mobilgeräte**

Im Bereich der Mobilgeräte sind die Betriebssysteme abhängig von Herstellern wie Apple, Android oder Windows. Für jedes Betriebssystem gibt es daher spezielle Designvorgaben für die mobilen Benutzeroberflächen und die Standard-Apps.

*Styleguides für Apps*

Die Styleguides der derzeit verbreiteten mobilen Betriebssysteme sind:

- Apple iOS Human Interface Guidelines[45]
- Android Developer Portal – Design[46]
- Microsoft Entwicklerressourcen > Windows App > Design und UI[47]

Eine systematische Beschreibung der Gestaltungsrichtlinien, die für alle Plattformen gelten, sowie auch für die spezielle Optik in den Benutzeroberflächen von

## 3.4 Usability in der Firmenpraxis (Styleguides)

iOS, Android und Windows Phone gibt das Buch von Gralak & Stark.[48] In den App-Styleguides finden sich durchweg auch Richtlinien zur Verwendung der Hilfe.

*Beispiel für eine In-App Help (Windows App-Entwickler-Guide)*

Am Beispiel des Windows *App-Entwickler-Guides* sollen die Vorgaben für eine App-Hilfe[49] erläutert werden. Die Hinweise speziell zur Hilfe finden sich zusammen mit denen zu Barrierefreiheit, Globalisierung und App-Einstellungen unter dem Oberbegriff *Nutzbarkeit* (auf der englischsprachigen Webseite mit „Usability" bezeichnet). Der Abschnitt zur App-Hilfe verweist gleich zu Beginn darauf, dass ein intuitives Design unabdingbar ist und nicht durch eine noch so gute, hochwertige Hilfe ausgeglichen werden kann. Hilfe ist aber notwendig, wenn Anwendungen sehr komplex sind oder wenn Benutzer bei längerer Nutzung auch anspruchsvollere Features dazulernen möchten. Es werden drei Kategorien von Hilfeinhalten unterschieden, die sich für unterschiedliche Zwecke eignen. Den Entwicklern von Apps wird empfohlen, die Kategorien je nach Bedarf beliebig zu kombinieren.

- *Anleitungen auf der Benutzeroberfläche*
  Auch bezeichnet als „selbsterklärendes User Interface", eignen diese Anleitungen sich dazu, Benutzern Lerninhalte zu vermitteln, die diese noch nicht kennen. Beispiele sind bestimmte Gesten, die erforderlich sind, oder sekundäre Funktionen, die nicht offensichtlich sind (ein Darstellungsbeispiel zeigt Bild 21). Die Anleitungen werden direkt auf der Benutzeroberfläche dargestellt.

**Bild 21** Beispiel für Erläuterung von Gesten auf der Startseite einer App (Konzept der integrierten Benutzerhilfe von Biadsi[50])

- *In-App-Hilfe*
  Diese Hilfe befindet sich als eigenständiges Element innerhalb der App und wird auf Anforderung des Benutzers angezeigt. Die In-App-Hilfe kann unterschiedliche Formen annehmen, wie: eine oder mehrere *Hilfeseiten*, *Popups* oder *Beschreibungen*. Hilfeseiten sind geeignet für allgemeine Fragen eines Benutzers oder nützliche Anweisungen, Tooltips bieten kontextbezogene Unterstützung. Bei den Beschreibungen handelt es sich um weitere Informationen zu einer Funktion, die die Kenntnisse des Benutzers vertieft, dem diese Funktion an sich bereits bekannt ist.

- *Externe Hilfe*
  Darunter versteht man externe Webseiten mit Hilfethemen oder Lernprogramme und ausführliche exemplarische Vorgehensweisen. Da die externe Hilfe aus der App heraus verlinkt ist und diese die Anwendungsnutzung unterbricht, sollte diese Kategorie sparsam eingesetzt werden. Der Zugriff auf die externe Hilfeseite kann entweder kontextbezogen sein, ausgehend von der aktuellen Nutzungssituation oder einem Problem, oder den Nutzer auf eine allgemeine Hilfe weiterleiten.

### Styleguides für Standard-Anwendungssoftware

Auch Hersteller von Standardsoftware wie SAP oder Microsoft Office definieren ihre Gestaltungsangebote in Styleguides. Exemplarisch für Anwendungssoftware werden in der Textbox Design Guidelines und Styleguides von SAP[51] und ihre Bedeutung für die Entwicklung der Software und der Benutzerinformationen vorgestellt.

---

**Zentrale SAP Styleguides: User Experience meets User Assistance**

SAP ist Marktführer für Unternehmenssoftware. Entsprechend groß ist das Produktportfolio (siehe http://www.sap.com/solution). Unser Leitprinzip ist „Run Simple". SAP möchte den Arbeitsalltag und das Leben von Anwendungsbenutzern und IT-Mitarbeitern vereinfachen. Die Zeiten komplexer, monolithischer Anwendungen sind vorbei. Heute erwarten Benutzer intuitiv bedienbare Apps, die auf ihre Aufgaben zugeschnitten sind und einheitlich auf Desktop-Computern und Mobilgeräten funktionieren.

**SAP Fiori Design Guidelines**

SAP Fiori ist die neue Oberfläche für SAP-Software im gesamten Unternehmen. SAP Fiori bietet eine rollenbasierte Benutzererfahrung unabhängig von Geschäftsbereich, Aufgaben und Geräten. Von zentraler Bedeutung sind hierbei die SAP Fiori Design Guidelines (https://experience.sap.com/fiori-design). Sie richten sich an User Experience Designer, sind aber auch für Informationsentwickler relevant. Die Guidelines bilden das Design von SAP Fiori ab. SAP Fiori basiert auf den Designprinzipien **„rollenbasiert, ansprechend, kohärent, einfach und adaptiv"**. Das Ziel sind Apps, die sich dem Benutzer über intuitives Interaktionsdesign erschließen.

Die SAP Fiori Design Guidelines beschreiben nicht nur die Verwendung der Bedienelemente und Interaktionsmuster, sondern gehen darüber hinaus: Sie empfehlen zusätzlich einen design- und benutzerorientierten Prozess, den sogenannten **„Design-Led Development Process"** mit den Phasen Discover, Design, Develop und Deploy. Anwenderforschung, Kundenworkshops und Prototypen sind genauso wichtig wie das Entwickeln der Software selbst. Bei SAP ist der Design-Led Development Process über Design Gates (offizielle Checkpunkte nach jeder Phase) implementiert.

## 3.4 Usability in der Firmenpraxis (Styleguides)

Natürlich – auch das stellen die SAP Fiori Design Guidelines heraus – bedarf es dazu eines **interdisziplinären Produktteams** in einem agilen Entwicklungsprozess:

- den Product Owner mit der Gesamtverantwortung für zusammengehörige Apps,
- einen User Researcher, der Anwendungsfälle recherchiert, Benutzer befragt und mit ihnen Tests durchführt,
- den User Experience Designer, der für Prototypen und Designspezifikationen verantwortlich ist,
- den Softwareentwickler, der das Design in Software umsetzt,
- den Informationsentwickler, der – sobald Prototypen entstehen – für benutzerfreundliche und sprachlich korrekte Terminologie und Oberflächentexte sorgt (auch im Hinblick auf die Übersetzung!), und
- einen Quality Expert, der funktionale Tests aufsetzt.

**SAP Style Guide for Technical Communication**

Dieser rein interne Styleguide richtet sich an Informationsentwickler und Übersetzer. Der Styleguide beschreibt den generischen, toolneutralen Rahmen für jegliche Art von Benutzerhilfe. Er gilt SAP-weit, nicht nur für SAP Fiori.

*Hinweis: Die Produktbereiche/-arten erstellen, oft pragmatisch als Wiki, ergänzende Benutzerhilfe-Styleguides, die auf ihre Situation (Cloud/on-premise/mobile, Produktumfang, Anwendungsfall, Personas, User-Interface-Technologie etc.) zugeschnitten sind. Solche Styleguides enthalten die Liste der produktspezifischen Hilfearten und Regelungen pro Hilfeart sowie Toolanweisungen.*

Im *sprachlichen Teil* des SAP Style Guide for Technical Communication geht es um Stil, Wortwahl, Tonalität, Formulierungsmuster, Produktnamen, Zahlen, Umgang mit Abkürzungen, Präpositionen etc. Natürlich sind auch sprachspezifische Regeln für Englisch und Deutsch enthalten, z. B. zur Zeichensetzung oder zu Komposita. Das sind die traditionellen Themen eines Styleguides.

Die Verantwortung eines Informationsentwicklers umfasst mehr, denn es geht um die Frage: Welche Informationen werden wie mit einer Software(art) ausgeliefert? Der SAP Style Guide for Technical Communication propagiert ein *ganzheitliches Verständnis von Benutzerhilfe*:

- Oberflächentexte, In-App-Hilfe und Dokumentation müssen gemeinsam betrachtet werden. Sonst kommt es zu Inkonsistenzen, Redundanzen oder Widersprüchen.
- Benutzerhilfe ist nicht nur Text, sondern es geht auch um den gezielten Einsatz von Multimedia, wie z. B. Videos oder interaktiven Grafiken. Da Multimedia ein eigenständiges Thema mit viel Dynamik ist, verweist der Styleguide lediglich auf das SAP-interne Forum „Multimedia in User Assistance", das von Medienexperten betreut wird.

Um die *produktspezifischen Arten von Benutzerhilfe* festzulegen, empfiehlt der SAP Style Guide for Technical Communication dem Informationsentwickler, mithilfe des Produktteams folgende Aspekte zu recherchieren:

- *Benutzertypen (Zielgruppen, Personas):* Neben Endbenutzern gibt es auch Superuser, Administratoren, Implementierungsteams und Entwickler. Merke: Auch Apps haben meist ein Back-End.
- *Informationsbedürfnisse:* Alle Zielgruppen erwarten konsistente Terminologie, benutzerfreundliche Oberflächentexte (z. B. Feldbezeichner, Meldungen) und Deltainformationen (was ist neu/geändert?). Je nach Softwareart, Komplexität, Rolle, Aufgaben etc. können Themen wie betriebswirtschaftlicher Kontext, Installation/Upgrade, Konfiguration, Personalisierung, Sicherheit oder Erweiterbarkeit relevant sein.
- *Darreichungsformen (Oberfläche versus Dokumentation):* Es gilt das Primat „UI first". Erst die Oberfläche in Ordnung bringen, dann ggf. In-App-Hilfe wie z. B. ein Mouse Over oder ein eingebettetes Video anbieten. Dies hängt technisch von der User-Interface-Technologie und dazugehörigen Help Viewern ab. Komplexes Hintergrundwissen

gehört in separate Dokumentation, die für die jeweilige Zielgruppe leicht auffindbar sein muss und mit Multimedia angereichert wird. Der Styleguide warnt auch vor „stating the obvious" Click-Level-Beschreibungen in der Dokumentation. Entweder sind sie überflüssig oder durch Schwächen im Interaktionsdesign bedingt.

Ein Beispiel: Ein Produkt hat im neuen Release für den Administrator einen Konfigurations-Wizard. Der Konfigurationsleitfaden kann nun entschlackt werden. Aber auch der Konfigurations-Wizard braucht gute Oberflächentexte und ggf. In-App-Hilfe oder einen Link auf Dokumentation mit betriebswirtschaftlichen Erläuterungen oder technischen Aspekten.

Der SAP Style Guide for Technical Communication enthält zudem *Dos und Don'ts für Softwareentwickler*. Diese Liste können Informationsentwickler und Übersetzer verwenden, um ihre Entwickler auf Dinge wie z. B. hartkodierte Oberflächentexte, kryptische Abkürzungen oder unübersetzbare Platzhalter in Meldungen aufmerksam zu machen. Das erleichtert allen das Leben, insbesondere Übersetzern und damit den Endbenutzern.

**Zurück zu den Apps in SAP Fiori**

Die Apps sind primär so konzipiert, dass der Endbenutzer sie intuitiv bedienen kann. Ab einer gewissen Komplexität kann es sinnvoll sein, den Endbenutzer mit In-App-Hilfe zu unterstützen (siehe Bild 22). Dies sind Dinge wie Guided Tours, kontextsensitive Feldhilfe oder Videos. Was genau nötig ist, entscheidet und erstellt der *Informationsentwickler* in Absprache mit dem Produktteam. In SAP-Fiori-basierten Apps gibt es als Help Viewer den SAP-eigenen Web Assistant. Das bekannte Fragezeichensymbol (rechts oben) fungiert als Ein- und Ausschalter für die kontextsensitive In-App-Hilfe.

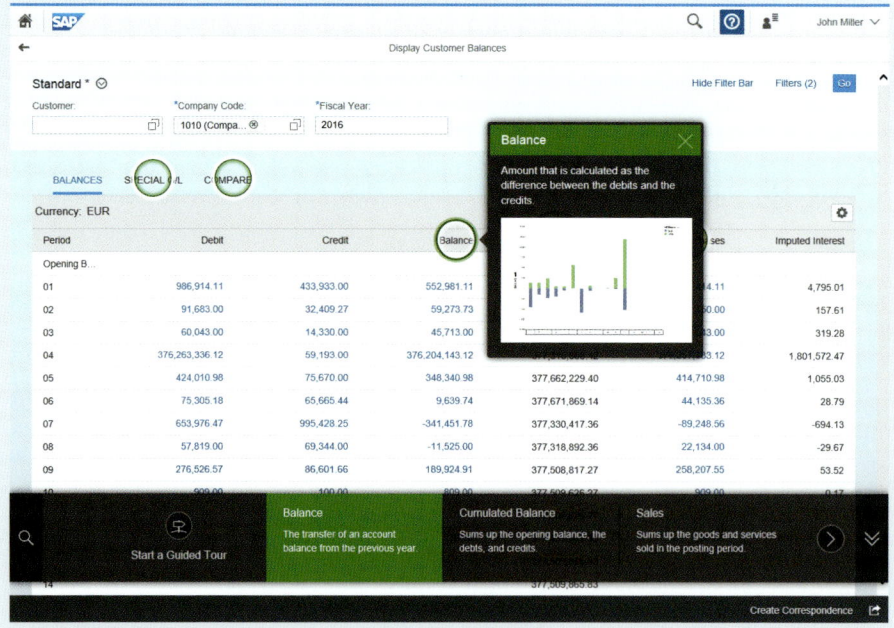

**Bild 22** Die SAP-App *Display Customer Balances* mit eingeschalteter In-App-Hilfe

Sabina Hitzler, User Experience Designer, SAP Fiori Design Guidelines, SAP SE
Andrea Gocke, Knowledge Architect, SAP Style Guide for Technical Communication, SAP SE

**Checkliste – Styleguides**

☐ System- und Softwarehersteller setzen auf eigene Usability-Standards und bestimmen damit die Praxis.

☐ Entwickler sollten die Bedienweise und Hilfefunktionen der nativen Betriebssysteme verwenden, die über alle Anwendungen hinweg einheitlich sind. Dies erspart es den Anwendern, stets neue Bedienweisen und Gestaltungslösungen zu lernen.

☐ Styleguides definieren das Minimalprinzip der Hilfe und geben der kontextbezogenen Hilfe (z. B. In-App-Hilfe) den Vorrang gegenüber externer Hilfe.

## 3.5 Vorgaben und Ausführungsbeispiele

Dieses Kapitel soll einen aktuellen Querschnitt über die Vorgaben aus internationalen Usability-Standards und Normen zeigen. Dabei werden einerseits die zentralen Anforderungen zusammengefasst und auf der anderen Seite werden diese durch Ausführungsbeispiele veranschaulicht und interpretiert. Der Streifzug durch die Normenlandschaft fokussiert dabei auf die Anforderungen an das technische Produkt und dessen Anleitung.

### 3.5.1 Normenreihe für Usability (ISO 9241)

Die wichtigste Normenreihe zur Usability ist die ISO 9241. Bereits in den 90er-Jahren mit dem Fokus auf ergonomische Anforderungen für Bürotätigkeiten mit Bildschirmgeräten entstanden, ist sie längst weiter gefasst auf „Ergonomie der Mensch-System-Interaktion". Der Anwendungsbereich gilt nicht nur für Bürosoftware, sondern für beliebige interaktive Hardware (Automaten, Kommunikationsgeräte, Consumer-Geräte, Informationssysteme sowie die vielfältigen Benutzerschnittstellen im Maschinenbau, also an Geräten, Maschinen und Anlagen).

Die Norm ist derzeit sehr lebendig: Bestehende Normenteile werden aktualisiert und andere mit Usability-Aspekten betraute Normen in die Reihe integriert. Die ISO 9241-Reihe wurde von den Normungsorganisationen Europas (CEN) und Deutschlands (DIN) inhaltlich unverändert übernommen. Die Norm und ihre Teile lassen sich daher auch als DIN EN ISO 9241 zitieren.

Es lässt sich feststellen, dass derzeit noch kein Normenteil der ISO 9241 ausdrücklich den Anleitungen und der Benutzerassistenz gewidmet ist. Der Aspekt „Hilfe und Benutzerassistenz" wird derzeit nur punktuell in der Norm aufgeführt. Den stärksten Bezug zu Anleitungen weist dabei die Norm 9241-13 Benutzerführung auf. Norm 9241-112 trägt zwar den Titel „Informationsdarstellung", meint damit aber nicht die Benutzerassistenz durch Anleitungen, sondern die Darstellung multimedialer Oberflächenelemente.

Die nächsten Abschnitte dieses Kapitels behandeln die Normen nach ihren thematischen Schwerpunkten und stets bezogen auf ihre Anforderungen bezüglich der Usability von Produkt und Anleitung:

- Gestaltung von Software und Systemen (Kapitel 3.5.2, S. 72)
- Eingabe- und Anzeigeperipherie interaktiver Systeme (Kapitel 3.5.3, S. 77)
- Rechtliche und normative Aspekte zur Usability von Anleitungen (Kapitel 3.5.4, S. 80)

Auf die Prozess-Normen zur menschzentrierten Gestaltung geht Kapitel 4.1 „Nutzerorientierte Prozessmodelle", Seite 85, ein.

### 3.5.2 Gestaltung von Software und Systemen

**Begriffsrahmen für die Gebrauchstauglichkeit**

Normenteil 11 der DIN EN ISO 9241 definiert einen Begriffsrahmen für die Gebrauchstauglichkeit. In der aktualisierten Ausgabe 2016-01 wurde der Anwendungsbereich so erweitert, dass nun auch Systeme und Dienstleistungen eingeschlossen sind. Dies geschieht im Einklang mit anderen Teilen der ISO 9241. Der Normenteil definiert grundlegend die Absicht der Produkteigenschaft „Usability". Demnach hat Usability das Ziel, Systeme, Produkte und Dienstleistungen zu entwickeln, die durch bestimmte Benutzer in einem bestimmten Nutzungskontext genutzt werden können, um festgelegte Ziele und Arbeitsaufgaben effektiv, effizient und zufriedenstellend zu erreichen. Diesen Zusammenhang zeigt Bild 23.

Effektivität, Effizienz und Zufriedenstellung sind die Usability-Ergebnisse der Produktnutzung. Sie können als Maße spezifiziert und evaluiert werden.

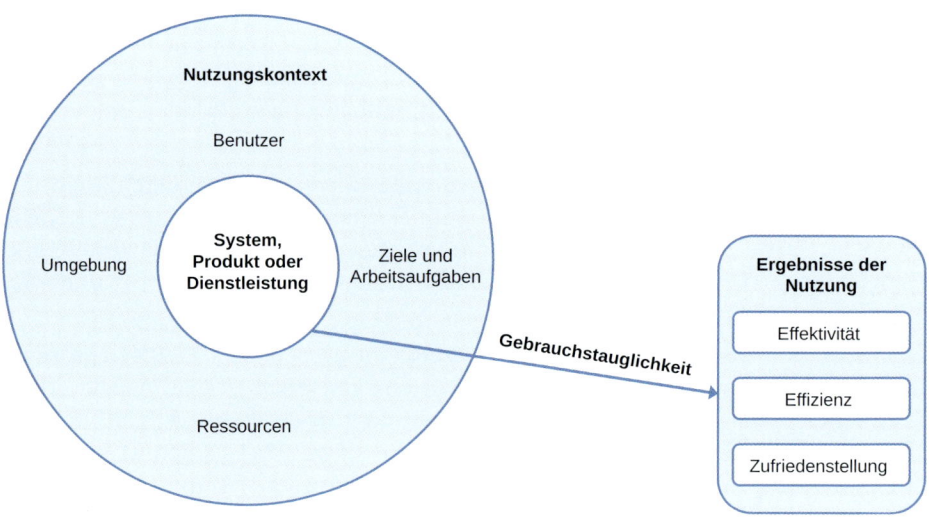

**Bild 23** Gebrauchstauglichkeit eines Systems, Produkts oder einer Dienstleistung (Quelle: DIN EN ISO 9241-11, S. 13)

- *Effektivität*
  Wird in der neuen Ausgabe der Norm als „*Genauigkeit, Vollständigkeit und das Nichtvorhandensein negativer Folgen, mit denen Benutzer bestimmte Ziele erreichen können*" festgelegt. *Genauigkeit*, also das Ausmaß, in dem die angestrebten Ergebnisse korrekt sind, und *Vollständigkeit*, als Ausmaß zur Erreichung aller angestrebten Ergebnisse, sind dabei voneinander unabhängig.
  Beispiel: Wenn ein Benutzer die Lautstärke des Radios nur in vorgegebenen Lautstärkestufen einstellen kann, ist das Ergebnis weniger genau erreicht, als wenn er die Lautstärke stufenlos steuern kann. Gleichzeitig könnte der Benutzer die zuletzt gehörte Lautstärke speichern wollen und erst damit wären seine Anforderungen an die Lautstärkeneinstellung vollständig erfüllt.
  Weiterhin berücksichtigt die Norm sowohl positive als auch negative Ergebnisse der Interaktion wie beispielsweise Benutzerfehler, unnötige Ausgaben, Beschädigung des Produkts oder auch Nachteile für den Benutzer oder für eine Organisation durch unbeabsichtigte Offenlegung persönlicher Angaben.

- *Effizienz*
  Ist „*das Verhältnis zwischen dem erreichten Ergebnis und den dafür aufgewendeten Ressourcen*". Relevante, das heißt, vom Nutzungskontext abhängige Ressourcen sind – in Übereinstimmung mit der Norm ISO 9000 zum Qualitätsmanagement – unter anderem: Zeit, geistiger und körperlicher Aufwand des Benutzers, Kosten und materielle Ressourcen. Beispiel: Die Zieleingabe in einem Navigationssystem lässt sich über Spracheingabe schneller steuern als über den menügestützten Touchscreen.

- *Zufriedenstellung*
  Bedeutet, darunter „*werden positive Einstellungen, Emotionen und/oder Wohlbefinden verstanden, die sich aus der Nutzung eines Systems, Produkts oder einer Dienstleistung ergeben*". Im Vergleich zur früheren Begriffsdefinition, die das Zufriedenstellungs-Konzept nur in Bezug auf die Erfüllung der Aufgaben des Benutzers durch das System ausdrückte, berücksichtigt der Begriff jetzt ausdrücklich den größeren Bereich der User Experience (Nutzungserlebnis).

**Grundsätze der Dialoggestaltung**

Der Normenteil ISO 9241-110 aus dem Jahr 2008 beschreibt die Grundsätze der Dialoggestaltung und konkretisiert damit die in Teil 11 definierten Anforderungen Effektivität, Effizienz und Zufriedenstellung. Viele der Grundsätze umfassen auch Aspekte, die für Benutzerinformationen relevant sind, und dies in zweifacher Hinsicht. Einerseits unterstützen die Informationen das Produkt ganz unmittelbar z. B. durch Hilfe-Popups. Andererseits sind die Grundsätze der Dialoggestaltung auch für Anleitungen als eigenständige Informationsprodukte wie Onlinehilfen oder Lernprogramme gültig.

Zu den sieben Grundsätzen zeigt Tabelle 6 jeweils Beispiele für Produkt und Anleitung.

**Tabelle 6** Grundsätze der Dialoggestaltung, erläutert mit Beispielen zu Produkt und Anleitung

| Grundsatz | Produkt | Anleitung |
|---|---|---|
| Aufgabenangemessenheit | System bearbeitet selbstständig Schritte, für die keine Benutzerinteraktion nötig ist; Vorbelegung von Feldern mit wahrscheinlichen Eingabewerten; zusammenhängende Arbeitsabläufe | Hilfe kontextbezogen zur Arbeitsaufgabe; Aufruf einer externen Hilfe nur bei komplexen Funktionen, komplexen Aufgaben und Hintergrundwissen |
| Selbstbeschreibungsfähigkeit | Aussagekräftige Beschriftungen der Dialoge, Buttons und Felder; Icons und Symbole als Metaphern; verständliche Fehlermeldungen | Beschreibende und handlungsanleitende Texte auf der Benutzeroberfläche |
| Erwartungskonformität | Gleichartige Workflows und Strukturen in der Benutzeroberfläche; Rückmeldungen über Erfolg oder Misserfolg einer Aktion | Vertraute Ausdrücke und konsistente Terminologie; mediengerechte Informationen, z. B. Tutorial für Aufgaben |
| Lernförderlichkeit | Geringer Lernaufwand bei neuen Systemen | Hilfe für selten benutzte Funktionen; zusätzliche Informationen bei Erstnutzung |
| Steuerbarkeit | Workflow-artige Dialoge sind in der Abfolge steuerbar, Unterbrechungen und Rücksprünge sind möglich | Anleitungsvideo steuerbar im Ablauf und der Geschwindigkeit |
| Fehlertoleranz | Fehlerhafte Suchbegriffe werden vom System erkannt, automatisch korrigiert bzw. Vorschläge für alternative Begriffe unterbreitet | Meldungen enthalten Hinweise auf Abhilfemaßnahmen, ggf. Links zu ausführlicheren Informationen |
| Individualisierbarkeit | Anpassbarkeit des Systems in Bezug auf Ein- und Ausgabegeräte, Darstellungsgröße, Farben und Kontraste | Nach Vorkenntnissen der Benutzer filterbare Informationen; Deaktivierbarkeit von Tooltips für erfahrene Anwender |

**Informationsdarstellung**

Mit den Grundsätzen der Informationsdarstellung befasst sich der *Normenteil 9241-112* aus dem Jahr 2015, basierend auf dem damit ersetzten Teil 12 und den Multimedia-Normen 14915. Dieser Teil der Norm fokussiert als Anwendungsbereich die visuelle, akustische und taktile/haptische Art der Interaktion (in der Norm als „Modalität" bezeichnet), die üblicherweise in softwaregesteuerten Benutzerschnittstellen verwendet werden. Unter *Medien* versteht die Norm verschiedene spezifische Darstellungsformen von Informationen für den Benutzer, also Text, Video, Grafik, Animation oder Audio. Das Ziel der Darstellung der Informationen ist es, dem Benutzer bei der Erfüllung von Aufgaben behilflich zu sein.

Die Grundsätze der Informationsdarstellung im Überblick sind:

- *Entdeckbarkeit*
  Die dargestellten Informationen sind als solche erkennbar, erregen Aufmerksamkeit und sind zeitlich passend dargestellt. Beispiel: Wenn nur ein Teil der Information dargestellt wird, sollte das System anzeigen, dass weitere Informationen zur Verfügung stehen und den Zugang dazu beschreiben.

- *Ablenkungsfreiheit*
  Ablenkungen durch nicht aufgabenbezogene Informationen, zum Beispiel durch Hintergrundbilder oder Werbeanzeigen, sind zu vermeiden.
- *Unterscheidbarkeit*
  Die dargestellten Informationen sind strukturiert, haben Gestaltungsattribute (z. B. Farben) und halten sich an die Gestaltgesetze der Gruppierung mittels Nähe oder Ähnlichkeit. Beispiel: Wenn große Informationsmengen dargestellt sind, sollte der Benutzer in der Lage sein, die Informationen nach ihrer Bedeutsamkeit einzustufen.
- *Eindeutigkeit*
  Die dargestellten Informationen sind sprachlich eindeutig (Mittel dazu sind kurze Sätze, einfacher Satzbau etc.) und werden vom Benutzer verstanden, wie etwa positiv formulierte Ausdrücke und Abkürzungen. Eindeutigkeit kann auch durch die Auswahl und Verwendung von Medien und Modalitäten erreicht werden.
- *Kompaktheit*
  Der Benutzer erhält die erforderliche Informationsmenge: so viel wie nötig, so wenig wie möglich, auch als Minimalismus bezeichnet. Die Forderung der Kompaktheit erstreckt sich sowohl auf zielgruppen- und situationsbezogene Inhalte, als auch auf vereinfachte Aktionen durch z. B. Automatisierung durch vorkonfigurierte Dialoge.
- *Konsistenz*
  Hier unterscheidet die Norm zwischen innerer Konsistenz und äußerer Konsistenz. Innere Konsistenz ist durch eine durchgängige Terminologie (Wortwahl, Grammatik, Maßeinheiten, Bedeutung von Gesten etc.) im gesamten System sowie durch logisches Verhalten von Bestandteilen gegeben. Die äußere Konsistenz umfasst das Befolgen von bestehenden Konventionen, wie etwa die bekannte Syntax und Terminologie des jeweiligen Fachgebiets.

Ergänzend und vertiefend zu den Prinzipien der eben geschilderten Norm 112 gibt der neue Norm-Entwurf 125 (Juni 2016) der ISO 9241 eine Anleitung zur *visuellen Informationsdarstellung*. Die Empfehlungen sind für visuelle Benutzerschnittstellen gültig, die durch Software gesteuert werden. Die Norm beschreibt im Einzelnen die syntaktischen und semantischen Eigenschaften von Informationen wie Leserlichkeit, visuelle Strukturierung der Informationen, Organisation von Informationen (wie Listen, Tabellen), grafische Objekte, Kodierungstechniken (z. B. alphanumerische und grafische Kodierung) und die Verwendung von Farben. Die detaillierten Anforderungen können etwa für einen Entwicklungs-Styleguide oder als Basis für eine Expertenevaluation herangezogen werden.

### Benutzerführung und Individualisierung von Software

Der seit 1998 bestehende Teil 13 der ISO 9241 befasst sich mit der Benutzerführung. Er beleuchtet die dynamischen Aspekte des interaktiven Dialogs, wie Eingabeaufforderungen, Rückmeldung, Statusinformation, Fehlermanagement und Onlinehilfe. Speziell für die Hilfeinformationen werden grundlegende Definitionen getroffen. So unterscheidet die Norm prinzipiell zwischen kontextfreier und kontextsensitiver Hilfe. Die Onlinehilfe hat die Aufgabe, „*zusätzliche Benutzerführung und Unterstützung für den Benutzer während der Interaktion mit dem Dialog und der Benutzungsschnittstelle zur Verfügung zu stellen*".[52] Weiterhin wird die Hilfe unterschieden in systeminitiierte Hilfe und benutzerinitiierte Hilfe (Hilfe-Anforderung z. B. über die F1-Taste) mit den Bedingungen:

- *Systeminitiierte Hilfe*
  Eignet sich, wenn die Benutzer unerfahren sind, das System selten verwenden und Erinnerungsstützen benötigen oder die Abkürzungen im System noch nicht kennen. Der Inhalt dieser Art der Hilfe ist spezifisch für eine Aufgabe (z. B. aktueller Dialogschritt) und für die letzte Benutzereingabe (z. B. Objekt oder Menüpunkt). Systeminitiierte Hilfe entspricht dem Push-Zugriff und löst, wo sinnvoll und möglich, in der 4.0-Welt die für den Benutzer aufwändigeren Pull-Verfahren ab.

- *Benutzerinitiierte Hilfe*
  Ist sinnvoll, wenn sich die Onlinehilfe nicht aus einem Arbeitskontext ableiten lässt oder wenn mehrere Aufgaben wahlweise vom Benutzer ausführbar sind und der Benutzer darum eine flexible Auswahl der Hilfethemen benötigt. Diese Art der Hilfe benötigt einen Pull-Zugriff des Benutzers.

In ISO 9241-110 ist als einer der Grundsätze der Dialoggestaltung die Individualisierbarkeit genannt. Der Teil *129 Leitlinien für die Individualisierung von Software* geht darüber hinaus und beschreibt mehr Details zum vielfältigen Nutzen der Anwender durch Software-Individualisierung. Individualisierung kann sowohl benutzer-, als auch systeminitiiert sein. Die Konzepte umfassen Konfiguration, Einstellungen, Benutzerprofile, Medienwahl, Benutzerführung einschließlich Onlinehilfe und Internationalisierung. Mit der Individualisierung einher geht die Modifizierung von Interaktion und Informationsdarstellung im System, um den individuellen Fähigkeiten und Bedürfnissen von Benutzern gerecht zu werden.

**Barrierefreiheit**

Barrierefreie Gestaltung von digitalen Anwendungen bedeutet, dass Menschen mit Einschränkungen oder Behinderungen diese uneingeschränkt und selbstständig nutzen können. Die Anforderungen gehen dabei einen Schritt über die reine Zugänglichkeit hinaus, damit auch mit Barrieren behaftete Nutzer mit ihren Fähigkeiten und assistiven Technologien (z. B. Screen Reader, Braille-Tastatur) die Systeme anwenden können. Barrieren ergeben sich, wenn Nutzer im Sehen, im Hören, in der Bewegung (z. B. Mausbedienung) oder kognitiv (z. B. Konzentrationsschwäche) eingeschränkt sind.

Die Barrierefreiheit hat einen gesetzlichen und normativen Rahmen:

- Behindertengleichstellungsgesetz (Deutschland: BGG, Österreich: BGStG, Schweiz: BehiG), Barrierefreie Informationstechnik-Verordnung (BITV, Deutschland), Behindertengleichstellungsverordnung (BehiV, Schweiz)
- Usability-Norm ISO 9241-20: Leitlinien für die Zugänglichkeit der Geräte und Dienste in der Informations- und Kommunikationstechnologie
- Usability-Norm ISO 9241-171: Leitlinien für die Zugänglichkeit von Software

- World Wide Web Consortium (W3C): Web Content Accessibility Guidelines, unterteilt in die Prinzipien Wahrnehmbarkeit, Bedienbarkeit, Verständlichkeit und Robustheit der Technik.

Softwareanbieter verfolgen häufig das wirtschaftliche Ziel, keine Sonderlösungen für Menschen mit Behinderungen anzubieten, sondern vielmehr eine Lösung für alle Nutzer gleichermaßen. Jedoch muss barrierefreie Informationstechnik und Software viele Aspekte der Zugänglichkeit erfüllen. Um nur einige davon zu nennen: Unterstützung verschiedener Ein- und Ausgabegeräte, Layout auch für Sehbehinderte geeignet, wahlweise Ausgabe von Ton oder Bild sowie Bilder mit vorlesbaren Bildinformationen. Grundlegend wichtig sind zudem sämtliche Einstellungen zur Individualisierbarkeit eines Systems.

**Spezifische Anwendungen**

Die 150er und 160er Nummern der Norm ISO 9241 sind für spezielle Anwendungen vorgesehen. Der Themenbereich umfasst derzeit erst drei Normen (weitere sind in Planung, z. B. für Virtual Reality):

- *ISO 9241-151 Leitlinien zur Gestaltung von Benutzungsschnittstellen für das World Wide Web*
  Die Norm beinhaltet Richtlinien und Empfehlungen, um Webseiten für eine möglichst breite Benutzergruppe zugänglich und in sich konsistent zu gestalten.
- *ISO 9241-154 Sprachdialogsysteme*
  Festlegungen zu interaktiven Sprachdialogsystemen (IVR), wie sie beispielsweise im Kundenservice verbreitet sind, mit Schwerpunkt auf der Dialoggestaltung zwischen Benutzer und IVR-Software.
- *ISO 9241-161 Visuelle Interface-Elemente*
  Empfehlungen zu sämtlichen Bedienelementen, mit Angabe, wann und wie diese zu verwenden sind. Beispiele für Elemente sind: Akkordeon, Karussell, Schieberegler, Kontrollkästchen und viele mehr.

**Checkliste – Gestaltung von Systemen und Software (normativ)**

- ☐ Das System sollte vor allem so intuitiv wie möglich konzipiert werden, um anleitende und beschreibende Informationen möglichst knapp zu halten. Anleitungen können keine Defizite in der Dialoggestaltung ausgleichen.
- ☐ Informationen sollten so dargestellt werden, dass sie den Benutzer bei seinen beabsichtigen Aktionen unterstützen.
- ☐ Usability-Normen erweitern die Anforderungen um die User Experience (d. h. vor, während und nach der Nutzung sowie durch individuelle Wahrnehmungen des Produkts).

### 3.5.3 Eingabe- und Anzeigeperipherie interaktiver Systeme

In Herstellerunternehmen des Geräte-, Maschinen- und Anlagenbaus gibt es auf Entwicklungsseite häufig eine Trennung von Mechanik, Elektronik und Steuerungen. Für die Gesamtsicht auf ein gebrauchstaugliches Produkt wirkt sich dies eher negativ aus. Usability und Technische Dokumentation können dabei eine „Brücke" darstellen, die Entwicklungsbereiche aufeinander abzustimmen. Wenn die Hardware bereits unabänderbar vorliegt, bevor die Softwaregestaltung beginnt, können zu starke Einschränkungen und Grenzen für die Software vorliegen. Die Folge kann sein, dass die Ein- und Ausgabeschnittstellen für den Benutzer schwer benutzbar sind, zum Beispiel durch zu kleine Schriften, unverständliche Abkürzungen, zu volle Dialoge oder nicht auf Touch-Bedienung optimierte Displays.

Die Usability-Norm ISO 9241 widmet mehrere Teile der Hardware von Anzeige- und Eingabegeräten interaktiver Systeme. Die Norm unterteilt die Richtlinien für Hardware in Anforderungen für optische Anzeigen, Eingabegeräte sowie taktile und haptische Interaktionen.

**Optische Anzeigen**

Die Anforderungen an Anzeigen werden in den dreistelligen Normenteilen der ISO 9241 beginnend mit der Ziffer 3 behandelt. Sie enthalten die technischen Anforderungen der Hardware, wie Farbgestaltung und Reflexionsreduktion (Teile 300, 302 und 303), und beschreiben Messtechniken der Hardware in Labor und Feld (Teile 304 bis 307). Auch technologische Neuerungen, wie stereoskopische Displays unter Verwendung von Brillen, werden mit ihren optischen Eigenschaften beschrieben (Teile 331 und 333). Aspekte zur Erhaltung der Gesundheit der Anwender (Teil 391), insbesondere das Verringern epileptischer Anfälle, finden sich ebenfalls in der Norm; sie ergänzen die dringend zu beachtenden Empfehlungen der Verwaltungsgenossenschaften (VBG).

Welche Problemstellen sich in der Praxis bei mehrsprachigen Maschinendisplays zeigen, wird in der Textbox „Fremdsprachige Oberflächentexte auf die Displaygröße eines Bedienpanels optimiert" erläutert.

---

**Fremdsprachige Oberflächentexte auf die Displaygröße eines Bedienpanels optimiert**

In ihren Extruderanlagen setzt die Coperion GmbH aktuell drei verschiedene Displaygrößen und Bildauflösungen ein: 15,6 Zoll mit 1360 x 768 Pixel, 19 Zoll mit 1280 x 1024 Pixel und 21,8 Zoll mit 1920 x 1080 Pixel. Die Sprache der Bedienoberfläche richtet sich nach den gesetzlichen und vertraglichen Anforderungen, bisher wurden 18 Sprachen realisiert. Die Anzeige auf dem Display ist einsprachig, der Nutzer kann, wenn es die Ausführung vorsieht, auch auf weitere Sprachen umschalten.

Bis auf den NOT-Halt-Taster werden alle Taster als Schaltflächen am Touchscreen bedient. Soweit möglich sind die Schaltflächen sprachfrei gestaltet. Wenn die Funktion sich nicht eindeutig aus einem Piktogramm erschließen lässt, steht ein erklärender Text, im Regelfall ein Wort in der Quellsprache Deutsch, unter dem Piktogramm. Der Text kann zusätzlich (zum Beispiel „Heizen" für die Funktion „Aktivieren der automatischen Schrittketten zum Aufheizen der Maschine") oder ausschließlich (beispielsweise „Passwort", „Stillstand", „Auswertung") stehen. Der auf der Schaltfläche verfügbare Platz ist begrenzt, eine Proportionalschrift ist technisch nicht möglich. Bei langlaufenden Sprachen müssen die Benennungen deshalb teilweise abgekürzt werden, ohne dass die Bedeutung für den Nutzer an Verständlichkeit verliert (Bedienpanel siehe Bild 24).

In Zusammenarbeit mit einem Übersetzungsdienstleister haben die Fachabteilungen Dokumentation und Softwareentwicklung eine praktikable und qualitätssichernde Lösung für den Workflow „Übersetzung – Abkürzung – Prüfung der Darstellung" gefunden und umgesetzt. Der Übersetzungsdienstleister übernimmt dabei die Prüfung der Textlängen auf den

Schaltflächen. Bei Konflikten stimmt er sich direkt mit seinem Auftraggeber aus der Softwareentwicklung ab.

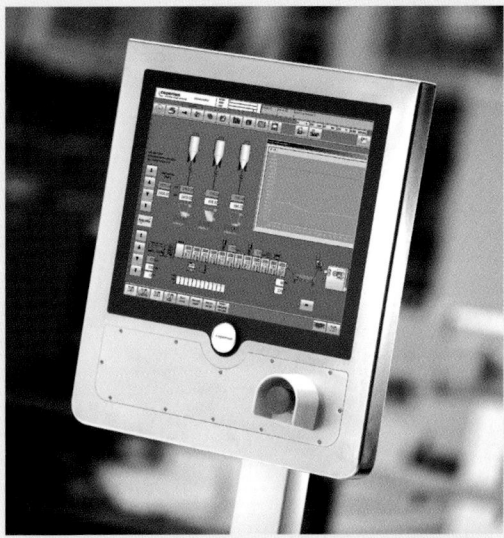

**Bild 24** Oberflächentexte auf dem Bedienpanel einer Extruderanlage

Durch die Betrachtung der gesamten Prozesskette konnte sichergestellt werden, dass die Benennung vollständig auf dem zur Verfügung stehenden Platz angezeigt wird und dass Abkürzungen in der Zielsprache verständlich sind. Damit sind auch sicherheitsrelevante Aspekte berücksichtigt.

*Magali Baumgartner*
*Leiterin Dokumentation, Coperion GmbH Stuttgart*

### Eingabegeräte

Die Norm beschreibt auch die Prinzipien, Anforderungen und Gestaltungskriterien für physikalische Eingabegeräte (Teile 400 und 410). Wie bei den Anzeigen werden Labortests und Evaluationsmethoden für die Geräte empfohlen (Teil 411). Hinweise zu einem Auswahlverfahren angemessener Eingabegeräte finden sich in Teil 420.

### Taktile und haptische Interaktionen

Taktile und haptische Interaktionen erfahren zum Beispiel durch Touch-Bedienung auf Mobilgeräten, durch Robotertechnik und medizinische Computeranwendungen eine zunehmende Bedeutung. Die taktile Wahrnehmung ist die passive Wahrnehmung mechanischer Reize, wie zum Beispiel eine Vibration. Unter haptischer Wahrnehmung versteht man das aktive händische Erfassen von Parametern eines Objekts wie zum Beispiel Größe, Kontur, Textur und Temperatur. In Form eines Konzeptrahmens und einer Anleitung behandelt die Norm die entsprechenden Interaktionen (Teile 910 und 920). Teil 960 gibt Empfehlungen zur Gestensteuerung.

## 3.5.4 Rechtliche und normative Aspekte zur Usability von Anleitungen

Der Komplex der für Informationsentwickler relevanten rechtlichen und normativen Anforderungen ist umfangreich und kann hier nicht in aller Vollständigkeit dargestellt werden. Es werden daher nur die Aspekte aufgeführt, die einen engen Bezug zur Usability aufweisen, wie etwa die rechtlichen Aspekte zur Usability selbst oder die Normen zur Benutzerdokumentation im Softwarebereich. Aber auch die zentrale Dokumentations-Norm wird erläutert, jedoch nicht in Gänze, sondern gefiltert nach Bezügen zur Gebrauchstauglichkeit der Anleitung.

**Rechtliche Aspekte**

Rechtliche Aspekte der Usability erstrecken sich natürlicherweise auf das Produkt als solches und die Benutzerinformation. Letztere kann dabei für sich genommen betrachtet werden, als auch zur Benutzerführung, um das Produkt gebrauchstauglich zu machen. Die rechtlichen Gesichtspunkte der Usability unterteilen sich in Vertragsrecht, Haftungsrecht und Produktsicherheitsrecht.

Jens-Uwe Heuer, Rechtsanwalt für Haftungsrecht, insbesondere Produkthaftung und Umwelthaftung, fasst die Anforderungen für Anleitungen (sowohl unterstützend wie auch eigenständig) checklistenartig zusammen. Hier ein Auszug: [53]

*„Eine Technische Dokumentation ist in rechtlicher Hinsicht gebrauchstauglich, wenn*

- *sie der relevanten Benutzergruppe die notwendigen Kenntnisse zum sicheren Umgang mit dem Produkt vermittelt*
- *sie sowohl die bestimmungsgemäße Verwendung wie auch den Fehlgebrauch des Produkts berücksichtigt*
- *sie nicht nur die übliche Beschaffenheit und Inhalte aufweist, sondern sich am Stand von Wissenschaft und Technik orientiert*
- *sie regelmäßig auf ihre Gebrauchstauglichkeit hin geprüft wird*
- *eine Prüfung der Gebrauchstauglichkeit in jedem Falle erfolgt, wenn Erkenntnisse aus dem Feld, insbesondere dem Reklamationsmanagement, dies initiieren*
- *sie eine effektive Vermittlung von Information durch ihre äußere Gestaltung und Positionierung sicherstellt*
- *sie etwaige einschlägige EG-Richtlinien und technische Normen einhält."*

**Erstellen von Gebrauchsanleitungen (DIN EN 82079-1)**

In der Technischen Dokumentation gilt die DIN EN 82079-1 als die zentrale Norm für Gebrauchsanleitungen, die den Alltag von Technik-Redakteuren maßgeblich prägt. Der Titel lautet *Erstellen von Gebrauchsanleitungen – Gliederung, Inhalt und Darstellung – Teil 1: Allgemeine Grundsätze und ausführliche Anforderungen*. Zu den in der Norm aufgeführten Prinzipien zählen zusammengefasst laut dem DIN Kommentar zur DIN EN 82079-1:[54]

- Zielgruppen berücksichtigen
- Anleitung als Teil des Produkts betrachten

- Anleitungen in geeigneter Weise bereitstellen
- Qualität sichern und Risiken verringern

*Zielgruppen berücksichtigen*

Zielgruppen sind in der Technikkommunikation ein zentrales Thema, das sich wie ein roter Faden durch die Norm zieht. Auf Grundlage einer Zielgruppenanalyse, die den Bedarf und die Fähigkeiten der beabsichtigten Zielgruppen definiert, sind die Zielgruppen am Anfang der Gebrauchsanleitung anzugeben. Im Falle von verschiedenen Zielgruppen, zum Beispiel private Personen und Instandhaltungsfachleute, müssen die Inhalte deutlich getrennt und entsprechend gekennzeichnet werden. Aus den Merkmalen der Zielgruppe lassen sich verständliche Terminologie, Erklärungsbedarf von Signalen und zusätzliche Informationen ableiten.

Falls die Analysen Hinweise auf Zielgruppen mit besonderen Bedarfen enthalten, etwa ältere Menschen, Menschen mit Behinderungen oder funktionale Analphabeten, müssen die Anleitungen dies berücksichtigen (siehe dazu auch Textbox „Funktionaler Analphabetismus und Auswirkungen auf Anleitungen"). Bei Vertrieb eines Produkts im Ausland muss die Gebrauchsanleitung in der Amtssprache des Verkaufslands geliefert werden. Die Norm empfiehlt zur leichteren Nutzbarkeit der Gebrauchsanleitung, diese separat je Sprache bereitzustellen. In der Praxis trifft man jedoch gerade im Konsumerbereich häufig in einem einzigen Dokument zusammengefasste Sprachen an, welches damit unhandlich wird.

---

**Funktionaler Analphabetismus und Auswirkung auf Anleitungen**

Der Begriff Funktionaler Analphabetismus unterscheidet sich von „echtem" Analphabetismus dadurch, dass die grundsätzliche Lese- und Rechtschreibfähigkeit wohl vorhanden ist (Schulpflicht!), diese aber nicht längerfristig durchgehalten werden kann. Gründe dafür können auf individueller Ebene primär fehlender Schulabschluss, andere Erstsprache oder keine Berufstätigkeit und daher mangelnde Übung im Lesen und Schreiben sein. Auf struktureller Ebene liegen die Ursachen im Bereich von Wirtschaft und Arbeit sowie Weiterbildungsangeboten, die unzureichend öffentlich oder von Unternehmen vorhanden sind oder von diesem Personenkreis nicht genutzt werden.

Die Zahl der funktionalen Analphabeten nimmt – so die Untersuchungen – auch in Deutschland zu. So hat die erste deutsche leo. – Level-One Studie 2010 ergeben, dass auf 14 % der erwerbsfähigen Bevölkerung funktionaler Analphabetismus zutrifft. *Das entspricht einer Größenordnung von 7,5 Millionen funktionalen Analphabeten in Deutschland. Gemessen wird dies durch Unterschreiten der Textebene, d. h. dass eine Person zwar einzelne Sätze lesen oder schreiben kann, nicht jedoch zusammenhängende – auch kürzere – Texte. Betroffene Personen sind aufgrund ihrer begrenzten schriftsprachlichen Kompetenzen nicht in der Lage, am gesellschaftlichen Leben in angemessener Form teilzuhaben. So misslingt etwa auch bei einfachen Beschäftigungen das Lesen schriftlicher Arbeitsanweisungen.*[55]

Eine Handlungsoption für Anleitungen von technischen Produkten für diese Zielgruppe ist daher dringlich angeraten. Um Gebrauchsanleitungen auch für Menschen mit unterdurchschnittlicher Literalität zugänglich zu machen, ist der Einsatz von Text und Bild gleichermaßen geboten. Wie auch im Maschinenbau die Norm DIN EN ISO 12100 Sicherheit von Maschinen postuliert, sollte der Text durch Illustrationen verdeutlicht werden, sofern es dem Verständnis dient. Bei den heterogenen Zielgruppen von Verbraucherprodukten sind davon laut obiger Studie viele Menschen betroffen. Eine Maßnahme im industriellen Umfeld, um Arbeitsanweisungen auch funktionalen Analphabeten zu kommunizieren, sind die mündliche Unterrichtung oder multimediale dynamische Mittel wie Lehrfilme mit Animationen.

*Die Anleitung als Teil des Produkts betrachten*

Eine Anleitung muss einem Produkt zwingend beigefügt werden, da ansonsten das Produkt laut Produkthaftungsgesetz einen Fehler hat. Konkret handelt es sich um einen Instruktionsfehler, der neben technischen Fehlern eine der Fehlerarten darstellt. Das Ziel der Anleitung ist, entsprechend der Norm, den bestimmungsgemäßen Gebrauch des Produkts zu fördern und alle Informationen bereitzustellen, die die Benutzer zum Gebrauch des Produkts kennen müssen. In der Norm liegt der Fokus der zeitlichen Nutzung der Anleitung während des Produktgebrauchs. Um den Sorgfaltspflichten der Hersteller zu genügen, müssen Anleitungen dazu beitragen, das Verletzungsrisiko von Menschen zu reduzieren und Schadensrisiken zu vermeiden sowie einen effizienten Betrieb des Produkts zu unterstützen.

*Anleitungen in geeigneter Weise zur Verfügung stellen*

Orientiert an der Umgebung des Produktgebrauchs und den verschiedenen Zielgruppen müssen die Informationen medial aufbereitet sein. Die Nutzer müssen grundsätzlich dauerhaft, das bedeutet während der erwarteten Lebensdauer des Produkts, und auch leicht Zugang zu allen notwendigen Informationen erhalten können. Die Kommunikationsmittel reichen von grafischen Symbolen, über Text, Video und Sprache, bis hin zu tastbaren Oberflächen-Elementen und Gesten der Hand. Die Medien sollen sich laut Norm daran orientieren, dass diese unmittelbar verfügbar sind. Auch geeignete Technologien, z. B. Radio Frequency Identification (RFID), können zum schnellen Zugriff auf die Informationsmedien genutzt werden. Die grafische Nutzerschnittstelle an sich ist auch als Medium zu betrachten. Diese Empfehlung der Norm kommt dem Usability-Grundsatz der Selbstbeschreibungsfähigkeit eines Produkts nahe.

*Qualität sichern und Risiken verringern*

Für Verbraucherprodukte empfiehlt die Norm empirische Untersuchungen, um Anleitungen benutzergerecht erstellen und bewerten zu können. Befragungen eignen sich dabei zur Identifizierung der Nutzungssituationen der Informationen: Warum, wo und wie oft wird eine Anleitung genutzt? Welcher Informationsbedarf bedingt sich dadurch? Usability-Tests dienen vorwiegend zum Prüfen der Verständlichkeit und Nutzbarkeit von Anleitungen. Auch die Qualität von Übersetzungen und Lokalisierungen der Anleitungen sollte von Personen geprüft werden, die auf zielgruppengerechtes Schreiben und im jeweiligen Fachgebiet spezialisiert sind.

**Benutzerinformation für Software (Software-Dokumentation)**

Bei der Standardisierung von *System- und Software-Engineering* befassen sich fünf Normen mit dem Thema Benutzerdokumentation. Ziel dieser Dokumentationsnormen ist es, die Beteiligten im Software-Lebenszyklus auch in dem Teilprozess der Sofwaredokumentation zu unterstützen. Die normativen Empfehlungen beschränken sich nicht nur auf die Benutzerinformation von Anwendungssoftware. Sie lassen sich auch auf andere Softwaretypen übertragen, wie Systemsoftware, Applikationen auf mobilen Geräten und Steuerungssoftware von Maschinen oder Anlagen.

Vorneweg zur Begrifflichkeit: Der Begriff Dokumentation lässt sich im Software-Umfeld angemessener mit *Benutzerinformation* (engl. „Information for Users") übersetzen. Eine „Dokumentation" wird gemeinhin eher als eine eigenständige Anleitung verstanden. Bei Software jedoch verschmelzen die Grenzen zwischen Benutzungsoberfläche und Anleitung, zum Beispiel durch in die Software eingebettete Benutzerinformation. Mit dem Begriff Benutzerinformation lässt sich besser das Ziel, nämlich eine Benutzerassistenz zu geben, ausdrücken.

Die nächsten Abschnitte stellen ausgewählte Normen vor und zeigen jeweils den Bezug zur Usability auf. Eine weitere Norm widmet sich der Rolle der Anleitungen bei agiler Softwareentwicklung (ISO/IEC/IEEE 26515, eine Beschreibung dazu folgt im Kapitel 4.2.2 „Agile Entwicklung", Seite 94).

*ISO/IEC 26514: Grundlegende Norm für Benutzerinformation*

Diese zentrale Norm enthält sowohl Richtlinien für den Erstellungsprozess, als auch die Kriterien für Software-Benutzerinformation wie Struktur, Inhalt, Gestaltung und Navigation. Die aus dem Jahr 2008 stammende Norm bezieht sich prozessseitig auf das Wasserfallmodell der Entwicklung mit den folgenden Phasen: Projektanforderungen, Analyse und Design, Entwicklung und Prüfung, Produktion (inklusive Aktualisierung). Zu den Projektanforderungen zählen unter anderem auch die Anforderungen der Benutzer und der Usability.

Den Definitionsprozess für Usability-Ziele zeigt die Norm beispielhaft in drei Schritten an einem Mailsystem[56] (Tabelle 7) auf:

Tabelle 7    Usability-Ziele in einem Mailsystem

| | |
|---|---|
| 1.<br>Ziele des Benutzers definieren | • Anleitung zum Senden einer Nachricht im Hilfemenü finden<br>• Schritte mit eigenen Worten zusammenfassen<br>• Nachricht versenden |
| 2.<br>Usability-Maße definieren | • Effektivität: Wird die richtige Information gefunden?<br>• Effizienz: Wie lange dauert die Suche nach der Information? Wird der kürzeste Suchweg genutzt? Muss der anleitende Text mehrfach gelesen werden, um ihn zu verstehen oder sich zu merken?<br>• Zufriedenstellung: Welche Einstellung hat der Benutzer gegenüber der Hilfe? |
| 3.<br>Akzeptanzkriterien definieren | • Akzeptabel, wenn der Benutzer die Information innerhalb von 20 Sekunden findet.<br>• Wenn die Zusammenfassung des Benutzers in eigenen Worten richtig ist, ist die Information konkret und klar verständlich.<br>• Wenn die Nachricht beim ersten Versuch und unter Berücksichtigung der Anleitung richtig ausgeführt wird, war die Anleitung akzeptabel, aufgabenorientiert und vollständig. |

Usability-Tests empfiehlt die Norm zeitlich am Ende der Konzeptentwicklung im Rahmen des Prototypings und noch vor der Produktion, um frühzeitig Problemstellen zu ermitteln und zu beheben.

*ISO/IEC/IEEE 26511: Anforderungen für Manager von Benutzerinformationen*

Die Norm richtet sich an Führungspersonen in der Softwaredokumentation; es geht darin um Planungs-, Steuerungs- und Überprüfungsaufgaben im Management von Dokumentationsprojekten. Die Abläufe der Erstellung der Softwaredokumentation werden dabei stets eingebettet in den Softwarelebenszyklus betrachtet.

Relevant für Usability sind die planerischen Aufgaben, bei denen auch explizit die Bedeutung von Zielgruppen und die Notwendigkeit der Festlegung von Usability-Anforderungen für die Anleitung hervorgehoben werden. Weiterhin fordert die Norm für die verschiedenen Projektaktivitäten auch Aufgabenteilung und Rollendefinitionen. Eine unter vielen Rollen ist der Usability Designer. Zusammen mit den Informationsarchitekten und Informationsdesignern stellt er die Usability der Anleitung sicher. Er plant und führt Usability-Tests der Anleitungen gemeinsam mit dem Produkt durch und fertigt Analysen zu sicherheitsrelevanten Aspekten an. Unter der Vielfalt der Überprüfungsverfahren bezeichnet die Norm die Ergebnisse von Usability-Tests als das hilfreichste Qualitätsmaß für die Benutzerinformation.

### ISO/IEC/IEEE DIS 26513: Evaluation von Software-Benutzerinformation

Die Norm beschäftigt sich mit der Evaluation der Qualität von Benutzerinformation. Sie hat das Ziel, bei wiederholten Tests während und am Ende der Informationserstellung potentielle Schwachstellen in der Anleitung zu identifizieren und zu verbessern. Dabei greift die Norm auf die verschiedenen Sichtweisen von Spezialisten zurück: Produktverantwortliche, Software-Entwickler, Tester, Support-Mitarbeiter, Informationsmanager, Redakteure, Usability-Experten sowie Benutzer. Die Norm gliedert sich in Aspekte zur Prozessstrategie und zu Methoden der Evaluation. Zu den Methoden, die speziell die Ziele der Gebrauchstauglichkeit anvisieren, zählen:

- Usability-Tests der Anleitung mit Anwendern anhand typischer Aufgaben der Software einschließlich Test der Anleitung für sich
- Heuristische Evaluation durch Usability-Experten
- Test auf Barrierefreiheit der Anleitungen (Accessibility-Test)
- Lokalisierungs-Tests der übersetzten und lokalisierten Anleitungen

Die Norm hebt die Bedeutung von gründlich überprüfter Benutzerinformation hervor. Das Testen der Anleitungen wird als wichtiger Teil im Entwicklungsprozess betrachtet.

### Checkliste – Anforderungen für Anleitungen (normativ)

- ☐ Produkt und Anleitungen weisen Überlappungen in der Usability auf: Anleitungen unterstützen die Benutzer durch Informationen intern und extern des Produkts.
- ☐ Normen für Anleitungen beschränken sich auf die Nützlichkeit (Utility) und die Gebrauchstauglichkeit während der Nutzung (Usability); sie klammern Aspekte zur User Experience (noch) aus.
- ☐ Die zentrale branchenübergreifende Dokumentations-Norm DIN EN 82079-1 fordert dagegen umfassende und eigenständige separate Anleitungen, die den Anspruch auf Vollständigkeit der Produktdokumentation erfüllen.
- ☐ Dokumentations-Normen fokussieren zudem die Sicherheit und Risikofreiheit von Menschen und Sachmitteln bei der Nutzung.
- ☐ Dem Prinzip des Minimalismus für Anleitungen folgen die neueren Normen für Benutzerinformationen im Softwarebereich.

# 4 Prozesse und Planung

*"Planning is bringing the future into the present so that you can do something about it now."*

Alan Lakein (Schriftsteller)

## 4.1 Nutzerorientierte Prozessmodelle

„Nicht erst nachher testen" lautet das Vorgehen, das fordert, frühzeitig im Entwicklungsprozess die Usability einzubeziehen. Nur so lässt sich erreichen, dass Produktbedienungen intuitiv gestaltet und Anleitungen verständlich konzipiert sind.

Der Prozess der nutzerzentrierten Gestaltung (User-Centered Design, kurz: UCD) hat sich gegenüber dem früheren Begriff *Usability Engineering* durchgesetzt.[57] Die Zielsetzung von UCD ist es, ein System nicht erst am Ende des Entwicklungsprozesses auf Usability hin zu bewerten und ggf. nachzubessern. Vielmehr muss in frühen Entwicklungsphasen eine intensive Kommunikation mit Nutzern stattfinden, um Nutzeranforderungen zu definieren und zu berücksichtigen. Alle an der Produktentwicklung Beteiligten sollten die nachfolgenden Prozessschritte der Produktentwicklung aus dem Blickwinkel der Benutzer betrachten. Die Einzelaktivitäten des UCD lassen sich auch als standardmäßige Projektaktivitäten in die verschiedenen bestehenden Vorgehensmodelle für Produkt- und Anleitungsentwicklungen integrieren.

### 4.1.1 Prozess-Normen zur menschzentrierten Gestaltung

Um gebrauchstauglich gestaltete Softwareprodukte und interaktive Systeme zu entwickeln, genügen Normen mit fixen Anforderungen an Gestaltungslösungen nicht. Vielmehr ist es wichtig, Usability in den Entwicklungsprozess frühzeitig einzubinden und das Entwicklungsprojekt durch alle Phasen zu begleiten. Usability-Experten bezeichnen diesen optimalen Prozess mit dem oben erklärten Begriff User-Centered Design (kurz: UCD).

*ISO 9241-210 Prozess zur menschzentrierten Gestaltung*

Die bekannteste Norm zum „Prozess zur Gestaltung gebrauchstauglicher interaktiver Systeme" ist der gleichnamige *Teil 210 der ISO 9241*. Der menschzentrierte Gestaltungsprozess ist grundlegend für die Entwicklung von gebrauchstauglichen Produkten und Anleitungen. Die Norm empfiehlt die aktive Beteiligung der Benutzer am Gestaltungs- und Entwicklungsprozess zu verschiedenen Zeitpunkten. Die Planung der menschzentrierten Gestaltung umfasst sämtliche Phasen im Produkt-Lebenszyklus. Zu den Planungsinhalten zählen unter anderem die Auswahl der

# 4 Prozesse und Planung

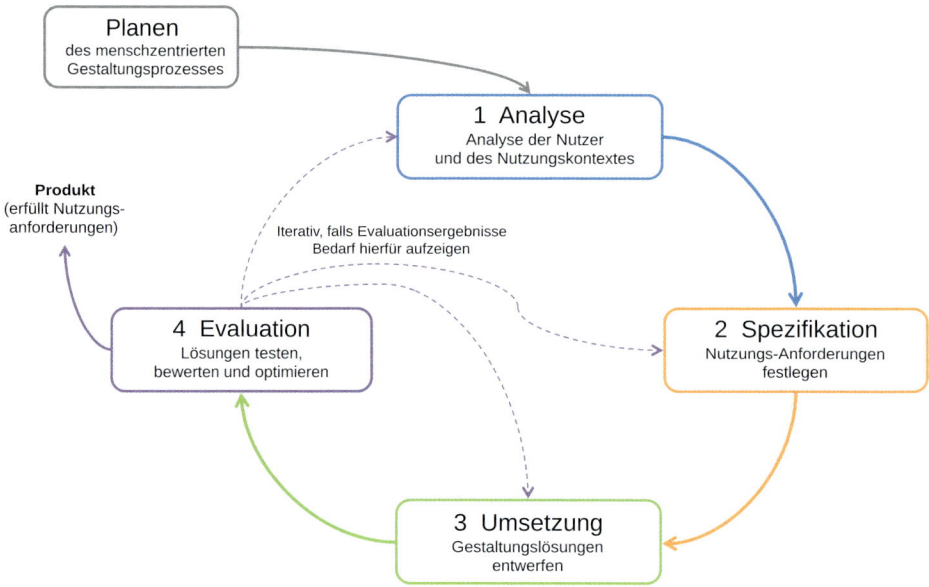

**Bild 25** Vorgehensmodell im User-Centered Design für Produkte nach ISO 9241-210

geeigneten Methoden, Verfahren zur Integration der Methoden in die Systementwicklung, verantwortliche Personen, Meilensteine und Zeitvorgaben.

Der Gestaltung vorausgehend ist eine Analyse, die ein umfassendes Verständnis der Nutzer, Arbeitsaufgaben und Arbeitsumgebungen zum Ziel hat. Die Nutzungsanforderungen werden in einer Spezifikation festgehalten, die wiederum die Grundlage für die nachfolgenden Phasen bildet. In einem iterativen, zyklischen Vorgehen finden dann die Phasen Umsetzung, Evaluationen und ggf. anschließende Optimierung statt (Bild 25).

Das an der Entwicklung beteiligte Gestaltungsteam sollte interdisziplinär zusammengesetzt sein und fachübergreifende Kenntnisse und Perspektiven vertreten. Explizit nennt die Norm auch die Einbeziehung des Kompetenzbereichs Technische Dokumentation, Schulung und Benutzerbetreuung.

*Weitere Prozess-Normen*

Der *Norm-Entwurf 220 der ISO 9241* trägt den Titel „Prozesse zur Ermöglichung, Durchführung und Bewertung menschzentrierter Gestaltung für interaktive Systeme in Hersteller- und Betreiberorganisationen". Die Norm ordnet dabei die in Teil 210 definierten Grundsätze und Aktivitäten den verschiedenen Prozessen in einem organisationsbezogenen Kontext zu und legt sie über den gesamten Lebenszyklus interaktiver Systeme hinweg fest. Die Prozess-Beschreibungen umfassen Zweck, Nutzen, Ergebnisse, typische Tätigkeiten und Arbeitsprodukte jedes einzelnen Prozesses. Die Norm kann als Grundlage für professionelle Entwicklung und Zertifizierung dienen.

Bei der Norm *ISO/IEC 12207 Software Lebenszyklusprozesse* handelt es sich um die zentrale Softwareentwicklungs-Norm. In einem kurzen Abschnitt (Anhang E.4) stellt sie auch die Sichtweise der Usability dar, indem sie die Prozesse der Norm mit denen der ISO 9241-210 verknüpft.

Die Prozess-Norm ISO 9241 Teil 210 wird vertieft durch die *ISO/TR 16892 Usability methods supporting human-centered design* (geplant als Teil 230 der ISO 9241), indem diese die verschiedenen Usability-Methoden auflistet und im Detail beschreibt.

**Leitfaden Usability der Deutschen Akkreditierungsstelle (DAkks)**

Die Deutsche Akkreditierungsstelle (DAkkS) hat als Rechtsnachfolger der DATech das inhaltsgleiche Prüfverfahren für den nutzerorientierten Gestaltungsprozess herausgebracht. Der Leitfaden dient als Handlungsanleitung zur Umsetzung von Normen in die Projektpraxis, um die Usability-Aktivitäten in den Herstellerunternehmen zu fördern. Er besteht aus drei Teilen. Die jeweils aktuellste Fassung des „Leitfaden Usability" finden Sie unter www.dakks.de kostenfrei zum Download:

- Teil 1 bietet einen Gestaltungsrahmen zur nutzerorientierten Gestaltung für die Entwicklung interaktiver Systeme. Da in den klassischen Entwicklungsmodellen die Nutzerzentrierung kaum Beachtung findet, stellt dieser Teil eine wertvolle Ergänzung dar. Der Gestaltungsrahmen ist bewusst nicht entlang der zeitlichen Achse des Produktlebenszyklus beschrieben. Vielmehr enthält er lediglich Hinweise zur Verbesserung der Projektpraxis.

- Teil 2 beinhaltet das DAkks-Prüfverfahren für die nutzerorientierte Gestaltung auf der Grundlage von DIN EN ISO 13407 (diese Norm ist seit 2011 integriert in ISO 9241 als Teil 210). Das Prüfverfahren dient den von der DAkks akkreditierten Prüfstellen zur Prüfung von Produkten und des Usability-Prozesses, für eventuelle Zertifizierungen oder zur Vorbereitung für Konformitätserklärungen von Anbietern nach DIN EN ISO/IEC 17050.

- Teil 3 enthält das DAkks-Prüfverfahren zur Konformitätsprüfung interaktiver Systeme auf Grundlage von DIN EN ISO 9241, Teile 11 und 110. Dieses Prüfverfahren dient als Leitfaden, um eigene Prüfanweisungen zu entwickeln, etwa für Mitarbeiter eines Usability-Prüflabors wie auch zur Begutachtung dieser Labors durch DAkks-Gutachter.

### 4.1.2 User-Centered Design für Benutzerinformationen

Damit die Benutzerinformation gebrauchstauglich ist und den Benutzer zielgerichtet unterstützt, muss auch die Informationsentwicklung einem nutzerzentrierten Prozessmodell folgen. Dieses kann dieselben Schritte des generischen Vorgehensmodells aus der ISO 9241-210 verwenden, jedoch eine spezifische Ausprägung für Benutzerinformationen haben. Das Modell nimmt die Sichtweise der Informationsentwicklung ein (siehe Bild 26).

Dabei darf die Entwicklung der Informationsprodukte jedoch keinesfalls separat vom Produkt betrachtet werden. Vielmehr erfordern die Prozesse für Produkte und Anleitungen an vielen Stellen eine Integration und enge Abstimmung der Beteiligten untereinander. Die Informationsprodukte haben ihre Aufgabe als Benutzer-

4 Prozesse und Planung

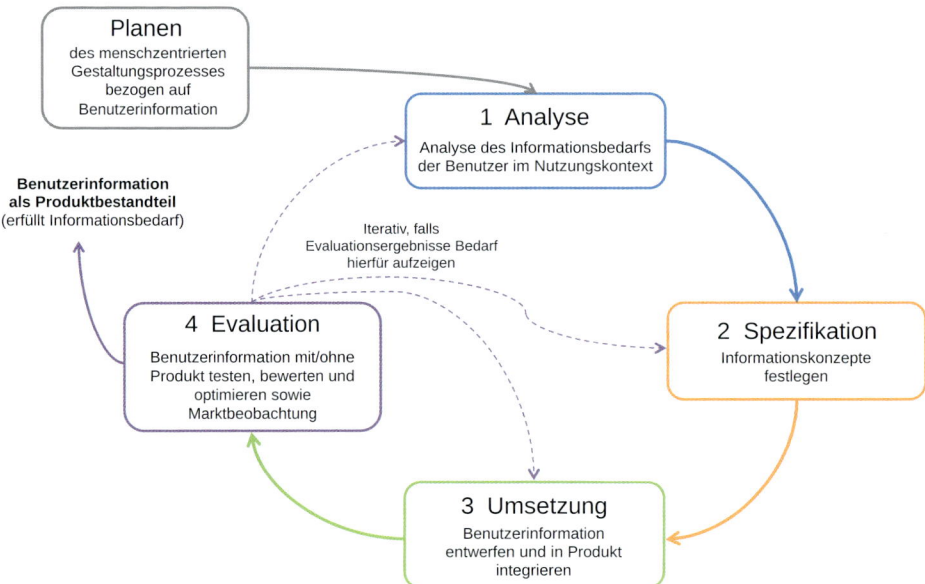

**Bild 26** Vorgehensmodell im User-Centered Design für Benutzerinformationen (in Anlehnung an ISO 9241-210)

unterstützung und diese darf nicht losgelöst von der Bedienbarkeit des Produkts an sich betrachtet werden. Beispiel: Eine Anleitung sollte keinen Mangel in der Usability der Benutzeroberfläche ausgleichen und umgekehrt sollte die Benutzerinformation nur wirklich nützliche Informationen bereitstellen.

*Planen des Prozesses zur Benutzerinformation*

Die Planung ist interdisziplinär mit der Gesamtprojektplanung zu betrachten und verfolgt die einheitlichen Strategien und Ziele der Usability. Die planerischen Tätigkeiten beziehen sich zudem speziell auf die nutzerorientierte Gestaltung des Informationsprodukts. Zu ermitteln ist, welche Usability-Aktivitäten zu welchen Zeitpunkten durchgeführt werden sollen, wie etwa eine Zielgruppenanalyse mit Fokus auf das Vorwissen und den Informationsbedarf der Nutzer. Weiterhin muss geplant werden, welche Methoden sinnvoll einzusetzen sind, an welchen Stellen typische Benutzer zu integrieren sind und welche personellen und sächlichen Ressourcen benötigt werden. Ein Beispiel für die Auswahl von Usability-Methoden bildet der Wording-Test beim Card Sorting für die Informationsarchitektur. Die Rollen der Informationsentwickler müssen im Projekt zugeteilt werden, wie etwa die Beteiligung an Projektbesprechungen.

Die Ergebnisse werden als ein Teilprozess im Projektplan festgehalten. Die Usability-Planung wirkt sich auf alle weiteren Projektphasen aus.

*Analyse*

Untersucht werden muss das zentrale Thema der Zielgruppen, der typischen Nutzungssituationen und der Informationsbedarfe je Zielgruppe. Die Fragestellungen sind:

- Zielgruppenanalyse: Wer sind die Benutzer? Welche Merkmale haben sie? Welches Vorwissen haben diese? Welche Sicherheitserwartungen? Welche Absichten haben sie mit dem Produkt?
- In welcher Nutzungssituation befinden sich die Nutzer beim Produktgebrauch? Welche Use Cases gibt es? (Was-Frage)
- Welche Informationen sind für die Benutzerunterstützung notwendig? Welche sind dem Benutzer bekannt und also nicht notwendig?
Welche Motivation haben die Nutzer, Benutzerinformationen zu lesen (Details nachschlagen, Abhilfe im Fehlerfall, sich informieren, sich anleiten lassen...)?
Welche Technologien verwendet das Produkt, wie bekannt sind diese bei den Zielgruppen oder wie ausführlich müssen sie beschrieben werden? Beispiel: Computer-affine Zielgruppen benötigen keine Beschreibung des Gebrauchs gängiger User-Interface-Elemente wie Buttons, Wischgesten etc.

Da Anleitungen häufig in mehrere Sprachen übersetzt werden, gilt es auch, eventuelle länderspezifische Anforderungen der Zielgruppen wie Schreibrichtung, funktionaler Analphabetismus, Literalität, Bildverständnis oder Mediennutzung zu ermitteln und auszuwerten. Vom Vorwissen der Zielgruppe, den Länderspezifika und den Use Cases lässt sich der Informationsbedarf ableiten. Benötigt die Zielgruppe beispielsweise Hintergrundwissen zu den Konzepten oder genügen anleitende Informationen?

Auch in Betracht gezogen werden bei der Anforderungsanalyse die Aspekte der Benutzerunterstützung durch Benutzerinformation, wie sie in den Usability-Normen (vor allem DIN EN ISO 9241) und in den Dokumentationsnormen (z. B. DIN EN 82079-1) empfohlen werden.

Die Ergebnisse der Marktbeobachtung des Informationsprodukts werden ausgewertet. Aus ihnen lassen sich Anforderungen und Optimierungen für die nächste Generation von Informationsprodukten ableiten. Die Beobachtung des Informationsprodukts stellt das Bindeglied zwischen einer veröffentlichten Anleitung und der Erstellung einer neuen oder aktualisierten Anleitung dar.

*Spezifikation*

In dieser Phase werden verschiedene Konzepte für nützliche und nutzbare Informationen erstellt:

- *Informations- und Medienkonzept*
  Welche Informationen benötigen die Nutzer an welcher Stelle und wie sind diese dargestellt? Beispiele: ein Oberflächentext zur Feldbeschreibung; ein Video mit Schrittanleitungen; ein Informationsprodukt, das Hintergrundwissen enthält.
- *Integrationskonzept*
  An welchen Stellen am oder im Produkt lassen sich Informationshäppchen, Videos oder Anleitungen integrieren? Als Folge dieser Überlegungen stellt die Informationsentwicklung bestimmte Anforderungen an das Entwicklungsteam: wie etwa auf ein fest reserviertes Informationsfeld auf dem Dis-

play, das kontextsensitive Anleitungen enthält. Das Medienkonzept orientiert sich dabei an der Produkttechnologie, zum Beispiel eine In-App-Hilfe für eine App. In diesem Zusammenhang sind auch die Zugriffsverfahren, wie Push (d. h. die Information wird automatisch angezeigt) und Pull (d. h. der Benutzer muss aktiv die Information anfordern), festzulegen.

- *Didaktisches Konzept*
  Dieses Konzept legt fest, wie die ermittelten Zielgruppen angesprochen werden können. Es leitet sich vom Informationsbedarf ab. Das Konzept enthält Festlegungen zu Terminologie, Sprache, Stil, Text-Bild-Verwendung, Bildtypen (zum Beispiel abstrakte Strichzeichnungen oder Fotografien), Anzahl und Aufbau von Warn- und Sicherheitshinweisen, Fehlermeldungen, bis hin zu didaktischem Aufbau und Gestaltung.

- *Interaktions- und Navigationskonzept*
  Eigenständige Informationsprodukte, wie eine Dokumentations-App oder eine Onlinehilfe, benötigen unterschiedliche Strukturierungselemente. Welche Such- und Filterfunktionen gibt es? Welche zusätzlichen Sucheingaben sollen vorgesehen werden, wie etwa Spracheingabe oder QR-Code? Welche Verzeichnisse (Inhaltsverzeichnis, Glossar etc.) hat das Informationsprodukt? Welche Navigationselemente gibt es? Das Interaktions- und Navigationskonzept hat das Ziel, dem Benutzer die gesuchte Information möglichst effektiv und effizient zur Verfügung zu stellen.

Bei all diesen Teilkonzepten können typische Benutzer aktiv mit eingebunden werden, um Gebrauchstauglichkeit herzustellen.

*Umsetzung*

Die Umsetzungsphase verläuft iterativ zwischen Inhaltsrecherche und Entwurfserstellung. Bei der inhaltlichen Recherche ermitteln die Informationsentwickler die detaillierten Produktfunktionen und Tätigkeiten (Tasks). Die Ergebnisse der Recherchen fließen in die Text-, Bild- und Medienentwürfe ein. Die Entwurfserstellung umfasst die Inhaltserstellung und die Gestaltung der Informationsmedien. Auch hierbei sollten typische Benutzer in entwicklungsbegleitende Usability-Tests einbezogen werden. Zudem finden kontinuierlich interne Prüf- und Korrekturläufe statt, um die Einhaltung der Informationskonzepte und die Ergebnisse der Zielgruppenanalyse zu sichern.

Das Ergebnis ist eine Freigabeversion, die weitere Schritte nach sich zieht:

- Übersetzung der Freigabeversion mit inhaltlicher Prüfung der Fremdsprachen, idealerweise durch Mitarbeiter bei den Landesgesellschaften oder durch Benutzer.
- Medienproduktion der einzelnen Informationsprodukte, z. B. Onlinehilfe, Dokumentations-App, Video oder multimediale Anwendung.
- Integration der Benutzerinformation in das Produkt, wie etwa Informationen in einem Informationsfeld auf dem Display oder Aufruf eines Informationsprodukts über ein Hilfemenü.

*Evaluation*

In der Evaluationsphase wird das Informationsprodukt sowohl separat als auch integriert in das Produkt auf Usability getestet und bewertet. Die Usability-Tests sind eng mit den Evaluationen des Produkts selber abzustimmen. Beispielsweise ist es wirtschaftlich, wenn im Rahmen eines Benutzertests auch gezielte Testaufgaben nur zum Informationsprodukt gestellt werden. Die Ergebnisse der Evaluation zeigen auf, ob Nachbesserungsbedarf besteht. Dieser Optimierungsaufwand kann sich je nach Ursache und Schweregrad auf die vorangegangenen Phasen der Umsetzung, Spezifikation oder Analyse erstrecken.

Ein wichtiger Schritt zur Evaluation der Benutzerinformation geht über die Entwicklungszeit hinaus und reicht bis in die Zeit der Betriebsphase. Das Informationsprodukt unterliegt dann der Marktbeobachtungspflicht. Hier zeigt es sich, wie gut die Benutzer mit dem Produkt und der Benutzerinformation zurechtkommen. Auskunftsquellen zur Marktbeobachtung können sein: Feedback von Nutzern oder Kundenservice, die systematische Nutzerbeobachtung sowie Web-Monitoring, also das Beobachten der benutzererstellten Hilfebeiträge in der Anwender-Community, in Web-Foren und Social Media. Die Ergebnisse der Beobachtung müssen ausgewertet werden und fließen als Optimierungs-Anforderungen (siehe Phase 1, Analyse) in aktualisierte oder neue Informationsprodukte ein.

Das Ergebnis des User-Centered Designs der Benutzerinformation ist eine zielgruppenorientierte und gebrauchstaugliche Benutzerassistenz. Diese kann mit dem Produkt verschmolzen sein – idealerweise nimmt der Benutzer sie gar nicht als separate Hilfefunktion wahr – oder deckt zusätzlichen Informationsbedarf durch separate Informationsprodukte wie etwa eine Dokumentations-App.

**Nutzerzentrierte Abstimmungsprozesse im Überblick**

Die nutzerzentrierte Entwicklung ist interdisziplinär. Sie weist zahlreiche Berührungspunkte bei der Arbeit von Planern, Entwicklern, Designern, Informationsentwicklern und Usability-Experten auf. Die wichtigsten Abstimmungsprozesse aus Perspektive der Informationsentwicklung sind:

- Interdisziplinäre Aufgaben und Rollen der Informationsentwickler bei der nutzerzentrierten Planung berücksichtigen. Beispiel: Mitarbeit am Terminologie-Management, Zeitpunkt der Integration der Benutzerinformation in das Produkt, Unterstützung bei Usability-Tests.
- Informationsaspekte bei der Zielgruppenanalyse (Vorwissen etc.) und Analyse der Use Cases berücksichtigen.
- Länderspezifika der Zielgruppen für Lokalisierung und Übersetzung der Produkt-Oberflächentexte und der Anleitung ermitteln und konzipieren.
- Medienkonzepte der Informationsprodukte an der Produkttechnologie orientieren und mit Entwicklern zur Vermeidung von Medienbrüchen abstimmen.
- Zusammen mit Screen- und Interaktionsdesignern die integrierte Hilfe (Informationsfeld auf Display etc.) und die Hilfezugriffe (Buttons, Fragezeichen etc.) definieren und technologisch mit den Entwicklern umsetzen.

- Terminologie und Sprache zielgruppenorientiert konzipieren und für konsistente Anwendung in Produkt und Anleitung sorgen.
- Benutzertests und sonstige benutzerorientierte Aktivitäten gemeinsam planen und durchführen. Für identifizierte Probleme sollten mit Blick auf Produkt und Benutzerassistenz ganzheitliche Lösungen gefunden werden.
- Marktbeobachtung auch in Hinblick auf die Beobachtung des Informationsprodukts interdisziplinär durchführen.

## 4.2 Integration in bestehende Entwicklungsprozesse

Nutzerzentrierte Gestaltungsaktivitäten lassen sich leicht in bestehende Entwicklungsprozesse einbinden. Diese können so unterschiedliche Entwicklungsansätze wie objektorientierte Entwicklung, Wasserfall-Entwicklung oder agile Entwicklung haben. In diesem Buch werden zwei Entwicklungsprozesse geschildert:

- Zum einen handelt es sich um einen in der Branche der Technikkommunikation weit verbreiteten sequentiellen Entwicklungsprozess für Informationsprodukte (siehe Kapitel 4.2.1 „Phasen der Informationsentwicklung", Seite 92)
- Zum anderen geht es um die agile Entwicklung – das neuere Prozessmodell, das in vielen Unternehmen bereits erfolgreich eingesetzt wird. Es hat einen interdisziplinären Ansatz und kombiniert dabei unter anderem Produktentwicklung und Informationsentwicklung (siehe Kapitel 4.2.2 „Agile Entwicklung", Seite 94).

### 4.2.1 Phasen der Informationsentwicklung

Das nutzerorientierte Vorgehensmodell für die Informationsentwicklung lässt sich relativ einfach in bestehende Entwicklungsmodelle der Technischen Dokumentation integrieren. Ziel ist, dass am Ende ein für den Anwender nützliches und gut nutzbares Informationsprodukt entsteht. Die Prozesse der Informationsentwicklung gelten als Teilprojekt des gesamten Produkt-Entwicklungsprozesses.

Ein sequentieller Prozess ist der aus der *DIN Praxis Kundendokumentation* stammende Prozess der Informationsentwicklung.[58] Der Prozess ist ein Referenzprozess, da er idealtypisch und branchenübergreifend ist, also gültig für Konsumgüter, Industriegüter und Softwareprodukte. Die Informationsentwicklung verläuft entlang einer Prozesskette und besteht aus verschiedenen Phasen mit speziellen Tätigkeiten. Ein Dokumentationsprojekt muss nicht zwingend alle Phasen durchlaufen, falls auf Ergebnisse früherer Projekte aufgebaut werden kann. Beispielsweise kann die Zielgruppenbestimmung bei einem Nachfolgeprodukt für dieselbe Zielgruppe angewendet werden. Der Prozess wird in acht aufeinander aufbauende Phasen der Informationsentwicklung aufgeteilt (Bild 27).

*Analyse und Anforderungen*

Dies ist eine vorbereitende Prozessphase, um die Rahmenbedingungen und übergeordneten Anforderungen an ein Informationsprodukt zu ermitteln. Dieser Pro-

## 4.2 Integration in bestehende Entwicklungsprozesse

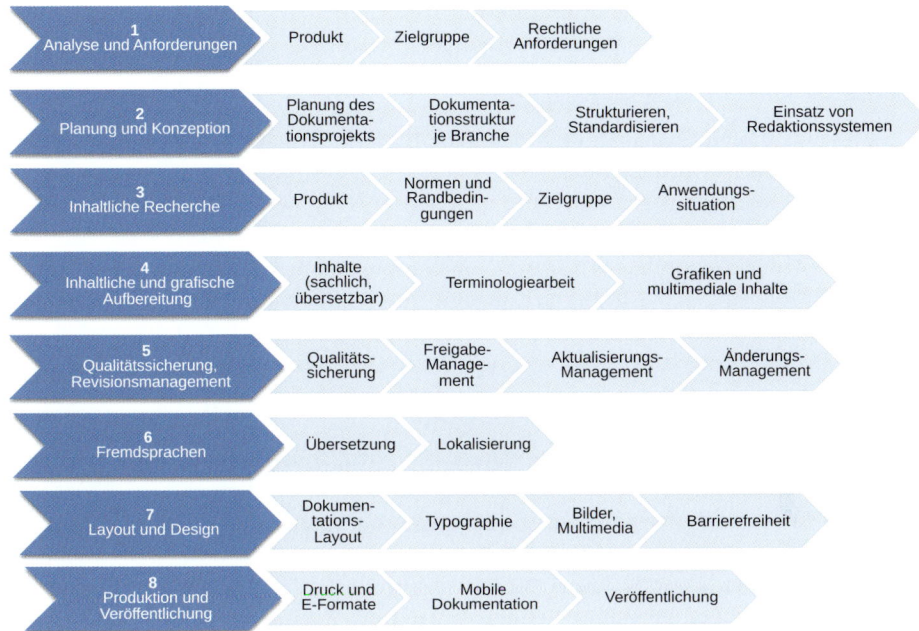

**Bild 27** Prozess der Informationsentwicklung (Eigene Bearbeitung, nach „DIN Praxis Kundendokumentation"[59])

zessschritt umfasst verschiedene Untersuchungen zu rechtlichen, normativen und länderspezifischen Anforderungen, zu voraussichtlichen Zielgruppen und zum Produkt einschließlich seiner technologischen Innovation.

*Planung und Konzeption*

Der gesamte Prozess der Informationsentwicklung muss zu einem frühen Zeitpunkt geplant werden. Zu berücksichtigen sind dabei insbesondere die externen Schnittstellen wie etwa die Beauftragung der Übersetzung. Da es sich um einen Teilprozess der gesamten Produktentwicklung handelt, muss dieser intern eng mit allen an der Entwicklung Beteiligten abgestimmt werden. Die Konzeptentwicklung umfasst Teilkonzepte für die Art der Informationsprodukte, deren Dokumentationsstruktur und zu potentiellen Informationsmedien. Die eingesetzten Methoden zur Standardisierung und Strukturierung sowie der Einsatz von Redaktionssystemen bilden dabei die Grundlage für einen effizienten Erstellungsprozess sowie für das Erstellen konsistenter Informationsprodukte, beispielsweise für Produktvarianten und -versionen.

*Inhaltliche Recherche*

Diese Phase enthält alle Tätigkeiten der Technischen Redakteure zur Informationsrecherche über das Produkt: Funktionen, Technologie, Aufgaben, Gefahrenpotenziale, anzuwendende Dokumentations-Normen, Randbedingungen (etwa Vereinbarungen mit dem Kunden) sowie Informationsbedarf der Zielgruppe. Alle diese Erkenntnisse wirken sich schließlich auf die in der Kundendokumentation beschriebenen Anwendungssituationen zur Nutzung, Wartung und Instandhaltung des Produkts aus.

*Inhaltliche und grafische Aufbereitung*

In dieser Phase findet das Erstellen und Verwalten der Bausteine mit einschlägigen Tools und Content-Management-Systemen statt. Die inhaltlichen Bausteine können vielfältig sein: beschreibende und anleitende Texte, Sicherheitshinweise, Illustrationen, Animationen, Filme oder Höranleitungen. Für die Branche des Maschinen- und Anlagenbaus ist es typisch, dass Lieferantdokumentationen in die Inhouse-erstellten Inhalte integriert werden müssen. Für das Schreiben selbst sind die wichtigsten Qualitätsziele: Sachlichkeit und Verständlichkeit der Sprache, Terminologiekonsistenz, kontrollierte Sprache und übersetzungsgerechtes Schreiben.

*Qualitätssicherung und Revisionsmanagement*

Bevor eine Übersetzung der Inhalte veranlasst wird, müssen diese auf inhaltliche und formelle Richtigkeit (etwa Gültigkeit der Querverweise) geprüft werden. Prüfende Personen sind oft Mitarbeiter der Entwicklungsabteilung sowie Dokumentations-Kollegen. Von extern fließen Ergebnisse der Produkt- und Marktbeobachtung sowie Feedback von Nutzern zur Überprüfung der Inhalte ein. Die Zwischenversionen mit ihren Freigaben, Änderungen und Aktualisierungen unterliegen einem geregelten Revisionsmanagement.

*Fremdsprachen*

Die geprüften Inhalte werden in dieser Phase, in der Regel über die Beauftragung einer Übersetzungsagentur, in Fremdsprachen übersetzt und für den Zielmarkt lokalisiert.

*Layout und Design*

In dieser Phase erhalten die Inhalte ihre optische Gestaltung. Elemente der Gestaltung sind Seitenlayouts, Typographie, bildhafte Darstellungen und multimediale Anleitungen. Bei allen Informationsmedien sind die besonderen Aspekte der Barrierefreiheit zu berücksichtigen.

*Produktion und Veröffentlichung*

In dieser abschließenden Phase werden die Medien produziert und verteilt. Die Produktion unterscheidet generell zwischen Druckmedien und elektronischen Medien (online, mobil oder eingebettet). Die verschiedenen Medien benötigen jeweils eigene Produktionsabläufe. Die Verteilung der dem Produkt beizulegenden Informationen (meist Print und evtl. DVD) geschieht aus rechtlichen Gründen gemeinsam mit dem Produkt. Andere Informationsmedien zum Produkt können den Nutzern über Webseiten, App-Store, Multimedia-Kanäle, Ersatzteil-Datenbanken etc. zur Verfügung gestellt werden.

### 4.2.2 Agile Entwicklung

Aus der Erfahrung heraus, dass ungefähr ein Drittel aller nach klassischen Managementmethoden organisierten großen Software-Projekte scheitert, veröffentlichten

Kent Beck und andere Softwareentwickler im Jahr 2001 das so genannte *Agile Manifest*.[60] Darin festgehalten ist ein Wertekanon, der das Fundament für agile Softwareentwicklung bildet. Die Grundwerte des Agilen Manifests sind:

- Menschen und deren Interaktionen stehen über Prozessen und Werkzeugen.
- Funktionierende Software steht über einer umfassenden (Entwicklungs- und Projekt-)Dokumentation.
- Zusammenarbeit mit dem Kunden steht über der Vertragsverhandlung.
- Reagieren auf Veränderung steht über dem Befolgen eines Plans.

**Die Scrum-Methode**

Wesentliches Merkmal der agilen Entwicklung ist, dass ein „fertiges" Produkt nicht über ein lineares Vorgehen, sondern in mehreren Teilen entsteht. Zu den bekanntesten agilen Methoden gehört daher das Scrum (auf Deutsch: Gedränge), das die Produktentwicklung in überschaubare, iterative Schritte zerlegt. Eine Iteration (engl. Sprint) dauert typischerweise 4 Wochen und umfasst jeweils sämtliche Aufgaben eines Produktteils von Design, Umsetzung, Dokumentation und Test. In einem vorbereitenden Planungstreffen definieren die Projektmitarbeiter die Rahmenbedingungen, den Funktionsumfang und die Use Cases.

Innerhalb eines Scrum-Teams sind verschiedene Rollen definiert:

- *Product Owner*
  Das ist der Fachexperte für die Definition und Verwaltung der Anforderungen und Use Cases. Seine Informationen werden in einem Protokoll (Product Backlog) festgehalten. Die priorisierten Aufgaben für den jeweils nächsten Sprint stehen im Sprint Backlog.

- *Interdisziplinäres Entwicklungsteam*
  Umfasst Mitglieder mit fachlichen Schwerpunkten wie etwa Software-Architektur, Softwareentwicklung, Interaktions-Design, Visuelles Design, Informationsentwicklung, Software- und Usability-Tests. Die Mitglieder definieren selbst die konkreten Aufgabenpakete für ihr Team und ermitteln den zeitlichen Aufwand.

- *Scrum Master*
  Verantwortlich für das Einhalten des Scrum-Prozesses, kümmert sich der Scrum-Master um Probleme, koordiniert die Zusammenarbeit des Entwicklungsteams und leitet die Besprechungen.

**Benutzerorientierung mit Scrum**

Für die Ziele und Aktivitäten eines benutzerorientierten Design-Prozesses bietet die agile Entwicklung ein gutes Fundament. Es beginnt bereits bei dem Grundwert, die Menschen und deren Interaktionen mit der Software in den Vordergrund zu stellen. Die Softwareprozesse und -werkzeuge müssen den Aufgaben und Zielen der Benutzer zuarbeiten und nicht umgekehrt.

Ein weiteres Merkmal von Scrum ist die Vorbereitung der Sprints durch Nutzer- und Nutzungsforschung. Die Ergebnisse liefern ein grundlegendes Verständnis über die Bedürfnisse der Nutzer und werden als Use Cases im Product Backlog festhalten. Die Use Cases sollten die Designkonzepte (Interaktion, Screen etc.) und die Informationskonzepte beeinflussen. Konzepte werden in knapper Form in einem Styleguide festgehalten.

Der Ablauf von Analyse, Entwurf und Umsetzung hängt häufig von der Komplexität der Softwarefunktionen ab. Bei kleinen Features liegen Entwurf und Entwicklung im gleichen Sprint. Designer erstellen die benötigten Skizzen, Prototypen und Grafikelemente. Redakteure entwerfen die Elemente der Benutzerassistenz. Die jeweiligen Entwürfe werden von Softwareentwicklern bzw. Informationsentwicklern umgesetzt und produziert. Bei komplexen Features werden Analyse und Entwurf dagegen eher als eigenständiges Backlog vor dem Entwicklungs-Backlog behandelt. Dann können, je nach Priorisierung, auch mehrere Sprints dazwischenliegen. In einem Sprint können demnach einige Features entwickelt werden, während andere erst analysiert und entworfen werden.

Der interdisziplinäre Informationsaustausch findet neben den knappen schriftlichen Informationen vor allem über mündliche Kommunikation im Team statt. Dazu gibt es kurze tägliche Besprechungen (Daily-Scrum) zur inhaltlichen Abstimmung und zu Rückfragen, sowie Review Meetings, die den Charakter einer „Tischinspektion", also das Vorstellen und Diskutieren der Arbeitsfortschritte, aufweisen.

Jedes entwickelte Feature wird noch im selben Sprint getestet. Dabei sollten der Softwareteil und dessen Benutzerassistenz neben funktionalen Tests auch Usability-Tests unterzogen werden. Test und Abnahme sind Teil der so genannten „Definition of Done" eines Sprints. In einem Retrospective-Meeting wird eine Rückschau auf den Prozess zwecks kontinuierlicher Verbesserung vorgenommen. Bild 28 veranschaulicht den agilen Softwareentwicklungs-Prozess mit Bezug zur Nutzerorientierung.

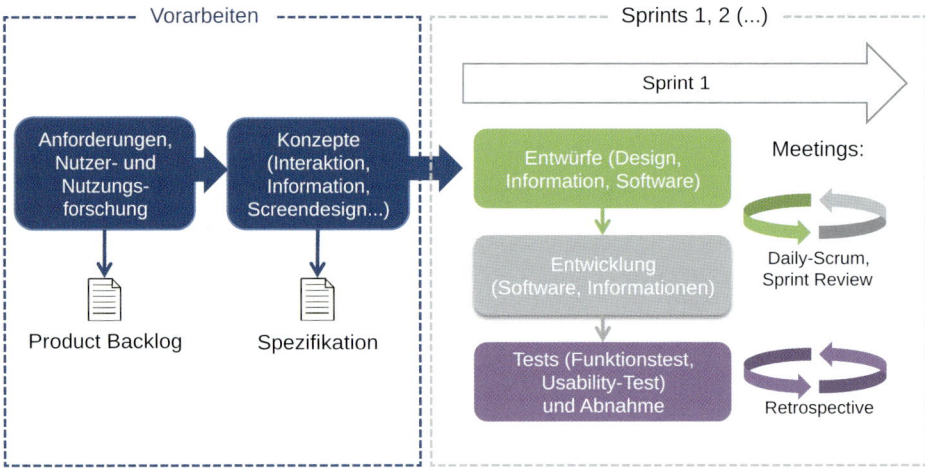

**Bild 28** Benutzerorientierter Design-Prozess mit Scrum

## Agilität in der Informationsentwicklung

Ein agiles Umfeld beeinflusst auch die Arbeitsweise der Informationsentwickler. Die stringenten Zeitanforderungen in einem Sprint bilden bei der Informationsentwicklung eine besondere Herausforderung. Die Dokumentation wird oft als letztes Glied in der Entwicklungskette betrachtet und die Redakteure müssen unter Zeitdruck agieren, damit Produkt und Anleitung zeitgleich veröffentlicht werden können. Die agile Entwicklung alleine löst das Zeit-Problem in der Informationsentwicklung allerdings nicht. Nur bei frühzeitigem Einbeziehen der Aufgaben der Redaktion in die Entwicklung und einer projektförmigen Verzahnung kann die Benutzerassistenz sinnvoll und zeitgerecht in die Wertschöpfungskette integriert werden.

### *Mehrwerte durch Integration von Technikredakteuren*

Durch die Einbeziehung der Informationsentwickler direkt in das Entwicklungsteam und in alle Phasen des Entwicklungsprozesses ergeben sich Mehrwerte. Details dazu lesen Sie dazu in der Textbox, im Erfahrungsbericht einer in agilen Softwareprojekten erfahrenen Software-Redakteurin:

---

**Agile Entwicklung – Nutzerorientierte Mehrwerte durch Technikredakteure im Team**

Welche Mehrwerte die agilen Vorgehensmodelle bieten, möchte ich hier am Beispiel Scrum aufzeigen, einer der bekanntesten und am häufigsten verwendeten agilen Methoden.

1. Tief in Scrum verankert ist der Mehrwert, dass die Technikredakteure Teil des Softwareentwicklungsteams sind. Dadurch, so die Erfahrung aus der Praxis, sind die Technikredakteure für ihre Entwicklungskollegen kompetente Ansprechpartner bei Sprachfragen, vor allem, wenn die Software in der Fremdsprache entwickelt wird.

   Die Technikredaktion ist dadurch früh in den Softwareentwicklungsprozess integriert: Sie kennt die Terminologie in der neuen Software zu einem frühen Zeitpunkt, kann sie bestenfalls mit festlegen, und erstellt oft auch die Texte auf der Bedienoberfläche mit.

   Als Teil des Entwicklungsteams können die Technikredakteure des Weiteren die Software effektiv testen, die im Agilen in kleinen Portionen entwickelt wird. Entweder sie übernehmen die Rolle des Testers im agilen Team explizit, oder sie sind implizit durch ihre Dokumentationsaufgabe die viel zitierten „ersten Nutzer" der Software.

   Je besser die Software zu bedienen ist, je unsichtbarer sie die Nutzer bei der Bedienung unterstützt, desto besser ist ihre Usability insgesamt. Eigentlich eine Binsenweisheit, aber eine, deren Erfüllung der Scrum-Prozess durch die frühe und wertschöpfende Einbindung der Technikredakteure befördert.

2. Ein weiterer Mehrwert, um die Nutzerorientierung der Software und auch der Hilfe zu erhöhen, ist, dass bei Scrum in Schleifen (iterativ) und Funktion für Funktion (inkrementell) entwickelt und ausgeliefert wird.

   Das heißt, die Bedienoberflächen und die zugehörige Hilfe haben im agilen Umfeld höhere Chancen auf Überarbeitung und damit Verbesserung. Review Meetings und Abstimmungen mit typischen Nutzern und Stakeholdern sind fest eingeplant. Direktes Feedback ist so zum einen frühzeitig im Entwicklungsprozess möglich, zum anderen kann es zeitnah eingearbeitet werden; strukturelle Fehler können sich nicht so leicht fortsetzen.

   Das gibt der Technikredaktion die Chance, neue und unterschiedliche Hilfeformen zu entwickeln. Etwa können die Nutzer über Social Media, Foren oder Blog-Kommentare direkt Feedback zur Softwarebedienung geben oder den Support online kontaktieren.

> In kurzen Updatezyklen kann die Software flexibler verbessert werden. Und die Technikredaktion kann durch die kürzeren Zyklen das Feedback schneller einarbeiten und publizieren.
>
> Das bedeutet meist einen höheren, kontinuierlichen Aufwand für die Technikredaktion, dadurch erhöht sich aber auch der Praxisbezug der Hilfe.
>
> 3. Scrum bietet auch Vorteile für die Technikredaktion selbst:
>
> Das Entwicklungsteam legt am Anfang eines Sprints aufgrund der aktuellen Prioritäten fest, welche Features es in diesem Sprint entwickelt. Die Ergebniskontrolle erfolgt gemeinsam am Sprint-Ende, im Review Meeting. Dadurch dokumentieren die Technikredakteure zielgenau nur die gerade entwickelten Features und erleben am Ende des Entwicklungszeitraums keine Überraschungen, etwa, dass frühzeitig eingeplante Features doch nicht ausgeliefert werden. Das wiederum vermeidet unnötigen Dokumentationsaufwand.
>
> *Marlis Friedl, Technikredakteurin (marlisfriedl@web.de)*

### *ISO/IEC/IEEE 26515: Benutzerinformation bei agiler Softwareentwicklung*

Die Rolle der Anleitungen im agilen Umfeld wird auch in der internationalen Norm ISO 26515 beschrieben. Sie geht dabei auf die besonderen Herausforderungen ein, Software und die dazugehörigen Anleitungen in dynamischen Zwischenschritten zu erstellen. Agile Produktentwicklung sieht die Zusammenarbeit in interdisziplinären Entwicklungsteams vor. Die Norm gibt Empfehlungen aus der Perspektive der Informationsentwickler. Der Einfluss der technischen Redakteure in agilen Entwicklungen definiert sich neu und birgt Chancen für verstärkt nutzerzentrierte Anleitungen, orientiert an Use Cases.

#### Checkliste – Agile Entwicklung

☐ Wichtige agile Werte und Prinzipien sind Flexibilität, Veränderungsbereitschaft, Teamorientierung sowie Transparenz und Kommunikation im Prozess.

☐ Benutzerorientiertes Vorgehen lässt sich in die Methode Scrum integrieren.

☐ Agile Entwicklung bietet nutzerorientierte Mehrwerte durch Einbeziehen von Informationsentwicklern.

☐ Die Norm ISO/IEC/IEEE 26515 gibt Empfehlungen zur Benutzerinformation bei agiler Softwareentwicklung.

## 4.3 Projektsteuerung mit Kanban

Kanban heisst „Karte" (aus dem Japanischen). Der Begriff bezeichnet eine ursprünglich von Toyota entwickelte Methode zur Steuerung des Materialflusses in Produktionsprozessen. Dabei orientiert sich das Verfahren ausschließlich am Verbrauch von Materialien am Bereitstell- und Verbrauchsort. Kanban hat das Ziel, die lokalen Lagerbestände von Rohmaterial, Halbfertigmaterial und Endprodukten in der Fertigung und Produktion jeweils so gering wie möglich zu halten und Nachbestellungen just-in-time durchzuführen. Eine Kanban-Karte entspricht einem Produktionsauftrag für den Lieferanten. Die Karte enthält zum Beispiel die

Teilenummern und -Bezeichnungen, die Anzahl der Teile in einem Kanban-Behälter, den Verbraucher und den Lieferanten.

Ein Beispiel dazu aus dem alltäglichen Leben: In einem Kühlschrank gibt es Produkte, die ständig verbraucht werden, wie etwa Milch. Die Anzahl der Milchtüten im Kühlschrank hängt ab vom Verbrauch, vom Zeitaufwand für die Wiederbeschaffung und von der Größe der Verpackung. Diese Parameter werden in der klassischen Kanban-Formel[61] festgehalten. Damit immer genügend Milch im Kühlschrank ist, wird laut der Kanban-Formel beim Erreichen einer Mindestzahl von Tüten ein Signal zur Wiederbeschaffung ausgelöst.

*Kanban als agile Methode in der Softwareentwicklung*

Die Kanban-Steuerung wird zwischenzeitlich auch in anderen Bereichen eingesetzt. So wird Kanban in IT-Unternehmen für die agile Softwareentwicklung genutzt und schafft dort einen Überblick über die knappen Ressourcen wie Teammitglieder und Zeit. Ein Kanban, notiert auf einer gedruckten Karte (oder als Ticket in einem Ticketsystem) steht für eine Arbeitsaufgabe. Die Arbeitsaufgaben werden auf einer Tafel (Kanban-Board) so organisiert, dass die Spalten aufeinanderfolgende Aktivitäten darstellen. Diese können sein: Vorbereitung, Gestaltung, Implementierung, Testen etc. Sobald eine Arbeitsaufgabe erledigt ist, wird die Kanban-Karte zur nächsten Aktivität weitergereicht. Die einzelnen Aktivitäten können dabei nach Bearbeitungszuständen wie „eingeplant", „in Bearbeitung" und „erledigt" untergliedert werden. Kanban dient einerseits zur Visualisierung des aktuellen Arbeitsstands und andererseits zur linearen Lösung der Aufgaben.

> **Beispiel: Fehlerbehebung**
>
> Laut Preußig eignet sich Kanban in der Softwareentwicklung besonderes gut für die Organisation der Fehlerbehebung.[62] Sie besteht aus den drei Stufen „Fehler beheben", „Software neu erzeugen" und „Fehlerbehebung testen". Der Engpass des Gesamtprozesses beim Testen liegt erfahrungsgemäß beim letzten Schritt, nämlich dem Testen der Fehlerbehebung. Also werden dort die Ressourcen verstärkt. Neben rein funktionalen Fehlern fließen auch entdeckte Usability-Fehler in die Fehlerbehebung ein.

Im Gegensatz zu anderen agilen Projektmethoden wie Scrum fordert Kanban nicht die inhaltliche Diskussion der Aufgaben im gesamten Team. Auch trägt Kanban nichts zur Terminwahrung bei. Der Fokus liegt klar auf der Optimierung eines kontinuierlichen Arbeitsflusses. Zur Steuerung und Optimierung von Prozessen lässt sich Kanban daher vielfältig einsetzen, sobald ein Prozess eine bestimmte Komplexität von voneinander abhängigen Aufgaben, Aktivitäten und Rollen aufweist.

*Anwendungsbeispiel:*
*Kanban zur Aufgabensteuerung in Usability-Projekten*

Usability-Projekte, wie etwa das Durchführen eines umfangreichen Labor-Benutzertests, weisen die Merkmale eines komplexen Projekts auf. Bild 29 zeigt beispielhaft, wie sich Teamwork durch Kanban von einem Moderator übersichtlich gestalten lässt. Es handelt sich um die Aktivität „Vorbereitung eines Benutzertests" und deren Aufgaben, die von den Zuständen „Offen", über „Bearbeitung" bis „Erledigt"

4 Prozesse und Planung

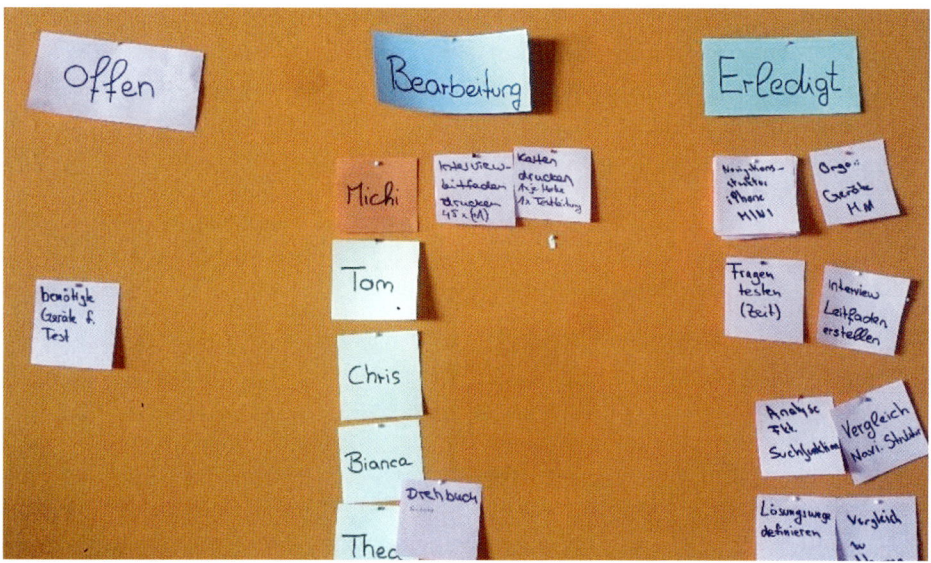

**Bild 29** Kanban für Usability-Projektsteuerung
(Beispiel für die Aktivität „Vorbereitung eines Usability-Tests")

weitergeführt werden. Eine offene und noch keinem Teammitglied zugeordnete Aufgabe ist das Besorgen der benötigten Geräte für den Test. Die bereits in Bearbeitung befindlichen Aufgaben sind nach Teampersonen gegliedert. Beispielsweise haben „Bianca" und „Thea" die Aufgabe, ein Drehbuch zu verfassen. Die erledigten Aufgaben wie etwa das Testen der Fragen oder das Definieren von Lösungswegen sammeln sich unter „Erledigt".

**Checkliste – Kanban**

- ☐ Kanban ist eine Moderationstechnik zur Projektsteuerung und wird häufig in der agilen Softwareentwicklung eingesetzt.
- ☐ Kanban visualisiert komplexe Projektabläufe und Rollen.
- ☐ Die Aufgaben der Mitarbeiter werden auf Karten geschrieben (oder digital erfasst).
- ☐ Die Karten durchlaufen mehrere Fortschrittsphasen wie „Offen" (oder „Geplant"), „in Arbeit", „Erledigt".
- ☐ Die Methode lässt sich auch gut zur Projektsteuerung von komplexen Usability-Projekten und zur Fehlerbehebung in der Softwareentwicklung einsetzen.

## 4.4 Usability-Methoden und Techniken

### 4.4.1 Übersicht und Kurzbeschreibungen

Mehr Benutzerorientierung in den technischen bzw. Informationsprodukten, höhere Flexibilität im Prozess des User-Centered Designs, überschaubare Aufwände etc. – Usability-Methoden helfen dabei, diese Forderungen Realität werden zu lassen. Da es jedoch eine unüberschaubare Vielzahl an Methoden gibt, erhalten Sie in diesem Kapitel eine Roadmap zur Auswahl der für Ihr Projekt passenden Methoden.

*Ursprung der Methoden*

Unter „Methode" wird allgemein ein planmäßiges Vorgehen verstanden, mit dem ein bestimmtes Ziel erreicht werden kann. Ein Großteil der gebräuchlichen Methoden stammt aus der empirischen Sozialforschung, ein weiterer Teil aus der Marktforschung und ein anderer Teil aus der Usability-Forschung. Aber auch Fachdisziplinen wie die Softwareentwicklung, der Designbereich oder die Technikkommunikation steuern einschlägige Methoden bei. Die Methoden haben den Anspruch, wissenschaftlich nachgewiesen und empirisch erprobt zu sein. So kann davon ausgegangen werden, dass mit jeder Methode das anvisierte Ziel, auch bei wiederholter Anwendung, erreicht wird.

Die Norm ISO/TR 16982 (geplant als Normenteil ISO 9241-230) bietet einen Überblick über die Methoden zur Gewährleistung der Gebrauchstauglichkeit und zur Auswahl der am besten geeigneten Methode. Aus der Fachliteratur greifen verschiedene Autoren je nach Anwendungsbereich einige Methoden heraus:

- Eberhard-Yom, Professorin an der Hochschule der Medien Stuttgart, ordnet 14 gängige Methoden(-kombinationen) den typischen Phasen eines Web-Projekts zu.[63]
- Im Bereich Software-Engineering nennen Richter und Flückiger acht wichtige Methoden, um eine benutzbare Software entwickeln zu können.[64]
- Meyer, Spezialistin im Bereich User Experience und Content Usability, wählt gezielt neun Methoden für den redaktionellen Bereich der Technischen Dokumentation aus.[65]

Im Fokus sollen hier zehn Methoden stehen, die einen klaren Bezug zu den Entwicklungsphasen sowohl von interaktiven Produkten, als auch ihrer Anleitungen aufweisen. Wenn sich mehrere der verfügbaren Methoden im Erkenntnisgewinn ähneln, wurde jeweils nur eine davon ausgewählt. Das Methoden-Instrumentarium wurde aus Gründen der Übersichtlichkeit weitgehend verdichtet. So sind Varianten unter einer übergeordneten Methode zusammengefasst. Beispiel: Die bekannte Gruppendiskussion „Fokusgruppe" ist unter der Methode „Befragungen" aufgeführt.

*Experten- und benutzerorientierte Methoden*

Man unterscheidet zwischen experten- und benutzerorientierten Methoden. Damit lassen sich Anwenderinteressen und Expertenwissen im besten Verhältnis kombinieren. Bei der Testergruppe der Experten handelt es sich in der Regel um Usability-Experten oder Interaktions-Designer, Benutzer sind dagegen repräsentative Endanwender.

- *Benutzer*
  Typische Benutzer stehen stellvertretend für die Zielgruppe des Produkts. Die Methoden mit Benutzern sind meinungs- und verhaltensbasiert. Die Benutzer lassen sich gemäß ihren Fachkenntnissen und Produkterfahrun-

gen mit dem Testobjekt in *homogene* und *heterogene Zielgruppen* einteilen. Homogene Nutzergruppen verfügen über vergleichbare Qualifikationen. Testpersonen aus homogenen Nutzergruppen müssen möglichst exakt mit den realen Anwendern übereinstimmen und die Fachkenntnisse mitbringen, die ein Produkt zur Bedienung erfordert. Der Zugriff auf eine homogene Gruppe ist in der Regel schwieriger als der auf heterogene Gruppen. Heterogene Gruppen können sich aus Laien bis hin zum Fachexperten zusammensetzen.

- *Experten*
  Experten sind an der Entwicklung und Evaluation gebrauchstauglicher Produkte beteiligt. Die Methoden sind analytischer Art. Je nach fachlicher Expertise können verschiedene Experten unterschieden werden: Usability-Experten, Interaktions-Experten, Designer, Fachexperten (Entwickler oder Informationsentwickler).

Am besten lassen sich die beiden Arten in der letzten Entwicklungsphase unterscheiden:

Bei den expertenorientierten Verfahren bewerten Usability-Experten nach festgelegten Kriterien und unter Verwendung von Normen und Richtlinien die Gebrauchstauglichkeit einer Benutzungsoberfläche oder einer Benutzerinformation. Man bezeichnet dies als so genannte inspektionsbasierte Bewertung oder als *analytische Methode*.

Der Vorteil besteht darin, dass die Beurteilung vom Aufwand her ökonomisch ist und schnell Ergebnisse erreicht werden können. Die von Experten durchgeführten Methoden sind jedoch nicht ausreichend, um ein interaktives System zu garantieren, das auch in der Praxis erfolgreich ist. Selbst wenn Experten versuchen, die Sichtweise von Benutzern anzunehmen, sind sie nicht die Benutzer selbst in ihrem konkreten Nutzungskontext.

Die bekannteste Evaluation durch Benutzer ist der *Benutzertest*. Er setzt nicht auf die Meinung von Experten, sondes es werden Personen befragt, die das Produkt oder die Anleitung nutzen. Derartige benutzerorientierte Verfahren zählen zu den *empirischen Methoden*. Der Aufwand bei benutzerorientierten Verfahren ist vergleichsweise hoch, zeitaufwändig und mit Organisationsaufwand verbunden. Die Testpersonen müssen dabei mit hoher Sorgfalt ausgewählt werden, damit man repräsentative Ergebnisse erhält. Der Vorteil besteht darin, dass qualitativ wertvolle Erkenntnisse zu Nutzerbedürfnissen oder Meinungen von Anwendern eingeholt werden können.

*Übersicht über die Methoden*

In Tabelle 8 sind alle Methoden aufgeführt, die in diesem Buch vorgestellt werden. Die Kurzbeschreibungen gliedern sich in:

- Name der Methode mit Angabe,
  ob die Ausführenden Experten oder Benutzer sind
- Beschreibung des Ziels und, falls vorhanden,
  Arten und Varianten der Methode.

## 4.4 Usability-Methoden und Techniken

**Tabelle 8** Kurzbeschreibung der Methoden (alphabetisch sortiert)

| Methode | Beschreibung und Ziel |
|---|---|
| **Befragung** (Benutzer) | Empirische Methode einerseits zum Identifizieren der Nutzerbedürfnisse und andererseits zur Evaluation von Produkt und Anleitung. Befragungen sind ein Mittel der Meinungsforschung.<br>*Arten:* Schriftliche Befragungen über (Online-)Fragebögen, mündliche Befragungen durch Interviews und Fokusgruppen |
| **Benutzertagebuch** (Benutzer) | Bei der auch als „User Journey" bezeichneten Methode berichten Benutzer mithilfe von Fragebögen über ihre Erfahrungen und Probleme mit einem interaktiven System, auf die sie in allen Nutzungsphasen vom Kennenlernen bis zur Wartung gestoßen sind.<br>*Variante:* Langzeit-Studie |
| **Card Sorting/Wording** (Benutzer) | Struktur- und Terminologietest zum Entwerfen einer Informationsarchitektur, wobei Karten mit verständlichen Benennungen in eine für Benutzer sinnvolle Struktur (Oberbegriffe und Unterbegriffe, Gruppen) sortiert werden. Die Methode ist auch als Wording-Test für Oberflächenbeschriftungen und Abkürzungen erweiterbar.<br>*Arten:* offline auf Papier oder computergestützt online |
| **Expertenevaluation** (Experten) | Analytische Evaluierungsmethode zum Beurteilen eines Produkts oder einer Dokumentation nach anerkannten Prinzipien, Normen, Richtlinien und Heuristiken durch einen oder mehrere Experten.<br>*Arten:* Heuristische Evaluation, Cognitive Walkthrough |
| **Persona** (Experten) | Von Alan Cooper (Software-Entwickler) entwickelte Methode, um einem prototypischen Benutzer ein „Gesicht" zu geben. |
| **Prototyping** (Benutzer) | Konzeptionelle Methode, um Funktionen, Abläufe und Szenarien in Prototypen von Benutzungsoberflächen oder Informationssystemen von Benutzern selbst modellieren oder bewerten zu lassen.<br>*Arten:* Paper Prototyping, Rapid Prototyping |
| **Usability-Test** (Benutzer) | Zentrale benutzerorientierte Methode zur Evaluation von Produkten und/oder Anleitungen im Usabilty-Labor in Form eines aufgabenbasierten Benutzertests, kombiniert mit Befragungen zum Nutzererlebnis. Usability-Tests sind vorwiegend ein Mittel der Verhaltensbeobachtung.<br>*Arten*: Usability-Test im Labor, Remote-Test, Eyetracking<br>*Variante:* Out-of-the-Box-Test |
| **Use Cases** (Experten) | Methode, um über typische Nutzungsszenarien die fachlichen Anforderungen an ein Produkt aus Benutzersicht zu beschreiben. |
| **Wer-macht-was-Matrix** (Experten) | Von Edmond Weiss (Autor von Technikkommunikation) entwickelte Methode, um Informationen ausgerichtet am Informationsbedarf je Nutzergruppe in Dokumentationsprodukten bereitzustellen. |
| **Wettbewerbsanalyse** (Experten) | Vergleichende Methode zur Identifikation von Stärken und Schwächen in der User Experience von Produkten, Services und Anleitungen anderer Hersteller im gleichen Marktsegment.<br>*Variante:* Benchmarking |

### *Techniken*

Daneben gibt es Techniken, die innerhalb verschiedener Methoden eingesetzt werden können. Diese Techniken stellen für sich selbst keine Methode dar, sondern unterstützen diese. Zu den bekannten Techniken zählen:

- *„Lautes Denken""*
  Verbalisierungstechnik für Benutzer, um ihre Gedanken bei einer Testdurchführung laut auszusprechen. Einsetzbar bei Prototyping, Usability-Test und Card Sorting. Laut zu sprechen ist für Benutzer in der Regel ungewohnt, daher sollte der Testleiter die Technik zu Beginn kurz vorstellen und einüben.

- *Fragebogen*
  Fragebögen sind Hilfsmittel zum Erheben schriftlicher Daten in empirischen Studien. Unterschieden werden standardisierte, wissenschaftlich belegte Usability-Fragebögen (Beispiele: AttrakDiff, IsoMetrics) oder projektbezogene Fragebögen. Beide sind einsetzbar in schriftlichen Befragungen und in Usability-Tests. Fragebögen sollten von Experten für Fragetechnik entwickelt und in einem Pre-Test auf Verständlichkeit untersucht werden.

- *Interview*
  Interviews werden eingesetzt, um qualitative Wünsche und Meinungen von Benutzern zu erfragen und zu diskutieren. Die mündlichen Aussagen müssen für die systematische Auswertung verschriftlicht (Transkription) und auf vergleichbare Aussagen bezogen (Konnotation) werden. Interviews lassen sich in mündlichen Befragungen und Usability-Tests einsetzen. Wie auch bei den Fragebögen gilt, dass ausgebildete Personen als Interviewer oder Moderatoren benötigt werden.

### 4.4.2 Methoden für die nutzerzentrierten Entwicklungsphasen

Dieser Zuordnung liegt der Prozess des User-Centered Design mit seinen drei Kernphasen Analyse, Design und Evaluation zugrunde. Analyse wird in diesem Buch als Nutzer- und Nutzungsforschung betrachtet, Design als Gestaltung bezeichnet. Bild 30 fasst die im vorherigen Abschnitt eingeführten Methoden zusammen und ordnet sie jeweils der Phase des primären Einsatzes zu (gekennzeichnet durch ein Häkchen). Die meisten Methoden lassen sich sinnvoll nur einer Phase zuordnen, andere dagegen sind auch in anderen Phasen einsetzbar (Häkchen in Klammern).

In der von Analysen geprägten anfänglichen Phase der Nutzer- und Nutzungsforschung werden sowohl expertenhafte als auch benutzerorientierte Methoden angewendet. Durch Befragungen, wie empirische Umfragen und Interviews, werden meinungsbasierte Daten zu den Nutzerbedürfnissen der Benutzer erhoben. Das Benutzertagebuch dient neben dem Einholen von Meinungen auch zum Sammeln von verhaltensbasierten Daten. Es kann auch als Evaluationsmethode angesehen werden, da der Benutzer das Tagebuch in der Regel für den Umgang mit einem existenten Produkt führt. Es ist jedoch der Forschungs-Phase zugeordnet, da der Erkenntnisgewinn aus dem mehrtätigen Umgang maßgeblich zur Nutzer- und Nutzungsforschung beiträgt. Die Expertenmethoden umfassen Persona, Use Cases und die Wettbewerbsanalyse. Letztere kann auch zum Zweck der Evaluation eingesetzt werden. Die Ergebnisse der Nutzer- und Nutzungsforschung spezifizieren die Anforderungen aus den Nutzerbedürfnissen.

## 4.4 Usability-Methoden und Techniken

| Methoden \ Phasen | Nutzer- und Nutzungsforschung | Gestaltung | Evaluation |
|---|:---:|:---:|:---:|
| Befragung (Nutzerbedürfnisse) | ✓ | | |
| Benutzertagebuch | ✓ | | (✓) |
| Persona | ✓ | | |
| Use Cases | ✓ | | |
| Wettbewerbsanalyse | ✓ | | (✓) |
| Wer-macht-was-Matrix | | ✓ | |
| Card Sorting / Wording | | ✓ | |
| Prototyping | | ✓ | |
| Usability-Test | | | ✓ |
| Befragung (Evaluation) | | | ✓ |
| Expertenevaluation | | (✓) | ✓ |

**Bild 30** Methoden in den Phasen Nutzer- und Nutzungsforschung, Gestaltung und Evaluation

In der Phase der Gestaltung findet die schrittweise Umsetzung von Entwürfen statt. Mit Ausnahme der Wer-macht-was-Matrix, die von Informationsentwicklern erstellt wird, werden bei diesen Methoden die Benutzer einbezogen. So werden die User bei Card Sorting zu Strukturkonzepten, bei Wording zur zielgruppengerechten Sprache und bei Prototyping zu Interaktionskonzepten befragt.

Die Evaluationsphase sieht als zentrale Methode den Usability-Test mit Verhaltensbeobachtung vor, um die fertigen Gestaltungsentwürfe oder auch bereits verteilte Produkte zu testen. Hinzu kommen kommen meinungsbasierte Befragungen von Benutzern wie Fragebögen und Interviews, meist im Anschluss an einen Usability-Test. Neben Benutzern prüfen und begutachten auch Expertenbewertungen das Produkt in unterschiedlich weit entwickelten und veröffentlichten Ständen.

### Checkliste – Methoden entlang der Prozessphasen

☐ Die Analyse der Nutzer und des Nutzungskontexts unterstützen empirische Nutzerbefragungen, das Benutzertagebuch, Personas, Use Cases und Wettbewerbsanalysen. Die Ergebnisse fließen in die Spezifikationen ein.

☐ Mit der Wer-macht-was-Matrix, Card Sorting und Prototyping lassen sich die Gestaltungsentwürfe benutzerorientiert umsetzen.

☐ Bei der Evaluation der Gestaltungslösungen kommen Expertenevaluationen, Usability-Tests und Nutzerbefragungen im Anschluss an einen Benutzertest zum Einsatz.

### 4.4.3 Testobjekt und Wahl der Methode

Die Auswahl der richtigen Methoden ist ausschlaggebend, um ein repräsentatives Ergebnis zur Gestaltung benutzerfreundlicher Produkte und Anleitungen zu erhalten. Jede Methode eignet sich unterschiedlich gut für bestimmte Produkte und Anleitungen, abhängig von bestimmten Faktoren. Das Testobjekt stellt dabei in seiner Art und seinen Eigenschaften ein sehr wichtiges Kriterium dar. Einige Methoden lassen sich aufgrund des Testobjekts vor Beginn bereits ausschließen:

- Was wird entwickelt und getestet?
  Ist das Testobjekt ein Produkt und/oder eine Anleitung?
- In welcher Nutzungssituation soll getestet werden?
  Wie sind Einsatzort und Verfügbarkeit des Testobjekts?
- Wie ist die Art des Produkts oder der Anleitung,
  zum Beispiel Komplexität oder Neuartigkeit?

**Testobjekt: Produkt, Anleitung und Kombination**

Zuerst unterscheidet man zwischen technischen Produkten und Anleitungen. Zu den Produkten zählen hier sämtliche digitalen Anwendungen mit oder ohne Hardware-Komponenten, beispielsweise: Software, Apps, Web-Anwendungen, interaktive Geräte wie Self-Service-Automaten oder Steuergeräte im industriellen Umfeld. Die Anleitungen können dabei integrierter Bestandteil des Produkts sein oder eigenständige Informationsprodukte wie eine Dokumentations-App. Eine besondere Ausprägung stellt die Kombination von Produkt und Anleitung dar. Dabei wird insbesondere das benutzerfreundliche Zusammenspiel zwischen Produkt und Anleitung betrachtet.

Wenn Anleitungen in die Usability-Aktivitäten einbezogen werden, ergeben sich somit insgesamt drei Testobjekte:

- Produkt
- Produkt + Anleitung
- Anleitung

Bild 31 zeigt die Ergebnisse der Zuordnung zwischen den Methoden und den drei Testobjekten. Da sich viele Methoden für mehrere der Ausprägungen – *Produkt, Anleitung oder beides* – eignen, ist die Darstellung eine Matrix. Die angekreuzten Zellen bedeuten, dass die jeweilige Usability-Methode für das Testobjekt geeignet ist.

Welche Methode sich für ein Testobjekt gut eignet, hängt sehr davon ab, ob Verhaltens- oder Meinungsdaten von Benutzern gesammelt werden oder ob Experten ihr Know-how einbringen.

*Verhaltensdaten von Benutzern*

Wenn der Benutzer beobachtet werden soll, bietet es sich an, Produkt und Anleitung als Testobjekte zu kombinieren. Die komplexe Situation der Nutzung erstreckt sich auch im realen Umfeld stets auf beides. Probleme im Zusammenspiel zwischen Produkt und Anleitung kommen nur bei der tatsächlichen Nutzungssituation zum

## 4.4 Usability-Methoden und Techniken

| Methoden | Testobjekt | Nur Produkt | Nur Anleitung | Produkt und Anleitung |
|---|---|---|---|---|
| Befragung (Nutzerbedürfnisse) | | ✓ | ✓ | |
| Benutzertagebuch | | | ✓ | ✓ |
| Persona | | | | ✓ |
| Use Cases | | | | ✓ |
| Wettbewerbsanalyse | | ✓ | ✓ | |
| Wer-macht-was-Matrix | | | ✓ | |
| Card Sorting / Wording | | ✓ | ✓ | |
| Prototyping | | ✓ | ✓ | |
| Usability-Test | | | ✓ | ✓ |
| Befragung (Evaluation) | | ✓ | ✓ | ✓ |
| Expertenevaluation | | ✓ | ✓ | |

**Bild 31** Testobjekt und Usability-Methoden

Vorschein. Die Benutzerassistenz der Anleitung ist beim Produkt immer mit dabei. Daher eignen sich die Methoden *Benutzertagebuch* und *Usability-Test* besonders gut für die Kombination von Produkt und Anleitung. Falls ein reines Informationsprodukt ohne direkten Anwendungsbezug untersucht werden soll, eignen sich beide Methoden auch nur für die Anleitung.

*Benutzermeinungen*

Benutzern, die ihre Meinungen und Wünsche zu Entwürfen oder fertigen Produkten äußern sollen, gelingt dies am besten für Produkt oder Anleitung separat. Produkt oder Anleitung werden dazu gezeigt; nur so sind sie anschaulich und greifbar und lassen sich daher von Benutzern gut beurteilen. Geeignete Methoden sind: *Befragung (Nutzerbedürfnisse)*, *Card Sorting/Wording*, *Prototyping* und *Benutzerbefragung (Evaluation)*. Das dynamische Zusammenwirken von Produkt und Anleitung ist dagegen zu abstrakt für eine Bewertung. Eine Ausnahme bildet die *Benutzerbefragung (Evaluation)* im direkten Anschluss an einen Usability-Test, da der Benutzer vorab Erfahrung im praktischen Umgang mit Produkt und Anleitung sammeln konnte und aus der Erinnerung begründen kann.

*Expertenhafte Sichtweisen*

Die Methoden, die von Experten ausgeführt werden, erstrecken sich über alle Phasen. *Persona* und *Use Cases* sollten stets mit einer ganzheitlichen Sicht auf Produkt und Anleitung entworfen werden. Nur so lassen sich die Aspekte der Benutzerassistenz von Anfang an in das Produkt integrieren.

Die *Wettbewerbsanalyse* ist typischerweise produktbezogen, sie kann also entweder für Produkt oder Anleitung(sprodukt) durchgeführt werden. Kriterien, die das Zusammenwirken von Produkt und Anleitung betreffen, sind in Vergleichsanalysen eher rar. Die *Wer-macht-was-Matrix* ist speziell für die Konzeption von Informationsprodukten und Benutzerassistenz ausgelegt.

Eine *Expertenevaluation* eignet sich eindimensional entweder für Produkt oder für Anleitung, da es hierfür entsprechende einschlägige Checklisten und Normen gibt. Diese Dokumente enthalten ggf. auch einzelne Kriterien für die Kombination von Produkt und Anleitung, beispielsweise das Erfülltsein eines kontextsensitiven Zugriffs auf die Anleitung. Diese Kriterien sind jedoch nicht so gewichtig. Schwerer wiegt, dass die gekoppelte Sichtweise zu komplex und zu realitätsfern für eine Expertenevaluation ist. Das Zusammenspiel von Produkt und Anleitung lässt sich am besten im Praxistest, nicht in der Theorie, bewerten.

**Nutzungssituation des Testobjekts**

Der Nutzungssituation kommt eine tragende Rolle bei der Auswahl der Methoden zu. Sie kann in mehrere Parameter unterteilt werden, die hier als Fragestellungen vorgestellt werden. Diese stellen kein selektives Kriterium bei der Auswahl der Methoden dar, sind aber bei der Planung und Durchführung einer Methode zur benutzerorientierten Gestaltung zu berücksichtigen:

- Welchen Einsatzort hat das Testobjekt?
- Wie ist die Verfügbarkeit des Testobjekts?
- Wie hoch ist der Einfluss der Nutzungssituation allgemein?
- Wie ist die Komplexität des Testobjekts?
- Welchen Innovationsgrad hat das Testobjekt?

*Einsatzort des Testobjekts*

Bei dem Einsatzort kann zwischen stationär und/oder mobil unterschieden werden. Stationäre Objekte sind ortsgebunden, sie sind nur an einem vorgegebenen Ort sinnvoll einsetzbar und von Umfeldfaktoren abhängig. Dazu zählen beispielsweise Fahrkarten-Automaten am Bahnhof oder Steuerungen in Produktionshallen. Mobile Objekte lassen sich an jedem Einsatzort nutzen. Weiterhin gibt es auch Objekte, die sowohl stationär als auch mobil genutzt werden und dabei unterschiedliche Funktionen oder Systemreaktionen aufweisen. Bei der Auswahl der Methode ist der typische Einsatzort zu berücksichtigen.

> **Beispiel**
>
> Eine App soll auf einem Smartphone im Freien getestet werden und dabei soll Eyetracking als Methode zum Einsatz kommen. Um dem mobilen Einsatzort gerecht zu werden, muss die Testsituation folglich mit mobilen Blickerfassungsgeräten und nicht mit einem stationären Eye-Tracker im Usability-Labor aufgezeichnet werden.

## 4.4 Usability-Methoden und Techniken

*Verfügbarkeit des Testobjekts*

Ein Produkt oder eine Anleitung können online und/oder offline zur Verfügung stehen. Man kann heute davon ausgehen, dass digitale Produkte in einer vernetzten Informationstechnologie grundsätzlich oder aber zumindest zeitweise über eine Verbindung zum Internet oder anderen Netzen verfügen. Es ist wichtig, diesen Aspekt zu beachten, wenn der Offline-Modus eines Objektes leicht andere, in der Regel weniger Funktionen aufweist als der Online-Zugriff. Eine Volltextsuche im Offline-Modus kann beispielsweise nur lokale Bestände durchsuchen, bei Online-Zugang können diese zum Beispiel um Ressourcen im Internet erweitert werden. Für die Usability-Methode bedeutet dies, den gebräuchlicheren Modus in der Nutzungssituation zu wählen und den anderen Modus am Rande zu berücksichtigen.

*Einfluss der Nutzungssituation allgemein*

Es stellt sich die Frage, ob die Nutzungssituation bei einer typischen Bedienung eine tragende Rolle spielt. Ein geringer Einfluss bedeutet eine Unabhängigkeit von Arbeitsmitteln, von der physischen und sozialen Umgebung oder von Zeit- und Leistungsfaktoren. Dies kann beispielsweise der Fall sein, wenn eine Dokumentations-App ohne Zeitdruck auf dem Weg zur Arbeit mit öffentlichen Verkehrsmitteln studiert wird. Die Nutzungssituation könnte auch zu Hause, bei der Arbeit oder anderswo stattfinden. Ein mittlerer Einfluss bezieht die Arbeitsumgebung teilweise mit ein. Hoch ist der Einfluss, wenn die Nutzungssituation eine bestimmte Umgebung notwendig macht und ohne diese nicht sinnvoll stattfinden kann. In diesem Fall ist ein Test-Szenario ohne diese Nutzungsumgebung unrealistisch.

Gut geeignet für das starke Einbeziehen der Nutzungssituation ist der Remote-Usability-Test. Die Nutzer testen ein interaktives System im realen Nutzungskontext. Auch als besonders realitätsnah gilt der Out-of-the-Box-Test (auch: Unboxing) als Variante des Usability-Tests. Dabei wird die Situation beim Auspacken des neuen Produkts einschließlich Zubehör und Anleitung, Installieren und Kennenlernen beobachtet. Wenn der Nutzungskontext als sehr wichtig erachtet wird, aber die Entscheidung für eine Methode fällt, die diesen nicht real abbilden lässt, müssen Ersatzszenarien entworfen werden.

> **Beispiel**
>
> Manchmal besteht starker Zeit- und Leistungsdruck bei der Produktnutzung. Dieser lässt sich in der Testsituation gedächtnispsychologisch beispielsweise durch Rechenaufgaben nachstellen, die der Benutzer parallel während der Tests ausführen muss. Durch die Rechenleistung wird eine hohe mentale Auslastung evoziert, die typisch für Stresssituationen ist.

### Art des Testobjekts

*Komplexität des Testobjekts*

Je komplexer das Produkt ist, umso mehr Sorgfalt sollte auf die frühen Entwicklungsschritte im User-Centered Design gelegt werden. Die *Use Cases* und die *Wer-*

*macht-was-Matrix* stellen hier entscheidende Weichen in der Konzeption. Beide Methoden haben das Ziel, die Komplexität für den Benutzer nicht sichtbar werden zu lassen und durch eine optimale Benutzerführung bestmöglich zu reduzieren. Bei Produkten mit geringer Komplexität ist die Methode *Prototyping* sehr hilfreich, um gemeinsam mit Benutzern eine unnötige Kompliziertheit in der Bedienung zu vermeiden.

*Innovationsgrad des Testobjekts*

Die zu untersuchenden Produkte oder Anleitungen können einen unterschiedlichen Grad an Neuerungen aufweisen. Der Begriff „Innovation" ist in diesem Kontext vor allem mit technischen und funktionellen Neuerungen gleichzusetzen. Ein Beispiel für innovative Testobjekte sind zum Beispiel Tablets als Ersatz für Rechner oder Dokumentations-Apps als Ersatz für PDF-Handbücher. Auch die vernetzten Systeme im alltäglichen Leben, kurz: Internet-of-Things, zählen dazu. Hier eignet sich besonders gut die Benutzertagebuch-Methode, um Erfahrungen zu sammeln, wie Personen mit diesen neuartigen Produkten zurechtkommen. Eine experimentelle Methode zur Benutzerbeobachtung ist das in der Textbox geschilderte „Wizard-of-Oz-Experiment".

**Wizard-of-Oz-Experiment für innovative Dialogsysteme**

Wizard-of-Oz ist eine experimentelle Forschungsmethode zur Akzeptanz von innovativen Dialogsystemen, für die es noch keine Erfahrungswerte gibt und die noch nicht implementiert sind. Sie eignet sich dazu, die Usability von beispielsweise autonomen Systemen oder künstlicher Intelligenz zu untersuchen. Eine Testperson kommuniziert dabei mit einem System, dessen Reaktionen jedoch in Wirklichkeit von einem Menschen erzeugt werden, der im Hintergrund verborgen ist und die Testpersonen bei ihren Aktionen beobachtet. Den Testpersonen ist in der Regel nicht bewusst, dass das System nicht real ist.

Daneben werden Produkte in Relaunches stetig erneuert und weiter entwickelt. Es gilt: Je neuartiger ein Produkt oder eine Anleitung sind, desto wichtiger ist es, diese vor Markteinführung gründlich zu evaluieren.

**Beispiel**

Ein innovatives Produkt wird beim Erststart über ein Anleitungsvideo dem Benutzer erklärt. Dann muss dieses Trainings-Video auch bei einem Benutzertest vorgespielt werden, bevor den Benutzern die Testaufgaben gestellt werden.

Bei Testverfahren mit bereits eingeführten Objekten sollten bei den Benutzern unterschiedliche Bekanntheitsgrade berücksichtigt werden, von Neulingen bis hin zu erfahrenen Nutzern.

# 5 Nutzer- und Nutzungsforschung

> *„There are only two things of importance.*
> *One is the customer, and the other is the product.*
> *If you take care of the customers, they come back.*
> *If you take care of the product, it doesn't come back."*
>
> Stanley Marcus (ehem. Inhaber von Neiman Marcus,
> einer Nobelkaufhauskette)

## 5.1 Überblick der Methoden

Die Nutzer- und Nutzungsforschung hat das Ziel, Merkmale und Verhaltensweisen von Nutzergruppen zu ermitteln. Dazu stehen verschiedene Methoden zur Verfügung (siehe Bild 32). Befragungen unterteilen sich in mündliche Befragungen durch Interviews sowie schriftliche Umfragen durch Fragebögen. Zur Beobachtung im Feld liefern Benutzertagebücher Alltagserfahrungen aus Nutzungssituationen eines Produkts. Basierend auf Befragungen und Beobachtungen lassen sich Nutzergruppen modellieren, etwa in Form von Personas. Die Anforderungen lassen sich in Nutzungsszenarien (Use Cases) spezifizieren. Die Marktbeobachtung vergleichbarer Produkte und des eigenen Produkts kann wichtige Erkenntnisse zu Nutzern und Nutzungen aufzeigen.

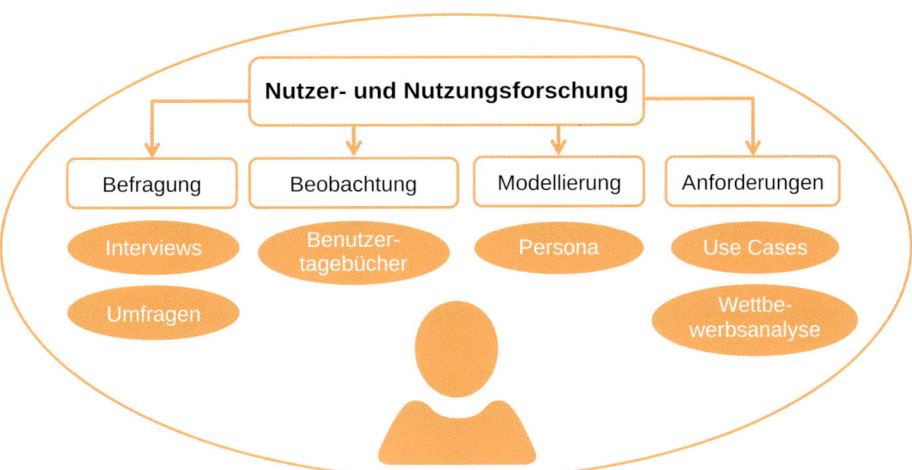

**Bild 32** Übersicht der Usability-Methoden in der Phase Nutzer- und Nutzungsforschung

## 5.2 Befragungen: Interviews und Umfragen im Vergleich

Befragungen sind eine weit verbreitete Methode, um Informationen von Nutzern über Bedürfnisse und Wünsche an ein Produkt oder eine Anleitung zu erhalten. Sie unterstützen die Zielgruppendefinition und geben Benutzer-Feedback zu unterschiedlichen Fragestellungen. Je nach der Art, wie Kontakt zu den Befragten aufgenommen wird und über welches Medium die Daten erhoben werden, unterscheiden sich mündliche von schriftlichen Befragungen. Mündliche Erhebungen werden wiederum in Interviews mit Einzelpersonen oder mit einer Gruppe von Personen eingeteilt. Eine besondere Form der Gruppendiskussion stellt dabei die Fokusgruppe dar. Für schriftliche Umfragen werden Fragebögen auf Papier, elektronisch oder online eingesetzt. Groß angelegte Benutzerumfragen werden inzwischen meist online durchgeführt.

*Wann können Sie Benutzerbefragungen einsetzen?*

Benutzerbefragungen zum Zweck der Nutzerforschung werden in der Anforderungsphase eingesetzt. Kombiniert man Interview und Fragebogen, so empfiehlt es sich, zuerst das Interview, dann den Fragebogen einzusetzen. Aus wenigen Interviews mit explorativem Charakter werden angesprochene Nutzerbedürfnisse gesammelt und dann gezielt in Benutzerumfragen untersucht.

Bei Usability-Tests, also in der Evaluationsphase, sollte sich diese Kombination umdrehen: zuerst der Fragebogen, dann das Interview. Grund: Nach der persönlichen Einschätzung durch den Fragebogen kann diese im anschließenden Interview begründet werden.

*Entscheidungskritieren für mündliche und schriftliche Befragungen*

Interview und Umfrage per Fragebogen haben verschiedene Ziele und Merkmale (Übersicht siehe Tabelle 9). Je nach Projekt kann sich die eine oder andere Befragungsart als sinnvoll erweisen.

**Tabelle 9** Entscheidungskriterien für mündliche und schriftliche Benutzerbefragungen

| Art<br>Kriterien | Mündliche Befragung<br>(Interview) | Schriftliche Befragung<br>(Fragebogen) |
|---|---|---|
| Anwendungs-bereiche | • Neue Erkenntnisse über Anwenderwünsche und Nutzungsaspekte gewinnen<br>• Kreative Lösungsvorschläge erzeugen, insbesondere bei Gruppendiskussion<br>• Verschiedene Produkte und Anleitungen vergleichen | • Nutzerprofile für Zielgruppenanalysen gewinnen<br>• Nutzungsanalysen (z. B. Häufigkeit, Situationen, Umgebungen) ermitteln<br>• Anwenderwünsche und Zufriedenstellung systematisch abfragen |
| Anzahl Teilnehmer | • Niedrige Teilnehmerzahl<br>• Ortsgebunden (Ausnahme: Telefoninterview oder Videokonferenz) | • Hohe Teilnehmerzahl<br>• Ortsungebunden<br>• Internationale Umfragen |

## 5.2 Befragungen: Interviews und Umfragen im Vergleich

| Art<br>Kriterien | Mündliche Befragung<br>(Interview) | Schriftliche Befragung<br>(Fragebogen) |
|---|---|---|
| Befragungs-inhalte | • Komplexe Themen<br>• Befragungstiefe durch Nachfragen steigerbar | • Keine komplizierten Sachverhalte<br>• Begrenzter Umfang der Fragen |
| Zuverlässigkeit der Aussagen | • Hohe Zuverlässigkeit der Aussagen<br>• Missverständnisse im Dialog vermeidbar | • Kaum überprüfbar<br>• Missverständnisse zur Interpretation der Fragen möglich |
| Auswertung | • Qualitative Auswertung; Transkription notwendig<br>• Evtl. Konnotation<br>• Hoher Aufwand der Auswertung | • Statistische Analysen (z. B. Häufigkeiten von Nennungen, Mittelwerte)<br>• Über Tools schnell auswertbar |

Ein Fazit aus der Praxis zum Einsatz von Interview oder Umfrage beschreibt die Textbox zur Benutzerbefragung.

---

**Benutzerbefragung gezielt einsetzen**

Befragung ist nicht gleich Befragung. Seit Jahren boomen Online-Umfragen, die Vorteile liegen auf der Hand: Die schnelle und einfache Umsetzung sowie die umfangreichen, meist vorinstallierten Möglichkeiten zur Auswertung. Unsere Erfahrung zeigt allerdings, dass Umfragen nur bedingt nützlich sind.

Beispielsweise ergab eine Umfrage, dass zwei Drittel der Befragten einer „rein sachlich informativen" Bedienungsanleitung den Vorzug vor einer „informativen und emotional ansprechenden" Bedienungsanleitung geben. Durchgeführte Benutzertests mit abschließenden Interviews haben dann jedoch genau das Gegenteil ergeben.

Dies ist unserer Erfahrung nach kein Einzelfall. Umfragen eignen sich daher insbesondere für eine schnelle Ermittlung von Tendenzen und die Beantwortung einfacher Fragen. Sobald eine Frage Interpretationsspielraum zulässt, sollte diese in leitfadengestützten Interviews genauer untersucht werden. Diese sind zwar aufwändiger und auch teurer in der Durchführung, bieten aber die deutlich aussagekräftigeren Ergebnisse. Umfragen eignen sich als Einstieg in die Untersuchung, anhand derer Ergebnisse sich dann weitere Benutzertests und leifadengestützte Interviews ableiten lassen. Gerade zu Produkt-Neuentwicklungen und umfangreichen Produkt-Überarbeitungen empfehlen wir, unterschiedliche Methoden zur Benutzerbefragung zu wählen.

*Anne Schäfer, Mitinhaberin SchäferStolz – Technical Content Design,*
*www.schaeferstolz.de*

---

**Zum Weiterlesen in diesem Buch:** Interviews können in der Analysephase, wie auch im Anschluss an einen Usability-Test stattfinden. Zur Vorgehensweise zur Durchführung eines Interviews lesen Sie bitte Kapitel 7.6 „Befragungen: Interviews nach Usability-Tests", Seite 158.

## 5.3 Benutzerumfragen mit Fragebogen

Das Ergebnis von Benutzerumfragen mittels Fragebögen kann, wie bereits im vorangegangenen Vergleich zwischen Interview und Fragebogen beschrieben, verschiedene Informationen liefern: Welche Nutzerprofile gibt es (Beispiel: Alter, Bildungsniveau, Erfahrung im Umgang mit einem Produkt)? Welche Wünsche haben die Nutzer (Beispiel: Wunsch nach Verfügbarkeit von mobiler Dokumentation)? Welche Nutzungssituationen liegen vor (Beispiel: Nutzungshäufigkeit eines Produkts oder Nutzungsanlass)? Auf Basis dieser Aussagen ist es Aufgabe von Experten aus Usability, Entwicklung und Redaktion, Maßnahmen für Konzepte und Optimierungen zu ergreifen.

Die Rahmenbedingungen der Methode skizziert kurz Tabelle 10.

**Tabelle 10** Methoden-Steckbrief: Benutzerumfragen mit Fragebogen

| Benutzerumfragen mit Fragebogen | |
|---|---|
| Testobjekt | Produkt oder Anleitung (jeweils separat) |
| Ausführende | Befragte Personen sowie Befragungs- und Usability-Experten |
| Ort | Ortsungebunden |
| Grenzen | Liefern nur begrenzt Erläuterungen und Hintergründe zu den Antworten. |

*Vorbereitung*

Die zentrale Vorbereitung besteht im Erstellen des Fragebogens. Der Fragebogen enthält vorwiegend geschlossene Fragen, bei denen der Befragte verschiedene, vorgegebenen Antwortvorgaben ankreuzen kann. Wenn Sie selbst einen spezifischen Fragebogen entwickeln möchten, sollten Sie einen Fragebogenexperten zu Rate ziehen, um Aufbau und Qualität der Fragen sicherzustellen. Die Verständlichkeit eines Fragebogens lässt sich gut über einen Pre-Test mit Personen der anvisierten Nutzergruppe durchführen. Um die Bereitschaft zum Ausfüllen des Fragebogens zu steigern, sollte er möglichst kurz und übersichtlich gestaltet sein.

Weiterhin müssen die Teilnehmer ausgewählt und deren Adressen gesammelt werden. Schließlich muss die Art der Befragung, ob Versand per Post oder Online-Befragung, bestimmt werden. Für Online-Befragungen stehen zwischenzeitlich viele Softwaretools zur Verfügung. Auch die direkte Verteilung von Fragebögen z. B. über Kundendienstmitarbeiter ist von Vorteil, da ein persönlicher Bezug vorhanden ist.

*Durchführung*

Die eigentliche Fragebogenerhebung besteht aus drei Schritten:
1. Verteilung der Fragebögen per Post oder als Online-Befragung
2. Ggf. Nachfassaktion bei säumigen Befragten
3. Statistische Analyse der Daten über entsprechende Tools

> **Rücklaufquote gezielt steigern**
>
> Die Rücklaufquote bei Online-Befragungen hängt sehr vom Thema der Befragung und der Länge des Fragebogens ab; sie variiert zwischen 2% und 20%.[66] Um die Quote zu steigern, hat sich die empirisch erprobte *Tailored Design Method* von Don A. Dillman[67] bewährt. Die Idee dabei ist, den Fragebogen bei den zu Befragenden vorab anzukündigen. Idealerweise geschieht dies durch einen persönlichen Kontakt, wie einen Außendienstmitarbeiter. Anschließend wird der Fragebogen versendet, mit Angabe einer Bearbeitungszeit. Befragte, die den Fragebogen nach dieser Zeit nicht beantwortet haben, werden nochmals angerufen. So entsteht ein mehrstufiges Verfahren, das auch mit verschiedenen Kommunikationsmedien kombiniert werden kann.

*Ergebnis*

Ergebnis einer größeren Benutzerumfrage sind vorwiegend statistische Daten, die rechnergestützt ermittelt werden können. Die Daten werden summativ über die Gesamtgruppe ausgewertet, so dass deskriptive Ergebnisse etwa über Häufigkeiten und Verteilungen der Antworten vorliegen. Antworten in Freitext-Feldern im Fragebogen sind qualitativ auszuwerten.

## 5.4 Benutzertagebuch

Benutzertagebücher machen Alltags-Usability erfahrbar. Testpersonen, die eine repräsentative Auswahl der Nutzergruppen darstellen, protokollieren ihre Aktivitäten und Erfahrungen mit einem Produkt selbstständig in Form eines Benutzertagebuches (engl. Diary Study). Besonders gut eignet sich diese Methode für komplexe Produkte und Services, angefangen vom Produktkauf über alle Nutzungssituationen des Produkts hinweg, inklusive den benötigten Informationen und genutzten Informationskanälen (wie Social Media oder persönliche Gespräche).

Die Testpersonen erfassen jedes Erlebnis zeitnah in seiner natürlichen Umgebung. Ein Benutzertagebuch wird in der Regel über einen längeren Zeitraum (ab zwei Wochen) geführt. Je nach Art der Beobachtung wird über verschiedene Medien wie Papiernotizen, Digitalkameras, Web-Formulare oder direkt über Telefon oder SMS dokumentiert. Es werden zwei Varianten der Methode unterschieden:

- Bei der qualitativen Variante ist es den Testpersonen freigestellt, welche Inhalte sie erfassen. Bedingung: Die Inhalte sollten aussagekräftig sein und detailliert festgehalten werden. Hierbei genügt eine kleine Gruppe von Teilnehmern.
- Die quantitative Variante gibt einen standardisierten Fragebogen vor, der bei jedem Ereignis oder in einem bestimmten Intervall (z. B. täglich) ausgefüllt wird. Empfohlen wird dabei eine größere Testergruppe ab ca. 20 Teilnehmern.

*Vorteile*

- Natürlicher Nutzungskontext liefert authentische Einblicke in die Alltags-User-Experience.
- Keine Beeinflussung durch Beobachter oder konkrete Aufgabenstellungen.
- Verhaltensbeobachtung zeigt Stärken und Schwächen eines Produkts und seiner Anleitung über längere Zeiträume auf.
- Benutzer-Feedback stammt direkt aus dem Augenblick der Nutzung und wird nicht durch späteres Sich-Erinnern in der Wahrnehmung beeinflusst.
- Erkenntnisgewinn auch über nicht vorhersehbare oder seltene Situationen, z. B. zweckentfremdete Nutzung.

Die Rahmenbedingungen der Methode skizziert kurz Tabelle 11.

Tabelle 11   Methoden-Steckbrief: Benutzertagebücher

| Benutzertagebücher | |
|---|---|
| Testobjekt | Kombination (Produkt und Anleitung) oder Anleitung (separat) |
| Ausführende | Mehrere Benutzer (ca. 20)<br>Usability-Experten als Moderatoren |
| Ort | Benutzer führen die Tagebücher in ihrem Alltag, z. B. bei der Arbeit, privat oder in der Freizeit. |
| Grenzen | Die Methode ist geprägt von der Subjektivität der Teilnehmer und liefert keine objektiven Daten. |

*Wann können Sie Benutzertagebücher einsetzen?*

Benutzertagebücher werden vorwiegend zur Analyse eines bestehenden Produkts im Feld eingesetzt. Die Testpersonen können das Produkt über einen längeren Zeitraum ausprobieren und sollen sich dabei mit verschiedenen Nutzungssituationen konfrontieren. Da Benutzerinformationen ein Teil des Produkts sind, müssen sie in das Produkt einbezogen und als eigener Bestandteil analysiert werden. So lassen sich diejenigen Situationen ermitteln, bei denen die Benutzer die Dokumentation nutzen, um sich zu informieren, etwas nachzuschlagen, sich anleiten zu lassen oder um ein Problem zu lösen. Die gewonnenen Erkenntnisse dienen wiederum dazu, Produkt und Anleitung weiterzuentwickeln und zu optimieren.

Auch bei der Entwicklung neuer Produkte können Benutzertagebücher helfen. Bereits in der frühen Gestaltungsphase geben sie mittels mehr oder weniger ausgereifter Prototypen Einblick in die Nutzerwünsche und Nutzungssituationen. Dies gilt beispielsweise für smarte Systeme wie etwa die Vernetzung einer Kalender-App mit einem Leihwagensystem. Ein Produkt muss also nicht zwingend bereits auf dem Markt eingeführt sein, um innovative Produktideen von Benutzern im Alltag reflektieren zu lassen.

*Vorbereitung*

Vorbereitende Aktivitäten sind die Rekrutierung der Testpersonen und eventuell der Versand von Geräten und Anleitungen. Wegen der erfahrungsgemäß großen Abbrecherquote, z. B. durch nachlassende Motivation oder festgestellte nicht passende Eignung, sollten Sie ein Drittel mehr Teilnehmer gewinnen als notwendig.

Weiterhin muss die geeignete Form für das Tagebuch festgelegt werden. Das Medium ist ausschlaggebend für den Erfolg der Methode! Nur wenn das Tagebuch im Alltag zeitsparend und unkompliziert zu führen ist, werden die Benutzer es kontinuierlich nutzen und detaillierte, aufschlussreiche Informationen festhalten. Welches Medium geeignet ist, hängt von der Aufgabe, dem Umfeld und den technischen Fertigkeiten der Teilnehmer ab.

- *Offline-Medien* (z. B. Notizblock, Digitalkameras, Telefon): Diese sind unkompliziert zu bedienen, überall verfügbar und eignen sich daher für die ortsunabhängige Dokumentation. Handschriftliche Notizen müssen später digitalisiert werden, was den Aufwand bei der Auswertung etwas erhöht. Zudem entsteht ein Zeitverzug zwischen Erfassung und Abgabe des Tagebuchs an die Usability-Experten.
- *Online-Medien* (z. B. Web-Formulare, Mail, Blogs, SMS): Das Feedback wird digital in teils strukturierter Form erstellt und unmittelbar verschickt. Der Teilnehmer benötigt dafür einen Computer, ein Tablet oder Smartphone. Daher eignen sich die digitalen Medien am besten für Aufgaben, die ohnehin an einem Computer oder Mobilgerät ausgeführt werden.

*Durchführung*

- *Führen Sie die Teilnehmer in die Tagebuch-Studie ein.*
  Zum Start der Untersuchung sollten Sie ein einführendes Gespräch mit den Teilnehmern führen und diese über den Ablauf der Studie informieren. Gehen Sie besonders auf die Art der Aufzeichnungen ein und üben Sie ggf. auch den Einsatz der Medien, etwa wie man einen Screenshot des Smartphone-Displays erstellt.
- *Betreuen Sie die Teilnehmer während der Studie.*
  Eine zwischenzeitliche Betreuung ist wichtig, um die Teilnehmer zu motivieren und um vorzubeugen, dass Ereignisse nur noch sporadisch oder oberflächlich dokumentiert werden. Erkundigen Sie sich, wie die Teilnehmer mit dem Tagebuch zurechtkommen und helfen Sie bei Problemen weiter.
- *Führen Sie ein Abschlussinterview.*
  Am Ende der Studie laden Sie die Teilnehmer zu einem Interview ein. Sie können dabei direkte Fragen zum Produkt oder zur Anleitung stellen. Falls Sie die Daten zum Zeitpunkt des Interviews bereits auswerten konnten, können Sie auch Bezug darauf nehmen und Unklarheiten klären.
- *Werten Sie die Aufzeichnungen und Daten aus.*
  Je nach Form müssen die gesammelten Daten digitalisiert, mündliche Berichte transkribiert oder Fotos und Videos übertragen werden, bevor sie weiterverarbeitet werden können. Anschließend können Sie die Daten

quantitativ über eine statistische Analyse mit Durchschnittswerten etc. auswerten. Qualitative Daten werden auf wichtige Aussagen, Vorschläge oder Beobachtungen verdichtet und ausgewertet.

*Ergebnis*

Das Ergebnis sind zusammengefasste Tagebuch-Protokolle, die typische Nutzererwartungen und Verhaltensweisen identifizieren. Weiterhin treten Anwendungsprobleme zutage, die bei kurzfristigen Analysen oder „künstlichen" Laborsituationen unentdeckt bleiben könnten.

**Zum Weiterlesen in diesem Buch:** Ein Beispiel für ein Benutzertagebuch veranschaulicht das Referenzbeispiel (Kapitel 8.1 „Referenzbeispiel Pulsuhr", Seite 172).

## 5.5 Persona

Personas dienen zur Zielgruppendefinition. Sie beschreiben idealtypische Anwender einer Zielgruppe mit ihren persönlichen Merkmalen und Verhaltensweisen. Aus den fiktiven Personen können unmittelbar Rückschlüsse auf die Erwartungen der verschiedenen Zielgruppen an ein Produkt und seine Dokumentation gezogen werden.

Die Rahmenbedingungen der Methode skizziert Tabelle 12.

Tabelle 12   Methoden-Steckbrief: Persona

| Persona | |
|---|---|
| **Testobjekt** | Kombination (Produkt und Anleitung) |
| **Ausführende** | Usability-Experte |
| **Ort** | Computer-Arbeitsplatz |
| **Grenzen** | Keine direkte Benutzer-Interaktion, ersetzt nicht andere Methoden mit (Live-)Benutzern |

*Wann können Sie Personas einsetzen?*

Personas sollten bereits in der ersten Phase der nutzerzentrierten Entwicklung entwickelt werden, um die Nutzer und die Nutzungssituationen festzuhalten. Sie bilden die Basis für die Use Cases je Persona. Die Personas unterstützen alle weiteren Entwicklungsschritte zur Spezifikation und zum Entwurf von Produkten und Anleitungen.

*Vorbereitung*

Um es gleich vorwegzunehmen: Es ist nicht zielführend, Personas auf der „grünen Wiese" durch Spekulationen frei zu erfinden. Die Profile sollten vielmehr auf realen Benutzerdaten basieren, die durch empirische Erhebungen ermittelt wurden.

Möglichkeiten dazu bieten Befragungen wie Interviews, Fragebögen oder auch Gruppendiskussionen sowie Beobachtungen (mehr dazu in der Textbox).

> **Wie lassen sich Verhaltens- und demografische Daten effizient gewinnen?**
> Als besonders effizient zum Erheben repräsentativer Benutzerdaten hat sich die Kombination von Interviews mit direkten Beobachtungen bei der Produktnutzung erwiesen.
> Bei den Interviews sollte der Schwerpunkt darauf liegen, die Benutzer nach ihrem Tun und Handeln sowie nach Stimmungen wie Frustration oder Zufriedenstellung zu befragen. Weniger ergiebig ist es, sie nach ihren Wünschen zu befragen, da diese sehr individuell sein können. Für einfache Konsumerprodukte können 12 einstündige Interviews mit Anwendern ausreichen, für komplexere Anwendungen wird aber eine vielfache Anzahl davon benötigt.
> Zusätzlich zur Befragung über das eigene Handeln ist es unabdingbar, die Menschen in ihrem tatsächlichen Verhalten zu beobachten. Nicht selten unterscheidet sich „was Menschen tun" vom „was Menschen sagen".
> (Quelle: Kim Goodwin[68])

Kenntnisse über die Kunden liegen immer auch im Marketing und Vertrieb eines Unternehmens vor und könnten dort gesammelt werden. Eine alternative Quelle für Benutzerangaben sind Marktforschungs-Studien für Konsumgüter.

*Durchführung*

Personas lassen sich in drei Schritten erstellen:

1. Identifizieren Sie aus den empirischen Daten typische Personas (Zielgruppen).
2. Legen Sie die charakterisierenden Kriterien für die Personas fest.
3. Beschreiben Sie die Merkmale für die einzelnen Personas.

In der Regel werden für die wichtigsten Zielgruppen drei bis fünf primäre Personas erstellt, die die Haupteigenschaften eines Produkts nutzen. Sekundäre Personas können für zusätzliche Eigenschaften entworfen werden. Auch eine Non-Persona kann sinnvoll sein, um zu definieren, welche Zielgruppe nicht angesprochen werden soll. Wie viele Personas man benötigt, ist schließlich von der Komplexität der Anwendung und den verschiedenen Zielgruppen abhängig.

Typischerweise werden bestimmte Kriterien für eine Persona festgelegt. Die folgende Liste ist im Vergleich zur Literatur um Punkte ergänzt, die gezielt Verhaltensdaten in Bezug auf die Anleitung enthalten:

- Persönliche Angaben wie Bild, Vor- und Nachname, Alter, Familienstand, Wohnort
- Berufliche Angaben wie Ausbildung, Beruf, Fachkenntnisse, Berufserfahrung
- Erwartungen an das Produkt und Produktnutzung
- Wissensbedarf rund um das Produkt

Jede Persona wird anschließend nach den Kriterien in narrativer oder tabellarischer Form beschrieben. Vorteil der narrativen Ausführung in Fließtext ist, dass sie anschaulicher und interessanter ist als Stichpunkte. Als Umfang werden ein bis zwei DIN A4-Seiten für eine Persona empfohlen.

*Ergebnis*

Als Ergebnis liegt die verbalisierte und mit einem Foto visualisierte Persona vor. Sie bildet für alle Beteiligten die Grundlage bei weiteren Entscheidungen im Projektverlauf, bei denen die konkrete Vorstellung einer Person aus der anvisierten Zielgruppe hilfreich ist.

**Zum Weiterlesen in diesem Buch:** Eine ausgestaltete Persona zeigt das Referenzbeispiel (Kapitel 8.1 „Referenzbeispiel Pulsuhr", Seite 167). Die Persona-Methode wird zudem in einer der beschriebenen Fallstudien angewendet. Lesen Sie dazu Kapitel 9.2 „Video-Tutorials für Imaging Software (Zeiss Microscopy)", Seite 208.

## 5.6 Use Cases (Nutzungsszenarien)

Unter Use Cases versteht man im Usability-Bereich verschiedene Nutzungsszenarien. Use Cases beschreiben, wie Benutzer ihre Aufgaben im Nutzungskontext ausführen. Die exemplarischen Beschreibungen geben die Sicht des Benutzers wieder, der das Produkt zu einem bestimmten Zweck einsetzen möchte. Ziel ist es, die Funktionen eines Produkts über einzelne Use Cases zusammen mit ihrem Nutzungskontext zu skizzieren.

*Vorteile*

- Use Cases ermöglichen es den Produkt- und Informationsentwicklern, den Anwendernutzen besser zu verstehen.
- Die Wahrscheinlichkeit sinkt, dass Funktionen in ein Produkt oder Informationen in eine Anleitung aufgenommen werden, die die Benutzer nicht benötigen.
- Nutzungsszenarien helfen, die Usability-Ziele hinsichtlich Effizienz und damit die vom Benutzer akzeptierten Zeiten und Aufwände für verschiedene Aufgaben zu definieren.
- Nutzungsszenarien priorisieren die verschiedenen Anwendungsmöglichkeiten eines Produkts, die dann in Haupt- und Nebenaufgaben unterteilt werden können.

Die Rahmenbedingungen der Methode skizziert kurz Tabelle 13.

Tabelle 13   Methoden-Steckbrief: Use Cases

| Use Cases | |
|---|---|
| **Testobjekt** | Kombination (Produkt und Anleitung) |
| **Ausführende** | Usability-Experte, Entwickler und Informationsentwickler im Team |
| **Ort** | Computer-Arbeitsplatz |
| **Grenzen** | Use Cases im Usability-Bereich sind nicht so detailliert, dass diese als direkte Entwicklungsvorlage verwendet werden können. Die Softwareentwicklung hingegen modelliert Use Cases detaillierter, mit allen Interaktionen zwischen Akteur und System. |

## 5.6 Use Cases (Nutzungsszenarien)

*Wann können Sie Use Cases einsetzen?*

Use Cases sind in einer frühen Phase der benutzerorientierten Entwicklung im Rahmen der Anforderungsanalyse sinnvoll und helfen, das Interaktionskonzept und die Design-Entwürfe an den Nutzerbedürfnissen auszurichten. Die Nutzungsszenarien liefern zudem einen beispielhaften Kontext für benutzerbasierte Evaluationen eines Produkts und einer Anleitung.

*Vorbereitung*

Im Vorfeld sollten Informationen über die Zielgruppen, das Produkt und den allgemeinen Nutzungskontext gesammelt werden. Die Nutzeranalyse kann z. B. durch Befragungen oder die Persona-Methode geschehen. Das Produkt sollte hinsichtlich der Hauptfunktionen, des Nutzungskontexts und der wesentlichen Aufgaben bekannt gemacht werden.

*Durchführung*

1. *Definieren Sie die Aufgabenziele (entspricht Use Cases).*
   Definieren Sie zunächst die verschiedenen Aufgabenziele, die die gesamte Funktionalität und alle Nutzungssituationen eines Systems abdecken. Jedes Ziel entspricht einem Use Case. Beispiele: „Gerät in Betrieb nehmen" oder „Produkt kennenlernen".

2. *Verbinden Sie die Use Cases.*
   Verbinden Sie die verschiedenen Use Cases miteinander. Priorisieren Sie dabei die Use Cases und bringen Sie diese in eine sinnvolle Abfolge. Jedes Gesamtszenario hat eine geradlinige Abfolge und zusätzlich optionale, verzweigte oder an Bedingungen geknüpfte Use Cases sowie Ausnahmen. Die Zusammenhänge zwischen mehreren Use Cases lassen sich am besten grafisch darstellen.

3. *Beschreiben Sie den Ablauf eines Use Cases zielgruppenspezifisch.*
   Legen Sie für jeden Use Case einen Ablauf fest. Bauen Sie einen Use Case dabei auf den verschiedenen Zielgruppen (z. B. Personas) auf. Der Ablauf umfasst alle erforderlichen Benutzeraktivitäten mit dem System und der Anleitung. Die einzelnen Schritte sollten dabei auch Details enthalten, wie etwa den Bedarf an bestimmten Informationen. Beschreiben Sie die beispielhaften Use Cases anschaulich in Fließtext. Je nach Komplexität kann eine Aufgabe relativ kurz oder auch umfangreicher beschrieben werden.

*Ergebnis*

Das Ergebnis sind Beschreibungen mehrerer Use Cases, bei denen ein Nutzer eine Aufgabe mit einem Produkt und/oder einer Anleitung durchführt.

**Zum Weiterlesen in diesem Buch:** Die beispielhafte Umsetzung von Use Cases zeigt das Referenzbeispiel (Kapitel 8.1 „Referenzbeispiel Pulsuhr", Seite 167).

## 5.7 Wettbewerbsanalyse

Das im Marketing bekannte Konzept der Wettbewerbsanalyse, auch als Benchmarking bekannt, lässt sich sehr gut auch im Kontext von Usability und User Experience einsetzen. In diesem Anwendungsbereich hilft die Wettbewerbsanalyse bei der Einschätzung, wie sich das eigene Produkt zu vergleichbaren Produkten in Bezug auf Usability verhält. Eine Wettbewerbsanalyse lohnt sich auch für Applikationen oder Geräte, die nicht miteinander im direkten Wettbewerb stehen, jedoch ähnliche Prozesse oder Bedienelemente aufweisen.

Die Rahmenbedingungen der Methode skizziert Tabelle 14.

Tabelle 14   Methoden-Steckbrief: Wettbewerbsanalyse

| Wettbewerbsanalyse | |
|---|---|
| **Testobjekt** | Produkt oder Anleitung (jeweils separat) |
| **Ausführende** | Usability-Experte, Informationsentwickler, Designer, Marketing-Fachleute |
| **Ort** | Computer-Arbeitsplatz |
| **Grenzen** | Kein konkreter Lösungsvorschlag für Innovation oder Marktführerschaft des eigenen Produkts |

*Wann können Sie die Wettbewerbsanalyse einsetzen?*

Die Wettbewerbsanalyse mit Fokus auf Usability ist am nützlichsten, wenn sie in der ganz frühen Entwicklungsphase einer Neuentwicklung durchgeführt wird. Sie sammelt dabei Ideen und Anregungen, wie für das eigene technische bzw. Informationsprodukt verschiedene Usability-Anforderungen gelöst werden können. Dabei sollte auch ein Wettbewerbsvorteil des eigenen Produkts durch ausgezeichnete Usability beabsichtigt sein. Die Wettbewerbsanalyse kann aber auch als Vergleichstest im Rahmen einer expertenbasierten Usability-Evaluierung für ein bestehendes Produkt durchgeführt werden.

> **Tipp**
>
> Bei der expertenbasierten Evaluation ist es sinnvoll, zuerst die Wettbewerbsanalyse zu den Produkten der anderen Anbieter, dann die Bewertung des eigenen Produkts durchzuführen. Diese Reihenfolge führt dazu, dass man das eigene Produkt gleich in Relation zum Wettbewerb bewerten kann.

Wettbewerbsanalysen sollten von Zeit zu Zeit wiederholt werden, um stets den aktuellen Stand der Usability des Mitbewerbs aufzunehmen.

*Vorbereitung*

Die Vorbereitungen zum Erstellen einer Wettbewerbsanalyse liegen vor allem in der Auswahl vergleichbarer Produkte und Anleitungen. Die direkten Wettbewerbsprodukte sind im Marketing und Vertrieb eines Unternehmens bekannt. Eine weitere Quelle zum Auffinden gut bewerteter Produkte sind Testberichte von unabhängigen Instituten (wie Stiftung Warentest, VDI) oder Testmagazine für Tablets, PCs und Smartphones.

Im Dokumentationsbereich gibt es beispielsweise den Dokupreis des Fachverbands tekom, der jährlich gute Dokumentationen auszeichnet und dabei besonderes Gewicht auf Sicherheit und Praxistauglichkeit der Anleitungen legt.[69] In der Literatur wird eine Anzahl von fünf bis zehn Vergleichsprodukten empfohlen.

*Durchführung*

So können Sie schrittweise eine Wettbewerbsanalyse durchführen:[70]

1. Definieren Sie die Bewertungskriterien.
2. Begutachten Sie die einzelnen Produkte.
3. Stellen Sie die Analyse zusammen.

Bevor Sie mit der eigentlichen Analyse beginnen, müssen Sie möglichst konkrete und ermittelbare Kriterien für die Bewertung festlegen. Eine Service-App könnte diese Usability-Metriken haben: Kundenbewertungen, Einstieg in die App, Navigation, Terminologie und Support-Anfrage.

> **Gerätespezifische Ansichten**
>
> Bereiten Sie die zu begutachtenden Produkte angemessen vor. Eine mobile Web-Anwendung sollte z. B. nicht auf dem PC, sondern auf dem Mobilgerät oder über eine Simulation des Mobildisplays angezeigt werden.

Für die Begutachtung bietet es sich an, ein einziges Tabellenblatt für die Einzelbewertungen anzufertigen. Es enthält die Kriterien zeilenweise und alle Vergleichsprodukte nebeneinander in Spalten. Notieren Sie bei der Begutachtung sowohl positive als auch negative Punkte, die Ihnen persönlich auffallen. Erstellen Sie zusätzlich Screenshots von besonders interessanten Anzeigen.

Die Einzelbewertungen werden anschließend miteinander verglichen, gewichtet und in einem Gutachten zusammengefasst. Das Gutachten enthält neben den Auszügen der wichtigsten Bewertungen auch Screenshots, Diagramme und Bewertungsskalen je Kriterium. Die Skala kann beispielsweise die drei Stufen „1 = Schwach", „2 = Durchschnitt" und „3 = Exzellent" enthalten. Tabelle 15 schildert mögliche Merkmale für die drei Stufen mittels des oben genannten Service-App-Beispiels.

*Ergebnis*

Für jedes Produkt können abschließend die erreichten Bewertungen über alle Kriterien hinweg summiert werden, so dass man am Ende auf einen Blick die exzellenten Systeme erkennen kann. Im Falle eines Vergleichs mit dem eigenen Produkt sollte auch dieses nach gleichem Schema bewertet und in die Ergebnistabelle übertragen werden (siehe Tabelle 16).

**Tabelle 15** Wettbewerbsanalyse mit stufenweiser Bewertung am Beispiel einer Service-App

| Kriterium \ Skala | 1 – Schwach | 2 – Durchschnitt | 3 – Exzellent |
|---|---|---|---|
| Kunden-Bewertungen | Keine oder schwache Bewertungen | Wenige, durchschnittliche Bewertungen | Sehr gute und aktuelle Bewertungen |
| Einstieg | Kein individualisierter Einstieg | Manuelle Eingabe einer Seriennummer | Sicher und schnell über QR-Code |
| Navigation | Unklare Struktur und Navigation, Suche enttäuschend | Klarer Aufbau, Menüs teils unübersichtlich, Suche + Filter einfach | Sehr klarer Aufbau, aufgabenorientierte Menüs, Exzellente Suche + Filter |
| Terminologie | Inkonsistent und verwirrend | Konsistent, aber teils unverständlich | Intuitiv verständlich und durchweg konsistent |
| Support-Anfrage | Anfrage außerhalb App (Telefon, Mail) | Anfrage direkt in App, Bestätigungs-Screen | Übermittlung der Benutzerdaten, Instant-Chat |

**Tabelle 16** Wettbewerbsanalyse: Ergebnistabelle am Beispiel einer Service-App

| System \ Kriterium | Kunden-Bewertungen | Einstieg | Navigation | Terminologie | Support-Anfrage | Summe |
|---|---|---|---|---|---|---|
| Eigenes Produkt | 2 (Durchschnitt) | 1 (Schwach) | 3 (Exzellent) | 2 (Durchschnitt) | 2 (Durchschnitt) | 10 |
| Produkt A | 3 | 2 | 3 | 3 | 3 | 14 |
| Produkt B | 1 | 1 | 1 | 2 | 2 | 7 |
| Produkt C | 2 | 2 | 3 | 2 | 2 | 11 |
| (…) | | | | | | |

Bei einer Ergebnispräsentation sollten für alle Beteiligten an der Usability-Entwicklung des Produkts das Ergebnisdokument präsentiert, Anschauungsbeispiele gezeigt und die Ergebnisse hinsichtlich ihrer Verwertbarkeit für eigene Innovationen diskutiert werden.

**Zum Weiterlesen in diesem Buch:** Die Wettbewerbsanalyse wird in einer der beschriebenen Fallstudien methodisch angewendet. Lesen Sie dazu Kapitel 9.2 „Video-Tutorials für Imaging Software (Zeiss Microscopy)", Seite 208.

# 6 Gestaltung

> „Das Design sollte das Produkt sozusagen zum Sprechen bringen."
>
> Dieter Rams (Industriedesigner)

## 6.1 Überblick der Methoden

In der Gestaltungsphase gilt es, möglichst frühzeitig typische Benutzer in die Entwürfe einzubeziehen. Die Gestaltungskonzepte erstrecken sich im Wesentlichen auf Strukturen in Produkten oder Anleitungen, auf das Wording und auf die Interaktion. Jedes dieser Konzepte wird hier mit einer Methode belegt (siehe Bild 33). Die Methoden werden auch als formatives Testen, d. h. als entwicklungsbegleitendes Testen mit Testpersonen, bezeichnet.

Die Wer-macht-was-Matrix dient zur Informationsbedarfsanalyse und Strukturierung der Benutzerinformationen. Über Card Sorting lassen sich die Struktur und das Wording eines Produkts oder einer Anleitung benutzergerecht gestalten. Prototyping ist eine zentrale Methode, die Bedienkonzepte mit Interaktion und Navigation mit den Nutzern in iterativen Gestaltungslösungen abzustimmen.

Bild 33 Übersicht der Usability-Methoden in der Gestaltungsphase

## 6.2 Wer-macht-was-Matrix

Die Wer-macht-was-Matrix (engl. User-Task- oder User-Topic-Matrix) ist eine Methode, um das Informationsangebot ausgerichtet am Wissensbedarf je Nutzergruppe in verschiedenen Informationsprodukten bereitzustellen. Das Ziel ist, dass jede Nutzergruppe die benötigten Informationen erhält, nach dem Motto „nicht mehr und nicht weniger". Dabei werden die Tätigkeiten am Produkt während des gesamten Produktlebenszyklus den Nutzergruppen in einer Matrix gegenübergestellt. Daraus leiten sich die zu beschreibenden Tätigkeiten und allgemeinen Informationen für die einzelnen zielgruppenorientierten Dokumentarten ab. Die Dokumente können zugleich auch verschiedenen Medien wie Print, PDF, Onlinehilfen, eingebettete Benutzerinformation etc. je nach Nutzungssituation zugeordnet werden.

*Vorteile*

- Adressaten- und handlungsorientierte Strukturierung der Dokumentation
- Übersicht über alle Aufgaben, die mit dem Produkt erledigt werden
- Vermeidung von nicht gebrauchstauglichen unübersichtlichen Anleitungen
- Ausschluss von nicht relevanten Informationen

Die Rahmenbedingungen der Methode skizziert Tabelle 17.

**Tabelle 17**  Methoden-Steckbrief: Wer-macht-was-Matrix

| Wer-macht-was-Matrix | |
|---|---|
| **Testobjekt** | Anleitung |
| **Ausführende** | Informationsentwickler, Usability-Experten |
| **Ort** | Computer-Arbeitsplatz |
| **Grenzen** | Kein hoher Detaillierungsgrad der Tätigkeiten möglich, da sonst die Gesamtübersicht verloren gehen würde. |

*Wann können Sie die Wer-macht-was-Matrix einsetzen?*

Die Methode eignet sich in der Designphase des benutzerorientierten Entwicklungsprozesses. Vorausgegangene Usability-Aktivitäten sind die Nutzer- und Anforderungsanalysen des Produkts. Die Wer-macht-was-Matrix zählt zu den zentralen Methoden der Dokumentationskonzeption.

*Vorbereitung*

In der Vorbereitung gilt es, die Ergebnisse vorausgegangener Aktivitäten der Nutzer- und Anforderungsanalysen zu sammeln. Dazu gehört die Beschreibung der typischen Nutzergruppen (z. B. über Persona) und ihrer Aufgaben (z. B. über Use Cases). Weiterhin sollte ein Team zur fachlichen Abstimmung zusammengestellt werden. Dazu gehören Entwickler, Service-Mitarbeiter, Marketing etc.

*Durchführung*

Die Durchführung umfasst vier Schritte:

1. *Schreiben Sie die Tätigkeiten zeilenweise in die Tabelle.*
   Die Tätigkeiten erstrecken sich auf den gesamten Produktlebenszyklus.
   Sie können die Tätigkeiten an den Use Cases orientieren.

2. *Schreiben Sie die Nutzergruppen spaltenweise in die Tabelle.*
   Typischerweise gibt es für ein technischen Produkt, ein Gerät oder eine Maschine mehrere Nutzergruppen, z. B. verschiedene Anwenderprofile, Servicetechniker und Administratoren.
3. *Kreuzen Sie an, welche Tätigkeit von wem ausgeführt wird.*
   Sie können zusätzlich zu dem Kreuzchen auch eine Zusatzinformation hinterlegen, wie beispielsweise „Standard"- oder „Fortgeschrittenen"-Tätigkeit.
4. *Fassen Sie zusammengehörige Inhalte zu einem Informationsprodukt zusammen.*
   Meist ist eine einzige Anleitung für alle Handlungen und alle Nutzergruppen nicht ausreichend. Definieren Sie die Anleitungen so, wie sie am sinnvollsten auf den Zweck und die Nutzergruppe ausgerichtet sind. Berücksichtigen Sie dabei auch verschiedene Medien und deren Nutzungssituation. Zum Beispiel eignen sich Videoanleitungen gut für simpel zu demonstrierende, aber kompliziert verbal zu beschreibende Aufgaben. Sie gehören zur Nutzungsart der *anleitenden Informationen.*
   Oder: Die Beschreibung von Feldern und Parametern einer Software steht in einer Kontexthilfe zur Verfügung. Diese zählen zu den *beschreibenden Informationen,* die zum Nachschlagen dienen.

*Ergebnis*

Das Ergebnis ist eine Tabelle mit der Übersicht der Nutzergruppen, Tätigkeiten und multimedialen Dokumentationsprodukten.

Zum Weiterlesen in diesem Buch: Eine beispielhafte Wer-macht-was-Matrix ist im Referenzbeispiel enthalten (Kapitel 8.1 „Referenzbeispiel Pulsuhr", Seite 170).

## 6.3 Card Sorting/Wording

Kartensortieren (engl. Card Sorting) ist eine Methode für das Entwickeln logischer und nutzergerechter Strukturen. Typische Einsatzbereiche sind die Informations- und Navigationsstrukturen von Software, Websites, Apps oder Informationsprodukten. Das Ziel ist es, Produkte oder Informationen so zu gruppieren, dass sie zu ihrer übergeordneten Kategorie passen. Auch die genaue Wortwahl (Wording) sollte für die Produkte und Kategorien passen. Benutzer entwickeln die Informationsstruktur dabei nach ihren Vorstellungen.

Es gibt zwei Arten von Card Sorting: offen und geschlossen.

- Beim geschlossenen Card Sorting dürfen nur die vorgegebenen Karten verwendet werden. Sämtliche Begriffe sind also im Vorfeld eingegrenzt, und der Fokus liegt auf der Struktur dieser Begriffe.
- Die offene Variante sieht vor, dass Benutzer eigene Oberbegriffe zu vorgegebenen Begriffen (Themen) schreiben. Offenes Card Sorting hat den Vorteil, dass neue Strukturzusammenhänge sichtbar werden können und das Wording von Benutzern stammt.

Die Methode ist jedoch so flexibel, dass auch eine Mischform denkbar ist. So könnte es beispielsweise zulässig sein, unverständliche Begriffe vom Benutzer aussortieren zu lassen oder durch verständlichere Synonyme zu ersetzen.

*Vorteile*

- Einfache Methode, um Strukturansichten zu entwickeln
- Führt zu zielgruppenorientiertem Wording
- Online und offline ausführbar
- Geringer Aufwand bei der Durchführung, auch iterativ wiederholbar in der Entwicklungsphase

Die Rahmenbedingungen der Methode skizziert Tabelle 18.

**Tabelle 18** Methoden-Steckbrief: Card Sorting/Wording

| Card Sorting / Wording | |
|---|---|
| Testobjekt | Produkt oder Anleitung (jeweils separat) |
| Ausführende | Ca. 12 bis 20 Benutzer je Zielgruppe (Gruppenarbeit à 4 bis 5 Personen); Usability-Experte als Moderator |
| Ort | Usability-Labor oder Besprechungsraum (offline). Wahlweise auch ortsunabhängig am Computer-Arbeitsplatz (online). |
| Grenzen | Keine exakte Methode, die zu eindeutigen Ergebnissen führt. Finaler Strukturbaum und Wording sind daher von Kompromissen und von der Erfahrung des Usability-Experten abhängig. |

*Wann können Sie Card Sorting einsetzen?*

Card Sorting wird vorwiegend in der Konzeptions- und Entwurfsphase eingesetzt, um neue oder erweiterte Strukturen zu entwickeln. Card Sorting kann aber auch in der Evaluationsphase eingesetzt werden mit dem Ziel, bestehende Strukturen zu überprüfen.

*Vorbereitung*

In der Vorbereitung gilt es, die passende Variante zu wählen, offline oder online. Weiterhin muss die Art festgelegt werden, offen oder geschlossen.

Die Informationseinheiten werden auf Kärtchen geschrieben oder in eine entsprechende Card Sorting Software eingegeben.

Für die geschlossene Sortierung müssen Oberbegriffe gebildet werden, bei der offenen Art werden leere Karten benötigt.

Zusätzlich müssen zielgruppenspezifische Testpersonen rekrutiert werden. Bei umfangreichen Tests können dies 30 oder mehr Benutzer sein.

*Durchführung*

Die Durchführung umfasst drei Schritte:

## 6.3 Card Sorting/Wording

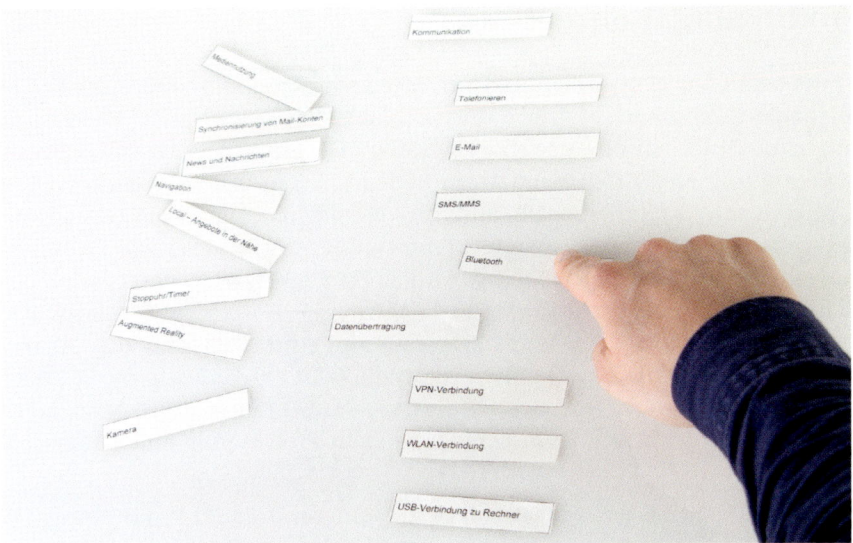

**Bild 34** Card Sorting: Manuelles Sortieren der Karten

1. *Teilen Sie die Benutzer in Gruppen ein.*
   Die Gruppenmitglieder sollten einen möglichst heterogenen Kenntnisstand haben, so dass bereits innerhalb einer Gruppe Kompromisse in der Logik des Aufbaus und im Wording gefunden werden müssen.
2. *Gruppenarbeit der Benutzer: Karten sortieren*
   Die Teilnehmer verschaffen sich zunächst einen Überblick über den Kartenvorrat.
   Bei geschlossenem Card Sorting ordnen sie dann die vorgegebenen Begriffe in Ober- und Unterbegriffe, wie es ihnen logisch erscheint (Beispiel siehe Bild 34). Bei offenem Card Sorting ordnen die Testpersonen die Begriffe neuen, von ihnen selbst definierten Oberbegriffen zu.
3. *Werten Sie die Ergebnisse aus.*
   Analysieren Sie die Strukturbäume der Gruppen. Bei wenigen Themen, Oberbegriffen oder Arbeitsgruppen können Sie dazu ein Tabellenblatt anfertigen. Für größere Ergebnismengen eignet sich die Cluster-Analyse mittels Software-Tools. Versuchen Sie Gemeinsamkeiten zwischen den Strukturen zu ermitteln, um eine möglichst allgemeingültige Lösung zu definieren.

*Ergebnis*

Das Ergebnis ist eine verständliche und logische Gliederung von Inhalten in Form einer Baumstruktur. Die Struktur bildet das Gerüst für nachgelagerte Prozesse wie Design, Programmierung oder Dokumentenentwicklung. Sie lässt sich dort in eine Sitemap, ein Menü, einen Kategorienbaum oder ein Inhaltsverzeichnis umsetzen.

**Zum Weiterlesen in diesem Buch:** Ein Ergebnis von Card Sorting veranschaulicht das Referenzbeispiel (Kapitel 8.1 „Referenzbeispiel Pulsuhr", Seite 172).

## 6.4 Prototyping (Konzepttest)

Prototyping zählt zu den kollaborativen Methoden, die die interdisziplinäre Zusammenarbeit zwischen Nutzern und Usability-Experten sowie Designern, Entwicklern und Informationsentwicklern fördern. Die Einbeziehung von Nutzern bei den Gestaltungsentwürfen hebt deren Bedeutung hervor. Beim Prototyping werden Abläufe und Szenarien auf Benutzungsoberflächen und deren Gestaltung von Benutzern modelliert und bewertet. Prototyping geht, ebenso wie Usability-Tests, aufgabenbasiert vor. Gleichzeitig wird beim Prototyping das Layout der Oberflächen, der Architektur und der Bedienelemente festgelegt. Die Entwürfe liegen in Form von Mockups oder Skizzen vor und sind, wenn überhaupt, nur bereits teilweise interaktiv. Das Ziel des Prototypings ist es, das Fachkonzept oder Dokumentationskonzept in Hinblick auf Struktur, Orientierung und Navigation sowie Layout zu unterstützen. In diesem Sinne stellt Prototyping einen Konzepttest dar.

Die zwei bekanntesten Arten sind Paper Prototyping und Rapid Prototyping. Da die beiden verschiedene Ziele verfolgen, lassen sie sich auch flexibel kombinieren:

- *Paper Prototyping*: Hier geht es um die Modellierung von Benutzeroberflächen ohne Programmieraufwand oder technischen Simulationsaufwand. Mit Papier, Stift und Schere werden Modelle für Informationsarchitekturen und Interaktionsdesign entworfen und getestet.
- *Rapid Prototyping*: Diese Art des Prototyping liefert schnelle Ergebnisse zu verschiedenen Ständen der Gestaltungsentwürfe. Rapid Prototyping sollte daher iterativ eingesetzt werden. Die Entwürfe werden mit Prototyping-Tools, die teils auch Interaktion bieten, umgesetzt.

> **„Gedruckte" 3D-Prototypen**
>
> Im Geräte- und Maschinenbau bietet der 3D-Druck eine weitere Art des Prototypings. Auf Basis von 3D-Konstruktionszeichnungen können interaktive Miniaturen oder maßstabsgetreue 3D-Prototypen „gedruckt" werden. Die anfassbaren und meist funktional bedienbaren 3D-Prototypen eignen sich für Ergonomie- und Usability-Tests. Seit einigen Jahren ist der 3D-Druck auch unter wirtschaftlich günstigen Bedingungen umsetzbar.

*Vorteile*

- Schnelles Verfahren, unter Einsatz von Papier oder Prototyping Tools
- Ab der Konzeptions- und Gestaltungsphase iterativ einsetzbar
- Es können viele Vorschläge zur interaktiven Gestaltung gewonnen werden
- Fördert Kollaboration und Kommunikation zwischen Nutzern und Spezialisten

Die Rahmenbedingungen der Methode skizziert Tabelle 19.

**Tabelle 19**  Methoden-Steckbrief: Prototyping

| Prototyping | |
|---|---|
| Testobjekt | Produkt oder Anleitung (jeweils separat) |
| Ausführende | Wenige Benutzer, in Kollaboration mit Spezialisten wie Usability-Experte, Designer und Informationsentwickler |
| Ort | Usability-Labor |
| Grenzen | Ideen und Vorschläge sind nicht immer technisch realisierbar; viele Rohentwürfe entstehen, aber keine endgültigen Entscheidungen. |

*Wann können Sie Prototyping einsetzen?*

Prototyping ist ein Konzepttest und kann in der Gestaltungs- bzw. Konzeptionsphase eingesetzt werden. Da bei Paper Prototyping noch keine interaktive Anwendung vorliegen muss, können Papiermodelle zu einem sehr frühen Zeitpunkt in der Gestaltungsphase zur Ideenfindung und Bewertung von Vorschlägen verwendet werden. Rapid Prototyping benötigt bereits teilweise umgesetzte Entwürfe oder Simulationen in Prototyping Tools und sollte daher erst nach Paper Prototyping zum Einsatz kommen.

*Vorbereitung*

Die Vorbereitung für Prototyping besteht im Wesentlichen aus der Session-Vorbereitung und der Festlegung der teilnehmenden Personen. Im Falle von Paper Prototyping müssen die gezeichneten oder gedruckten GUI-Elemente erstellt werden. Auch muss überlegt werden, auf welche Weise die vom Benutzer modellierten Entwürfe protokolliert, fotografiert oder per Video aufgezeichnet werden. Bei Rapid Prototyping muss der jeweilige Entwurfsstand softwareseitig verfügbar gemacht werden. Das Protokoll wird direkt in der Sofware geführt.

Für die Testphase müssen vorab viele Fragen zum Verhalten der Testperson und zur Aufgabenstellung geklärt werden:

- Soll die Technik „Lautes Denken" eingesetzt werden, um Rückschluss auf die kognitiven Überlegungen der Testperson zu erhalten?
- Welche Aufgaben soll die Testperson mit dem Prototypen durchführen? Die Aufgaben entsprechen in etwa den Testaufgaben, die später auch in einem Usability-Test verwendet werden.
- Welche Bedingungen gibt es beim freien Gestalten des Layouts? Darf die Testperson nur vorbereitete Elemente verschieben oder darf sie selbstständig andere erstellen? Welche Anzeigeelemente und Bedienelemente müssen in der Anwendung vorkommen? Dürfen hierarchische Menü-Ebenen oder zusätzliche Interaktionsschritte eingefügt werden? Dürfen die Bedienelemente beliebig oft verwendet werden? Darf nur die Position, oder auch die Größe und Beschriftung der Elemente geändert werden?

Die Planung erstreckt sich auch darauf, passende Testpersonen zu definieren. Die Testpersonen sollten gestalterische Ideen und möglichst klare Vorstellungen für die Anwendung mitbringen. Festzulegen ist auch, ob das Prototyping mit Einzelpersonen oder in Kleingruppen durchgeführt wird. Kleingruppen (ca. drei Personen) haben den Vorteil, dass Ideen während der Modellierung abgestimmt und auf einen gemeinsamen Vorschlag hin konsolidiert werden. Die Testleitung übernimmt ein Moderator, in der Regel ein Usability-Experte. Evtl. nehmen zusätzlich Designer, Entwickler und Informationsentwickler als Beobachter teil.

*Durchführung*

Der Ablauf der Methode Prototyping umfasst drei Phasen:

1. *Besprechen Sie mit der Testperson bzw. Testgruppe die Aufgabenstellung.*
   Stellen Sie zunächst das Konzept der neuen Anwendung vor. Besprechen Sie dann, welche Testaufgaben die Testperson am Prototypen durchführen soll und welche Bedingungen für das Festlegen des Layouts gelten. Legen Sie das Verhalten der Testperson beim Prototyping fest, wie etwa „Lautes Denken".
2. *Lassen Sie das Prototyping durchführen.*
   Die Testperson bzw. Testgruppe zeigt, wie sie vorgehen würde, um die ihr gestellte Aufgabe durchzuführen. Dabei positioniert sie die flexiblen Elemente auf der Oberfläche und bewertet die teils vorgegebenen Entwürfe. Als Moderator begleiten Sie die Testphase und unterstützen bei Fragen.
3. *Werten Sie die Ergebnisse aus.*
   Fassen Sie zusammen, welche Anmerkungen und Probleme die Testpersonen beim Prototyping hatten und welche Alternativen vorgeschlagen wurden. Prüfen Sie die Entwürfe mehrerer Testpersonen auf Übereinstimmungen. Entscheiden Sie, welche Entwurfsvariante die höchsten Optimierungen bietet und berücksichtigen Sie diese bei der Weiterentwicklung.

*Ergebnis*

Das Ergebnis sind Rohentwürfe der Testgruppe sowie bewertete Entwürfe. Auf Basis der gewonnenen Erkenntnisse entsteht in iterativer Weise ein angepasster und optimierter Entwurf.

**Zum Weiterlesen in diesem Buch:** Ein Beispiel für ein User-Centered Design mit Prototyping eines Software-Tutorials beschreibt die Usability-Fallstudie in Kapitel 9.2 „Video-Tutorials für Imaging Software (Zeiss Microscopy)", Seite 208.

Prototyping ist eine wichtige Methode im User Centered Design. Die Anwendungsfälle für das nutzerorientierte Gestalten nehmen mit der Digitalisierung zu. Sie erstrecken sich neben Benutzeroberflächen auf Bildschirmen von Desktop und Mobilgeräten zwischenzeitlich auch auf multimediale und virtuelle Anwendungen. Gerade hier sind die Programmierungen aufwändig und daher ist ein frühzeitiges Optimieren von Entwürfen besonders wirtschaftlich. Neben den herkömmlichen Aufzeichnungsmethoden gewährt Eyetracking besondere Einblicke in die Wahrnehmung und Orientierung, wie es die folgende Textbox beschreibt.

## 6.4 Prototyping (Konzepttest)

**Prototyping mit Eyetracking in Anwendungen der Virtual Reality**

Das Konzept der Virtual Reality oder virtuellen Realität (VR), unterstützt durch das immense Potential, dass die Hardware-Komponenten der heutigen Zeit ermöglichen, hat sich bereits in den verschiedensten Branchen und Industrien etabliert. Vom Produktdesign, -entwicklung und -evaluierung in der Luft- und Raumfahrt bis hin zur Aus- und Fortbildung in der Medizin: Die Einsatzgebiete sind grenzenlos (Goldman Sachs, 2016[71]). Dies wird auch durch die Prognosen gestützt, dass der weltweite Umsatz des VR-Markts bis 2018 auf 9,3 Milliarden US-Dollar anwachsen soll (Statista.de, 2014[72]). Auch Innovationsgiganten wie Fox, Google, Facebook, Sony und Microsoft sehen die Zukunft in der virtuellen Realität und investierten bereits Milliardenbeträge in die Branche (Bastian, 2016[73]; Guardian, 2014[74]).

Grundlegend lässt sich der Unterschied von VR-Brillen (oder HMD – Head-Mounted Displays) zu üblichen Mediengeräten wie TV und Mobiltelefon auf folgende Faktoren zurückführen. Durch eine digital berechnete Illusion auf den integrierten Displays im Inneren der Brille wird ein stereoskopischer Effekt (3D) simuliert. Eine VR-Brille weist zudem eine visuelle direkte Interaktion auf, indem über eingebaute Sensoren die Neigung des Kopfs berücksichtigt wird. Außerdem gibt es ab einem Sichtfeld von mehr als 80° keine sichtbaren Grenzen mehr für den Nutzer, wodurch ein Gefühl der vollen Integration und Immersion in die virtuelle Welt entsteht (Mißfeldt, 2016[75]).

Im Verkauf sowie in der Kundenforschung liegt der besondere Anreiz von VR vor allem in seiner Flexibilität. Mit Hilfe der von HTC produzierten VR-Brille Vive begibt sich z. B. der schwedische Möbelkonzern IKEA auf ein neues technologisches Terrain. Den Kunden ist es in seiner „IKEA VR Experience" erstmals möglich, sich nicht nur innerhalb einer voll ausgestatteten Küche des Herstellers umzuschauen, sondern sich auch völlig natürlich innerhalb dieser Küche physisch zu bewegen und die einzelnen Funktionen (z. B. Herd, Backofen, Schränke) virtuell auszutesten. Zusätzlich kann in farblichen Varianten der Küchen unterschieden und der Raum z. B. aus Sicht eines Kindes erkundet werden (IKEA, 2016[76]; Wilson, 2016[77]). Hierdurch werden gerade bei der Küchenplanung völlig neue Perspektiven ermöglicht. Produkte können noch besser auf die Wünsche und Bedürfnisse der Kunden angepasst werden.

Neben der Unterstützung beim Verkauf liegt das größte Potential von virtuellen Realitäten in der Produktentwicklung. So können potentielle Nutzer Funktion und Design bereits in der Planungs- und Konzeptionsphase kostengünstig testen und somit zur Optimierung beitragen. Auf die zeitaufwändige und teure Erstellung von Produktprototypen und Dummys kann in dieser frühen Projektphase somit weitestgehend verzichtet werden. Zukünftige Produkte lassen sich bereits in einem potentiellen Umfeld virtuell erproben: So kann z. B. ein neu konzipierter Kaffeevollautomat bereits in einer virtuellen Küche komplett virtuell geprüft werden. Gefällt einem Teilnehmer beispielsweise die Platzierung eines Bedienelements nicht, kann dieses einfach und direkt umpositioniert werden. Der große Vorteil ist, dass jeder Optimierungswunsch visuell direkt umgesetzt, und somit direkt neu beurteilt und evaluiert werden kann.

Das Marktforschungsinstitut VResearch – ein Gemeinschaftsunternehmen des Virtualisierungs-Spezialisten eurosimtec sowie des Eyetracking-Spezialisten USEYE – bietet seinen Kunden realitätsnahe und mobile Lösungen für die Kundenforschung am Point of Sale. So kann die Auffälligkeit von neuen Verpackungsvarianten in Konkurrenzumgebungen realitätsnah überprüft und optimiert werden. Neben Themen wie dem Packaging Design und dessen Platzierung im Regal (Category Management) spielen auch Themen wie Werbematerialien in der Außenwerbung eine zentrale Rolle. Durch die Integration von Eyetracking-Lösungen werden zusätzlich Informationen über den Blickverlauf des Kunden gewonnen, um eventuelle Optimierungsbedarfe hinsichtlich der visuellen Reizstärke ableiten zu können. Selbst visuelle Einflüsse, welche sich unbewusst auf das Testobjekt auswirken, können mit Eyetracking kontrolliert und in die Bewertung aufgenommen werden.

*Sebastian Goldstein, Geschäftsführer USEYE, www.useye.de*

# 7 Evaluation

> *„Everything that can be counted does not necessarily count; everything that counts cannot necessarily be counted."*
>
> Albert Einstein

## 7.1 Überblick der Methoden

Bei der Evaluation geht es darum, Problemstellen zu identifizieren und (fast) fertige Produkte und Anleitungen auf Usability zu optimieren oder Ideen für Weiterentwicklungen zu sammeln. Bei der Evaluation werden Nutzungs- und Befragungsdaten aus Benutzersicht sowie Prüfungen aus Expertensicht erhoben (siehe Bild 35). Die Test- und Prüfverfahren in der Phase der Evaluation werden auch als summatives Testen bezeichnet.

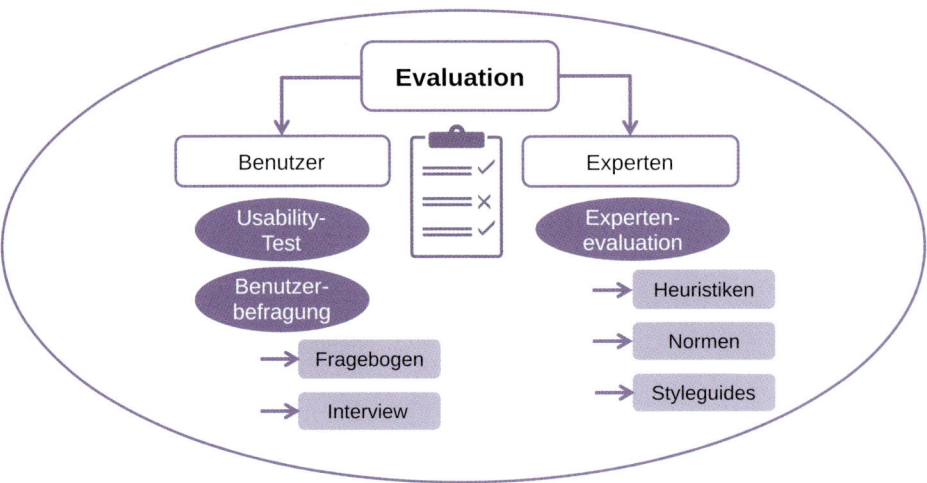

**Bild 35** Übersicht der Usability-Methoden in der Phase Evaluation

## 7.2 Vergleich: Evaluation durch Experten oder Benutzer

In diesem Abschnitt sollen vergleichbare Methodenarten in ihrem Spannungsfeld beleuchtet werden. Ziel ist es, die Vor- und Nachteile der Methoden gegeneinander abzuwägen und Ihnen eine Entscheidungshilfe pro oder contra zu geben. Die Fragestellung hier ist: Expertenevaluationen oder Benutzertests?

Es geht also um die Testergruppen Usability-Experten oder typische Anwender. Die expertenbasierten Evaluationen bieten den „Blick von außen". Die Experten wenden ihr Spezialwissen aus dem Usability-Bereich an, um die Untersuchungsgegenstände zu bewerten und Gutachten zu erstellen. Der Schwerpunkt der Evaluation liegt auf Interaktionsprozessen und Interface-Design. Um die Prozesse einer Anwendung analysieren zu können, versetzen sich die Experten in die Lage von Benutzern und arbeiten typische Aufgaben und Szenarien ab. Zur Beurteilung des Interface-Designs werden eher Checklisten, Anforderungen aus Normen und Richtlinien sowie heuristische Evaluationen eingesetzt. Im Prinzip würde die Beauftragung eines einzigen Experten genügen, aber gemäß der Literatur liefert ein interdisziplinäres Team von Experten umfangreichere Ergebnisse.

Die davon gänzlich verschiedene Testergruppe besteht aus repräsentativ ausgewählten Benutzern des Produkts. Diese werden in Usability-Tests bei der Nutzung des Testobjekts beobachtet und zu ihren Eindrücken befragt. Zudem werden soziodemographische Daten erhoben und die Benutzer dadurch ggf. in Subgruppen unterteilt. Ein Beispiel für Subgruppen können junge und ältere Personen, Produkt-Neulinge oder fortgeschrittene Nutzer sein. Die minimal sinnvolle Anzahl von Testpersonen liegt bei 5, üblich sind 8 bis 15 oder mehr, auch abhängig von der Bildung von Subgruppen.

Für Expertenevaluationen eignen sich die heuristische Evaluation oder der Cognitive Walkthrough. Benutzertests können methodisch über Befragungen, Usability-Tests im Labor, ggf. mit Eyetracking, oder als Remote-Tests durchgeführt werden.

*Wichtige Merkmale von expertenbasierten Evaluationen*

- Reduzieren der typischen „Betriebsblindheit" durch den Blick von außen
- Teams aus externen Usability-Experten und Designern liefern umfassende Optimierungsvorschläge der identifizierten Schwächen
- Öffentlich zugängliche Checklisten aus Richtlinien und Normen können auch firmenintern eingesetzt werden
- Vergleichende Gutachten zu Wettbewerbern können zu übernehmende Best Practices aufzeigen
- Kurze Zeitdauer, da keine Datenerhebung von Benutzern notwendig
- Flexibel skalierbare Bewertungsschwerpunkte innerhalb des verfügbaren Budgets
- Geeignet, wenn repräsentative Benutzer schwer für Benutzertests zu rekrutieren sind

*Wichtige Merkmale von Tests mit Benutzern*

- Feedback von aus der Zielgruppe repräsentativ ausgewählten Anwendern
- (Weitgehend) natürliche Nutzungssituation während der Evaluation
- Größere Anzahl gefundener Usability-Probleme durch tatsächliche Nutzung im Vergleich zur expertenbasierten Evaluation
- Differenzierung der Usability-Fehler in verschiedene Schweregrade möglich

- Interviews geben qualitative Meinungen der Benutzer und Aspekte der Zufriedenstellung wieder
- Eyetracking-Tests zum Prüfen des Interface- und Informations-Designs möglich
- Benutzertagebücher eignen sich besonders gut für Feedbacks über vielfältige Nutzungssituationen im alltäglichen privaten oder beruflichen Umfeld

## 7.3 Usability-Test

Die bekannteste Form der Evaluation, bei der Benutzer bei der Produktnutzung von Usability-Experten beobachtet werden, ist der Usability-Test. Er wird auch als *teilnehmende Beobachtung* bezeichnet. Der Kernteil des Tests ist aufgabenbasiert. Benutzer werden aufgefordert, bestimmte Testaufgaben am Testobjekt auszuführen, um Schwachstellen zu ermitteln. Dabei sammeln die Usability-Experten qualitative und quantitative Daten zum Verhalten, werten diese später systematisch aus und leiten davon eine Optimierung ab.

Während des Benutzertests kann die Testperson die Vorgänge mit der Technik „Lautes Denken" kommentieren. Je nach Zielsetzung der Studie und der erwarteten Probleme kann die Beobachtung im Labor zusätzlich mit Eyetracking aufgezeichnet werden. Im Anschluss an die Aufgabenbearbeitung wird die Testperson zu ihrem Verhalten befragt. Dies kann über einen Evaluations-Fragebogen und ein Interview geschehen.

---

**Wann lohnt sich Eyetracking und welche Qualifikation ist dafür nötig?**

Beim Eyetracking werden die Blickbewegungen von Benutzern gemessen. Mit dieser Methode lassen sich Wahrnehmungs- und Orientierungsprozesse genau analysieren: Wohin schaut eine Person zuerst? Wie lange blickt sie bestimmte Stellen an? Wie verläuft der Blickpfad? Welche Stellen werden übersehen? Angenommen wird dabei die so genannte Eye-Mind-Assumption. Sie geht davon aus, dass die visuell aufgenommenen Blickpunkte stets mit kognitiven Verarbeitungsprozessen einhergehen und damit Rückschlüsse auf die Bewältigung kognitiver Aufgaben ermöglichen.

Der Aufwand zur mikroanalytischen Eyetracking-Methode ist nicht nur wegen der Erfassung, sondern vor allem wegen der nötigen sachkundigen Auswertung hoch. Heutige Eyetracking-Systeme und -Software sind gebrauchstauglich geworden: Auf Knopfdruck lässt sich die Aufzeichnung der Blickbewegungen starten und Blickvideos und Heatmaps werden softwaremäßig erzeugt. Im Usability-Bereich kommen vor allem mobile Brillensysteme und berührungslose Remote Eyetracker zum Einsatz.

1. Wann also lohnt sich der Aufwand? Im Bereich der Usability eignet sich Eyetracking vor allem in den Designbereichen, also im Interaktions- und Informationsdesign. Wie werden visuelle Elemente auf der Benutzungsoberfläche wahrgenommen? Werden Informationen mittels Skimming und Scanning gelesen? Wieviele Einträge einer Liste werden noch gelesen?

Eyetracking kann helfen, Ursachen für Problemstellen zu finden, die mit anderen Beobachtungs-Methoden nicht ermittelt werden können. Eyetracking lässt sich auch beim Prototyping einsetzen. Je früher im Prozess des User-Centered Design die einzelnen Oberflächenbereiche und Elemente auf ihre Bedienbarkeit und Verständlichkeit optimiert

werden, um so wirtschaftlicher sind die darauf folgenden Schritte der Umsetzung und Evaluation.
2. Welche Qualifikation ist nötig, um die Blickverläufe zu interpretieren? Welche Muster sind positiv, welche weniger gut zu bewerten? Dies ist das Know-how von Eyetracking-Spezialisten. Interpretationen der Eyetracking-Parameter in Softwareprodukten finden sich u. a. in meiner Dissertation, in deren Rahmen experimentell ermittelt wurde, welche Eyetracking-Parameter Aussagen über die Design-Domänen „Struktur", „Interaktion" und „Präsentation" machen. Im Ergebnis konnten sieben verschiedenen Eyetracking-Parametern jeweils Bedeutungen zugeordnet werden:

- Die *Länge der Blickpfaddauer* ist generell ein Maß für die Effizienz der Aufgabenbearbeitung.
- Eine Baumstruktur lässt sich mittels der *Suchzeit* bewerten. Je kürzer die Suchzeit ist, desto mehr innere Ordnung besitzt eine Struktur.
- Wie einzelne Baumeinträge wahrgenommen werden, lässt sich über den *Häufigkeitsparameter der Fixationen von Objekten* bewerten (Bild 36 zeigt, dass die oberen zehn Baumeinträge und jeweils das erste Wort sehr häufig betrachtet werden).
- Für Interaktionselemente wie Menüs und Buttons ist die *Aneinanderreihung mehrerer Fixationen und Blicksprünge* (Sakkaden) als Maß aussagekräftig. Mit Richtungsänderungen lassen sich erwartungskonform angeordnete Interaktionselemente, wie zum Beispiel Buttons, untersuchen. Je weniger Blickrichtungsänderungen der Benutzer vollziehen muss, desto eher entspricht die Software seinen Erwartungen.
- Darüber, wie mühelos Benutzer mit Menüs interagieren können, geben der *Parameter der Übergangshäufigkeiten* und der davon abgeleitete *Parameter der Übergangsdichte* Aufschluss.
- Die Wirkung des Seitenlayouts lässt sich durch *kumulierte Übergangszeiten* ermitteln; das sind Zeiten ohne bewusste Informationsverarbeitung. Die Übergangszeiten sollten möglichst kurz sein.

(Grünwied, Dissertation 2007[78])

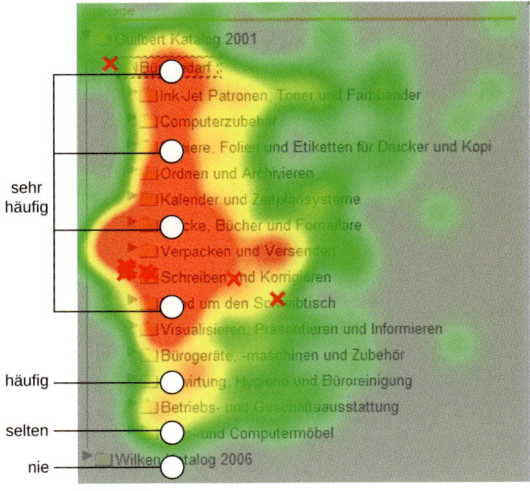

**Bild 36** Eyetracking: Häufigkeits-Parameter mittels Hotspot
(Quelle: Grünwied Dissertation 2007, Seite 82)

Der Usability-Test kann nach dem Durchführungsort unterschieden werden. Er kann in einem Usability-Labor durchgeführt werden, das speziell für Beobachtungsstudien ausgestattet ist. Die Alternative sind Remote Usability-Tests, eine computergestützte Methode, um ein interaktives Produkt einschließlich seiner Benutzerinformation von Benutzern in einer realen Situation testen zu lassen. Der Vergleich der beiden Durchführungsarten ist im Kapitel 7.4 „Vergleich: Labortest oder Remote-Test", Seite 144 beschrieben.

Eine Variante des Usability-Tests ist der Out-of-the-Box-Test, bei dem die Testperson ab dem Auspacken des Produkts, des Zubehörs und der Anleitungen beobachtet wird.

*Vorteile*

- Typische Benutzeraktivitäten im Umgang mit einem Produkt oder einer Anleitung werden auf Usability untersucht.
- Die Methode kann bei Remote-Tests in der „realen Welt" eingesetzt werden.

Die Rahmenbedingungen der Methode skizziert Tabelle 20.

**Tabelle 20** Methoden-Steckbrief: Usability-Tests

| Usability-Tests | |
|---|---|
| Testobjekt | Kombination (Produkt und Anleitung) oder Anleitung (separat) |
| Ausführende | Minimum 5, typisch sind 8 bis 12 Testpersonen je Nutzergruppe; Usability-Team (Testleiter, Test-Assistenzteam, Technik-Team) |
| **Ort** | Usability-Labortest (stationär, mobil, halbmobil) oder ortsunabhängiger Usability-Test (Remote) |
| **Grenzen** | Aussagekräftige Ergebnisse hängen von Testaufgaben ab. |

*Wann können Sie Usability-Tests einsetzen?*

Die Benutzertests werden zumeist in der letzten Phase des User-Centered Designs, also in der Evaluationsphase, eingesetzt. Das Produkt und die Anleitung sollten bis zu diesem Stadium bereits eine möglichst gute Usability aufweisen. Die Usability-Tests haben dann die Aufgabe, noch mögliche Schwachstellen, die sich erst im gesamten System offenbaren, zu entdecken und zu beheben. Usability-Tests können auch für Produkte, die bereits auf dem Markt sind, zur Überprüfung der Usability eingesetzt werden.

*Vorbereitung*

Die sorgfältige Vorbereitung eines Usability-Tests ist wichtig, um möglichst viele Erkenntnisse zu gewinnen. Die Vorbereitungen lassen sich an W-Fragen orientieren (Tabelle 21).

**Tabelle 21**  Vorbereitung eines Usability-Tests

| | |
|---|---|
| **Warum wird getestet?** | Ziel des Usability-Tests definieren, zum Beispiel Performance-Test oder Schwachstellenanalyse. |
| | Wichtig: Das Produkt stets zusammen mit der Anleitung testen, da dies der realen Situation entspricht. Der kombinierte Test gibt Aufschluss, in welchen Situationen die Benutzerhilfe benötigt wird und ob diese zur richtigen Lösung verhilft. In Ausnahmefällen kann die Anleitung separat getestet werden, vor allem, wenn es sich um ein eigenständiges Informationsprodukt mit Navigation etc. handelt. |
| **Wer testet?** | Potentielle Nutzer des Produkts mit ggf. unterschiedlichen Vorkenntnissen. |
| | Nutzergruppen müssen definiert und die repräsentativen Testpersonen rekrutiert werden. |
| **Was wird getestet?** | Testobjekt(e) für den Test auswählen und vorbereiten. |
| **Wie wird getestet?** | Testaufgaben und Anwendungsszenarien konzipieren. |
| | Siehe dazu auch weiter unten das Anwendungsbeispiel zur Erstellung von Testaufgaben (F.X. MEILLER Fahrzeug- und Maschinenfabrik GmbH & Co. KG) |
| **Womit wird getestet?** | Techniken für die Testsituation festlegen, zum Beispiel „Lautes Denken" oder Eyetracking. |
| **Welche Befragung?** | Für die anschließende Befragung der Testpersonen einen schriftlichen Fragebogen und/oder einen Interview-Fragenkatalog erstellen. |
| **Wer-wann-was-wo?** | Ablaufplan für die Durchführung eines einzelnen Tests wie auch des Ablaufs der gesamten Testserie erstellen. |

*Durchführung*

Die eigentliche Durchführung am Testtag weist sechs Phasen auf:

1. *Begrüßen Sie die Testperson.*
   Der Testleiter stellt sich und sein Team vor, begrüßt die Testperson, und sorgt für eine offene und entspannte Kommunikationsform, auch, um den Leistungsdruck zu minimieren.

2. *Führen Sie die Testperson in den Test ein.*
   Erklären Sie jedem einzelnen Teilnehmer, wie der Test ablaufen wird und welche Ziele der Test verfolgt. Geben Sie an, dass die Testperson bei Bedarf die Anleitung zu Hilfe nehmen darf. Hilfreich hat sich die Anmerkung erwiesen, dass nicht die Person, sondern das Produkt getestet werde. Lassen Sie die Einverständniserklärungen, etwa für Video- und Tonaufnahmen, von der Testperson unterzeichnen.

3. *Bereiten Sie die Testsituation und das Testobjekt vor.*
   Initialisieren Sie die Aufzeichnungstechnik. Begleiten Sie die Testperson an den Testort und bringen Sie diese in die richtige Position, z. B. am Eyetracking-Arbeitsplatz. Kalibrieren Sie ggf. das Eyetracking-System auf die Testperson. Bei wiederholten Tests muss das Testobjekt vor jedem Testdurchgang initialisiert werden, damit es nicht zu unerwünschten Effekten kommt. Beispiel: Suchbegriffe vom Vorgänger sind gespeichert. Legen Sie evtl. Materialien für den Test bereit, wie etwa die schriftlichen Testaufgaben.

Evtl. müssen auch bestimmte Techniken wie „Lautes Denken" kurz mit der Testperson trainiert werden.

4. *Die Testperson führt den Benutzertest durch.*
   Lassen Sie die Testaufgaben durch die Testperson bearbeiten. In der Regel bearbeitet die Testperson die Aufgaben selbstständig und ohne Hilfestellung. Interagieren Sie daher als Testleiter nur bei Bedarf, zum Beispiel, wenn die Testperson eine Aufgabe nach längerer Zeit nicht lösen kann. Eine alternative Kommunikation kann die bewusste Dialogform sein, bei der Testperson und Testleiter sich unterhalten. Der Testleiter kann dabei etwa die Rolle des „Advocatus Diaboli", des provokanten Gegenspielers, während des Tests einnehmen. Der Testleiter und sein Team beobachten die Testperson bei der Aufgabenbearbeitung und zeichnen diese über diverse Aufzeichnungstools auf. Mitglieder des Testteams können begleitende Notizen über besondere Vorkommnisse verfassen. Verhaltensbeobachtungs-Software bietet dazu die Möglichkeit, die Notizen mit den passenden Videostellen zu synchronisieren.

5. *Führen Sie nach dem Benutzertest eine Befragung durch.*
   Die Testperson sollte nach Abschluss des Tests befragt werden. Dies geschieht in der Regel über einen schriftlichen Feedback-Fragebogen (Beispiele sind standardisierte Usability-Fragebögen wie AttrakDiff oder IsoMetrics) und ein abschließendes Interview. Der Testleiter führt dabei die Testperson durch das Interview. Das Interview hat den wichtigen Zweck, die Nutzung des Testobjekts retrospektiv zu reflektieren.

6. *Verabschieden Sie die Testperson.*
   Verabschieden Sie sich als Testleiter von der Testperson, sprechen Sie Ihren Dank für die Beteiligung aus und übergeben das Testhonorar.

*Ergebnis*

Der Benutzertest liefert diverse Daten (Audio, Video, Eyetracking, Fragebogen), die im Anschluss ausgewertet werden müssen. Dabei ist besonders auf eine effiziente und effektive Inhaltskodierung der Ereignisse beim Benutzertest zu achten. Zum Einsatz kommen qualitative und quantitative Analysemethoden der Usability-Experten.

Die Ergebnisse sind aussagekräftig, wenn durch sie mögliche Usability-Probleme aufgedeckt wurden. Dabei stehen konzeptionelle Problembereiche und nicht subjektive Details einzelner Testpersonen im Vordergrund. Die Usability-Probleme werden nach Anzahl, Schweregrad (z. B. „Critical", „Serious", „Cosmetic") und Häufigkeit klassifiziert. Die Ergebnisse werden abschließend so aufbereitet, dass diese Anhaltspunkte für Optimierungen geben.

> **Tipp: Auch positive Ergebnisse dokumentieren**
>
> Geben Sie neben den Problemstellen auch explizit an, an welchen Stellen das Produkt und die Anleitung eine sehr gute Usability aufweist. Beispielsweise dürfen die mit Erfolg durchgeführten Aufgaben oder positiv bewertete Oberflächenelemente im Testbericht nicht fehlen! Nur so entsteht ein gesamtheitliches Ergebnis und gleichzeitig wird vermieden, dass die Produktverantwortlichen die positiven Stellen unwissentlich „verschlechtern".

Das Ergebnis eines Usability-Tests kann in unterschiedlichen Detaillierungsgraden festgehalten werden;

- Bei einem Kurzbericht werden nur die zentralen Probleme und ihre Ursachen aufgeführt.
- Ein ausführlicher Bericht enthält das Testszenario, sämtliche Auswertungsdaten, Video-Analysen, Auffälligkeiten sowie Verbesserungsvorschläge und belegt dies mit Beispielen. Ein Format für die vollständige Testdokumentation nach einer internationalen Norm wird in der Textbox „Genormte Beschreibungsformate für Usability-Tests" beschrieben.
- In komprimierter Form kann für den Auftraggeber eine Präsentation erstellt werden. Sie veranschaulicht die zentralen Ergebnisse mit kurzen Videosequenzen, O-Tönen aus Interviews und mit Eyetracking-Videosequenzen. Die Präsentation dient zudem als gemeinsame Diskussionsgrundlage mit dem Auftraggeber.

---

**Genormte Beschreibungsformate für Usability-Tests**

Um der Industrie eine leicht verständliche und standardisierte Form für die Dokumentation von Usability-Tests zu geben, wurde das *Common Industry Format (CIF) for Usability* vom National Institute of Standards and Technology (NIST) der USA entwickelt. Das zugehörige Projekt lautete: Industry USability Reporting (IUSR). Aus diesem Projekt entstand eine kleine Reihe von Normen, die zwei Zielgruppen adressieren: Usability-Experten zur Testdokumentation sowie Einkäufer von interaktiven Systemen, damit diese bei ihren Kaufentscheidungen die Qualität der Usability mit berücksichtigen und sich dabei auf die CIF-Beschreibungen stützen können.

Die erste CIF-Norm aus dem Jahr 2006 lautet *ISO/IEC 25062 Common Industry Format (CIF) for usability test reports*. Ein Test-Report enthält demnach die ausführliche Beschreibung des Nutzungskontexts des Produkts. Weiterhin enthält der Bericht detaillierte Angaben zum Test: wie Zielsetzung, Teilnehmer, Testaufgaben, experimentelles Testdesign und eingesetzte Methoden. Die Ergebnisse des Tests werden über Usability-Bewertungsmaße beschrieben, die sich an den diagnostischen Dimensionen der ISO 9241, Teil 11, Effektivität, Effizienz und Zufriedenstellung orientieren.

Weitere, im Anschluss an die ISO/IEC 25062 entwickelte CIF-Normen zu Test-Formaten und zum benutzerorientierten Gestaltungsprozess sind derzeit:

- *ISO/IEC TR 25060:2006 General framework for usability-related information*
- *ISO/IEC 25063:2014 Context of use description*
- *ISO/IEC 25064:2013 User needs report*

(Quelle: NIST[79])

---

**Zum Weiterlesen in diesem Buch:** Die Umsetzung eines Usability-Tests ist ausführlich in einer Fallstudie beschrieben: Lesen Sie dazu Kapitel 9.1 „Driver's Guide Apps (BMW Group)", Seite 194.

*Anwendungsbeispiel zur Erstellung von Testaufgaben*
*(F.X. MEILLER Fahrzeug- und Maschinenfabrik GmbH & Co. KG)*

Dieses Beispiel soll keine umfassende Fallstudie zu einem Usability-Test schildern, sondern den Teilaspekt der Testaufgaben und ihre zentrale Bedeutung beleuchten. Die nach den einschlägigen Richtlinien, Normen und Gesetzen sowie nach firmeninternen Vorgaben erstellte Betriebsanleitung sollte auf den Prüfstand der

Benutzer gestellt werden. Die Evaluation fand im Rahmen einer Bachelorarbeit[80] unter meiner Betreuung statt – von der Modellierung der Testaufgaben, bis hin zur Optimierung der Betriebsanleitung. Im Fokus stand ein Benutzertest der Betriebsanleitung als Dokumentationsprodukt sowohl separat, als auch in Kombination mit Handlungen unmittelbar am Fahrzeug.

*Projektablauf*

In der ersten Projektphase wurden verschiedene Untersuchungs-Kategorien definiert: Struktur, Navigation, Sicherheits- und Warnhinweise, Bilder und Texte. Die anschließend ausgearbeiteten Testaufgaben deckten alle Kategorien ab und lieferten entsprechend aussagekräftige Testergebnisse. Da die Betriebsanleitung des Dreiseitenkippers in der Praxis im unmittelbaren Umfeld des Fahrzeugs zum Einsatz kommt, wurden speziell Testaufgaben modelliert, die von den Testpersonen im Fahrerhaus des Fahrzeugs bzw. direkt am Fahrzeug zu lösen waren.

*Vorgehensweise*

Alle Fragen wurden zielorientiert gestellt. Sie beinhalteten teilweise auch vorgehensorientierte Angaben, um zu erreichen, dass die Probanden verschiedene Bestandteile der Dokumentation verwenden – zum Beispiel das Inhaltsverzeichnis. Die gewonnenen Beobachtungen wurden in einer Matrix mit den jeweils zugehörigen Kategorien verknüpft ausgewertet (Zuordnungs-Matrix siehe Bild 37). Von den insgesamt neun Testaufgaben werden hier exemplarisch drei vorgestellt:

- Bei Aufgabe 1 mussten sich die Teilnehmer einen Überblick über die Anleitung verschaffen. Im Fokus standen dabei die logische und inhaltliche Struktur der Anleitung sowie die zu Beginn der Anleitung aufgeführten allgemeinen Sicherheitshinweise.
- Aufgabe 2 war eine Suchaufgabe für technische Daten und sollte die Navigation über das Inhaltsverzeichnis und die Verweise bewerten.

| Ziel: Dreiseitenkipper für Beladevorgang vorbereiten<br>Zielorientiert = schwarz<br>*Vorgehensorientiert = lila, kursiv* | Betriebsanleitung | | | | |
|---|---|---|---|---|---|
| | **Struktur** | **Navigation** | **Sicherheits- und Warnhinweise** | **Bilder** | **Texte** |
| **Aufgabe 1 (nur Betriebsanleitung)**<br>Verschaffen Sie sich einen Überblick über die Betriebsanleitung. | ✓ | | ✓ | | |
| **Aufgabe 2 (nur Betriebsanleitung)**<br>Informieren Sie sich anhand der Baumusterbezeichnung über die Nennlast der Kippbrücke.<br>*Nutzen Sie das Inhaltsverzeichnis* | | ✓ | | | |
| **Aufgabe 3 (Fahrzeug und Anleitung)**<br>Stecken Sie die Zurröse, in Fahrtrichtung links an der Stirnwand, in die Endposition.<br>*Nutzen Sie die Betriebsanleitung und gehen Sie Schritt-für-Schritt vor.* | | ✓ | | ✓ | ✓ |

**Bild 37** Modellierung der Testaufgaben für eine Betriebsanleitung

- Bei Aufgabe 3 steht ebenfalls die Navigation zum Auffinden einer Handlungsanleitung im Vordergrund, sowie die Gebrauchstauglichkeit der Schritt-für-Schritt-Anleitung mit Text und Bild, einschließlich der Warnhinweise. Bei dieser Aufgabe sollte speziell die interaktive Verknüpfung zwischen Betriebsanleitung und Handhabung am Produkt geprüft werden.

Die Usability-Evaluierung wurde mit insgesamt sechs Testpersonen aus den beiden Zielgruppen „Fahrer" und „Mechaniker" durchgeführt. Beim Benutzertest kam „Lautes Denken" zum Einsatz. Nach den Testaufgaben fand jeweils ein Interview mit den Testpersonen statt. Auch die Interview-Fragen orientierten sich an den Kategorien Struktur, Navigation, Sicherheits- und Warnhinweise, Bilder und Texte.

*Bewertung der Tests und Optimierung*

Die Auswertung der Test-Beobachtungen, der Kommentare und Antworten der Testpersonen wurde auf die Kategorien bezogen und lieferte konkrete Anhaltspunkte für Optimierungen. Die Ergebnisse waren:

- *Struktur (resultiert aus Aufgabe 1)*
  Die Gesamtstruktur der Anleitung wurde als logisch und übersichtlich bewertet. Positives Feedback ist generell auch wichtig, um die gut bewerteten Elemente beizubehalten und nicht unnötig zu ändern.

- *Navigation (resultiert aus Aufgaben 2 und 3)*
  Bei der Navigation traten mehrere Usability-Probleme auf, die durch im Inhaltsverzeichnis fehlende Schlüsselbegriffe verursacht wurden. Zur Optimierung sollten die vermissten Kapitel, Querverweise, ein alphabetischer Index sowie ein Fachwortverzeichnis ergänzt werden.

- *Sicherheits- und Warnhinweise (resultiert aus Aufgaben 1 und 3)*
  Durch die identische Gestaltung konnten die Testpersonen keinen Unterschied zwischen den nach Norm gestuften Sicherheits- und Warnhinweisen ausmachen. Der Optimierungsvorschlag bestand darin, das Warnsymbolfeld zukünftig in Signalfarben zu setzen und im Kontext auffälliger zu gestalten.

- *Bilder (resultiert aus Aufgabe 3)*
  Die 3D-Strichzeichnungen wurden grundsätzlich gut und richtig verstanden und als anschaulich empfunden. Mängel im Detail zeigten sich jedoch z. B. in der erschwerten Lesbarkeit der einzelnen Bauteile in der „Lupenfunktion". Der Optimierungsbedarf kann leicht durch gestalterische Hervorhebungen kompensiert werden (siehe Bild 38).

- *Texte (resultiert aus Aufgabe 3)*
  Schwierigkeiten in der Usability ergaben sich durch nicht gängige, firmenspezifische Benennungen, zu knapp formulierte Handlungsschritte und teils unpräzise Handlungsaufforderungen. Optimierungen boten folglich Begriffserläuterungen der Firmenterminologie, Vervollständigung von Handlungsaufforderungen sowie prägnante Formulierungen (z. B. „Seitenwand abklappen" anstelle „Seitenwand öffnen").

7 Evaluation

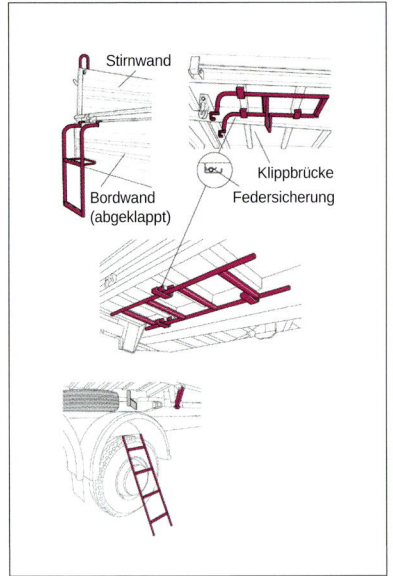 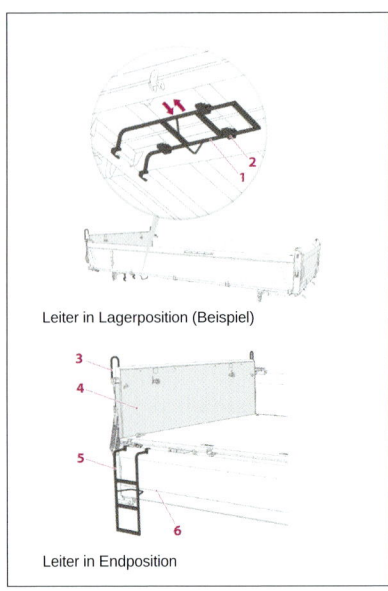

**Bild 38** Optimierte Bildgestaltung der Lupenfunktion (links: vorher; rechts: nachher)

Das Beispiel hat gezeigt, wie sich aus einer systematischen Modellierung von Testaufgaben wertvolle Erkenntnisse für die Optimierung einer Anleitung ableiten lassen. Der Fall lässt sich leicht auch auf andere Testobjekte übertragen, z. B. eine App mit angepassten Kategorien für Suche, Filtermöglichkeiten oder multimediale Elemente. Wichtig ist, dass die thematischen Kategorien bereits vor Modellierung der Testaufgaben sorgfältig überlegt und spezifiziert werden, sowie dass über eine Zuordnungs-Matrix sichergestellt wird, dass alle Themen in den Testaufgaben abgedeckt werden.

## 7.4 Vergleich: Labortest oder Remote-Test

Hier stellt sich die zentrale Frage, ob die Nutzertests ortsgebunden in einem Usability-Labor oder ortsungebunden als Online-Test durchgeführt werden sollten. Beiden Methoden gemeinsam ist, dass sie Nutzungs- und Befragungsdaten zur Usability eines Produkts oder einer Anleitung aus Benutzersicht erheben. Die Nutzungsdaten werden bei beiden Varianten über das Beobachten der Testpersonen beim Lösen von Testaufgaben ermittelt. Über Interviews oder Fragebögen lassen sich diverse Befragungsdaten zum Problemlösungsverhalten oder zu subjektiven Eindrücken der Tester erheben.

**Labortest**

Ein klassischer Benutzertest in einem Usability-Labor benötigt verschiedene Räume. Bei den Räumen kann es sich auch um voneinander getrennte Bereiche eines Raums handeln:

- *Testraum*
  Hier werden die aufgabenbasierten Benutzertests an den interaktiven Geräten, Maschinen, Computern oder Mobilgeräten mit Testperson und Testleiter durchgeführt. Passende Aufzeichnungsgeräte sind etwa ferngesteuerte HD-Videokamerasysteme.

- *Beobachtungsraum*
  Hier befindet sich das Test- und Technik-Team, das live die Testsituation beobachtet und protokolliert. Auch die Ton- und Bildregie hat hier ihren Platz.

- *Besprechungsraum*
  In diesem Raum oder Bereich findet die Befragung der Nutzer statt. Hier werden Fragebögen auf Papier oder online ausgefüllt, Interviews durchgeführt oder Gruppendiskussionen mit der Fokusgruppe abgehalten. Die Ausstattung umfasst einen Besprechungstisch, Präsentationstechnik und Aufzeichnungsgeräte.

### Stationäres, mobiles und halbmobiles Labor

Alternativ zur stationären Einrichtung kann das Labor mittels eines mobilen Sets an Aufzeichnungsgeräten auch an anderen Orten eingesetzt werden. Dazu wird temporär ein mobiles Labor aufgebaut. Zusammen mit den wichtigsten Aufzeichnungsgeräten (wie Videokameras) kommt das Testteam für den mobilen Labortest zu den Testpersonen vor Ort. Der Vorteil: Der Labortest kann in einer realen Umgebung stattfinden (zum Beispiel in einer Werkstatt) oder erreicht auch Personen, die schwer für einen Laborbesuch an einem anderen Ort zu gewinnen sind. Auch die Mischung ist möglich. Der Test wird generell in einem stationären Labor durchgeführt, für die eigentliche Aufgabenbearbeitung muss jedoch der Ort gewechselt werden, da das Testobjekt oder die Testumgebung nicht im Labor aufgebaut werden kann. Beispiel: einen Reifenwechsel an einem Fahrzeug unter Zuhilfenahme der Anleitung durchführen.

### Mehrstufiger Ablauf

Der Labortest in einem Labor wird von einem professionellen Testleiter moderiert. Neben Audio-, Video- und Screen-Aufzeichnungen können optional beim Bearbeiten der Testaufgaben auch die Blickbewegungen der Testperson aufgenommen werden. Ein Labortest ist in der Regel mehrstufig aufgebaut und setzt sich mindestens aus einem Vorgespräch, dem eigentlichen Benutzertest sowie einem anschließenden Interview zusammen. Weitere Methoden wie etwa ein Fragebogen können beliebig hinzu kombiniert werden.

#### Checkliste – Test im Usability-Labor

- ☐ Der Test ist durch einen Testleiter moderiert.
- ☐ Das Usability-Labor kann stationär, mobil oder halbmobil sein.
- ☐ Der Test folgt einem festgelegten Testablauf. Durch Moderation, Live-Beobachtung und Labortechnik herrschen kontrollierte Bedingungen.
- ☐ Für alle Testobjekte geeignet, Testobjekt muss nicht zwingend online-fähig sein.

- ☐ Auch für interaktive Prototypen geeignet.
- ☐ Mündliche Befragungen liefern vertiefte qualitative Erkenntnisse.
- ☐ Kombinierbar mit Eyetracking zur Wahrnehmungsforschung.

**Remote-Tests**

Die Remote-Tests können als eine Sonderform des Usability-Tests angesehen werden. Sie eignen sich für interaktive Testobjekte wie Software, Web, Apps oder Onlinehilfen. Auch smarte Geräte in Verbindung mit Smartphone-Applikationen sind für Remote-Verfahren einsetzbar. In diesem Fall erhalten die Tester die Aufgabenstellung online, führen die Aufgaben in Interaktion mit den beiden Produkten durch und dokumentieren die Ergebnisse onlinebasiert schriftlich und eventuell mit Videos der Nutzung des smarten Geräts. Interaktive Geräte oder Maschinen, deren Displays nicht oder nur schwer online aufgezeichnet werden können, eignen sich dagegen nicht für die Remote-Variante. Remote-Tests eignen sich auch für digitale Prototypen, die mittels Design- und Prototyping-Tools den Testern leicht zugänglich gemacht werden können.

Remote-Tests erfordern Software-Werkzeuge für die Aufzeichnungen und die Test-Dokumentation. Benutzer müssen dabei ihren Bildschirm – ganz oder in selbstbestimmten Ausschnitten – freigeben. Der Datenschutz für Einblick und Zugriff auf fremde Rechner ist dabei unbedingt zu beachten.

In der Regel werden Remote-Tests extern über erfahrene Anbieter durchgeführt. Rekrutierung kann entfallen, da Probanden in der Regel in den Panels der Anbieter vorhanden sind. Die Remote-Tests sind nicht als Ersatz für Labortests, sondern eher als gegenseitige Ergänzung zu betrachten, je nach Anforderung und Komplexität der Studie.

### Checkliste – Remote-Tests allgemein

- ☐ Realer Nutzungskontext liegt vor (z. B. zu Hause).
- ☐ Anwendungsbereiche sind Software, Web und App, sowie deren Tests auf heterogenen Endgeräten und Betriebssystemen.
- ☐ Geeignet auch für digitale Prototypen.
- ☐ Geeignet für schwer rekrutierbare oder geografisch weit verstreute Zielgruppen.
- ☐ Extern über Anbieter durchführbar.
- ☐ Software-Werkzeuge für Aufzeichnung und Dokumentation nötig.

Es gibt zwei Arten von Remote Usability-Tests, die sich in ihren Anforderungen und im Ablauf unterscheiden: synchrone und asynchrone Remote-Tests.

*Synchroner Remote-Test*

Diese Art ähnelt vom Ablauf und Testdesign her einem Nutzertest im Labor. Der Einsatz von Online-Werkzeugen macht den Remote-Test jedoch ortsunabhängig. Ebenso wie im Usability-Labor wird die Evaluation durch einen Testleiter simultan begleitet. Der zentrale Unterschied zum Labortest besteht darin, dass Testperson und Testleiter über Softwarewerkzeuge kommunizieren. Dazu gehören die bidirektionale Audioübertragung sowie die Übertragung der Bildschirmaktivitäten über Screen-Recording Tools, ggf. einschließlich Bildschirmfreigabe. Über letztere erhält der Testleiter einen Vollzugriff auf den Computer der Testperson und kann dort beispielsweise die Maus steuern. Die Handlungen und Äußerungen der Testperson im Umgang mit dem Testobjekt können so live nachvollzogen werden. Rechtliche und datenschutzspezifische Aspekte müssen hierbei besonders beachtet werden.

### Checkliste – Synchroner Remote-Test

- [ ] Qualitativ guter Ersatz für Labortests.
- [ ] Diverse Übertragungs-Tools notwendig.
- [ ] Datenschutz muss wegen Zugriff auf privaten Rechner beachtet werden.

*Asynchroner Remote-Test*

Diese Art ist ebenso wie die synchronen Tests ortsunabhängig, aber zusätzlich auch zeitunabhängig bei der Durchführung. Asynchrone Tests sind im Ablauf weniger standardisiert als synchrone Tests oder Labortests, da die Tester sehr selbstständig arbeiten. Die Tests unterliegen keiner synchronen Moderation durch einen Testleiter. Die Testaufgaben und Fragestellungen werden den Testpersonen online zur Verfügung gestellt.

Die Dokumentation ist jedoch je nach Anbieter unterschiedlich.

- Bei einer freieren Variante dokumentieren die Probanden den eigenen Testvorgang zur Bearbeitung der Testaufgaben sowie die Antworten schriftlich online und mittels Screenshots der Schnittstelle. Sie halten die eigene Wahrnehmung ohne Fremdbeobachtung durch einen Testleiter fest. In diesem Fall ist keine Installation und Nutzung von Aufzeichnungstools auf dem Benutzer-Rechner nötig.
- Daneben gibt es die festgelegtere Dokumentations-Variante durch Tools zur automatisierten Datenerhebung. Diese Werkzeuge zeichnen sämtliche Benutzer-Interaktionen, wie Mausklicks und Eingaben, auf. Zudem sammeln sie schriftliche Antworten und Kommentare der Testpersonen ein.

Soziodemographische Daten sind im Rekrutierungs-Panel bereits in den Testerprofilen vorhanden. Per Fragebogen können zusätzliche Kriterien erhoben werden.

### Checkliste – Asynchroner Remote-Test

- [ ] Kein standardisierter Ablauf und keine Möglichkeit, den Testverlauf durch einen Testleiter zu beeinflussen.
- [ ] Neben Online-Medien auch für smarte Geräte in Verbindung mit Smartphone-Applikationen einsetzbar.
- [ ] Unterschiedliche Arten der Testdokumentation, von automatisierten Aufzeichnungen bis hin zur selbstständigen Dokumentation durch die Teilnehmer.
- [ ] Viele iterative Testzyklen ad-hoc durchführbar.
- [ ] Teststarts innerhalb weniger Tage inklusive Setup möglich.
- [ ] Auch für Vergleich mehrerer digitaler Produkte im Rahmen einer Konkurrenzanalyse, kombiniert mit anschließender Expertenbewertung, geeignet.

Die Abwesenheit eines Testleiters bei asynchronen Remote-Tests kann sich in einer fehlenden Motivation der Testpersonen, verbunden mit Einbußen an qualitativen Erkenntnissen, auswirken. Die Motivation kann jedoch durch andere Faktoren ausgeglichen werden, wie zum Beispiel die Möglichkeit, in der gewohnten Umgebung zu testen, oder durch Gamification, wie dem Sammeln von Punkten (mehr dazu in der Textbox).

---

**Herausforderungen asynchroner Remote-Tests aus der Praxis eines Anbieters**

Für den Erfolg asynchroner Remote-Tests sind drei Aspekte entscheidend – die sorgfältige Vorbereitung, die Qualifikation der Tester sowie bestmögliche Rahmenbedingungen während des Testzeitraums. Auf diese Rahmenbedingungen möchte ich im Folgenden genauer eingehen.

Es gibt zahlreiche Gemeinsamkeiten, die beim Usability Testing methodenübergreifend wichtige Rollen einnehmen. Dazu gehören die Definition des Testziels sowie die Konzeption des Fragebogens. Ein besonderer Aspekt asynchroner Remote-Tests, der bereits in der Vorbereitung beachtet werden muss, ist die unmoderierte Durchführung der Aufgaben durch die Tester. Daraus ergibt sich die Notwendigkeit, von Beginn an sämtliche Eventualitäten zu beachten und die Probanden Schritt für Schritt durch die Aufgaben zu leiten. Eine Hilfestellung durch den Testleiter ist bei asynchronen Tests nur zeitversetzt möglich, was die Qualität und Natürlichkeit der Ergebnisse bei Unklarheiten oder mehrdeutig formulierten Fragen negativ beeinflussen kann. Ein erfahrener Testleiter asynchroner Remote-Tests weiß daher genau, welche Informationen er vorab zur Verfügung stellen muss und wie eine erfolgversprechende Testanleitung auszusehen hat.

Während im Labor eventuelle Stolpersteine während des Tests durch den Testleiter ausgeglichen werden können, übernehmen die Probanden in asynchronen Remote-Tests selbst deutlich mehr Verantwortung. Dazu gehört die selbstständige Dokumentation der Ergebnisse (schriftlich oder per Videoaufzeichnung) genauso wie der Umgang mit technischen Problemen. Die Probanden werden zu einem kritischen Faktor für die erfolgreiche Durchführung des Tests. Je nach Anforderung ist die Auswahl passender Tester daher essentiell. Es empfiehlt sich, die Teilnehmer bereits vorab zu trainieren – beispielsweise mittels Probetests – um sie mit den grundsätzlichen Anforderungen vertraut zu machen und die Nutzung der Plattform, über die der Test abgewickelt wird, zu üben. So können technische Hürden eventuell schon vorab behoben werden.

Während des Testzeitraums selbst sollten schließlich die Rahmenbedingungen stimmen. Der wichtigste Faktor ist hierbei eine einfach zu bedienende, onlinebasierte Plattform, über die Aufgaben vermittelt und die Ergebnisse dokumentiert werden. Außerdem ist eine Betreuung der Tester durch einen erfahrenen Testleiter wichtig. Bei eventuellen (technischen) Problemen entscheidet die schnelle Reaktion des Testleiters maßgeblich darüber, ob trotz Verzögerung sinnvolle Ergebnisse zu erzielen sind. Zusätzlich hat die Erfahrung gezeigt, dass sich motivierende Maßnahmen für Tester positiv auswirken. Neben einer angemessenen Bezahlung gehört dazu der Einsatz von Belohnungssystemen (Stichwort Gamification), zum Beispiel je nach Qualität der eingereichten Ergebnisse.

Der Erfolg asynchroner Remote-Tests hängt demnach maßgeblich von der Vorbereitung ab. Nur wer die nötigen Rahmenbedingungen schafft und die Besonderheiten der Asynchronität beachtet, kann letztlich auch die zahlreichen Vorteile dieser Methode nutzen. Dazu gehören die Schnelligkeit der Ergebnisgenerierung, geringe Kosten im Vergleich zu Labortests sowie internationale Skalierungsmöglichkeiten.

*Markus Steinhauser, Head of Operations, Testbirds GmbH, www.testbirds.de*

## 7.4 Vergleich: Labortest oder Remote-Test

*Vergleich der eingesetzten Methoden und Techniken im Labor oder Remote*

Der eigentliche Benutzertest kann im Labor mit Lautem Denken und Eyetracking kombiniert werden. Eyetracking lässt sich mit den derzeitigen marktüblichen Systemen und mit hoher Aufzeichnungsqualität nur im Labor einsetzen. Im Labor ist auch die Variante Out-of-the-Box-Test möglich, bei der Produkte in verschiedenen Situationen, angefangen beim Auspacken, beobachtet werden. Die Remote-Tests unterscheiden sich in die zwei oben geschilderten Varianten: synchroner und asynchroner Test. Der synchrone Remote-Test ähnelt dem Labortest und lässt sich auch mit Lautem Denken kombinieren.

Befragungsdaten, also Antworten auf Fragen oder Kriterien zu Probandenprofilen, lassen sich im Usability-Labor und bei synchronen Remote-Tests sowohl mündlich im Interview als auch schriftlich über (Online-)Fragebögen erheben. Bei asynchronen Remote-Tests sind nur schriftliche Befragungen über Fragebögen oder Dokumentationsprotokolle möglich.

Ein immer häufigerer Anwendungsbereich für Evaluationen gilt heute Apps auf mobilen Geräten. Es lohnt sich daher der Blick auf eine Studie, die den Aufwand und die Ergebnisqualität bezogen auf moderierte Tests im Vergleich zu automatisierten Tests untersucht hat (siehe Textbox zum Usability-Testing nativer Apps). Hinweis zu dieser Studie: Die automatisierten Tests werden in der Studie mit asynchronen Tests gleichgesetzt. Wie oben erläutert, variiert jedoch die Durchführung von asynchronen Remote-Tests je nach Anbieter sehr und sie läuft mehr oder weniger standardisiert und automatisiert ab.

**Usability-Testing nativer Apps: Moderierte oder automatisierte Evaluationsverfahren?**

Eine Forschungsstudie von eResult vergleicht drei Erhebungsformen zum Testen nativer Apps. Bei den Evaluationen handelt es sich um einen klassischen Usability-Test im Labor, einen synchronen und einen asynchronen Remote-Test. Zwei Testarten (Labortest und synchroner Remote-Test) boten die Möglichkeit der direkten Kommunikation zwischen Testleiter und Testpersonen. Der synchrone Remote-Test war mit hohem technischen Aufwand verbunden, der sich jedoch durch Videokonferenz-Tools, die das Teilen von Smartphone-Displays erlauben, erleichtern ließ. Bei dem asynchronen Remote-Test handelt es sich um ein automatisiertes Verfahren, bei dem die Testmoderation in die zu testende App eingebettet wurde. Das Testobjekt der Studie war die Smartphone-App der Parfümerie Douglas GmbH. Um eine Reliabilität des Vergleichs zu gewährleisten, waren die Testaufgaben bei jeder Evaluationsmethode identisch. Getestet wurde jeweils mit acht Probanden.

Als Fazit lässt sich festhalten, dass die durch Testleiter moderierten Evaluationsarten laut dieser Studie mehr quantitative und qualitative Ergebnisse ergeben als ein automatisiertes Verfahren. Bei den durch einen Testleiter begleiteten Methoden wurden mehr Usability-Probleme identifiziert (insbesondere Probleme des höchsten Schweregrads „Critical") als im automatisierten Verfahren. Dieser Sachverhalt lässt sich durch die Interaktion mit dem Testleiter begründen, der die Probanden stärker zum Kommentieren anregte und die Aufgaben konzentrierter und zielgerichteter bearbeiten ließ. Ein auf diese Weise durchgeführter asynchroner Remote-Test als alleinige Methode ist nicht ausreichend zur Optimierung einer App.

*(Quelle: Rauch, Dustin[81])*

## 7.5 Befragungen: Fragebögen zur Evaluation

Fragebögen sind eine beliebte und weit verbreitete Methode zur Evaluation von interaktiver Technik. Fragebögen zählen neben den mündlichen Befragungen in Form von Interviews oder Gruppendiskussionen zu den meinungsbasierten Evaluationsmethoden. Es existieren zahlreiche Usability-Fragebögen. Diese unterscheiden sich nach dem Testobjekt wie Software oder Technik und nach dem Befragungsziel. Die Fragebögen sind dazu ausgerichtet, von Benutzern ausgefüllt zu werden, die über eine Produkterfahrung verfügen. Ersatzweise können die Fragebögen auch von Experten im Rahmen einer Dokument-basierten Expertenevaluation eingesetzt werden.

> **Befragte müssen Testobjekt vor Augen haben**
>
> Offline-Befragungen (d. h. zeitlich unabhängig von der Produktnutzung) sind nur bedingt für Bewertungen von Produkten oder Anleitungen einzusetzen, da der Befragte das zu bewertende Produkt nicht vor Augen hat und dieses vielleicht nicht gut kennt. Um zuverlässige Aussagen sicherzustellen, sollte das Produkt gezeigt werden. Das kann über eine Videokonferenz, eine im Fragebogen integrierte Anleitungsseite oder im Rahmen einer empirischen Untersuchung geschehen.

Dabei ist zunächst zu entscheiden, ob ein standardisierter Usability-Fragebogen verwendet oder ein eigener Fragebogen entwickelt werden soll. Der Vorteil von vorgegebenen, wissenschaftlichen Fragebögen ist, dass diese empirisch in Studien erprobt sind, thematisch umfassend sind und die Art der Fragestellung vereinheitlicht und auf Verständlichkeit geprüft ist. Derartige Fragebögen haben den Vorteil, dass sie auch bei Wiederholungstests zum gleichen Ergebnis führen (Reliabilität) und die Fragen tatsächlich die Qualitätsziele messen (Validität).

Standard-Fragebögen können entweder in vollem Umfang übernommen oder projektbezogen gekürzt werden. Hier soll nun eine kleine Auswahl validierter Fragebögen vorgestellt werden. Sie sind jeweils nach dem Qualitätsziel zusammengefasst, nämlich:

- Fragebögen zur User Experience (AttrakDiff, UEQ & weitere)
- Benutzungsfragebögen (ISONORM 9241/10 und IsoMetrics)
- Usability-Standardfragebögen (PSSUQ, SUMI und weitere)

In den Beschreibungen wird auch darauf eingegangen, inwiefern die Fragebögen die Qualität der Information und Dokumentation messen.

*Fragebögen zur User Experience – AttrakDiff, UEQ & weitere*

Diese Fragebögen operationalisieren die Messung der User Experience. Neben den pragmatischen Kriterien der Usability wie Effizienz, Durchschaubarkeit und Erlernbarkeit erfragen sie auch „weichere" Aspekte im Nutzungserleben. Zu diesen zählen hedonische Qualitäten wie die Motivation des Nutzers oder die Originalität der Anwendung. Sie werden als *Joy of Use*, zu Deutsch auch Benutzungsfreude, bezeichnet und sind mit Emotionen verbunden. Sowohl pragmatische wie auch die erlebnisreichen Qualitäten, die von Benutzern getrennt wahrgenommen wer-

## 7.5 Befragungen: Fragebögen zur Evaluation

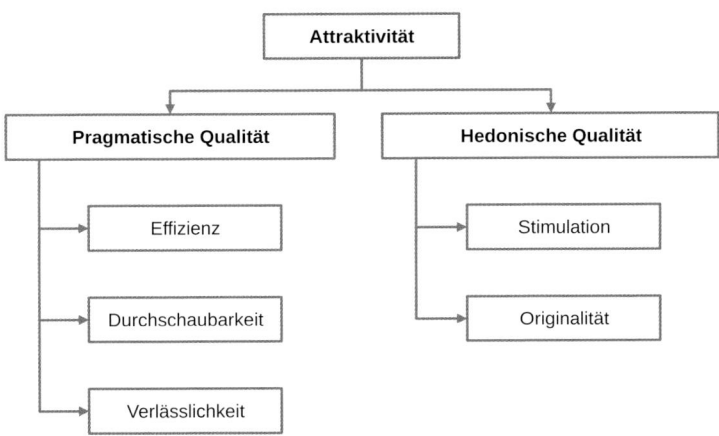

**Bild 39** Struktur der Dimensionen am Beispiel von UEQ
(Quelle: www.ueq-online.org)

den, führen schließlich zu einer globalen Bewertung des Produkts. Diese wird mit Attraktivität gleichgesetzt, wie in Bild 39 gezeigt. Ein Produkt ist attraktiv, wenn der Benutzer das System sympathisch findet und es einladend ist, mit ihm zu arbeiten.

Bewertet wird stets das Gesamtpaket eines Produkts. Die Produkte sind in ihrer Art nicht eingegrenzt, es können also beliebige interaktive Produkte, Systeme, Hardware und Software getestet werden. Das Gesamtpaket schließt auch die Dokumentation mit ein. Ein Produkt, das schnell erlernbar sein soll, benötigt beispielsweise auch eine kompakte Einführung und eine motivierende Erste-Schritte-Anleitung. Daher eignen sich diese Fragebögen auch sehr gut für das Messen des Zusammenspiels zwischen Produkt und Anleitung.

Ob sich die Fragebögen zur User Experience auch auf die Anleitungen separat, also ohne parallele Produktnutzung, beziehen lassen, ist fragwürdig und derzeit noch nicht wissenschaftlich validiert. Anleitungen erfüllen im Wesentlichen keinen Selbstzweck, sondern unterstützen den Benutzer durch das passende Vermittlungswissen.

Mit den Fragebögen kann ein einzelnes Produkt ausgewertet werden. Da die Fragebögen einen schnellen Gesamteindruck über das Produkt vermitteln, eignen sie sich auch besonders gut für Vergleiche zwischen zwei und mehreren Produkten. Das Benchmarking kann auch für einen Vorher-Nachher-Vergleich eines Produkt-Updates eingesetzt werden.

Die Fragebögen zur User Experience weisen das gleiche Format der Fragen auf. Es handelt sich um 20 bis 30 gegensätzliche Wortpaare (Adjektive), die auf einer 7-stufigen Ratingskala angekreuzt werden können. Die Mitte der sieben Stufen bedeutet, dass der Benutzer diesem Kriterium neutral gegenübersteht.

Ein Beispiel für ein Polaritätsprofil ist: *einfach – kompliziert*. Die Wortpaare stehen abwechselnd in ihrer Positiv-Negativ-Bedeutung mal rechts und mal links. Durch den Wechsel wird bezweckt, dass die Antwortenden keine Tendenz entwickeln,

|   | 1 | 2 | 3 | 4 | 5 | 6 | 7 |   |
|---|---|---|---|---|---|---|---|---|
| unerfreulich | O | O | O | ✓ | O | O | O | erfreulich |
| unverständlich | O | O | ✓ | O | O | O | O | verständlich |
| kreativ | O | O | O | O | ✓ | O | O | phantasielos |
| leicht zu lernen | O | O | O | O | O | ✓ | O | schwer zu lernen |
| erfrischend | O | O | ✓ | O | O | O | O | einschläfernd |
| langweilig | O | O | O | ✓ | O | O | O | spannend |
| uninteressant | O | O | O | O | ✓ | O | O | interessant |
| unberechenbar | O | ✓ | O | O | O | O | O | voraussagbar |

**Bild 40** UEQ-Wortpaare – Ausschnitt (Eigene Bearbeitung)

sondern die Wortpaare unabhängig voneinander einzeln bewerten. Diese Datenerhebungsmethode wird als *semantisches Differential*[82] bezeichnet und stammt aus Forschungsmethoden für Human- und Sozialwissenschaften. Die Adjektive haben eine semantische Bedeutung, die beim Nutzer Assoziationen auslösen sollen. Die Lehre der Wortbedeutung stammt aus der Psycholinguistik. Das Frageinstrument eignet sich besonders für Messungen der Haltung oder der Einstellungen von Menschen, aber auch des Images von Produkten oder Firmen.

Bild 40 zeigt einen Ausschnitt mit bipolaren Wortpaaren aus dem UEQ-Fragebogen.

*AttrakDiff* ist ein Fragebogen zur Messung der wahrgenommenen hedonischen und pragmatischen Qualitäten eines interaktiven Produkts. Das Bewertungswerkzeug wurde 2003 von Hassenzahl, Burmester & Koller auf Basis eines psychologischen Modells entwickelt.[83] Der Fragebogen steht als Online-Tool auf Deutsch und Englisch zur Verfügung (www.attrakdiff.de). Die 28 Fragen unterteilen sich in vier Dimensionen:

- Unter *pragmatischer Qualität* versteht man, dass ein Produkt nützliche und benutzbare Funktionen bereitstellt, um Handlungsziele zu erreichen.
  Beispiel: einfach – kompliziert

- Die *hedonische Qualität der Identität* beschreibt die Fähigkeit eines Produkts, relevante selbstwertdienliche Botschaften zu kommunizieren.
  Beispiel: minderwertig – wertvoll

- Die *hedonische Qualität der Stimulation* beschäftigt sich mit der Fähigkeit eines Produkts, die Bedürfnisse des Nutzers nach Verbesserung der eigenen Kenntnisse und Fertigkeiten zu befriedigen.
  Beispiel: neuartig – herkömmlich

- Die *Attraktivität* beschreibt als letzte Dimension die globale Positiv-negativ-Bewertung eines Produkts.
  Beispiel: zurückweisend – einladend

Die automatisierte Auswertung des Online-Fragebogens visualisiert die Ergebnisse einerseits als Kurve der Einzelwerte, wie auch als Ergebnisüberblick-Portfolio. Das Portfolio zeigt die erreichte mittlere Ausprägung der Dimensionen und das Konfidenz-Rechteck an. Über das Diagramm ist sichtbar, ob das getestete Produkt „begehrt", „neutral", „(zu) selbstorientiert", „(zu) handlungsorientiert" oder als „überflüssig" eingeschätzt wird.

## 7.5 Befragungen: Fragebögen zur Evaluation

Der deutschsprachige *UEQ-Fragebogen* wurde von Laugwitz, Schrepp und Held 2006 erstmals veröffentlicht und seitdem in sieben Sprachen übersetzt. Der Fragebogen steht als Excel-Datenblatt zum Download zur Verfügung (www.ueq-online.org). Die 26 Fragen sind in sechs Dimensionen unterteilt:

- *Attraktivität*
  Allgemeiner Gesamteindruck des Produkts.
  Mag der Benutzer das Produkt?
- *Stimulation (hedonische Qualität)*
  Ist es interessant und anregend, das Produkt zu nutzen?
  Wird der Benutzer durch das Produkt motiviert?
- *Originalität (hedonische Qualität)*
  Ist das Produkt innovativ und kreativ gestaltet?
  Zieht das Produkt die Aufmerksamkeit auf sich?
- *Effizienz (pragmatische Qualität)*
  Kann der Benutzer mit dem Produkt schnell und effizient arbeiten?
  Ist die Benutzeroberfläche übersichtlich?
- *Durchschaubarkeit (pragmatische Qualität)*
  Ist die Nutzung des Produkts einfach zu verstehen?
  Kann die Benutzung leicht erlernt werden?
- *Verlässlichkeit (Aspekt der Usability)*
  Hat der Benutzer den Eindruck, die Interaktion zu kontrollieren?
  Ist die Interaktion mit dem Produkt sicher und vorhersehbar?

Der Skalenbereich der Ergebnisse je Dimension liegt zwischen -3 (äußerst schlecht) und +3 (exzellent). Werte zwischen -0,8 und +0,8 repräsentieren eine neutrale Evaluation. Ein Wert, der höher als 0,8 liegt, gilt als positive Bewertung, ein niedrigerer Wert als -0.8 als negative. Bild 41 zeigt ein sehr positives Ergebnis-Diagramm eines Beispielprodukts.

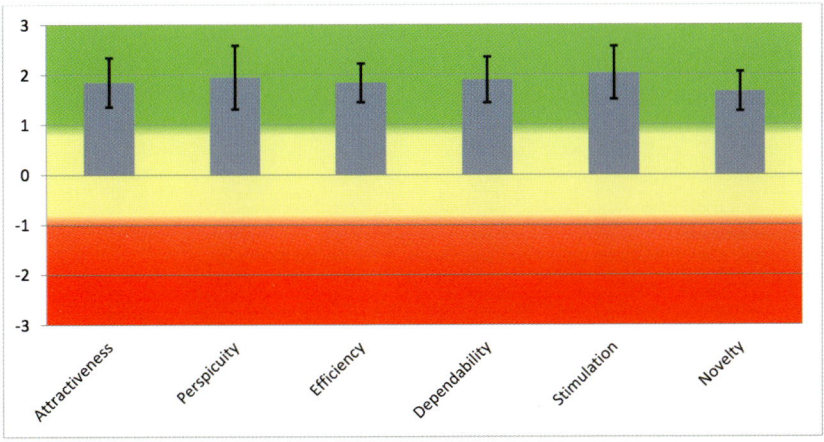

**Bild 41** UEQ-Ergebnisdiagramm (Quelle: www.ueq-online.org)

*meCUE* (*m*odular *e*valuation of key *C*omponents of *U*ser *E*xperience) ist ein weiterer Fragebogen. Es handelt sich dabei um einen Fragebogen zur modularen Erfassung nutzerzentrierter Bewertungen im Erleben interaktiver technischer Produkte. Er wurde 2013 von Minge, Riedel und Thüring am Zentrum Mensch-Maschine-Systeme der Technischen Universität Berlin entwickelt. Unterstützte Sprachen sind Deutsch und Englisch. www.mecue.de

*Benutzungsfragebögen – ISONORM 9241/10 und IsoMetrics*

Hierbei handelt es sich um Fragebögen, die im deutschsprachigen Raum sehr verbreitet sind. Die Fragebögen wurden entwickelt, um die Normenkonformität nach DIN EN ISO 9241 Teil 10 zu überprüfen. Sie helfen, die Benutzbarkeit eines Systems aufzuzeigen und Stärken sowie Schwächen zu finden. Der 1998 veröffentlichte Normenteil 10, der die ergonomische Gestaltung von Software im Bürokontext fokussiert hatte, wurde im Jahr 2006 durch den Teil 110 ersetzt. In Teil 10 bzw. Teil 110 werden sieben Grundsätze der Dialoggestaltung formuliert. Die Grundsätze haben die übergeordneten Ziele, eine Aufgabe mit der Software effektiv, effizient und zufriedenstellend lösen zu können. Die sieben Gestaltungsprinzipien sind als voneinander unabhängig zu verstehen und werden in den Fragebögen auch als getrennte Dimensionen behandelt. Diese sind: Aufgabenangemessenheit, Selbstbeschreibungsfähigkeit, Steuerbarkeit, Erwartungs-Konformität, Fehlertoleranz, Individualisierbarkeit und Lernförderlichkeit.

Die Fragebögen beziehen sich auf im Betrieb befindliche Software, lassen sich aber auch einsetzen, um Prototypen bei iterativer Softwareentwicklung zu testen. Neben den Funktionen der Software werden die ergonomische Gestaltung der Benutzungsoberfläche und die Verständlichkeit der Begriffe mit Testfragen evaluiert. Auch die Anleitungen werden in den Fragebögen als integraler Bestandteil der Software mit einbezogen. Unter dem Grundsatz der Selbstbeschreibungsfähigkeit wird beispielsweise nachgefragt, ob situationsspezifische Erklärungen konkret weiterhelfen. Dabei wird unterschieden, ob die Erklärungen vom Benutzer angefragt (Pull-Verfahren) oder vom System aus angeboten werden (Push-Verfahren). Weitere dokumentationsrelevante Fragen finden sich unter dem Fehlertoleranz-Grundsatz. Dort wird abgefragt, ob das System verständliche Fehlermeldungen ausgibt und konkrete Hinweise zur Fehlerbehebung gibt. Auch bezüglich des Grundsatzes der Lernförderlichkeit ist die Dokumentation indirekt angesprochen: ob es möglich ist, sich ohne großen Aufwand in die Software einzuarbeiten, und ob es Unterstützung beim Lernen neuer Funktionen gibt.

| Aufgabenangemessenheit | | | | | | | | |
|---|---|---|---|---|---|---|---|---|
| Unterstützt die Software die Erledigung Ihrer Arbeitsaufgaben, ohne Sie als Benutzer unnötig zu belasten? | | | | | | | | |
| Die Software ... | --- | -- | - | -/+ | + | ++ | +++ | |
| ist kompliziert zu bedienen. | O | O | O | O | ✓ | O | O | ist unkompliziert zu bedienen. |

**Bild 42** Fragebogen ISONORM, Bewertungsskala
(Ausschnitt, eigene Bearbeitung)

## 7.5 Befragungen: Fragebögen zur Evaluation

| | stimmt nicht | stimmt wenig | stimmt mittelmäßig | stimmt ziemlich | stimmt sehr | |
|---|---|---|---|---|---|---|
| **Aufgabenangemessenheit** | 1 | 2 | 3 | 4 | 5 | Keine Angabe |
| Die Software zwingt mich, überflüssige Arbeitsschritte durchzuführen. | | ✓ | | | | |
| Mit der Software kann ich zusammenhängende Arbeitsabläufe vollständig bearbeiten. | | | | ✓ | | |

**Bild 43** Fragebogen IsoMetrics (short), Bewertungsskala (Ausschnitt, eigene Bearbeitung)

Der *ISONORM 9241/10* Fragebogen wurde 1993 von J. Prümper und M. Anft von der Fachrichtung Wirtschaftspsychologie an der HTW Berlin entwickelt. Der Fragebogen steht auf der Website von ergo-online.de[84] zum Download und kann als Papierversion oder online ausgefüllt und ausgewertet werden. Insgesamt besteht der Fragebogen aus 35 Einzelfragen, die sich zu jeweils fünf Kriterien je Grundsatz gruppieren. Durch seinen knappen Umfang können ihn die Benutzer in etwa 10 Minuten ausfüllen. Das Antwortformat stellt eine Bewertungsskala dar, an deren Endpunkten gegensätzliche Aussagen stehen. Die Benutzer können eine Aussage in sieben Stufen von sehr negativ („---") bis sehr positiv („+++") ankreuzen. Wenn die Mitte der Skala ausgewählt wird, bedeutet dies eine neutrale Bewertung (siehe Bild 42).

Es wird davon ausgegangen, dass der Fragebogen ISONORM 9241/10 von mehreren repräsentativen Anwendern ausgefüllt wird. Für die Auswertung wird für jede Frage der Mittelwert aller Antworten berechnet. Anschließend lassen sich die Ergebnisse nochmals für jeden Gestaltungsgrundsatz als Mittelwert zusammenfassen. Da die Frageformulierungen allgemein gehalten sind, liefert das Testergebnis nur erste Hinweise auf ergonomische Softwareprobleme. Die negativen Bewertungen sollten anschließend zum Beispiel in einem Interview mit den Benutzern konkretisiert werden, indem die problematischen Stellen benannt und ihre Problemursachen identifiziert werden.

Der *IsoMetrics* Fragebogen dient zur Evaluation von grafischen Benutzerschnittstellen. Durch seine Testfragen operationalisiert er ebenfalls die sieben Gestaltungsgrundsätze der Norm DIN EN ISO 9241/10. Der IsoMetrics-Fragebogen wurde von Wilumeit, Gediga und Hamborg 1996 entwickelt. Die sieben Grundsätze werden mit jeweils sieben bis zwölf Fragen bewertet. Der Fragebogen beinhaltet insgesamt 75 Items. Die Ratingskala ist fünfstufig, zusätzlich besteht die Möglichkeit, „Keine Angabe" zu wählen (siehe Bild 43).

Der Fragebogen liegt in zwei Fassungen vor:
- Die Kurzversion des Fragebogens IsoMetrics (short) ist für summatives Testen vorgesehen. Er besteht nur aus dem zu bewertenden Kriterium. Die Auswertung ist numerisch.

- Die Langversion IsoMetrics (long) dient dem formativen Testen. Zusätzlich wird der Tester gefragt, die Bedeutsamkeit eines Kriteriums für den Gesamteindruck der Software anzugeben. Diese Abfrage wird wieder mit einer fünfstufigen Skala von 1 (nicht wichtig) bis 5 (sehr wichtig) durchgeführt. Die Testpersonen werden auch aufgefordert, konkrete Hinweise in einem Freitext-Feld zu geben. Sie können dabei ihre Aussage begründen, ein Beispiel notieren und bestimmte Stellen in der Software lokalisieren.

Die kurze Fassung hat den Vorteil, dass die Durchführungsdauer deutlich kürzer ist als bei der Langversion. Durch die qualitativen Angaben erhöht sich dagegen die Aussagefähigkeit des IsoMetrics-Fragebogens in der Langversion deutlich. In der Praxis kann von den jeweiligen Vorteilen der Fassungen profitiert werden, indem eine Mischung aus beiden gewählt wird. Dabei sollten die für einen Informationsgewinn interessantesten Fragen aus der Langversion entnommen werden.

*Ergebnis:* Die Ratingwerte können tabellarisch über alle Testpersonen hinweg zusammengefasst und ein Mittelwert gebildet werden. Die nächste Auswertung erstreckt sich auf die verschiedenen Teilbereiche der sieben Gestaltungsgrundsätze. Bei der Langversion muss zusätzlich die Gewichtung statistisch berücksichtigt werden. Die Beispieltexte der Testpersonen müssen separat qualitativ ausgewertet werden.

*Usability-Standardfragebögen – PSSUQ, SUMI und weitere*

Als Standardfragebögen werden die Bewertungsumfragen bezeichnet, die eine standardisierte Messung in Hinblick auf Reliabilität und Validität ermöglichen. Diese Fragebögen weisen eine psychometrische Qualifikation auf und sind erprobte Werkzeuge für den Einsatz in der Usability-Praxis. Die Nutzungssituation dieser Fragebögen kann verschieden sein: entweder als Abschluss eines Szenariobasierten Benutzertests (Post-Study) oder jeweils direkt nach den einzelnen Testaufgaben (Post-Task).

Hier sollen insbesondere die Fragebögen vorgestellt werden, die die Nutzungsqualität eines Produkts aus Sicht des Benutzers im Anschluss an die Aufgabenbearbeitung messen. Jede Testperson füllt den Fragebogen dabei nur einmal aus. Die Zufriedenheit mit dem gesamten System wird daher in Bezug auf das Lösen der Aufgaben und die benötigte Zeit gemessen. Es wird auch nach erhaltenen unterstützenden Informationen und Hilfen gefragt.

Ein bekannter Fragebogen dabei ist der *PSSUQ* (*Post-study System Usability Questionnaire*). Der Fragebogen wurde erstmals 1995 von J. R. Lewis (IBM Design Center) entwickelt.[85] Der originäre Fragebogen kam bei der IBM unternehmensweit für vernetzte Office-Anwendungen zum Einsatz. Die nachfolgende Domäne waren Spracherkennungssysteme. Der PSSUQ-Fragebogen eignet sich für beliebige interaktive Systeme.

**Bild 44** Siebenstufige Likert-Skala

## 7.5 Befragungen: Fragebögen zur Evaluation

Die aktuelle Version verfügt über 19 durchweg positiv formulierte Aussagen, mit denen auf einer siebenstufigen Likert-Skala (Nicht-)Übereinstimmung ausgedrückt wird (siehe Bild 44). Die Likert-Skala ist ein Verfahren zur Messung persönlicher Einstellungen. In einer vorgegebenen mehrstufigen Antwortskala können die Befragten einer Aussage mehr oder weniger stark zustimmen oder diese ablehnen. Auch die Möglichkeit der Enthaltung existiert.

Der PSSUQ-Fragebogen untergliedert sich in drei Dimensionen (Tabelle 22). Eine der Dimensionen behandelt speziell die Qualität der Dokumentation und Online-Information, daher wird dieser Fragebogen hier mit allen Kriterien explizit wiedergegeben. Die zu bewertenden Aussagen zur Information beziehen sich zunächst auf die Verständlichkeit und Umsetzbarkeit von Fehlermeldungen des Systems. Weiterhin werden die Benutzer aufgefordert, die bei der Produktnutzung erhaltene Unterstützung durch Onlinehilfen und sonstige Dokumentationen zu bewerten. Die Informationsqualität wird in Bezug auf Klarheit, Auffinden, Aufgabenorientierung und Anordnung auf den Screens erfragt.

**Tabelle 22**  Kriterien im PSSUQ-Fragebogen

| | |
|---|---|
| **Qualität des Systems** | • Insgesamt bin ich zufrieden, wie leicht dieses System zu bedienen ist. <br> • Es war einfach, das System zu bedienen. <br> • Ich konnte effektiv sämtliche Aufgaben und Szenarien mit Hilfe des Systems erledigen. <br> • Ich konnte Aufgaben und Szenarien schnell mit Hilfe des Systems erledigen. <br> • Ich konnte die Aufgaben und Szenarien effizient mit Hilfe des Systems erledigen. <br> • Ich fühlte mich wohl bei der Bedienung des Systems. <br> • Es war leicht zu lernen, das System zu bedienen. <br> • Ich glaube, ich konnte das System schnell produktiv einsetzen. |
| **Qualität der Information** | • Das System gab Fehlermeldungen, die mir klar zeigten, wie die Probleme zu beheben sind. <br> • Immer wenn ich einen Fehler bei der Bedienung des Systems machte, konnte ich diesen leicht und schnell beheben. <br> • Die Information (wie Onlinehilfe, Meldungen am Bildschirm und andere Dokumentation), die mit dem System bereitgestellt wurde, war klar. <br> • Es war leicht, die Information zu finden, die ich brauchte. <br> • Die für das System verfügbare Information war leicht zu verstehen. <br> • Die Information half mir wirkungsvoll, Aufgaben und Szenarien fertigzustellen. <br> • Die Anordnung der Information auf den Bildschirmanzeigen war klar. |
| **Qualität des Interfaces** | • Das Interface des Systems war ansprechend. <br> • Ich mochte es, das Interface des Systems zu verwenden. <br> • Dieses System hat alle Funktionen und Fähigkeiten, die ich von ihm erwarte. <br> • Ich bin insgesamt zufrieden mit dem System. |

Weitere Post-Study-Standardfragebögen sind:

- *QUIS – Questionnaire for User Interaction Satisfaction*
  Entwickelt von einem Forscherteam (Chin u. a., 1988) des Human-Computer-Interaction Lab (HCIL) der University of Maryland.
  Unterstützte Sprachen: Englisch, Deutsch und weitere;
  http://lap.umd.edu/quis
- *SUMI: Software Usability Measurement Inventory*
  Entwickelt von der „Human Factors Research Group" (Kirakowski, 1998) der Universität Cork in Irland
  Unterstützte Sprache: Englisch; http://sumi.ucc.ie

## 7.6 Befragungen: Interviews nach Usability-Tests

Interviews werden auch nach Usability-Tests durchgeführt (auch als Post-Interview bezeichnet). Das Interview hat das Ziel, genauere Informationen von der Testperson zu Ereignissen während der Nutzung des Testobjekts zu erhalten. Es ist ein fachlich informierter und erfahrener Interviewer nötig, um das Interview gezielt vorzubereiten, erkenntnisreich durchzuführen und sorgfältig auszuwerten.

*Vorteile*

- Durch das Post-Interview lässt sich die Meinung der Testperson im Überblick ermitteln.
- Die Befragungsart ist flexibel (im Vergleich zum Fragebogen), mit der Möglichkeit des Nachfragens.

Die Rahmenbedingungen der Methode skizziert Tabelle 23.

Tabelle 23  Methoden-Steckbrief: Befragungen (Interviews) nach Usability-Tests

| Befragungen (Interviews) nach Usability-Tests | |
|---|---|
| Testobjekt | Produkt, Anleitung oder Kombination (Produkt und Anleitung) |
| Ausführende | Testperson und Interviewer (meist ist dies der Testleiter) |
| Ort | Gesprächstisch mit Aufzeichnungstechnik, ggf. muss das Testobjekt während des Interviews verfügbar sein. |
| Grenzen | Eine detaillierte Auswertung ist zeitaufwändig, daher sind oft Kompromisse zwischen Wirtschaftlichkeit und der Ausführlichkeit der Ergebnisse nötig.<br>Vorurteile und Färbungen in der Fragestellung müssen vom Interviewer vermieden werden, um die Antworten nicht zu beeinflussen. |

*Wann können Sie Interviews nach Usability-Tests einsetzen?*

Diese Art von Interviews findet im Rahmen einer Evaluation mit Benutzern statt. Sie werden im Anschluss an die Aufgabenbearbeitung durchgeführt. Falls nach dem Usability-Test auch ein Fragebogen ausgefüllt werden soll, sollte dies vor dem

Interview geschehen. So kann die Testperson ihre Bewertung im Fragebogen im anschließenden Interview begründen.

*Vorbereitung*

Interviews müssen sehr gut vorbereitet werden. Sie sind für alle Beteiligten zeitaufwändig, daher sollte ein gute Planung für eine effiziente Durchführung und aussagekräftige Ergebnisse sorgen. Vorzubereiten sind:

- *Interview-Zeit und Ort*
  Die Zeitdauer eines Interviews sollte 20 Minuten nicht überschreiten. Erfahrungsgemäß sind in dieser Zeitspanne die wichtigsten Aussagen zu ermitteln und der Aufwand der Auswertung bleibt im Rahmen. Der Ort, an dem das Interview geführt wird, hängt eventuell davon ab, ob das Testobjekt, vor allem, wenn dieses stationär ist, verfügbar sein sollte oder nicht. Wichtig ist, dass am Interview-Ort eine angenehme Atmosphäre geschaffen wird, die frei von Störungen ist. Auch die Sitzordnung beeinflusst das Gesprächsklima: Positiv wirkt sich bei zwei Personen das Sitzen in der Dreiecksform bei einem runden Tisch oder über Eck bei einem rechteckigen Tisch aus. So sitzt man einerseits nahe beieinander, aber es hat auch jeder seinen Freiraum („Personal Space") (siehe Bild 45).

- *Inhaltliche Vorbereitung*
  Für das Interview sollte eine Themenliste ausgearbeitet werden. In der Regel orientieren sich die Themen an Kategorien wie Navigation, Orientierung, Suche, Gestaltung etc. Die einzelnen Themen werden dann mit allen Testpersonen im Laufe der jeweiligen Interviews diskutiert, um vergleichbare Ergebnisse zu erhalten. Die Themenliste ist auch notwendig, wenn das Interview von einem Team geführt oder von Mehreren ausgewertet werden soll. Die Themen können in Form eines Fragenkatalogs wörtlich oder stichpunktartig formuliert werden. Die Fragen dienen als Einstieg, lassen jedoch ein offenes, sich dynamisch entwickelndes Gespräch zu. Ein versierter Interviewer beherrscht die Fragetechniken, setzt Frageformen wie offene und geschlossene Fragen gezielt ein und vermeidet Fragefehler wie etwa die Doppelfrage.

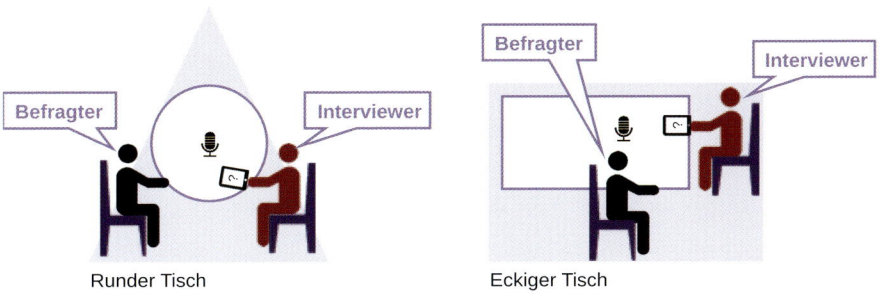

**Bild 45** Sitzordnung beim Interview

- *Aufzeichnungstechnik*
  Das Interview muss für die spätere Auswertung aufgezeichnet werden. Tonaufzeichnungen können genügen. Videoaufzeichnungen sind nur nötig, wenn die Testperson bestimmte Interaktionen mit dem Testobjekt nochmals vorführen und kommentieren möchte. Aus rechtlichen Gründen muss der Befragte den vorgesehenen Aufzeichnungen ausdrücklich zustimmen. Zusätzlich kann das Gespräch simultan durch Notizen festgehalten werden, die idealerweise ein beobachtendes Mitglied des Testteams erstellt. Der Interviewer selbst sollte keine Notizen machen, um den Gesprächsfluss nicht zu hemmen. Notizen haben den Vorteil, dass bereits während des Gesprächs wichtige Aussagen gefiltert werden und eine fokussierte Auswertung ermöglicht wird.

- *Testobjekt und Test-Aufzeichnung*
  Manchmal ist es hilfreich, wenn die Testperson beim Interview auf das Testobjekt zurückgreifen kann, um nochmals bestimmte Situationen vorzuführen. Dies kann auch geschehen, indem der Testperson eine Wiedergabe der von ihr im Test ausgeführten Handlungen vorgespielt wird. In diesem Fall muss das Aufzeichnungsvideo des Tests rasch zur Verfügung stehen. Falls Eyetracking zum Einsatz kam, kann der Testperson der eigene Blickverlauf vorgeführt werden. In einem retrospektiven Interview kann diese befragt werden, welche Elemente wahrgenommen wurden (oder nicht) und welche Ursachen dafür evtl. zu Grunde lagen. Dabei deuten Testperson und Interviewer auf die entsprechenden Stellen in der Software oder im Video. Die Wiedergabe der ausgeführten Aktionen hilft der Testperson, sich zu erinnern.

*Durchführung*

Die Durchführung umfasst 3 Schritte:

1. Führen Sie die Testperson in das Interview ein.
   Als Testleiter haben Sie im Interview die Gesprächsleiter-Rolle. Klären Sie Organisatorisches gleich zu Beginn, wie z. B. die Zeitdauer, den Ablauf, die Regeln und die Aufzeichnungstechnik.

2. Führen Sie das Interview durch.
   Sie sollten das Interview mit einer offenen Frage nach den Eindrücken der Testperson einleiten. Sie führen dann das Interview orientiert an der Themenliste in neutraler Weise und beeinflussen keinesfalls die Testperson in ihrer Meinung. Als erfahrener Interviewer fragen Sie an den richtigen Stellen nach oder weichen auch mal von der Themenliste ab, um bestimmte Probleme genauer zu erkunden. Bei Unklarheiten in den Aussagen der Testperson fragen Sie nach, bis diese klar geworden sind.

3. Beenden Sie das Interview.
   Bevor Sie das Gespräch beenden, sollten Sie nochmals prüfen, ob Sie kein Thema aus der Themenliste vergessen haben. Fragen Sie auch die Testperson, ob ihrer Ansicht nach alle wichtigen Punkte angesprochen wurden. Beenden Sie das Interview mit einem Dank für das Gespräch. Da das Interview in der Regel der letzte Schritt bei einem Usability-Test ist, schließt sich die Verabschiedung der Testperson an.

> **Wenn Testschwierigkeiten und Interviewaussagen im Widerspruch zueinander stehen**
>
> Der Interviewer achtet besonders auf eventuelle Widersprüche, die zwischen den mündlichen Ausagen des Testers im Interview und seinen vorherigen Verhaltensweisen beim Test auftreten können. Diese Situation ist nicht ungewöhnlich und auch nicht selten. Oft und gerne relativieren Testpersonen ihre Schwierigkeiten, die sie beim Test hatten, im Interview. Mögliche psychologische Ursachen dafür sind z. B. ein gefühlter Leistungsdruck oder das Gerecht-werden-Wollen gegenüber Produkten, die ein hohes Markenimage aufweisen.
>
> Derartige Widersprüche dürfen im Interview nicht unbeachtet bleiben. Wie kann sich der Interviewer hierüber Klarheit verschaffen? Direktes Nachfragen oder die strategische Methode des „Advocatus diaboli" können helfen. Hierbei handelt es sich um ein rhetorisches Stilmittel in der Gesprächsführung. Der Interviewer nimmt dabei eine Position mit möglichen Gegenargumenten (des „Advocatus Diaboli") ein und versucht so, die wahre Einstellung der Testperson zu erfragen.

*Ergebnis*

Nach dem Interview müssen die Aufzeichnungen und Notizen systematisch ausgewertet werden. Als Vorbereitung für die Auswertung werden die Audioaufzeichnungen transkribiert und ggf. sprachlich für eine bessere Vergleichbarkeit über Konnotationen vereinheitlicht (siehe Textbox).

> **Was sich hinter Transkription und Konnotation verbirgt**
>
> Unter einer Audio-Transkription versteht man die Verschriftlichung von Gesprächen nach bestimmten Regeln zum Zweck anschließender Analysen. Als Faustregel gilt, dass eine Minute Interview eine Seite Transkript bedeutet. Bei der Transkription wird auch auf die Stimmungslage des Gesprochenen geachtet (z. B. Schweigen, Zögern, Betonungen, Lautstärke, relevante Gesten und Mimik) und diese werden systematisch codiert. Im ersten Schritt wird das Gespräch nach dem Hören abgetippt oder über Softwaretools transkribiert. Man unterscheidet dabei zwischen einem einfachen und einem komplexen Transkriptionssystem (auch Feintranskript genannt). Die Entscheidung für das eine oder andere ist abhängig von der Erkenntniserwartung und der Anzahl der zu transkribierenden Gespräche. Die Feintranskription ist in der Umsetzungsdauer länger und der Aufwand steigt deutlich mit Anzahl der Transkripte. In der Praxis wird gerne auch eine Mischung aus beiden Arten erstellt.
>
> - Bei einer einfachen Transkription liegt die Priorität auf dem Inhalt des Gesprächs, guter Lesbarkeit und überschaubarer Umsetzungsdauer. Es wird wörtlich transkribiert, nicht lautsprachlich. Dialekt und Wortverschleifungen werden geglättet, syntaktische Fehler werden beibehalten. Nonverbale Ereignisse werden nicht, oder nur bestimmte, wie etwa auffällige Pausen, festgehalten.
> - Bei einer komplexen Transkription liegt ein zusätzlicher Fokus auf dem Nonverbalen, das heißt, auf welche Art etwas gesagt wurde. Sie eignet sich für Analysen, die nicht nur den semantischen Inhalt eines Gesprächs zum Thema haben. Unter anderem werden Tonhöhenverläufe, Nebenakzente, Lautstärke, Sprechgeschwindigkeit, Wortabbrüche etc. berücksichtigt und angemessen beschrieben.
>
> Was ist eine Konnotation?
> In der Wortsemantik bezeichnet Konnotation die zusätzliche Bedeutung eines Wortes neben seiner Hauptbedeutung (der Denotation). Die Konnotation enthält typischerweise stilisti-

> sche und emotionale Komponenten. Beispiel: Das Wort „Herz" hat im Satz „Ein Herz für Kinder haben" die Konnotation, dass man Kinder mag. Die Denotation von „Herz" dagegen ist das Wort im engeren Sinne, also das körperliche Organ. Ein anderes Beispiel: „Das ist cool" meint in einem legeren Sprachstil, dass etwas für sehr gut befunden wird.

Die danach schriftlich vorliegenden Ergebnisse können, orientiert an den Themen des Fragenkatalogs, ausgewertet werden. Das Ergebnis ist eine qualitative Zusammenfassung der geäußerten Meinungen von Einzelpersonen oder der Gesamtgruppe. Zudem können über die Konnotation auch Häufigkeiten ähnlicher Aussagen ermittelt werden, um diese zu gewichten. Beispiel: 80% der Befragten gaben an, dass sie die Testaufgabe 1 leicht fanden oder 60% empfanden das Interface-Design visuell attraktiv.

Die Interviewdaten unterliegen selbstverständlich dem Datenschutz, es dürfen also weder in Ergebnisberichten noch Erzählungen Rückschlüsse auf die interviewte Person möglich sein.

*Interview-Auswertung am Beispiel eines Usability-Tests für eine auditive Anleitung*

Als Beispiel soll die Auswertung eines Interviews nach einem Usability-Test für eine auditive Anleitung dienen. Es wurde im Rahmen einer Bachelorarbeit über auditive, technische Anleitungen an der Hochschule München durchgeführt.[86] An dem Test nahmen acht Testpersonen teil. Zur Auswertung dienten die Audiodateien, die mit Hilfe eines Diktiergeräts aufgenommen wurden. Die einzelnen Interviews wurden nach den gestellten Fragen je Kategorie ausgewertet. Die Kategorien für das Interview waren:

- Struktur und Aufbau
- Orientierung und Navigation
- Verständlichkeit
- Inhalte
- Auditive Gestaltung

Dazu wurde pro Frage ein tabellarisches Auswertungsraster angefertigt. Bild 46 zeigt die Auswertung für die Frage „Empfanden Sie die Abfolge der Handlungsanweisungen als sinnvoll und logisch" aus der Kategorie Orientierung und Navigation.

Im ersten Abschnitt des Rasters wurden die besonders prägnanten Aussagen der Testpersonen transkribiert. Jede Transkription wurde mit einer Zeitangabe versehen, um die jeweilige Aussage für Vorführzwecke leicht in der Audiodatei auffinden zu können. Die Testpersonen wurden mit T1 bis T8 anonymisiert.

Der nächste Abschnitt enthält die Konnotationen, die die Verbalisierungen in standardisierter Form wiedergeben. Hier wird zwischen positiven und negativen Aussagen unterschieden. Im letzten Abschnitt werden die von den Testpersonen genannten Verbesserungsvorschläge gesammelt. Die Mehrfachnennungen bei den Konnotationen und den Verbesserungsvorschlägen werden in Klammern angegeben. Am Ende der Interviewauswertung werden alle Verbesserungsvorschläge in einer Tabelle nach den verschiedenen Kategorien gesammelt.

| Frage 9: Empfanden Sie die Abfolge der Handlungsanweisungen als sinnvoll und logisch? | |
|---|---|
| **Transkription** | |
| „Ja. Also innerhalb der einzelnen Aufgaben, ja fand ich schon." (T1, 2:42-2:47) | |
| „Ja schon. Also gut mit der SD-Karte, das hätte ich vielleicht gleich am Anfang gemacht, aber ist jetzt halt so wie man es selbst am besten findet." (T2, 2:39-2:50) | |
| „Das war auf jeden Fall logisch, weil es waren ja die Arbeitsschritte, die man nacheinander machen musste und dann bei gewissen Handlungen nochmal die Hinweise gleich dahinter und das war auf jeden Fall logisch, ja." (T8, 3:50-4:02) | |
| **Konnotation/Positiv** | **Konnotation/Negativ** |
| • Abfolge der Handlungsanweisungen als sinnvoll und logisch empfunden (5) | • Abfolge der Handlungsanweisungen als nicht sinnvoll und logisch empfunden (2) |
| | • Abfolge der Handlungsanweisungen fast als sinnvoll und logisch empfunden (1) |
| **Verbesserungsvorschläge** | |
| • Die Handlungsanweisung zum Umgang mit der SD-Karte sollte zu Beginn der auditiven Anleitung stehen. (1) | |

**Bild 46** Beispielhaftes Auswertungsraster eines Interviews
(Quelle: Güll[87], eigene Bearbeitung)

## 7.7 Expertenevaluation

Eine Expertenevaluation basiert auf dem fachlichen Wissen und der Erfahrung eines oder mehrerer Usability-Experten. Bei dieser Art der Bewertung identifizieren neutrale Experten die häufigsten Probleme in Bezug auf eine optimale Benutzerschnittstelle oder eine optimale Anleitung. Das Prüfverfahren kann zur raschen Identifizierung von potentiellen Usability-Problemen führen, die Ursachen dieser Schwachstellen analysieren und Optimierungspotentiale aufzeigen.

Um große Unterschiede zwischen den Diagnosen verschiedener Experten zu reduzieren, empfiehlt es sich, diese Methode Dokumenten-basiert durchzuführen. Zusätzlich zum eigenen Urteil werden die Usability-relevanten Fragestellungen anhand bestehender Checklisten, Styleguides, Normen, Spezifikationen und standardisierter Fragebögen bewertet. Dabei wird geprüft, ob die spezifischen Anforderungen, die in den Vorgaben formuliert sind, in dem Produkt auch umgesetzt sind. Wenn die Nutzungsanforderung zum Beispiel lautet, dass die Beschreibung der „Click Level"-Elemente kontextbezogen sein sollte, diese aber in einem separaten PDF-Handbuch steht, ist diese Anforderung nicht erfüllt. Da es sich hierbei um eine Richtlinien-basierte Inspektion handelt, werden Expertenevaluationen auch als *inspektionsbasiert* bezeichnet.

*Vorteile*

- Schnell durchzuführende Methode
- Kann bereits in frühen Phasen bei der Gestaltung eingesetzt werden
- Identifiziert spezielle Probleme gemessen am Stand der Technik und gibt Verbesserungsempfehlungen

Die Rahmenbedingungen der Methode skizziert Tabelle 24.

**Tabelle 24**  Methoden-Steckbrief: Expertenevaluation

| Expertenevaluation | |
|---|---|
| Testobjekt | Produkt oder Anleitung (jeweils separat) |
| Ausführende | Einer oder mehrere Usability-Experten |
| Ort | Computer-Arbeitsplatz |
| Grenzen | Bei der Expertenevaluation ist das Know-how der Usability-Spezialisten für den Erkenntnisgewinn bestimmend. |
| | Sie kann nicht verwendet werden, um undefinierte und unerwartete Probleme zu ermitteln, die nur das tatsächliche User-Verhalten abbilden kann. Sie birgt damit das Risiko, dass wichtige Usability-Probleme unerkannt bleiben. |

*Wann können Sie die Expertenevaluation einsetzen?*

Die Expertenevaluation zur Ermittlung bekannter Arten von Usability-Problemen kann bereits frühzeitig im Lebenszyklus angewendet werden. Sie kann daher bereits in der iterativen Gestaltungsphase eingesetzt werden. Hauptsächlich dient sie jedoch zur Ermittlung von Usability-Schwachstellen in der Evaluationsphase neuer oder bereits auf dem Markt befindlicher Produkte.

*Vorbereitung*

Zur Vorbereitung zählt die Wahl der Art der Expertenevaluation entsprechend ihrem Zweck. Bekannte Arten sind:

- *Cognitive Walkthrough*
  Diese Art gehört zu den Walkthrough-Verfahren. Man versteht darunter das Durchdenken eines Problems. Bei dieser Art gehen einer oder mehrere Experten die Aufgaben in einem Produkt schrittweise durch und stellen sich bei jeder Aktion die Frage, ob der Benutzer in der Lage ist, diese mit oder ohne Anleitung auszuführen. Die Vorlage für die Aufgaben bildet ein vorab erarbeitetes Idealszenario. Der Cognitive Walkthrough eignet sich zur Schwachstellenanalyse bei Interaktionsprozessen einer Benutzerschnittstelle, egal ob System, Software oder Informationsprodukt.

- *Heuristische Evaluation*
  Die heuristische Evaluation wird Dokumenten-basiert (validiert nach Heuristiken, Checklisten, Normen, standardisierten Fragebögen etc.) durchgeführt. Sie eignet sich zur Schwachstellenanalyse des Interface-Designs oder einer Anleitung.

*Durchführung*

Die Durchführung unterscheidet sich nach Art der Expertenevaluation.

Zum Weiterlesen in diesem Buch: Die Durchführung der heuristischen Evaluation nach den Web-Heuristiken (nach Nielsen und Molich) sowie der Normenanalyse nach der Web-Norm DIN EN ISO 9241-151 und dem IsoMetrics-Fragebogen wird in einer Fallstudie beschrieben: Lesen Sie dazu Kapitel 9.3 „Self-Service-Beratung im Web (Hochschule München)", Seite 218.

Der Cognitive Walkthrough ist in der einschlägigen Literatur beschrieben (u. a. Sarodnick 2016).

*Ergebnis*

Das Ergebnis der Expertenevaluation ist unabhängig von der Art der Durchführung ein Expertengutachten. Es enthält eine schriftliche Schwachstellenanalyse einschließlich der Angabe der Ursachen der jeweiligen Schwachstellen. In der Regel wird auch ein Maßnahmenkatalog für Optimierungen unterbreitet.

# 8 Anwenden der Methoden

> *„Vielmehr ist es weit besser, niemals an Forschung zu denken, als sie ohne Methode zu betreiben. (...) Unter Methode aber verstehe ich zuverlässige (certa) und leicht zu befolgende Regeln, so dass, wer sich pünktlich an sie hält, niemals etwas Falsches als wahr unterstellt."*
>
> Descartes (Philosoph, Mathematiker, Naturwissenschaftler) in „Regulae IV"

## 8.1 Referenzbeispiel Pulsuhr

Anhand dieses Referenzbeispiels soll die Durchgängigkeit des benutzerorientierten Designs anhand verschiedener Methoden verdeutlicht werden. Die Systematik der Methodenanwendung baut sich anhand des Referenzbeispiels auf – von der Modellierung der Nutzertypen (*Persona*), über typische Nutzungsszenarien (*Use Cases*) und eine Informationsbedarfsanalyse (*Wer-macht-was-Matrix*) bis hin zur Struktur des Hilfe-Centers auf der Website (*Card Sorting*) – und führt schließlich zu den Nutzererfahrungen aus dem Alltag (*Benutzertagebuch*).

Hinweis: Nicht alle in diesem Buch behandelten Usability-Methoden werden in diesem Referenzbeispiel angewendet. Die fünf ausgewählten Methoden sind besonders geeignet, um die Vorgehensweise exemplarisch dazustellen. Zudem sind sie, vor allem in den frühen Entwicklungsphasen, sehr nützlich und wegweisend. Andere Methoden werden zudem in den Fallstudien (siehe Kapitel 9) ausführlich behandelt, wie etwa die Wettbewerbsanalyse oder der Usability-Test.

**Bild 47** Pulsuhr-Gerät für Referenzbeispiel

Beim Referenzbeispiel handelt es sich um eine digitale Pulsuhr zur Unterstützung von Sportlern im Ausdauerbereich (Bild 47). Die Bestandteile sind die Pulsuhr selbst und ein Brustgurt. Die Pulsuhr kann am Handgelenk oder an der Taille getragen oder über eine Fahrradhalterung am Fahrrad befestigt werden. Der Brustgurt überträgt die gemessenen Herzfrequenzen während des Laufs digital zur Pulsuhr. Die Pulsuhr lässt sich über mehrere Knöpfe und ein Menü bedienen. Die gemessenen Daten werden auf dem kleinen Uhren-Display angezeigt. Die Laufergebnisse lassen sich, wenn gewünscht, über eine Fitness-App auswerten. Der Hersteller bietet eine eigene Fitness-App an, aber es können auch kompatible Apps anderer Hersteller genutzt werden.

Bewusst wurde übrigens keine Smartwatch, die alternativ als Pulsmesser dienen könnte, als Produktbeispiel ausgewählt. Smartwatches werden über Apps und weitgehend automatisiert konfiguriert und der Bedienaufwand ist minimal, so dass sich die Usability-Methoden nicht in der gewünschten Transparenz darstellen ließen.

**Personas für eine Pulsuhr-Nutzergruppe**

Personas sind fiktive Personen, die einen repräsentativen Vertreter der Zielgruppe anschaulich machen. Für die digitale Pulsuhr haben Usability-Experten aus empirischen Erhebungen zwei primäre Personas für Läufertypen ermittelt:

- *Gesundheitsläufer*
  Sein Trainingsziel ist die Erhaltung der Gesundheit durch regelmäßiges Lauftraining.
- *Profiläufer*
  Ein ambitionierter Läufer, dessen Ziel es ist, einen Marathon zu laufen. Er nutzt die erweiterten Funktionen und Auswertungen der Pulsuhr, um sein Training auf die gemessenen Parameter abzustimmen und sich so kontrolliert an sein ambitioniertes Ziel heranzuführen.

Im Referenzbeispiel wird der Gesundheitsläufer als Persona angewendet (Bild 48). Er heißt Sebastian Mai und ist 39 Jahre alt. Die Persona ist auf einer Seite mit Foto und Fließtext beschrieben. Diese Dokumentationsvariante ist übersichtlich und der Text anschaulich.

**Use Cases der Pulsuhr**

Use Cases sind typische Nutzungsszenarien für die Bedienung des Geräts. Sie werden von Usability-Spezialisten erstellt.

*Allgemeine Use Cases*

Sie werden zunächst ganz allgemein beschrieben, also unabhängig von den verschiedenen Nutzergruppen. Diese generischen Use Cases der Pulsuhr beginnen mit den ersten Schritten, wie etwa dem „Überblick verschaffen", und setzen sich sequentiell fort. Wichtig sind die Verknüpfungen! So könnten neben linearen Abfolgen auch Verzweigungen vorkommen. Optionale Use Cases werden als solche gekennzeichnet. Die Use Cases werden der Übersichtlichkeit halber in einer grafischen Form dargestellt, die die einzelnen Use Cases (Blöcke) und ihre Ver-

## 8 Anwenden der Methoden

> *Zielgruppe: Gesundheitsläufer*
> **Persona: Sebastian Mai**
>
> **Wer?**
>
> Sebastian ist 39 Jahre alt, verheiratet und hat zwei Kinder im Alter von 3 und 6 Jahren. Er lebt am Rande einer größeren Stadt. Für seine Life-Work-Balance macht er Yoga und fährt dreimal im Jahr mit der Familie in Urlaub.
>
> **Beruf**
>
> Sebastian hat Wirtschaftsinformatik studiert und ist als IT-Spezialist bei einer Versicherung tätig. Er ist beruflich stark beansprucht. Überstunden, gerade bei Releasewechsel, sind üblich.
>
>
>
> **Welche Ziele hat er mit dem Produkt?**
>
> Sebastian strebt einen Anti-Stress-Effekt durch das Laufen an. Bei seinem 30-Minuten-Lauf wechselt er Laufen und Gehen ab. Er läuft zwei bis dreimal die Woche. Er hat kein ehrgeiziges Trainingsziel, sondern möchte seine Fitness über die Pulsuhr überprüfen. Die durchschnittliche und maximale Herzfrequenz sind ihm darum wichtig. Er will seine Daten über eine App auf seinem Tablet auswerten und dort auch sein Gewicht etc. festhalten.
>
> **Was will er wissen?**
>
> Als er die Pulsuhr kaufte, wollte er zuerst die Referenzwerte für die Herzfrequenz wissen. Er vertraut dabei den Empfehlungen der WHO (World Health Organisation). Die Anleitung brauchte er für die Inbetriebnahme wie das Anlegen des Brustgurtes und die Trageweisen der Pulsuhr. Beim Laufen möchte er die einfachen Funktionen der Pulsuhr schnell bedienen können. Dazu muss er die Symbole und Abkürzungen auf dem Display verstehen. Zudem benötigt er Information zum Koppeln der Pulsuhr mit der App.

**Bild 48** Referenzbeispiel Pulsuhr: Persona eines Gesundheitsläufers

knüpfungen (Linien) sichtbar macht. Bild 49 zeigt, welche allgemeinen Use Cases es für die Pulsuhr gibt und wie diese miteinander verknüpft sind.

*Nutzergruppen-spezifische Use Cases*

Im nächsten Schritt werden die allgemeinen Use Cases an die verschiedenen Zielgruppen angepasst. In diesem Referenzbeispiel gibt es die beiden Nutzergruppen *Gesundheitsläufer* und *Profiläufer*. Die Bedürfnisse des Gesundheitsläufers bilden auf Basis der Persona „Sebastian Mai" einen speziellen Use Case. Dieser spezifische Use Case beschreibt in kurzen Szenarien, wie Sebastian Mai die Pulsuhr für sein Gesundheitstraining nutzt.

1. *Use Case: Überblick verschaffen*
   Nach dem Auspacken des Produkts interessieren Sebastian Mai die Funktionen der Pulsuhr, die ersten Schritte sowie die Bedeutung der Knöpfe und Symbole. Da Sebastian Mai ein für ihn optimales Lauftraining mit der Pulsuhr anvisiert, möchte er gut informiert sein: Welche Einstellungen gibt

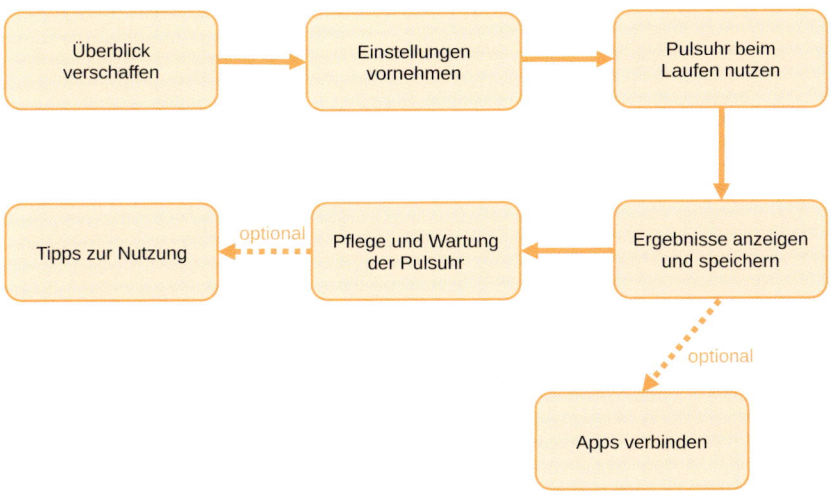

**Bild 49** Referenzbeispiel Pulsuhr: Allgemeine Use Cases

   es? Wie kann er die Pulsuhr bedienen? Am liebsten sind ihm dazu kurze Informationen oder auch Videos.

2. *Use Case: Einstellungen vornehmen*
   Sebastian Mai will nun sein Benutzerprofil (Geschlecht, Größe, Alter etc.) über das Menü auf der Pulsuhr eingeben. Anschließend bereitet er das Training vor. Dazu orientiert er sich an den Herzfrequenz-Referenzwerten der WHO. Sebastian Mai möchte seinen Pulszielbereich definieren und ein Warnsystem, idealerweise einen Signalton, beim Überschreiten der Zielpulszone aktivieren.

3. *Use Case: Pulsuhr beim Laufen nutzen*
   Vor dem ersten Laufen informiert sich Sebastian Mai über die korrekte Trageweise der Pulsuhr. Er will die Uhr beim Laufen am Körper tragen. Beim Laufen will er die aktuelle Herzfrequenz anzeigen lassen und auf die Signaltöne achten.

4. *Use Case: Ergebnisse anzeigen und speichern*
   Nach dem Laufen sieht sich Sebastian Mai die Ergebnisse an. Besonders interessieren ihn die durchschnittliche und maximale Herzfrequenz sowie die Trainingsdauer.

5. *Use Case: App verbinden*
   Sebastian Mai möchte seine Messdaten über eine Fitness-App auf seinem Tablet auswerten und über einen längeren Zeitraum analysieren. Welche Apps sind kompatibel mit seiner Pulsuhr? Außerdem braucht er eine Schritt-für-Schritt-Anleitung zum Koppeln der Pulsuhr mit einer Fitness-App.

6. *Use Case: Pflege und Wartung der Pulsuhr*
   Sebastian Mai möchte sich informieren, wie er die Pulsuhr reinigen kann und wie lange der Akku halten wird.

# 8 Anwenden der Methoden

7. *Use Case: Tipps zur Nutzung bekommen*
   Nach mehreren Lauftrainings stellen sich Sebastian Mai verschiedene Fragen: Wie kann er fortlaufende Messungen, also mit Pausen, machen? Kann er die Pulsuhr auch beim Schwimmen nutzen?

**Wer-macht-was-Matrix für die Benutzerinformationen zur Pulsuhr**

Die Wer-macht-was-Matrix ist eine Methode, bei der Informationsentwickler die von verschiedenen Nutzergruppen benötigten Informationen aufgabenspezifisch strukturieren. Im Referenzbeispiel leiten sich die Nutzergruppen aus den beiden primären Personas *Gesundheitsläufer* und *Profiläufer* ab.

Die Wer-macht-was-Matrix enthält in den Spalten die beiden Personas und in den Zeilen die Tätigkeiten (Bild 50). Die Tätigkeiten basieren auf den allgemeinen Use Cases für die Pulsuhr. Die Gesamtheit der Benutzerinformationen verteilt sich auf fünf Informationsmedien:

- Gedruckte Kurzanleitung
- Anleitungsvideos
- Häufige Fragen und Antworten (FAQ) auf der Hersteller-Website
- PDF-Handbuch
- App-Hilfe integriert in der Fitness-App

In den Zellen der Matrix werden die Informationsmedien zugeordnet. Ebenso können die Inhalte spezialisiert werden. Im Referenzbeispiel ist die inhaltliche Tiefe

| Nutzergruppen<br>Use Cases | Gesundheitsläufer | Profiläufer |
|---|---|---|
| Überblick verschaffen | (Standard) 📄 | (Erweitert) 📄 PDF |
| Einstellungen vornehmen | (Standard) 📄 | (Erweitert) PDF |
| Pulsuhr beim Laufen nutzen | (Standard) 📄 🎥 | (Erweitert) PDF 🎥 |
| Ergebnisse anzeigen und speichern | (Standard) 📄 | (Erweitert) PDF |
| Pflege und Wartung | 📄 PDF 🎥 | 📄 PDF 🎥 |
| Apps verbinden | (Standard) 📄 🔘 | (Erweitert) PDF 🔘 |
| Häufige Fragen und Tipps | (Standard) PDF 🌐 | (Erweitert) PDF 🌐 |

Legende

📄 Gedruckte Kurzanleitung    🎥 Anleitungsvideo    🌐 FAQ im Web    PDF PDF-Handbuch    🔘 App-Hilfe

**Bild 50** Referenzbeispiel Pulsuhr: Wer-macht-was-Matrix

in „Standard" und „Erweitert" unterteilt. Eine Standard-Funktion ist z. B. die konstante Anzeige der Herzfrequenz während des Laufens mit Signal bei Über- oder Unterschreiten. Erweitert wäre diese Funktion, wenn verschiedene Messwerte wie Herzfrequenz, Geschwindigkeit, Laufweite, Kalorienverbrauch etc. abwechselnd angezeigt werden sollen.

Gesundheitsläufer und Profiläufer verschaffen sich beide einen ersten Produktüberblick über die gedruckte Kurzanleitung. Die Kurzanleitung enthält eine knappe Funktionsübersicht und beschreibt die Standardnutzung sowie Pflege und Wartung. Der Profiläufer interessiert sich zusätzlich für erweiterte Funktionen und für die technischen Daten der Pulsuhr. Der Gesundheitsläufer möchte nur Standard-Einstellungen vornehmen. Diese sind in der Kurzanleitung aufgeführt. Erweiterte Einstellungen, wie sie der Profiläufer benötigt, stehen dagegen im ausführlichen PDF-Handbuch. Nur das PDF-Handbuch enthält die vollständigen Funktionsbeschreibungen und Handlungsanleitungen.

Die Anleitungsvideos zeigen realistische Handhabungen oder Simulationen. Sie führen vor, wie die Pulsuhr beim Laufen (etwa das Anlegen des Brustgurts) und zur Pflege und Wartung (z. B. Reinigen, Batteriewechsel) richtig und sicher genutzt wird.

Welche Fitness-Apps kompatibel sind und wie sie im einfachsten Fall verbunden werden können, findet sich in der Kurzanleitung. Detaillierte Verbindungsinformationen enhält das PDF-Handbuch. Die Benutzerassistenz zur App selbst wird in der App-Hilfe angezeigt.

Häufige Fragen und Antworten (FAQ) stehen im PDF-Handbuch und sind zusätzlich auch auf der Hersteller-Website verfügbar. Auf der Website werden sie auf Basis von z. B. Serviceanfragen oder bekannt gewordenen Bedienproblemen kontinuierlich ergänzt.

Die beiden Nutzergruppen greifen also auf jeweils verschiedene Informationsquellen zu:

- Der *Gesundheitsläufer* nutzt vorwiegend die Kurzanleitung, da dort alle Standardfunktionen beschrieben sind. Zusätzlich kann er Videos zum Laufen und zur Wartung und Pflege der Pulsuhr betrachten. In der Fitness-App gibt ihm die App-Hilfe unmittelbare Benutzerassistenz. Bei Fragen liest er die FAQs auf der Website. Das PDF-Handbuch benötigen Personen dieser Zielgruppe nur, wenn sie persönlich lieber in einem Handbuch lesen, als Filme anzusehen oder auf einer Website zu „surfen".

- Der *Profiläufer* entnimmt die meisten Informationen zu erweiterten Einstellungen und Funktionen dem PDF-Handbuch, da diese nur dort beschrieben sind. Die Kurzanleitung ist für ihn zu knapp. Ebenso wie der Gesundheitsläufer betrachtet er bei Bedarf Filme und nutzt die App-Hilfe in der Fitness-App.

**Card Sorting für Hilfe-Center zur Pulsuhr**

Häufige Fragen und Antworten stellt der Hersteller einerseits im PDF-Handbuch und andererseits auf der Website zur Verfügung. Auf der Website zur Pulsuhr gibt es ein Hilfe-Center, das die häufigsten Fragen der Benutzer (FAQs) beantwortet.

**Bild 51** Referenzbeispiel Pulsuhr: Hilfe-Center (Web) mit Card Sorting gliedern

Im Hilfe-Center stehen zusätzlich das PDF-Handbuch, die Kurzanleitung und die Anleitungsvideos zum Download.

Zusammen mit mehreren Gruppen repräsentativer Nutzer erarbeiten Usability-Experten eine logische Struktur für das Hilfe-Center. Die Oberbegriffe (Fragen zum Produkt, Fragen zur Bedienung etc.) sind vorgegeben. Die einzelnen Themenkarten müssen dann den Oberbegriffen zugeordnet und dort in eine Reihenfolge gebracht werden. Die durch Card Sorting entstandene Lösung der Struktur des Hilfe-Centers zeigt Bild 51.

Die Themenkarten sind in einer Ebene unterhalb der Oberbegriffe angeordnet. Eine tiefere Verschachtelung wird bei der geringen Anzahl an Themen nicht als notwendig angesehen. Einige Themenkarten sind klar zuzuordnen, wie „Reinigen" und „Pflegen" unter „Fragen zur Wartung". Andere Themen müssen auf Basis von Mehrheitsentscheidungen in der Struktur festgelegt werden. Beispielsweise könnte das Thema „Im Wasser nutzen" auch unter „Fragen zur Bedienung" passend sein. Oder: Das Thema „Garantie und Service" könnte auch ganz am Ende der Frageliste von „Fragen zum Produkt" stehen und nicht oberhalb von Anleitungsvideos und Dokumentationen. Falls zu viele unterschiedliche Meinungen in der Benutzergruppe auftreten, kann es helfen, die Themen umzubenennen und den Benutzern nochmals neu vorzulegen. Unklarheiten entstehen oft, wenn Begrifflichkeiten nicht konkret genug definiert sind.

**Benutzertagebuch zur Pulsuhr**

Sobald die Pulsuhr und die Benutzerinformationen einen ausgereiften Stand haben, können beide auf ihre Alltagstauglichkeit hin beobachtet werden. Eine Methode dazu sind Benutzertagebücher. Dabei erklären sich Testpersonen bereit, das Produkt auf realistische Weise zu nutzen und parallel Notizen zu machen. Das Ziel ist, alles festzuhalten, was dem Benutzer auffällt, egal ob positiv oder negativ.

Bild 52 zeigt das Benutzertagebuch eines Gesundheitsläufers zur digitalen Pulsuhr. Um den Testpersonen das Führen des Benutzertagebuchs zu erleichtern und gleichzeitig zu vergleichbaren Ergebnissen bei mehreren Tagebüchern zu gelangen, werden die Tagebücher vorstrukturiert. Die an der Tagebuchstudie teilnehmenden Personen werden entsprechend in das Tagebuch eingeführt. Es kann handschriftlich oder elektronisch ausgefüllt werden.

In diesem Beispiel sollen alle Phasen protokolliert werden: angefangen vom Auspacken, Kennenlernen, Vornehmen der Einstellungen, erste Nutzung der Pulsuhr beim Training, bis zum Auswerten der Daten über eine Fitness-App. Der Tagebuch-Zeitraum kann sich auf ca. eine Woche erstrecken. Die Beobachtungen selbst sind in verschiedene Kriterien unterteilt:

- *Aktion*
  Tätigkeit im Umgang mit der Pulsuhr, die protokolliert wird.
- *Ziel der Aktion*
  Ziel, das der Benutzer mit dieser Aktion erreichen möchte.
- *Benötigte Information*
  Alle Inhalte, die der Benutzer als *Benutzerassistenz* beim Ausführen der Aktion benötigt. Dabei können auch Wünsche an Medien oder Formate geäußert werden.
- *Ort*
  Ort, an dem der Benutzer die Aktion durchführt. Dies kann im Falle der Pulsuhr „zu Hause" sein, „unterwegs" (z. B. auf dem Weg zur Arbeit) oder beim Laufen „im Freien".
- *Systeme*
  Unter „Systeme" werden die bei der Aktion genutzten Bestandteile verstanden, etwa Verpackung, Pulsuhr, Informationsprodukte, Website, App etc.
- *Probleme*
  Falls bei der Aktion Probleme oder unerwartete Sonderfälle auftreten, können diese hier notiert werden.

|  | Auspacken | Kennenlernen | Einstellungen | Nutzen | Auswerten |
|---|---|---|---|---|---|
| Aktion | Alle Teile auspacken | Funktionsumfang, Knöpfe und Display kennenlernen | Profil einrichten und Zielbereich einstellen | Laufen mit der Pulsuhr | Laufdaten an Fitness-App übertragen |
| Ziel | Prüfen auf Vollständigkeit | Was kann das Gerät? Wie ist es zu bedienen? | Gerät personalisieren und auf optimales Training vorbereiten | Pulsuhr unterstützt die Kontrolle der Aktivität | Langzeit-Training über App auswerten |
| Benötigte Information | Lieferumfang von Hersteller | Funktionsübersicht, Geräteabbildung | Welche Zonen/Signale? Wie einstellen? | Notification, wenn Pulsfrequenz außerhalb persönlicher Grenzen gerät | Kompatible Apps? Wie ist App zu verbinden? |
| Ort | Zu Hause | Zu Hause | Zu Hause | Im Freien | Unterwegs (Bahnfahrt) |
| Systeme | Verpackung, Pulsuhr, Brustgurt, Zubehör | Pulsuhr, Kurzanleitung | Pulsuhr, Kurzanleitung | Erst: Anleitungsvideos zur Nutzung, dann: Pulsuhr mit Brustgurt am Körper | Pulsuhr, Tablet, Fitness-App mit App-Hilfe, FAQ im Hilfe-Center |
| Problem | Unklarheit über Ladezustand der Batterien der Pulsuhr | Wo stehen weitere Informationen? | --- | Display zu hell | Bluetooth bricht oft ab |
| Stimmung | Vertrauen in Produkt steigt | Viele Warnhinweise verunsichern, ungeduldig | Zufriedenheit über Individualisierung | Zunehmend entspannt | Genervt |

**Bild 52** Referenzbeispiel Pulsuhr: Benutzertagebuch des Gesundheitsläufers

- *Stimmung*
  Damit ist die subjektive Einstellung bei der Aktion gemeint. Es kann sich dabei um positive, neutrale wie auch negative Empfindungen handeln. Die Stimmung spiegelt die persönliche „Zufriedenstellung" wider.

Die Ergebnisse der Benutzertagebücher liefern wichtige Erkenntnisse zu Nutzerbedürfnissen, Nutzungssituationen, zum Informationsbedarf und zu eventuellen Bedienproblemen. Aus dem konkreten Tagebuch kann beispielsweise abgeleitet werden, dass der Verweis auf weiterführende Informationen (WHO-Empfehlungen, Hilfe-Center, Videos etc.) in der Kurzanleitung prägnanter hervorgehoben werden sollte. Oder dass das Hilfe-Center auf der Hersteller-Website auch unterwegs auf Mobilgeräten bei Leerzeiten genutzt wird. Das Hilfe-Center wäre daher bei mobiler Nutzung auf nativen Apps deutlich performanter und an das jeweilige Gerät angepasst.

## 8.2 Empfehlungen zum Methoden-Mix

Wenn Sie ein optimal passendes Entwicklungsumfeld haben, können Sie alle hier vorgestellten Methoden und Techniken einsetzen. In der Praxis sind optimale Bedingungen für Usability-Aktivitäten jedoch eher die Ausnahme. Oft herrschen Zeitdruck durch eng gesetzte Termine sowie Knappheit an Mitarbeitern und sonstigen Ressourcen.

Sie können die Methoden und Techniken einzeln verwenden oder so miteinander kombinieren, wie es zu Ihrem Projekt passt. Dabei gilt es zu beachten, dass die Methoden nicht willkürlich ausgewählt werden. Die Konzepte der Usability müssen vielmehr ernsthaft verfolgt werden und sollten einen hohen Stellenwert im Unternehmen erhalten.

Bei der Kombination von Usability-Methoden ist es wichtig, zu verstehen, dass diese im Vergleich zu einer einzelnen Methode einen deutlichen Mehrwert aufweist. Dies wird durch eine Durchgängigkeit der Usability-Erkenntnisse entlang des Entwicklungsprozesses erreicht. Dabei priorisieren und gewichten sich die Ergebnisse untereinander und offenbaren zielgerichtete Optimierungswege.

Es gibt keine Faustregel, nach der eine bestimmte Kombination empfohlen werden kann. Drei Beispiele sollen daher zeigen, welche Kombinationen in der Praxis häufig und mit Erfolg angewendet werden. Die Beispiele sind vom Testobjekt her so verallgemeinert, dass sie sich auf beliebige Entwicklungsprojekte übertragen lassen. Zudem sind für jedes Beispiel verschiedene Anwendungsfälle für interaktive Systeme, wie auch für Benutzerinformationen aufgezeigt. Die Beispiele im Überblick:

- Beispiel 1: Neues Produkt in einem Wettbewerbsmarkt
- Beispiel 2: Neuartiges Informations- oder technisches Produkt
- Beispiel 3: Relaunch eines Informations- oder technischen Produkts

*Anmerkung:* Weitere Praxisbeispiele mit Methoden-Mix finden Sie in den Fallstudien (siehe Kapitel 9 „Fallstudien", Seite 194).

## 8.2.1 Beispiel 1: Neues Produkt in einem Wettbewerbsmarkt

Ausgangspunkt ist die Entwicklung einer neuen Anwendung in einem bereits bestehenden Markt. Es handelt sich dabei nicht um ein technologisch neuartiges Produkt, sondern es werden bekannte Programmiermethoden eingesetzt. Anwendungsbeispiele könnten ein neuer Onlineshop für Mode, ein neuer Self-Service im Versicherungsbereich oder eine Online-Recruiting-Plattform für besondere Qualifizierungen sein. Ein zielführendes Set an Methoden für dieses Beispiel zeigt Bild 53.

Zunächst geht es darum, über eine Marktanalyse die direkten Mitbewerber im Marktsegment zu ermitteln. Die *Wettbewerbsanalyse* macht daher den Anfang und wird auch zur Vorbereitung weiterer Usability-Maßnahmen durchgeführt. Die Analyse anhand vergleichbarer Produkte soll die untersuchungsrelevanten Usability-Parameter wie Abläufe, Funktionen, Inhalte, Orientierung und Navigation sowie Layout der Anwendung erforschen. Anschließend werden deren Online-Produkte nach den genannten Parametern analysiert. Die Analyse der Abläufe und Prozessketten in der Anwendung, sofern diese prinzipiell auch für die neue Anwendung passen, erspart großteils, eigene Use Cases zu definieren. Hilfreich ist auch die Auswertung von Benutzermeinungen zu den Mitbewerbern, zum Beispiel über Internet-Foren, oder die Produkt-Bewertung über unabhängige Testinstitute.

Die *Persona*-Methode eignet sich hier sehr gut, um idealtypische Nutzer der Anwendung zu beschreiben. Über Personas können erste Rückschlüsse der Nutzerwünsche in Bezug auf Inhalt, Funktionen und Services der Anwendung gezogen werden. Der Aufwand für die Methode ist zeitlich, finanziell und organisatorisch gering und lohnt sich damit auch für kleine und mittlere Unternehmen oder für Start-ups. Als Voraussetzung für das Profil der fiktiven Personen sind demographische Merkmale der anvisierten Zielgruppe zu definieren (häufig: Geschlecht, Alter, ethnischer Hintergrund und Ausbildung). In diesem Zusammenhang lässt

| Methoden | Beispiel: Neues Produkt | Nutzer- und Nutzungsforschung | Gestaltung | Evaluation |
|---|---|---|---|---|
| Persona | | ✓ | | |
| Use Cases | | ✓ | | |
| Wettbewerbsanalyse | | ✓ | | |
| Card Sorting / Wording | | | ✓ | |
| Prototyping | | | ✓ | |
| Expertenevaluation | | | | ✓ |

**Bild 53** Methoden-Mix am Beispiel „Neues Produkt in einem Wettbewerbsmarkt"

sich auch die Frage nach der Zielgruppe der Testpersonen für die darauffolgenden Methoden klären.

*Use Cases* sind nötig, um anschließend die Aufgabenziele der Nutzer zu definieren. Da moderne Anwendungen häufig Workflow-orientiert sind, ist das primäre Strukturkriterium der Use Case an sich, auch als Nutzungsszenario, Prozess oder Aufgabe bezeichnet. Die Ziele einer Anwendung werden in verschiedene allgemeine und zielgruppenspezifische Aufgaben untergliedert, die jeweils benutzerlogisch aufgebaut sind.

Über *Card Sorting* und *Wording* können die nutzerorientierten Strukturen und Begriffe für die Benutzeroberfläche erarbeitet werden. Wenn die Anwendung mehrsprachig ist, bietet es sich an, Ausgangssprache und Fremdsprachen parallel durch Card Sorting einem Verständlichkeitstest zu unterziehen. Internationale Nutzer sollten in die Übersetzung und Lokalisierung (d. h. landesspezifische Anpassungen wie z. B. Formate, Einheiten, Symbole, Farben, Gesetze) einbezogen werden.

Beim *Protoyping* bietet es sich an, mit den gleichen Testpersonen wie bei Card Sorting/Wording zusammenzuarbeiten. So kann eine Durchgängigkeit zwischen Strukturen, Navigation, Interaktion und Textverständlichkeit geschaffen werden. Die intensive Einbeziehung von Nutzern bei den Zwischenständen der Produktentwicklung bis hin zur fast finalen Fassung kann in diesem Beispiel einen aufwändigen Usability-Test kurz vor dem Launch erübrigen.

Zur Evaluation der Entwürfe bietet sich eine *Expertenevaluation* durch Usability-Experten, Interaktions-Experten oder Designer an. Eine geeignete Methode ist die heuristische Evaluation für interaktive Produkte, um diese in Bezug auf Funktionalität, Orientierung und Navigation sowie Design zu testen. Auch die Produktdokumentation sollte in die Expertenbewertung einbezogen werden. Die Expertenevaluation liefert im Vergleich zum Usability-Test schnelle Ergebnisse, was speziell in der typischen Zeitknappheit kurz vor dem Launch der Anwendung wichtig sein kann.

#### Checkliste – Methoden-Mix für ein neues Produkt in einem Wettbewerbsmarkt

- ☐ Bei der Entwicklung eines neuen Produkts ist die Nutzer- und Nutzungsforschung über Wettbewerbsanalyse, Persona und Use Cases wichtig.
- ☐ In die Gestaltung des neuen Produkts werden frühzeitig Benutzer durch Card Sorting/Wording und Prototyping einbezogen.
- ☐ Experten evaluieren abschließend die Gestaltungslösungen.

### 8.2.2 Beispiel 2: Neuartiges Produkt oder Anleitung

Dieses Beispiel gilt für Produkte und Anleitungen, die technisch oder konzeptionell nicht unbedingt eine Revolution, aber eine Evolution darstellen. Es geht in diesem Beispiel also um innovative Produkte, die auf bestehenden Technologien und Konzepten basieren. Gerade im Bereich der digital vernetzten Welt entsteht hier derzeit eine große Produktvielfalt. Anwendungsbeispiele sind neue Geräte wie der Amazon-Lautsprecher „Echo", der nicht nur Musik abspielen kann, sondern

## 8.2 Empfehlungen zum Methoden-Mix

auch Sprache versteht und Antworten geben kann. Oder: eine Anleitung, die als mobile Dokumentation umgesetzt werden soll. Auch besondere Nutzungssituationen wie das Lesen von Benutzerinformationen in Stresssituationen oder besondere Umgebungsbedingungen (Licht, Wärme…) sind hier gemeint.

Aufgrund des Neuheitsgrads eignen sich Vorabbefragungen der Benutzer nur eingeschränkt (siehe dazu Textbox „Steve Jobs, Apple-Visionär, über Benutzerbefragungen").

> **Steve Jobs, Apple-Visionär, über Benutzerbefragungen**
>
> Bei der Einführung des ersten iMac Computers in Cupertino, Kalifornien, sagte Steve Jobs in der BusinessWeek am 25. Mai 1998:
>
> *„But in the end, for something this complicated, it's really hard to design products by focus groups. A lot of times people don't know what they want until you show it to them."* (Quelle: Wikiquote[88])
>
> Steve Jobs bezweifelte also, dass Benutzerbefragungen die Voraussetzung für revolutionäre Geräte und Anwendungen sind. Dies bedeutet, dass benutzerorientierte Methoden bei gänzlich neuartigen Produkten nicht sehr hilfreich sind. Zu erklären ist dies damit, dass die Benutzer ihr Erfahrungswissen nicht auf die Neuheit übertragen können und zunächst ein Lernprozess notwendig ist.

Die für ein innovatives Produkt oder eine innovate Anleitung einsetzbaren Methoden im Überblick zeigt Bild 54.

Zunächst definieren *Personas* einige wenige repräsentative Nutzergruppen. Je Persona können aus der Fülle möglicher Nutzungsszenarien (*Use Cases*) wenige repräsentative Fälle herausgearbeitet werden. Und gleichzeitig können die Personas als fiktive Vertreter der Anwendergruppen in einem definierten Aufgabenbereich beschrieben werden. Es findet hier also eine enge Verzahnung zwischen Use Cases und Persona statt.

| Methoden | Beispiel: Innovatives Produkt | Nutzer- und Nutzungsforschung | Gestaltung | Evaluation |
|---|---|---|---|---|
| Benutzertagebuch | | ✓ | | ✓ |
| Persona | | ✓ | | |
| Use Cases | | ✓ | | |
| Wer-macht-was-Matrix | | | ✓ | |
| Prototyping | | | ✓ | |
| Usability-Test (Out-of-the-Box-Test) | | | | ✓ |
| Befragung (Evaluation) | | | | ✓ |

**Bild 54** Methoden-Mix am Beispiel „Innovatives Produkt"

Über die *Wer-macht-was-Matrix* lassen sich konkrete Aufgaben sowie der Wissensbedarf der Nutzer ableiten. Der Informations- und Wissensbedarf der Nutzer eines innovativen Produkts muss zwingend ermittelt werden, da die Nutzer erst ihr Konzept- und Handlungswissen zu dem neuartigen Produkt aufbauen und lernen müssen. Aus der Wissensbedarfsanalyse über die Wer-macht-was-Matrix geht fast von selbst hervor, welche Benutzerassistenz die Nutzer in welchen Situationen benötigen und in welcher Form diese dargeboten werden sollten.

*Prototyping* kann in diesem Beispiel iterativ und je nach Entwicklungsstand durchgeführt werden. Auch die verschiedenen Arten können flexibel verwendet werden: Rapid Prototyping für schnelle Ergebnisse zu verschiedenen Ständen oder Paper Prototyping, wenn noch keine interaktive Anwendung vorliegt. Bei anfassbaren, interaktiven Produkten kann sich auch ein mit einem 3D-Drucker hergestellter 3D-Prototyp eignen.

Unverzichtbar im Rahmen der Evaluationsphase eines neuartigen Produkts ist ein *Usability-Test*. Der Usability-Test sollte in der Variante Out-of-the-Box-Test durchgeführt werden. Den Benutzern wird das Produkt in seiner Verpackung übergeben. Dabei lassen sich die Vorgehensweise des Auspackens, des Kennenlernens des Produkts, der Zugriff auf Benutzerinformationen und die Inbetriebnahme des Produkts untersuchen und mögliche Schwachstellen bei den ersten Schritten finden.

Wertvoll zu erfahren ist zudem, was die Benutzer von dem innovativen Produkt halten. Die subjektiven Meinungen können in schriftlichen oder mündlichen evaluierenden *Befragungen* im Anschluss an den Usability-Test ermittelt werden.

Wie kommen die Benutzer in der realen Umgebung und über einen längeren Zeitraum mit dem neuartigen Produkt zurecht? Hierzu eignet sich sehr gut das Führen eines *Benutzertagebuchs*. Die Neuentwicklung wird dabei im Alltag umfassend auf den Prüfstand der Bedienbarkeit gestellt. Die Ergebnisse der Auswertung der Tagebücher geben Einblick in die Nutzerbedürfnisse und die Nutzung des Produkts und können in Produktweiterentwicklungen einfließen. Damit schließt sich mit den Benutzertagebüchern der Kreislauf zwischen der Evaluation eines Produktes und der Nutzer-Analyse für Optimierungen.

**Checkliste – Methoden-Mix für ein neuartiges Produkt bzw. Anleitung**

- ☐ Bei der Neuentwicklung eines innovativen Produkts kommen die Usability-Methoden über alle Prozessphasen hinweg zum Einsatz.
- ☐ Der Out-of-the-Box-Test (als Variante des Usability-Tests) evaluiert die Nutzung des Produkts ab dem Auspacken.
- ☐ Das Benutzertagebuch dient zur Produktbeobachtung von Prototypen in der Entwicklungsphase sowie nach der Markteinführung zur Nutzer- und Nutzungsforschung für zukünftige Optimierungen.

### 8.2.3 Beispiel 3: Relaunch eines Produkts bzw. einer Anleitung

Um im Wettbewerb bestehen zu können, müssen Produkte stets mit neuen Funktionen ausgestattet, attraktiver gestaltet und in der Usability optimiert werden. Betroffen sind Anwendungen im Privat- und Industriebereich wie beispielsweise

Geschäftsprozess-Software, Branchen-Anwendungen, Kommunikationsgeräte aller Art, Apps, Shops, Services und Web-Applikationen. Letztere unterliegen einem besonderen Wettbewerb, da der nächste Service-Anbieter nur „einen Klick" entfernt ist.

Das Hauptaugenmerk beim Relaunch eines Produkts liegt darin, dem Anwender neue oder optimierte Funktionen, Inhalte und Bedienweisen schmackhaft zu machen, ohne ihn jedoch abzuschrecken. Nicht selten beurteilen User neue Produktversionen von der Usability her eher negativ. Die Ursache liegt in zu großen Brüchen zwischen alter und neuer Bedienung. Die Anwender sind folglich gezwungen, ein bereits versiert beherrschtes Produkt neu erlernen zu müssen.

> **Beispiel: Produktänderung mit geringerer Nutzerakzeptanz**
>
> Bekanntes Beispiel für eine Irritation von langjährigen Benutzern war das Microsoft-Betriebssystem Windows 8. Mit nur einem Betriebssystem wollte Microsoft die Brücke zwischen Desktop und Tablets schließen und änderte dabei grundlegend das Oberflächenkonzept. Neu war die auf Touch-Bedienung ausgerichtete Kacheloberfläche, was speziell die Desktop-Anwender als Rückschritt empfanden. Gleichzeitig schaffte Microsoft das auf dem Desktop bewährte Startmenü von Version 7 ab. Die Folge: Viele Benutzer scheuten den Umstieg. Microsoft arbeitete weiter an der Oberfläche und griff dabei wieder auf Bewährtes aus Windows 7 zurück. Das neue Startmenü von Windows 10 verschmilzt nun das konventionelle Startmenü aus Windows 7 mit der wenig akzeptierten Kachelstartseite aus Windows 8/8.1 und stärkt damit wieder die Desktop-Optik und -Bedienung.

In diesem Relaunch-Fallbeispiel wird davon ausgegangen, dass ein neues Release auch neue Funktionen und Inhalte erhält. Daher wird der Fokus der eingesetzten Methoden auf der angepassten Oberfläche einer erweiterten Informationsstruktur und auf der Vermeidung von Brüchen in der Bedienung liegen. Die eingesetzten Methoden zeigt Bild 55.

| Methoden | Beispiel: Produkt-Relaunch | Nutzer- und Nutzungsforschung | Gestaltung | Evaluation |
|---|---|---|---|---|
| Befragung (Nutzerbedürfnisse) | | ✓ | | |
| Card Sorting / Wording | | | ✓ | |
| Usability-Test | | | | ✓ |
| Befragung (Evaluation) | | | | ✓ |
| Expertenevaluation | | | ✓ | ✓ |

**Bild 55** Methoden-Mix am Beispiel „Produkt Relaunch"

Initiale *Befragungen* sind die empfohlene empirische Methode, um Benutzermeinungen zum aktuellen Produkt einzuholen. Die Befragungen können standardisiert über Fragebogen zur Kundenzufriedenheit oder in Form von Interviews mit repräsentativen Vertretern stattfinden. Befragt werden sollten die Nutzer stets auch zu Verbesserungspotentialen und Optimierungsvorschlägen. Diese spiegeln meist die Erwartungshaltung aus anderen Produkten mit vergleichsweise höherer Gebrauchstauglichkeit wider. Die Ergebnisse können als Anforderungen in das neue Produktrelease einfließen.

Die *Expertenevaluation* kann bei einem Relaunch bereits in der Phase der Gestaltung beginnen und dabei zunächst die aktuelle Produktversion unter die Lupe nehmen. Gemessen an den Anforderungen in Checklisten, Fragebögen und Normen verschaffen sich die Experten einen systematischen Überblick über die aktuelle Usability-Qualität. Davon lassen sich Optimierungen und zudem Anforderungen an die Neuerungen im Produkt ableiten. Grundsätzlich können diese Bewertungen entweder als Selbsteinschätzung intern im Unternehmen oder durch externe Usability-Experten vorgenommen werden.

Auf Basis der Nutzungsanforderungen aus Benutzerbefragung und Expertengutachten können die ersten Entwürfe per *Card Sorting* mit Benutzern abgestimmt werden. Card Sorting ist die zentrale Methode, um eine komplexe Informationsarchitektur benutzergerecht zu gestalten und terminologisch zu benennen. Die Methode eignet sich bei einem Relaunch gut, da neue Funktionen und Inhalte in einen bestehenden Produktaufbau eingepflegt weren müssen. Dies führt in der Regel zu angepassten Menüs und Seitenstrukturen. Jeder kennt die so genannten „gewachsenen" Strukturen und meint damit „unübersichtliche Strukturen". Um dies zu vermeiden, sollte das aktualisierte Produkt wieder in sich stimmig aufgebaut werden, so dass die Funktionen und Inhalte – auch die herkömmlichen – gut auffindbar sind. Gleichzeitig werden über *Wording* auch die Benennungen der Menüs festgelegt. Mit Card Sorting lässt sich auch ein Informationsprodukt wie etwa eine Onlinehilfe aktualisiert gliedern.

In der Evaluationsphase der neuen Produktversion spielt der *Usability-Test* eine wichtige Rolle. Der Usability-Test legt einen Schwerpunkt darauf, zu untersuchen, ob die neuen Funktionen zu Bedienproblemen führen und ob die früheren Funktionen wie bekannt bedient werden können. Die Testaufgaben sollten so konzipiert werden, dass die Testpersonen sowohl herkömmliche Standardfunktionen, als auch neue Funktionen ausführen müssen. Ein Usability-Kriterium bei der Nutzung des Updates sind die von den Testpersonen eingegebenen Suchbegriffe. Sie geben Kenntnis darüber, welche Funktionen die Benutzer nicht von selbst gefunden haben, und die daher optimiert werden sollten.

Der Usability-Test bietet sich in verschiedenen Varianten an:

- *Remote-Test*
  Die neuen Entwürfe werden einer Gruppe von Benutzern remote zu Testzwecken und verbunden mit Testaufgaben zur Verfügung gestellt. Auch das Crowdtesting bietet sich speziell bei Konsumerprodukten und heterogenen Zielgruppen an. Falls es sich um Apps handelt, werden diese dabei auch auf verschiedenen Endgeräten (Desktop, Tablet, Smartphone) und unter ver-

schiedenen Betriebssystemen einschließlich sämtlicher aktueller Versionen getestet. Crowdtesting bietet derzeit die empirisch am besten belegte Art, ein Konsumerprodukt auf einem Massenmarkt zu evaluieren.

- *Labortest mit Eyetracking und „Lautem Denken"*
  Bei großen Änderungen in einem Relaunch sollte der Aufwand eines *Usability-Tests* im Labor nicht gescheut werden. Dieser lässt sich mit Eyetracking kombinieren. Wenn man speziell untersuchen möchte, wie sich Umsteiger in einer geänderten Benutzeroberfläche neu orientieren und zurechtfinden müssen, liefert Eyetracking wertvolle Informationen. Eyetracking offenbart, ob der „Spagat" zwischen Erneuerung der Oberfläche und Beibehalten alter Strukturen gelungen ist. Zu starke Brüche auf der Startseite, im Interaktionsdesign oder in der Informationsarchitektur werden in den Blickbewegungen sichtbar. Wertvoll ist beim Usability-Test auch die Technik „Lautes Denken". Dabei wird erkennbar, ob das mentale Modell der Anwender mit der neuen Version noch kompatibel genug ist.

Wenn in einem Relaunch „Brüche" oder neue Bedienweisen (z. B. neue Gesten) vorkommen, sollten die starken Veränderungen leicht abgemildert, alte Bedienweisen parallel angeboten und die Benutzer über auffällige Benutzerassistenz (z. B. Tutorial) in die Neuerungen eingeführt werden.

**Checkliste – Methoden-Mix für den Relaunch eines Produkts oder einer Anleitung**

- ☐ Bei der Neugestaltung eines Produkts ist es wichtig, die Ergebnisse von Befragungen und Beobachtungen zum alten Produkt in die Anforderungen an das Update einfließen zu lassen.
- ☐ Zusätzliche Funktionen führen meist zu Strukturänderungen in der Benutzeroberfläche, die mit Card Sorting benutzergerecht gestaltet werden können.
- ☐ Ein Usability-Test, ggf. mit Eyetracking, ermittelt, ob die Änderungen (und die aus der alten Version bekannten Funktionen) gut bedienbar sind.

## 8.3 Wirtschaftlichkeitsbetrachtung

*Wenn Königin Isabella von Kolumbus eine Kosten-Nutzen-Analyse verlangt hätte, wäre Amerika nie entdeckt worden.*

Willi Ritschard (ehem. Schweizer Bundespräsident)

### 8.3.1 Kosten und Nutzen von Usability

Eine Analyse der Wirtschaftlichkeit sieht sowohl eine Kostenanalyse als auch eine Nutzenanalyse vor. Die Wirtschaftlichkeit von Usability wird in der Praxis (noch) selten beleuchtet, und wenn, dann häufig negativ mit der voreiligen Argumentation von zu hohen Aufwänden und Kosten. Dadurch werden Investitionen in Usability häufig im vornherein in Teilen oder in Gänze abgelehnt. Um die Entscheidungsgrundlage pro und contra Investition objektiv zu beurteilen, werden

# 8 Anwenden der Methoden

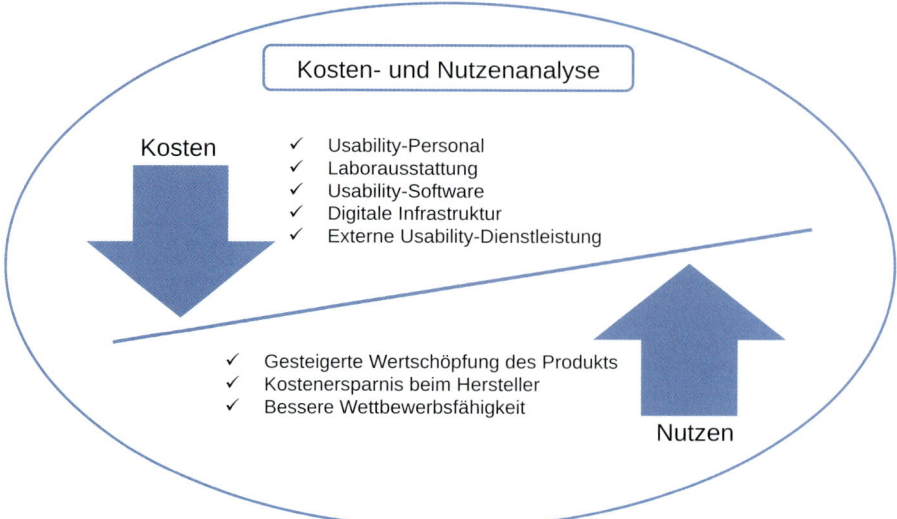

**Bild 56** Kosten- und Nutzenanalyse für Usability

Kosten und Nutzen von Usability hier in Anlehnung an Mutschler & Reichert[89] und Bosenick[90] kurz beschrieben (siehe Bild 56).

*Usability-Kosten*

Kosten entstehen vor, während und nach dem Einsatz von Usability-Aktivitäten im User-Centered Design. Dazu gehören Anschaffungen von Usability-Software, -Hardware und -Laborausstattung. Hardwarekosten können etwa Aufzeichnungsgeräte oder 3D-Drucker sein. Es können auch Kosten für die IT-Infrastruktur des Herstellers anfallen, beispielsweise um Software-gestützte Remote-Tests durchzuführen oder Cloud-basierte Dienste zu nutzen. Weiterhin steigen die Entwicklungskosten, bedingt durch höhere Personalkosten, Kosten für Usability-Experten und für das Anwenden der Methoden. Auch können Kosten für externe Dienstleistungen – wie etwa die Beauftragung einer Agentur zur Durchführung von Usability-Tests – entstehen. Sämtliche Kosten und Investitionen sind aber quantitativ gut kalkulierbar.

*Usability-Nutzen*

Der Nutzen der Usability sind die monetären und nicht-monetären Erträge der Aktivitäten zum User-Centered Design. Sie lassen sich in unterschiedlichen Projektbereichen generieren, z. B. in Projektmanagement, Entwurf, Entwicklung, Benutzerinformation, Support und Training. Es gibt im Wesentlichen drei Argumente, die für Usability sprechen:

- *Steigerung der Wertschöpfung des Produkts beim Kunden*
  Die Produktivität bei der Produktnutzung steigt, da eine höhere Erfolgsrate bei den Aufgaben eintritt (Effektivität) und die zeitliche Performanz bei der Nutzung zunimmt (Effizienz).

## 8.3 Wirtschaftlichkeitsbetrachtung

> **Beispiel für Schätzung einer Effizienzsteigerung**
>
> Eine Usability-orientierte Überarbeitung der Anwendung führt pro zu erfüllender Aufgabe zu einer Zeitersparnis von 5% (effektiv 3 Minuten pro Anwendungssitzung). Bei 200 Arbeitstagen im Jahr wird die Nutzungsdauer der Anwendung im betrachteten Unternehmen um insgesamt 10.000 Stunden gesenkt und dadurch gleichzeitig die Produktivität erhöht (da neue freie Arbeitszeit zur Erledigung anderer Aufgaben entsteht). Wird außerdem ein durchschnittlicher Stundenlohn von 60 € angenommen, entspricht dies einer jährlichen Kosteneinsparung von 600.000 €.
> (Quelle: Mutschler & Reichert[91])

- *Senkung anfallender Kosten beim Hersteller*
  Darunter fallen sinkende Kosten für Training oder Rückgang der Anfragen im Kundenservice und beim Support. Der Grund dafür ist, dass die Nutzer weniger Bedienfehler machen, die ein System im schlechtesten Fall in einen undefinierten Zustand versetzen können. Aber es müssen nicht unbedingt Fehler passieren. Auch Kundenanfragen zu allgemeinen Problemen mit dem Produkt, die sich nicht selbst erklären, können die Ursache sein.

> **Fallbeispiel für Kostensenkung im Support**
>
> Ein Software-Hersteller investierte etwa 100.000 Dollar in ein besseres Handbuch und konnte dadurch die Hotline-Kosten um 30% senken. Der Investition stand eine Kostenvermeidung von knapp 2 Millionen Dollar innerhalb eines Jahres gegenüber.
> (Quelle: Transline Sturz[92])

Weiterhin kann beim Hersteller im Laufe der Entwicklung eine Kostenersparnis stattfinden. Dies ist der Fall, wenn frühzeitig Usability im Prozess verankert wird (siehe dazu Textbox „Kostenersparnis in Abhängigkeit vom Projektzeitpunkt").

- *Bessere Wettbewerbsfähigkeit*
  Dies hat einerseits monetäre Auswirkungen, wie die Steigerung von Umsätzen und Gewinnen. Andererseits gibt es auch nicht-monetäre Folgen, wie etwa höhere Kundenzufriedenheit, Freude und Sicherheit bei der Arbeit durch die einfachere Bedienbarkeit, Benutzerführung und Attraktivität der Anwendung. Die Zufriedenheit hebt das Markenimage und kann ein Wiederkaufsgrund sein.

Auch wenn sich nicht alle Aspekte kalkulatorisch genau beziffern lassen, ist eine Investition in Usability aufgrund dieser Vorteile immer zu empfehlen. Hilfreiche Anleitungen sind stets als Bestandteil der Usability eines Produkts zu sehen. Daher ist auch die Investition in smarte, gebrauchstaugliche Benutzerinformationen anzuraten.

> **Kostenersparnis in Abhängigkeit vom Projektzeitpunkt**
>
> User-Centered Design (UCD) umfasst die Einbeziehung von Usability-Experten und Benutzern, angefangen von der Planung und dann über alle Entwicklungsphasen hinweg. Es gibt diverse Untersuchungen, die die Aufwands- und Kostenentwicklung von Usability abhängig

vom Zeitpunkt untersucht haben (Kalbach 2003[93]). Es zeigt sich: Je eher ein Usability-Problem im Entwicklungsprozess erkannt und behoben wird, umso mehr senken sich die späteren Aufwände bei Nachbesserungen und damit die Kosten. Karat beziffert die Einsparung in Faktoren. Sie gibt an, dass ein Usability-Problem, das bereits in der Design-Phase erkannt und behoben wird, Kosten um einen Faktor 10 in der Entwicklungs-Phase und sogar um einen Faktor 100 nach Markteinführung spart.[94]

**Checkliste – Kosten und Nutzen**

- ☐ Kosten für Usability (z. B. Personal, Sachmittel, Infrastruktur, externe Dienstleistung) sind gut kalkulierbar.
- ☐ Erträge der Usability sind sehr weitreichend: gesteigerte Wertschöpfung des Produkts, Kostensenkung beim Hersteller und bessere Wettbewerbsfähigkeit.
- ☐ Früh im Entwicklungsprozess erkannte und behobene Usability-Probleme senken spätere Nachbesserungsaufwände und Kosten in hohem Maß.

### 8.3.2 Übersicht über den Aufwand und benötigte Ressourcen je Methode

Dieser Abschnitt soll einen Überblick über die zeitlichen Aufwände, die Personalkosten und die Sachmittel der einzelnen Usability-Methoden geben. Die wichtigsten hier beschriebenen Parameter sind der Zeitaufwand und die erforderlichen Ressourcen an Personal und Sachmitteln.

*Zeitaufwand*

Die Methoden lassen sich hinsichtlich ihres zeitlichen Aufwandes in verschiedene Kategorien einteilen. Es wird die Sollzeit zugrunde gelegt, mit der eine Usability-Methode ordnungsgemäß und unter normalen Umständen durchgeführt werden kann. Unterschieden wird in geringe, mittlere und hohe Zeitaufwände. Als geringer Zeitaufwand werden 1 bis 2 Wochen veranschlagt, ein mittlerer Aufwand liegt bei 2 bis 4 Wochen und ein hoher Aufwand bei mehr als 4 Wochen. Ein umfangreicher Usability-Test kann sich beispielsweise einschließlich Planung, Rekrutierung, Durchführung und Auswertung mit abschließender Berichterstellung über einen deutlich längeren Zeitraum erstrecken.

*Personalkosten*

Dieser Kostenfaktor definiert den personellen Aufwand für das gesamte Durchführen einer Usability-Methode. Er gibt an, wie hoch der Personaleinsatz ist und welche Qualifikation die für diese Methode zuständigen Mitarbeiter aufweisen müssen.

- *Personaleinsatz*
  Für einen Usability-Test ist beispielsweise ein Testleiter mit seinem Team erforderlich. Bei anderen Methoden ist es ein Interviewer, ein Fragebogen-Ersteller oder ein Moderator.
  Diese Verantwortlichen sind nicht mit der Testergruppe selbst zu verwechseln. Ein Beispiel soll dies veranschaulichen: Für die Methode Card Sorting werden als Testgruppe typische Benutzer benötigt; die Vorbereitung, Durchführung und Auswertung von Card Sorting übernimmt ein Usability-Experte.

## 8.3 Wirtschaftlichkeitsbetrachtung

- *Qualifikation*
  In den Personalkosten steckt auch die Qualifikation des Usability-Personals. Unterschieden wird hinsichtlich des benötigten Know-hows und der Erfahrung in *Anfänger, Fortgeschrittene* und *Spezialisten*.
  *Anfänger* bedeutet, dass Mitarbeiter, die noch keine oder eine geringe Erfahrung in dieser Methode haben, diese bereits durchführen können. Bei *Fortgeschrittenen* sollte grundlegendes Wissen über Usability vorhanden sein und etwas Erfahrung speziell in dieser Methode. Als *Spezialisten* werden die Mitarbeiter bezeichnet, die sich berufsmäßig mit Usability und Tests beschäftigen.

Beide Posten zusammen führen zu einer Schätzung der Personalkosten in *gering*, *mittel* und *hoch*. Diese Prädikate sind vor allem in Vergleich zueinander zu setzen. Beispiel: Ein Usability-Test verursacht im Vergleich zur Expertenbewertung höhere Personalkosten.

### Sachmittelbedarf

Ein weiterer Parameter der Rahmenbedingungen sind die erforderlichen Sachmittel für die Durchführung. Beispiele für Sachmittel sind spezielle Programme oder Aufzeichnungsgeräte. Hier werden die Kategorien in *gering*, *mittel* und *hoch* eingeteilt. Ein geringer Sachmittelbedarf liegt vor, wenn der Test mit den gewöhnlichen Arbeitsmitteln (Papier und Bleistift, Flipchart etc.) und Software (z. B. Word) durchgeführt werden kann. Bei mittlerem Anspruch werden beispielsweise eine

| Methoden | Aufwände | Zeitdauer | Personalkosten | Sachmittel |
|---|---|---|---|---|
| Befragung (Nutzerbedürfnisse) | | 4 bis 6 Wochen | hoch | mittel |
| Benutzertagebuch | | Ab 2 Wochen | mittel | gering |
| Persona | | 2 bis 4 Wochen | gering | gering |
| Use Cases | | 2 bis 4 Wochen | gering | gering |
| Wettbewerbsanalyse | | 2 bis 4 Wochen | gering | gering |
| Wer-macht-was-Matrix | | 1 bis 2 Wochen | gering | gering |
| Card Sorting / Wording | | 1 bis 2 Wochen | mittel | mittel |
| Prototyping | | 1 Woche, iterativ | mittel | je nach Art |
| Usability-Test | | 4 bis 12 Wochen | hoch | hoch |
| Befragung (Evaluation) | | 2 bis 4 Wochen | hoch | mittel |
| Expertenevaluation | | 2 bis 3 Wochen | mittel | gering |

**Bild 57** Aufwandsschätzung je Methode

Kamera zur Aufzeichnung und ein Videobearbeitungs-Programm benötigt. Hoher Aufwand liegt vor, wenn ein voll ausgestattetes Usability-Labor oder aufwändiges technisches Equipment und Software zur Beobachtung, Aufzeichnung und Auswertung benötigt werden.

Die Zuordnung der Aufwände wie Zeitdauer, Personalkosten und Sachmittel-Bedarf zu den jeweiligen Usability-Methoden fasst Bild 57 zusammen.

### 8.3.3 Externe Dienstleister und Hochschulforschung

Abgeleitet von den vorweg beschriebenen erforderlichen Aufwänden stellt sich die Frage, ob die Maßnahme firmenintern geleistet werden kann oder ob externe Anbieter beauftragt werden sollen. Die benötigten Ressourcen, vor allem kundiges Personal und Sachmittel, aber auch organisatorische Aufwände können ausschlaggebend dafür sein, ob die Maßnahme intern im Unternehmen oder mit externer Unterstützung durchzuführen ist.

Möchte man eine Usability-Methode, wie etwa einen Usability-Test oder eine Expertenbewertung, beauftragen, gibt es dazu verschiedene Möglichkeiten: In Deutschland haben sich in den letzten 15 Jahren viele Anbieter auf Usability spezialisiert. Im Berufsverband German Usability Professionals Association (German UPA) haben sich die Fachleute organisiert und Wissenschaftler treiben die Forschung voran – wie etwa auf der jährlichen Konferenz „Mensch und Computer", die mit dem Fachbereich und Praxisfeld der „Usability Professionals" kombiniert ist.[95]

Nach Bosenick lassen sich die Anbieter in Deutschland abhängig vom Preis, von der Spezialisierung und von Zukauf-Leistungen in verschiedene Preissegmente aufteilen:[96]

- *Oberes Preissegment*
  Unternehmensberatungen und spezialisierte Anbieter wie etwa für Eyetracking-Studien oder internationale Tests. Bei diesen Anbietern darf sehr hohe Kompetenz und Erfahrung erwartet werden, die sich auch in der Qualität der Ergebnisse niederschlägt.

- *Mittleres Preissegment*
  Marktforschungsinstitute, die Nutzer- und Nutzungsforschung mit empirischen Methoden betreiben und über große Panels von Testpersonen verfügen. Dazu ist anzumerken, dass Marktforschung auf Meinungsforschung beruht. Umfassende Usability erstreckt sich jedoch auf Meinungs- und Verhaltensforschung. Auch kleinere, aber spezialisierte Agenturen arbeiten in dieser Kategorie.

- *Günstiges Preissegment*
  Kleine Anbieter und Freelancer.

Usability-Experten in den Agenturen oder Freelancer haben meist einen universitären Hintergrund aus Design, Psychologie, Informatik, Kommunikation oder Sozialwissenschaften. Da der Anbieter-Markt groß geworden ist, lohnt es sich in jedem Fall, mehrere Angebote von Dienstleistern, Beratungsunternehmen oder Instituten einzuholen, um Kosten und Termine vergleichen zu können.

Eine weitere Möglichkeit der externen Zusammenarbeit bieten die Studiengänge und die Forschungseinrichtungen der Hochschulen und Universitäten an. In Deutschland gibt es diverse Studiengänge, die einen Schwerpunkt auf das Thema Usability legen. Die Studiengänge vermitteln Theorie und Praxis zu Usability und verfügen meist über modern ausgestattete Labore sowie geschultes Laborpersonal. Hochschulprojekte können im Rahmen anwendungsnaher Forschung oder als studentische Lehrprojekte durchgeführt werden. Dort betreibt man Methodenforschung und forscht an innovativen Usability-Themen.

### Checkliste – Externe Dienstleister und Hochschulforschung

- ☐ Dienstleister gibt es in Deutschland in verschiedenen Preissegmenten.
- ☐ Spezialisierte Anbieter liegen im höheren Preissegment, dafür darf hohe Ergebnisqualität und geringer Einarbeitungsaufwand erwartet werden.
- ☐ Dienstleister, die über große Panels von Testpersonen verfügen, eignen sich für meinungsbasierte Nutzerbefragungen.
- ☐ Anwendungsnahe Usability-Forschung mit Aufgabenstellungen aus der Industrie wird auch von akademischen Einrichtungen betrieben.

### 8.3.4 Kostenstrukturen bei Usability-Methoden

Generell lässt sich, wie erwähnt, zwischen experten- und benutzerorientierten Maßnahmen im User-Centered Design unterscheiden. Die Usability-Methoden, bei denen Meinungen und Beobachtungen von Nutzern eingeholt werden, sind von vielen Faktoren abhängig. Sie sind daher flexibel auf die wirtschaftlichen Rahmenbedingungen eines Unternehmens skalierbar. Die Expertenmethoden sind im Vergleich zu den benutzerorientierten Methoden einfacher kalkulierbar. Die Kosten richten sich nach der Komplexität des Testobjekts und der damit verbundenen Einarbeitungszeit des Experten.

> **Tipp**
>
> Die Regelwerke, die Experten als Grundlage zur Bewertung eines Testobjekts nutzen, haben unterschiedliche Umfänge. Beispielsweise gibt es den standardisierten IsoMetrics-Fragebogen in einer Kurz- und in einer Langversion. In vielen Fällen genügt die kurze Variante.

Die Kosten verhalten sich also proportional zum Arbeitsaufwand des Experten. In der Regel sollten von mehreren externen Anbietern vergleichbare Angebote eingeholt werden. Die Preise für zum Beispiel Expertengutachten sind Festpreise oder basieren auf Tagessätzen und geschätzten Aufwänden. So können die Kosten gut am vorhandenen Budget ausgerichtet werden.

Wie die Kosten-Nutzen-Analyse gezeigt hat, lohnen qualitätssichernde Maßnahmen in Usability immer. Es gilt: *Ein kleiner Test ist besser als keiner*! Es stellt sich also die Frage nach den Kostentreibern und Einsparpotentialen bei zugleich guter Ergebnisqualität.

**Kosten bei formativen Benutzertests**

Bei den formativen Tests werden Benutzer entwicklungsbegleitend nach Strukturen, Terminologie, Design, Bedienkonzepten und Anleitungskonzepten befragt. Dazu gehören unter anderem Card Sorting, Wording-Test und Prototyping. Das Anwenden solcher Methoden in einer frühen Gestaltungsphase des Entwicklungsprozesses kann Kosten bei der Umsetzung und Evaluierung einsparen. Bedienprobleme werden dann früh erkannt und können behoben werden, bevor die Probleme in späteren Phasen höhere Kosten verursachen.

Die Kosten hängen bei diesen Methoden im Wesentlichen von der Anzahl der Testpersonen ab. Diese wiederum unterscheidet sich je nach Art der Fragestellung. Ein Test zur Bewertung einer Menüstruktur kann bereits mit etwa 12 Personen einer Zielgruppe mit Card Sorting durchgeführt werden. Wenn hingegen eher Meinungen eingeholt werden sollen, wie etwa zu visuellen Gestaltungsfragen, wird eine größere Anzahl von Testern benötigt. Die subjektiven Bewertungen relativieren sich nur bei einer großen Stichprobe.

Beim Prototyping spielt es eine Rolle, wie groß der Aufwand ist, die Prototypen nur für den Testzweck herzustellen. Abhängig davon, wie sehr der Prototyp dem endgültigen Produkt entspricht, unterscheidet man Low-Fidelity- und High-Fidelity-Prototypen. Papier-Prototypen (Handzeichnungen, grobe ausgedruckte Skizzen oder schematische 3D-Modelle) eignen sich als sehr frühe Prototypen: Sie sind einfach und kostengünstig zu erstellen. Mit ihnen lässt sich beispielsweise bereits eine grobe Navigationsstruktur mit Benutzern testen.

High-Fidelity-Prototypen sind im Layout bereits fortgeschritten. Als meist digitale Prototypen erlauben sie Benutzer-Interaktion mit simulierten System-Reaktionen. Zahlreiche Prototyping-Tools, die es vor allem für Software-Produkte gibt, machen das Erstellen und Testen zeit- und kosteneffizient. Bei Software kann der Prototyp bereits in der Entwicklungsumgebung hergestellt werden, was zusätzliche Aufwände spart.

Der Aufwand für Prototypen liegt also weniger in der Erstellung der Prototypen selbst. Das Testobjekt ist schließlich am Ende des Tests selbst das Ergebnis. Daher sollte nicht aus Kostengründen auf iterative Prototyping-Tests verzichtet werden. Bei Rapid Prototyping genügen bereits wenige Testpersonen, um Feedback zu den Zwischenständen zu geben. Es ist kostensparender, früher mehrere kleinere Tests mit weniger Probanden durchzuführen und die Fehler gleich zu beseitigen, als einen Test mit vielen Benutzern erst am Ende der Entwicklung.

*Internationalisierte Produkte und Anleitungen*

Wenn ein Hersteller international ausgerichtet ist und seine Produkte weltweit vertreibt, müssen bekanntlich interkulturelle Unterschiede berücksichtigt werden. Dabei geht es nicht nur um die reine Übersetzung der Inhalte wie Oberflächentexte, Meldungen und Anleitungen. Besonders bei der Struktur, Inhaltstiefe und Gestaltung müssen länderspezifische Besonderheiten berücksichtigt werden. Zwei Beispiele aus einer Fülle von möglichen Fallbeispielen sollen dies erläutern:

8.3 Wirtschaftlichkeitsbetrachtung

**Bild 58** Vergleich von Strukturen und Inhaltstiefe zwischen westlicher und asiatischer Kultur am Beispiel einer Jobbörsen-App (links: JobScout24 Schweiz App, rechts: 51job.com App aus Asien)

- *Strukturen*
  In der Struktur einer Website zeigen sich erhebliche Unterschiede zwischen den Kulturen.[97] Westlich geprägte Internetnutzer bevorzugen klar gegliederte Strukturen und gewichtete Informationen mittels Hierarchiebäumen, Überschriften und Textstrukturen. Asiatisches Strukturdesign hat diesen Anspruch an Übersichtlichkeit und Aufgeräumtheit nicht. Alle Informationen werden gleichartig in einer flachen Hierarchie präsentiert. Die asiatischen Website-Nutzer sind es gewohnt, die benötigten Informationen selektiv zu suchen und vieles visuell auszublenden. Bild 58 zeigt einen Vergleich.

- *Texte und Bilder*
  Mit Text und/oder Bild anleiten? Genügt eine reine Bildanleitung à la Ikea? Ist der Text oder sind die Bilder das Leitmedium? Welche Symbole sind international verständlich? Dies sind typische Fragen der Informationsentwickler bei der Gestaltung ihrer Anleitungen. Interkulturell betrachtet, muss dazu auch das Text- und Bildverständnis in den Kulturen untersucht werden. Verbreiteter primärer oder funktionaler Analphabetismus spricht beispielsweise für bildliche Gestaltung. Instruktive Symbole, die Körperteile abbilden (wie etwa der ausgestreckte Zeigefinger), werden in Ländern wie Japan und Thailand als abstoßend empfunden.

Die Beispiele machen deutlich, dass interkulturelles Know-how nötig ist, um die großen Fettnäpfchen zu umgehen. Trotz aller Fachliteratur: Wie stellt man sicher, dass die Struktur und die Gestaltung im eigenen Projekt funktioniert? Da gibt es nur iteratives Testen, und dies mit Testpersonen aus den verschiedenen Ländern. Da konzeptionelle Aspekte betroffen sind, muss früh in der Entwicklung mit internationalen Nutzern getestet werden. Dies bedeutet, dass Methoden wie Card Sorting, Wording-Tests und Prototyping mit internationalen Testergruppen durchgeführt werden müssen. Andernfalls können gravierende Kosten durch spätere Änderungen bis hin zu einer vollständigen Neuprogrammierung entstehen. Im Falle der Website würde es bedeuten, dass die komplette Informationsarchitektur der Website nochmals neu spezifiziert und technisch implementiert werden müsste.

Durch internationale Tests entstehen Aufwände bei der Koordination der Tests in den Ländern. Zwar steigt die Anzahl der Testpersonen je Land damit auf ein Vielfaches an. Versäumnisse in der Usability produzieren jedoch ein Vielfaches an Nacharbeit bei der Programmierung und der Evaluation.

### Checkliste – Kosten bei formativen Benutzertests

- ☐ Die Kosten formativer Benutzertests hängen stark von der Anzahl der Testpersonen ab.
- ☐ Bei Card Sorting und Wording genügen etwa 12 Personen pro Nutzergruppe.
- ☐ Bei Prototyping gilt: Eine größere Anzahl von Zwischentests mit kleinen Gruppen ist effektiver und effizienter als ein später Test mit einer großen Testgruppe. Korrekturen können so frühzeitig und kostensparend in die Entwicklung einfließen.
- ☐ Internationale Nutzergruppen sind möglichst frühzeitig in die Gestaltung (Strukturen, Inhaltstiefe, Texte und Bilder) einzubinden, um gravierende Lokalisierungsfehler zu vermeiden.

### Kosten bei summativen Usability-Tests

Die Kostenstrukturen eines klassischen Usability-Tests hängen von Art und Umfang des Tests ab. Einen wichtigen Faktor zum Umfang stellt das gemeinsame Evaluieren von Produkt und Anleitung dar. Wie bereits beschrieben, lassen sich bei einem verhaltensbasierten Usability-Test besonders gut die Probleme ermitteln, die nur bei einer realen Nutzung durch typische Anwender auftreten. Dazu gehört auch die Komplexität im Zusammenspiel zwischen Produkt und Anleitung. Es spart also Aufwände und damit Kosten, wenn Produkt und Benutzerassistenz im gleichen Usability-Test behandelt werden und nicht separat.

Zur Art lässt sich feststellen, dass ein Remote-Test im Vergleich zum Labortest die günstigere Variante ist. Für einen klassischen Labortest sollten sich nach Bosenick die Kosten bei einem externen Anbieter zwischen 800 und 1.600 EUR pro Testperson bewegen. Die Gesamtkosten liegen bei einer Stichprobe von 10 Testpersonen bei 8.000 bis 16.000 EUR und umfassen Projektleitung, Vorbereitung, Rekrutierung einschließlich Probandenhonoraren, Testdurchführung sowie Analyse.[98]

Die Kostenaspekte und mögliche „Stellschrauben" zur Kostensenkung unterscheiden sich je nach der Phase, in der sie anfallen:

*Planung*

Die Kosten werden weitgehend durch die Art und Komplexität des Testobjekts bestimmt. Falls sich ein Externer in das Produkt einarbeiten muss, sind die Aufwände geringer, wenn dieser auf diesen Produkttyp spezialisiert ist (z. B. auf Anwendungen von Augmented Reality oder auf Maschinen im Produktionsumfeld). Einen weiteren Aspekt bilden internationale Tests. Hier fallen unter anderem Übersetzungskosten oder Reisekosten von Usability-Experten an.

*Rekrutierung*

Hier fallen Kosten für die Rekrutierung und die Aufwandsentschädigung der Teilnehmer an. Die Rekrutierungskosten wiederum hängen von der Anzahl der Probanden und den Profilanforderungen ab. Manche Profile sind schwer zu rekrutieren, wie etwa langjährige Nutzer eines Produkts oder spezielle Berufsgruppen wie Ärzte oder Anwälte. Manchmal können Ersatz-Zielgruppen vertretbar sein, wie etwa Studierende der Medizin im höheren Semester für die Zielgruppe Ärzte. Wenn die Probanden in den Panels der Anbieter vorhanden sind, reduzieren sich die Rekrutierungsaufwände ebenfalls. Günstig sind auch On-Site Tests bei Webseiten und Apps. Dabei werden Probanden direkt über die Webseite oder App rekrutiert, führen den Test remote durch und nehmen als Incentive etwa an einem Gewinnspiel teil.

*Durchführung*

Die Kosten für Usability-Tests dimensionieren sich nach der Anzahl der Testsitzungen und deren jeweiliger Dauer. Zeitliche Einsparungen sind möglich, wenn die Testpersonen zeitlich versetzt einbestellt werden und das Testteam eine Aufgabenteilung vornimmt. So entstehen keine Leerzeiten. Die Begrüßung und Einführung können Mitglieder des Testteams übernehmen, den Aufgabentest und das Interview moderiert der Testleiter, den abschließenden Fragebogen und die Verabschiedung übernimmt wieder das Testteam. Zeitsparend in Hinblick auf die spätere Auswertung ist es auch, wenn das Testteam die Auffälligkeiten direkt bei der Beobachtung während der Produktnutzung notiert. Idealerweise geschieht dies über Software direkt an der passenden Stelle im Videoschnitt, so dass auch die Videoanalyse bereits semantisch vorbereitet wird. Auch das Aufzeichnen von Mausklicks oder Touches mit Recording-Software erleichtert die quantitative Auswertung der Effizienzdaten.

*Auswertung der Daten und Berichtserstellung*

Diese Phase kann sehr aufwändig werden und bietet den größten Spielraum für Einsparungen. Die günstigste Variante bei einer externen Beauftragung ist (mit Vorbehalt!), dass der Auftraggeber bei der Beobachtung anwesend ist und die Auswertung selbst übernimmt. Es findet nur ein gemeinsames Abschlussgespräch mit dem Dienstleister statt. In diesem Fall verzichtet der Auftraggeber jedoch auf das Know-how der Analyse durch den Dienstleister.

Unabhängig davon, wer auswertet, stellt sich die Frage nach dem Umgang mit den protokollierten Rohdaten. Wenn nur die wichtigsten Probleme, die bereits bei der Beobachtung aufgefallen sind, extrahiert werden, ist dies weniger aufwändig als eine vollumfängliche Auswertung der quantitativen und qualitativen Daten. Auch die Ergebnisberichte können unterschiedlich ausführlich gestaltet werden. Ein Kurzbericht des Dienstleisters fasst nur die wichtigsten Probleme zusammen und ist die kostengünstigere Variante im Vergleich zum Langbericht mit Maßnahmenkatalog zur Optimierung. Die Verwendung von Beschreibungsformaten (wie etwa die Norm *ISO/IEC 25062 Common Industry Format (CIF) for usability test reports*) erleichtert das Anlegen des Auswerterasters. Eine Präsentation oder ein Workshop des Dienstleisters sind als Diskussions- und Entscheidungsgrundlage sehr hilfreich; da diese oft zu einem Festpreis angeboten werden, ist es sehr empfehlenswert, diesen Angebotsposten zu beauftragen.

*Hallway-Testing oder der „kleine Benutzertest"*

Zum formellen Usability-Test im Labor oder remote gibt es Varianten, die besonders einfach sind und in kurzer Zeit erstes Feedback zur Benutzbarkeit eines Produkts geben können. Eine dieser Varianten ist der „kleine Benutzertest"oder Hallway-Test.[99,100] Die Testergruppe sind spontan rekrutierte Arbeitskollegen. Beim Hallway-Testing fragen Sie Kollegen, die Sie auf dem Gang (Hallway) treffen, ob diese einen Entwurf auf Usability-Probleme prüfen könnten. Der Kollege sollte jedoch nicht die gleiche Fachexpertise haben wie Sie selbst, da Sie beide die gleiche Herangehensweise haben würden. Dabei soll die Verhaltensbeobachtung im Vordergrund stehen, meinungsbasierte Interviews oder Fragebögen kommen nicht zum Einsatz. Die Vorgehensweise ist nicht so umfangreich wie bei einem Usability-Test, da die Ergebnisse ausschließlich den Designer, Entwickler oder Informationsentwickler interessieren. Dieser informelle Test umfasst wenige Schritte:

- *Vorbereitung*
  Bereiten Sie eine zentrale und auch etwas komplexe Testaufgabe vor, die aus dem Alltag gegriffen ist. Formulieren Sie die Fragestellung zielorientiert, d. h. ohne Hinweise auf die Lösung der Aufgabe. Beispiel: „Stellen Sie sich vor, Sie sind ein Personaler. Sie möchten in einer neuen Fachkräfte-App erstmals ein Stellenangebot erstellen. Wie gehen Sie vor?" (Die ideale Handlungsabfolge ist mehrstufig und besteht aus Registrieren, Login und Stellenangebot erstellen.) Bei dieser Aufgabe wird die Benutzerinformation implizit getestet, die etwa als eingebettete Oberflächenhilfe vorliegt. Wenn Sie explizit auch die Anleitungen testen möchten, könnten Sie die Aufgabenstellung erweitern, z. B. in der Form: „Lesen Sie auch das Konzept der Rekrutierungs-App. Welche Einschränkungen gibt es bei ihrer Nutzung?"

- *Durchführung*
  Führen Sie den spontan rekrutierten Kollegen kurz in das Produkt ein und lassen ihn die Aufgabe bearbeiten. Bitten Sie ihn, bei der Nutzung „laut zu denken". Beobachten Sie den Kollegen bei der Nutzung des Testobjekts und machen Sie sich Notizen dabei. Helfen Sie nur im Ausnahmefall bei der Ausführung der Aufgabe. Wiederholen Sie diesen Test mit einigen weiteren Personen.

- *Auswertung*
  Die Ergebnisse können bei diesem kurzen Test bereits sehr aufschlussreich sein, da er die wichtigsten Probleme offenlegt. Wichtige Probleme sind kritische Probleme, die zu einem Abbruch führten, oder ernste Probleme, die

die Bedienbarkeit stark eingeschränkt haben. Wenn mehrere Kollegen die gleichen Probleme hatten, ist dies besonders stark zu gewichten. Im obigen Beispiel: Nach der Registrierung findet kein Kollege sogleich das Login. Oder: Die Nutzungs-Einschränkungen, die in der Anleitung der App stehen, können nur in Teilen wiedergegeben werden. All dies sind Beispiele für ernste Probleme und es besteht ad-hoc Nachbesserungsbedarf!

Der Hallway-Test hat natürlich seine Grenzen. Die Kollegen gehören nicht zu den künftigen Benutzern, außer es handelt sich um Produkte für heterogene Nutzergruppen wie etwa Konsumgüter. Die Auswirkung lässt sich gut am obigen Beispiel erklären: Personaler haben eine bestimmte Logik in der Vorgehensweise, nach der sie typischerweise ein Stellenangebot aufgeben, z. B. erst die Firma mit Name und Logo eingeben, dann das Stellenprofil, nicht umgekehrt. Die befragten Kollegen haben nicht diese Berufsroutine, sie müssen nach dem allgemeinen Sachverstand vorgehen. Weiterhin wird nur eine Testaufgabe gestellt, kein umfangreiches Set an Testaufgaben. Die Testaufgabe basiert auch nicht auf einer vorangegangenen Problemanalyse. Bedienprobleme, die eventuell bei anderen Aufgaben auftreten, bleiben unentdeckt. Und nicht zuletzt ist der Testleiter „improvisiert", er ist kein erfahrener Moderator und beeinflusst evtl. die Testperson ungewollt.

Eine Voraussetzung für den Kollegen-Test ist eine offene und fehlertolerante Arbeitskultur im Unternehmen. Das gegenseitige Prüfen und Testen von Arbeitsergebnissen muss als gute und sinnvolle Art der Qualitätssicherung verstanden werden. Ansonsten bleibt eine weitere Alternative: das Testen mit Personen aus dem Bekannten- und Freundeskreis.

*Fazit zur Wirtschaftlichkeitsbetrachtung*

Bei allem berechtigten Blick auf die Kosten und Nutzen von Usability ist es wichtig, dass nicht am Einsatz der nötigen Usability-Methoden gespart wird! Die Methoden sollten immer an den besten zu erwartenden Ergebnissen ausgerichtet werden. Beispiel: Nur eine Aufmerksamkeitsstudie kann Erkenntnisse über die visuelle Wahrnehmung und Lesegewohnheit in einer Anleitung aufzeigen. Eyetracking wäre hier angeraten. Falls diese Methode außerhalb des Budgets liegt, sollte der Wahrnehmungstest nicht gänzlich wegfallen, sondern durch eine günstigere Variante wie Mouse Tracking ersetzt werden. Die meisten Methoden lassen sich zudem durch eine Vielzahl von Software-Tools effizient unterstützen (siehe dazu Kapitel 10.1 „Software-Tools", Seite 230).

### Checkliste – Kosten bei summativen Usability-Tests

- ☐ Gemeinsames Testen von Produkt und Anleitung entspricht der realen Nutzung und spart Testaufwände gegenüber getrennten Benutzertests.
- ☐ Beim Usability-Test liegen die größten Einsparpotentiale in der Tiefe der Auswertung und in der Berichterstellung. Meist genügen konzept- und problemfokussierte Kurzberichte.
- ☐ Ein Blick auf Software-Tools zur effizienten Unterstützung der Methoden lohnt sich!
- ☐ Der Hallway-Test ist ein informeller kleiner Benutzertest (Kollegen, Bekannte, Freunde) und kann bereits erste Anhaltspunkte für Usability-Probleme liefern und sich somit kostensenkend in der Produktentwicklung auswirken.

# 9 Fallstudien

> *„Im Schönen vereinigt sich, wie im höheren Handeln überhaupt, immer Theoretisches und Praktisches."*
>
> Karl W. F. Solger (deutscher Gelehrter)

Die folgenden Fallstudien erläutern beispielhaft konkrete Usability-Projekte und ihre Umsetzung in die Praxis. Die Projekte wurden in Zusammenarbeit zwischen Industrieunternehmen und der Hochschule München – Studiengang Technische Redaktion und Kommunikation – unter meiner Leitung durchgeführt. In den letzten Jahren habe ich zahlreiche Usability-Projekte für interaktive Geräte, Software, Web und Apps sowie Anleitungen begleitet.

Die ausgewählten Fallstudien weisen bewusst hohe Komplexität auf, was es ermöglicht, den Einsatz verschiedener aufeinander abgestimmter Usability-Methoden exemplarisch darzustellen. Dies bedeutet jedoch nicht, dass Usability-Untersuchungen stets so umfangreich und multimodal sein müssen. Es geht hier eher darum, den Beispielcharakter dieses Kapitels zu unterstreichen und das Usability-Instrumentarium in seiner ganzen Bandbreite vorzustellen.

Die beschriebenen Fallstudien sollen zudem unterschiedliche Dimensionen der Usability aufgreifen. So gibt es Studien mit eher homogenen Zielgruppen – wie die Nutzergruppe der Werkstofftechniker in der Zeiss-Tutorial-Studie, andere mit sehr heterogenen Zielgruppen, wie die Autofahrer in der App-Studie der BMW Group. Auch im Hinblick auf das Testobjekt wird Vielfalt demonstriert: Bei den Zeiss-Tutorials handelt es sich um ein *Anleitungsvideo*, bei den Self-Services um eine *Web-Anwendung* und bei BMW um eine *Dokumentations-App*. Die Studien finden zudem in unterschiedlichen Entwicklungsphasen statt und bilden damit den Prozess des *User-Centered Designs* ab, in den Benutzer in allen Phasen einer Produktentwicklung eingebunden werden: von ganz frühen Entwicklungsstadien (wie die Zeiss-Tutorials) bis zu Usability-Testing von bereits auf dem Markt eingeführten Produkten (wie die BMW Driver's Guide Apps).

Am Beginn jeder Fallstudie steht ein Projekt-Steckbrief, der die Rahmenbedingungen kurz skizziert. Um die Fallstudien auch für andere Praxisanwendungen nützlich zu machen, sind im Steckbrief auch die Bereiche aufgeführt, auf die der vorliegende Anwendungsfall jeweils übertragen werden könnte.

## 9.1 Driver's Guide Apps (BMW Group)

Erste Ideen zu dieser umfangreichen Usability-Studie entstanden bei einem Gespräch bei BMW, Abteilung Betriebsanleitung. Ausgangssituation war der Wunsch nach möglichst konsistenter und nutzerfreundlicher Veröffentlichung der Betriebsanleitung auf sehr verschiedenen Medien, und zwar als gedruckte

Bordliteratur, als PDF-Handbuch im Web, als integrierte Anleitung im Fahrzeug (IBA) und neuerdings auch als Dokumentations-App auf Mobilgeräten.

Im Fokus der Usability-Untersuchung sollten die drei Driver's Guide Apps für die Marken BMW, BMW i und MINI stehen, die in den App-Stores zum Download verfügbar sind. Das Interesse der Zielgruppe an diesen Apps steigt kontinuierlich. Die Usability-Studie fand im Zeitraum Oktober 2014 bis Januar 2015 in Kooperation mit der Hochschule München statt. Tabelle 25 beschreibt die Rahmenbedingungen des Projekts.

**Tabelle 25**   Projekt-Steckbrief zu Driver's Guide Apps

| | |
|---|---|
| **Objekt** | Driver's Guide Apps der Marken BMW, BMW i und MINI: Fahrzeugspezifische Betriebsanleitung auf den Plattformen iOS und Android für Tablet und Smartphone |
| **Produkt/Anleitung** | Anleitung (Dokumentations-App) |
| **Digitalisierungs-Trend** | Mobilität, Mobile Dokumentation |
| **Nutzergruppen** | Heteroge Zielgruppe: Menschen mit Führerschein (18 bis 80 Jahre) Soziokulturelle Unterscheidungsmerkmale der Nutzer nach den Marken BMW, BMW i und MINI |
| **Firma/Abteilung** | BMW Group, Abteilung Betriebsanleitung, München |
| **Projektziel** | Feedback der Benutzer zu Funktionalität, Inhalten und Bedienbarkeit der Apps ermitteln |
| **Phasen** | Betriebsphase („Nach Veröffentlichung") |
| **Eingesetzte Methoden** | • Fragebogen zur Rekrutierung der Testpersonen<br>• Usability-Tests im Labor: Pre-Fragebogen, Testaufgaben mit Eyetracking und „Lautes Denken"<br>• Interviews im Anschluss an die Usability-Tests |
| **Übertragbar auf** | • Gerätespezifische, individualisierte Dokumentation<br>• Service-Apps mit digitaler Benutzerassistenz |

**Motivation**

Die Driver's Guide App ist eine fahrzeugspezifische Betriebsanleitung, die BMW für bestimmte Fahrzeugmodelle zur Verfügung stellt. Die App ist auf den Plattformen iOS und Android, jeweils auf Tablet und Smartphone, verfügbar. Die mobile App enthält die vollständige individuelle Betriebsanleitung und die Kurzanleitung des Fahrzeugs. Als Suchfunktionen werden eine thematische Suche sowie eine visuelle Bildsuche mit antippbaren Fahrzeugkomponenten geboten.

Mehrwert im Vergleich zur Bordliteratur bieten erklärende Animationen und situative Lösungen, erreichbar durch Quicklinks. Zudem finden sich in der App Erklärungen der Warn- und Kontrollleuchten sowie „Häufige gestellte Fragen". Die Navigationsstruktur ist gerätespezifisch an Smartphones und Tablets angepasst. So bieten die Apps für Smartphones mit „Schnell" und „Ausführlich" eine anwendungsbezogene Wahlmöglichkeit für den Bezug zu den Dokumenten und Informationen auf (siehe Bild 59).

9 Fallstudien

 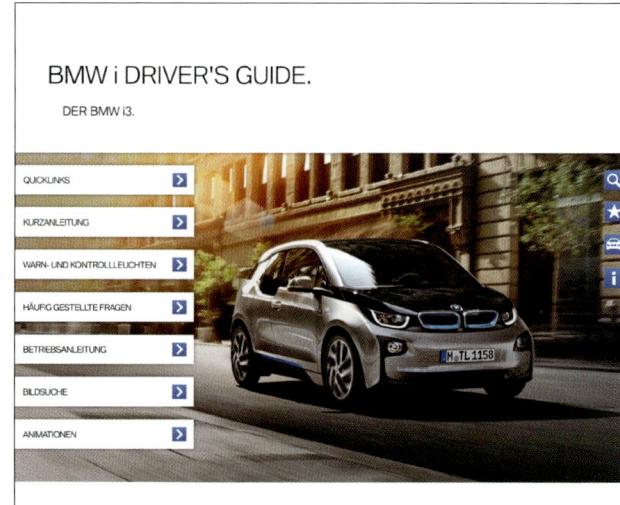

**Bild 59** BMW Driver's Guide-App für BMW auf Smartphone (links) und für BMW i auf Tablet (rechts)

Die Mitarbeiter der Abteilung Betriebsanleitung waren interessiert an einer belastbaren Aussage, wie gut die Bedienbarkeit der immer weiter verbreiteten Apps tatsächlich ist. Das Benutzer-Feedback sollte möglichst umfassend sein und Antworten auf mehrere Fragestellungen geben:

- Wie bewerten Benutzer die Funktionalität der App?
- Welche Inhalte finden die Nutzer sinnvoll, welche Inhalte sind aus Nutzersicht zu umfangreich und welche Inhalte wünschen die Nutzer detaillierter beschrieben?
- Ist die App schnell und einfach bedienbar?
- Wie zufrieden sind die Benutzer mit der App?

Zusammenfassend lässt sich festhalten, dass die Zielsetzung der Studie vordergründig auf die Überprüfung des sogenannten „funktionalen Designs" ausgerichtet ist, also der Interaktionsprozesse und der Navigationsstruktur der App.

> **Kundenerlebnis ermitteln**
>
> „Ziel war es, in Zusammenarbeit mit der Hochschule München wissenschaftlich fundierte, messbare Rückmeldungen zu unserer Betriebsanleitungs-App *BMW Driver's Guide* zu erhalten. Dabei ging es uns besonders um die Usability, das Design und den praktischen Nutzen, zusammenfassend also um das gesamthafte Kundenerlebnis. Darüber hinaus waren wir auch auf der Suche nach möglichen Verbesserungspotentialen. Besonders hilfreich erschien uns hierbei der Einsatz des Eyetrackings im Usability-Labor.
>
> *Markus Roth*, Teamleitung Strategie und Projekte,
> Abteilung Betriebsanleitung, BMW Group

## Eingesetzte Methoden und ihre Ziele

Schwerpunkt des Projekts war das Gewinnen von Feedback der Benutzergruppen zu den Apps. Die Benutzer sind hinsichtlich ihrer Vorkenntnisse als sehr heterogen einzustufen. Die Vorgehensweise konzentrierte sich folglich auf die Definition repräsentativer Nutzer, deren Rekrutierung und die Durchführung von benutzerorientierten Methoden (Tabelle 26).

Tabelle 26   Auswahl von Usability-Methoden für die Fallstudie über die Driver's Guide Apps

| Teilnehmer / Phase | Betriebsphase („Nach Veröffentlichung") |
|---|---|
| Experten | • Zielgruppendefinition und -auswahl für heterogene Zielgruppe |
| Benutzer | • Bewerbungs-Fragebogen zur Rekrutierung der Testpersonen<br>• Usability-Test, bestehend aus<br>  – Pre-Fragebogen zur Nutzung mobiler Geräte<br>  – Testaufgaben mit Eyetracking<br>  – Testaufgaben mit „Lautem Denken"<br>  – Interviews |

## Heterogene Zielgruppe definieren und rekrutieren

Da Usability-Tests im Labor wegen des hohen Aufwands und der Verfügbarkeit mit einer kleinen Stichprobe an Personen auskommen können, ist eine besonders sorgfältige Auswahl und Rekrutierung dieser Probanden wichtig. Die Nutzer der drei Marken der BMW Group sollten zunächst allgemein über eine Zielgruppendefinition beschrieben werden. Die Anzahl der Testpersonen wurde auf 15 Personen pro Marke festgelegt, um ein gutes Verhältnis zwischen Erkenntnisgewinn und Aufwandsreduktion zu erzielen (Hintergrund: Entsprechend den Erkenntnissen der Methodenforschung von Faulkner finden 15 User zwischen 90% und 97% der Usability-Probleme)[101]. Alle Nutzer mussten im Umgang mit Apps vertraut sein, um unerwünschte Seiteneffekte bei Neulingen, die sich noch in der Einarbeitungsphase befinden, auszuklammern. Bei den Testpersonen musste es sich nicht zwingend um Kunden der BMW Group handeln, diese konnten auch Fremdfahrzeuge nutzen. Zur Testergruppe sollten sowohl private Fahrer, als auch Fahrer von Firmen- oder Leihfahrzeugen gehören, die mit dem Fahrzeug oder Modell nicht sehr vertraut sind.

Die Vorgehensweise zum Screening der Probanden war wie folgt:

1. BMW erstellt Zielgruppenvorgaben zu Nutzern der drei Marken
2. Werbemittel zur Rekrutierung erstellen und verteilen
3. Bewerbungs-Fragebogen erstellen
4. Zielgruppen-Zuordnungsmatrix der Ausprägungen der Bewerbungskriterien zu den drei Marken der BMW Group erstellen

*Schritt 1: Zielgruppenvorgaben*

BMW gab einige grundlegende Kriterien zur Differenzierung der Fahrer der Marken BMW, BMW i und MINI an (siehe Tabelle 27).

Tabelle 27  Zielgruppen-Kriterien von Kunden der BMW Group je Marke

| Marke<br>Kriterium | BMW | BMW i | MINI |
|---|---|---|---|
| Merkmale | Qualitätsbewusst, erfolgsorientiert, individuell, seriös | Innovativ, zukunftsorientiert, umweltbewusst | Junger, frecher Lifestyle |
| Geschlecht % | M: 60%   W: 40% | M: 80%   W: 20% | M: 20%   W: 80% |
| Alter | 20 bis 65 Jahre | 45 bis 65 Jahre | 19 bis 45 Jahre |
| Kfz-Vorkenntnisse | vorhanden | vorhanden | vorhanden |
| Nutzung des Kfz | Privat und beruflich | privat | privat |

*Schritt 2: Werbemittel zur Rekrutierung*

Auf den Usability-Test und die Bewerbung durch Ausfüllen eines Fragebogens wurde über verschiedene Medien aufmerksam gemacht. Plakate wurden vorwiegend an Tankstellen ausgehängt (siehe Bild 60), Flyer an Auto-Windschutzscheiben befestigt, und als gegen Ende der Rekrutierungsphase noch Bewerbungen von Personen über 55 Jahren fehlten, wurde zusätzlich eine kostenpflichtige Facebook-Werbeanzeige mit dieser Alterseingrenzung geschaltet. Um die gewünschte Selektion der Teilnehmer vornehmen zu können, war ein Vielfaches an Bewerbungen (ca. 300 Bewerbungen) nötig.

*Schritt 3: Bewerbungs-Fragebogen*

Der elektronische Fragebogen, den die Bewerber für den Usability-Test ausfüllen mussten, umfasste mehrere Kriterien:

- *Fragen zur eigenen Person*
  Altersgruppe (20 bis 25, 26 bis 35, 36 bis 45, 46 bis 55, 56 bis 65, über 65), Geschlecht, Beruf, Kontaktdaten

- *Fragen zum eigenen Fahrzeug und Fahrverhalten*
  Marke, Modell, Firmenwagen, Erst- und Zweitwagen, Anzahl Kilometer pro Jahr, Kilometer pro Tag, persönlich wichtige Eigenschaften bei einem Auto (Innovativ, Umweltfreundlich, Sportlich, Verbrauch, Lifestyle). Die genannten Eigenschaften waren der wichtigste Filter für die Zuordnung der Bewerber zu den drei Testergruppen je Marke BMW, BMW i und MINI.

- *Fragen zum Nutzungsverhalten mobiler Endgeräte*
  Smartphone und/oder Tablet, bevorzugtes Betriebssystem (iOS, Android, Windows), tägliche Nutzungsdauer

Eine zusätzliche Frage bezog sich auf die Art des Tests an sich, und dabei auf mögliche Sehhilfen bei der Bildschirmarbeit. Diese Angabe war wegen der vorgesehenen

**Bild 60** Plakat zur Rekrutierung von Testpersonen für Usability-Tests der BMW Driver's Guide App

Eyetracking-Aufzeichnungen nötig. Nach Angabe des Systemherstellers lassen sich 90% aller Brillen-/Kontaktlinsenträger mit der Infrarot-Augenkamera problemlos aufzeichnen. Bei den höheren Altersgruppen nehmen die Fehlsichtigkeiten zu, daher sollte vorab eine Reserve an Testpersonen zum etwaigen nötigen Ausgleich eingeplant werden.

*Schritt 4: Zielgruppen-Zuordnungsmatrix*

Um einen Filter für die Bewerbungen zu haben und gleichzeitig die gewünschten Zielgruppenvorgaben zu erfüllen, wurde eine Zuordnungsmatrix erstellt. Die Matrix war nötig, da die Vorgaben komplex waren. Ein Beispiel für die Zusammensetzung der 15-köpfigen Testergruppe für die Marke MINI soll dies veranschaulichen:

- Zunächst müssen die Bewerber über die gewünschten Eigenschaften an ein Fahrzeug der Marke MINI zugeordnet werden (z. B. „Lifestyle" sehr wichtig, „Verbrauch" weniger wichtig).
- Zudem sollten die 15 Tester eine differenzierte Altersverteilung im Bereich von 19 bis 45 Jahre aufweisen, also höchster Anteil zwischen 20 und 25 Jahre, dann absteigende Häufigkeit bis 45 Jahre.
- Dabei sollten 20 % männlich und 80 % weiblich sein.

- Gleichzeitig sollten die Bewerber so ausgewählt werden, dass die verschiedenen Betriebssysteme und Endgeräte in allen Varianten vorkamen.
- Auch die Nutzungsdauer der eigenen mobilen Endgeräte sollte bei den Testpersonen in einem vorgegebenen Verhältnis vorliegen, siehe dazu Tabelle 28.
- Weitere Kriterien waren unter anderen: gemischtes Verhältnis aus BMW Group Fahrzeug oder Fremdfahrzeug sowie unterschiedliches Fahrverhalten.

Tabelle 28   Zielgruppen-Zuordnungsmatrix der täglichen Nutzungsdauer von Mobilgeräten in der Fallstudie „Driver's Guide Apps"

| Nutzungsdauer | < 1 Stunde | 1 bis 3 Stunden | 4 bis 8 Stunden | > 8 Stunden |
|---|---|---|---|---|
| Anteil der Testpersonen | 5 % | 40 % | 45 % | 10 % |

**Der Usability-Test**

Der Usability-Test war das Kernstück in diesem Usability-Projekt. Um möglichst viel Feedback von den Anwendern zu ermitteln, waren verschiedene Stationen vorgesehen. Der Testablauf gliederte sich wie folgt:

1. Ausfüllen des Pre-Fragebogens zur Nutzung mobiler Geräte
2. Usability-Test:
   Aufgabenteil 1 mit Eyetracking, Aufgabenteil 2 mit „Lautem Denken"
3. Interview

*Pre-Fragebogen zur Nutzung mobiler Geräte*

Der Fragebogen hatte das Ziel, die individuelle Nutzung von Apps durch die Testpersonen in Ergänzung zu dem Bewerbungs-Fragebogen noch detaillierter zu ermitteln. Dadurch war einerseits eine statistische Verteilung der Nutzungskriterien über die 45 Testpersonen möglich. Andererseits konnten Rückschlüsse auf die Testergebnisse gezogen werden. Zur Erinnerung: Die hier als Nutzergruppen BMW, BMW i und MINI bezeichneten Testpersonen fahren nicht zwingend tatsächlich diese Fahrzeuge, sondern sind repräsentative Stellvertreter dieser Gruppe, wie im vorherigen Kapitel zur Zielgruppenauswahl ausführlich beschrieben. Als BMW i Nutzergruppe wurden beispielsweise Personen eingestuft, denen „Innovation" als Eigenschaft eines Autos sehr wichtig ist und die in der Altersgruppe zwischen 45 bis 65 Jahren liegen.

Eine Frage bezog sich darauf, welches Mobilgerät (Smartphone, E-Book-Reader und/oder Tablet) benutzt wird. Dabei gaben 100 % der Testpersonen der Nutzergruppen der Marken BMW i und MINI an, dass sie Smartphones nutzen; die Nutzergruppe der Marke BMW lag mit 85 % leicht darunter. Die Tablet-Nutzung war bei der Mehrheit der BMW i Nutzergruppe (80 %) am weitesten verbreitet, MINI mit 52 % und bei BMW nur mit 16 %. Lediglich maximal 20 % der drei Nutzergruppen nutzen E-Book-Reader. Dies bedeutet, dass fast alle Testteilnehmer ein Smartphone nutzen, Tablets dagegen nur bei der innovativen oder jüngeren Nut-

## 9.1 Driver's Guide Apps (BMW Group)

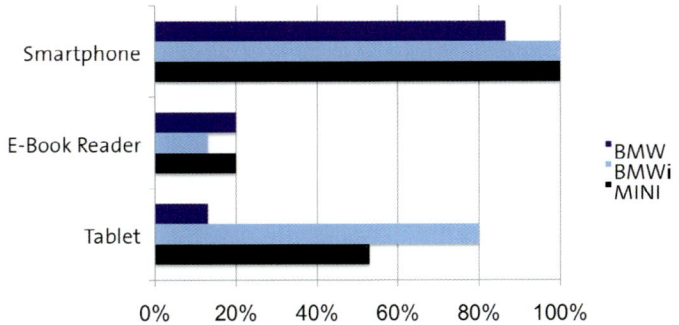

**Bild 61** Diagramm zur Nutzung der Mobilgeräte in der Fallstudie „Driver's Guide Apps"

zergruppe zu mehr als der Hälfte verbreitet sind und E-Book-Reader selten genutzt werden (siehe Bild 61).

Eine weitergehende Frage bezog sich auf die Nutzung einer Service- oder Dokumentations-App. Die Mehrheit der Nutzergruppe der Marke MINI (67 %) bejahte diese, was bedeutet, dass die jüngere Gruppe mit diesem Dokumentationsmedium bereits vertraut ist. Mobile Dokumentations-Apps werden auch von den anderen beiden Nutzergruppen verwendet, jedoch von weniger Personen (die innovativ geprägte Nutzergruppe der Marke BMW i mit 42 %, die Gruppe der Marke BMW mit 25 %).

Weiterhin wurden die Testpersonen befragt, ob sie sich vorstellen könnten, Bedienungsanleitungen ausschließlich in digitaler Form zu nutzen. Die Nutzergruppe der Marke MINI bejahte diese Frage deutlich mehrheitlich (73 %), auch bei den Nutzergruppen der Marken BMW und BMW i fand diese Vorstellung eine überwiegende Zustimmung (je 67 %). Zusammen mit der Frage nach der Nutzung kann dieses Ergebnis als Trend hin zu den elektronischen Medien, auch in Bezug auf den klassischen Printbereich der Bedienungsanleitungen, angesehen werden, und es hebt die Wichtigkeit dieser Studie zur optimalen Bedienbarkeit der Dokumentations-Apps hervor.

### *Testaufgaben*

Die Konzeption der Testaufgaben spielt in einem Usability-Test eine wichtige Rolle. Abhängig von der Aufgabenstellung können mehr oder weniger interessante Erkenntnisse gewonnen werden. In der vorliegenden Studie wurde folgende Methodik zur Erstellung der Testaufgaben angewendet:

- *Analyse der Apps*
  Gezielte Behandlung der im Vorfeld analysierten oder beim Hersteller bekannten Bedienprobleme der Apps in den Testaufgaben.

- *Entwicklung von Use Cases*
  Sammlung möglicher Szenarien (Use Cases), in welchen die Nutzer die App verwenden könnten. Dabei wird zwischen den Motivationen „intrinsisch" und „extrinsisch" unterschieden.

- *Mapping und Filtern*
  Anschließend wurden die Anmerkungen aus der App-Analyse mit den Use Cases verglichen, gleiche Thematiken zusammengeführt und nach der Schwere der Auswirkung eines Benutzerproblems gewichtet.

> **Intrinsisch oder extrinsisch motivierte App-Nutzung?**
>
> Eine intrinsische Motivation liegt vor, wenn ein Nutzer aus eigenem Interesse die App nutzt, ohne dass ein Zwang von außen vorhanden ist. Der innere Anreiz kann bezogen auf unser Fallbeispiel starker Wissensdurst und Erkenntnisgewinn sein, zum Beispiel möchte jemand das neuartige Funktionsprinzip des Fernlichtassistenten kennenlernen. Die Nutzungssituation der Driver's Guide App findet dann eher im privaten Umfeld zu Hause statt.
>
> Eine extrinsische Motivation liegt dagegen vor, wenn der Nutzer durch ein von ihm nicht beeinflussbares Ereignis dazu gebracht wird, die App zu nutzen. In diesem Fallbeispiel trifft die fremdbestimmte Nutzung direkt im Fahrzeug zu. Ein Beispiel wäre die Problemsituation des Deaktivierens des Beifahrer-Airbags, um einen Kindersitz auf dem Beifahrer-Sitzplatz zu befestigen.
>
> Die Motivation eines Use Case dient in der späteren Testaufgabenentwicklung dazu, ein möglichst breites Spektrum an Anwendungsszenarien zu berücksichtigen.

Die Testaufgaben sollten in ihrer Abfolge didaktisch so aufgebaut sein:

- Die Testaufgaben sollten sprachlich so formuliert sein, dass sie keine Lösungshilfe enthalten sollten (z. B. nicht: „Gehen Sie über die Suche ...").
- Die Aufgaben sollten rein problemorientiert sein, was der Realität entspricht und fortgeschrittenen Anwendern zuzumuten ist (Hinweis: Alle Testpersonen verfügten über Erfahrung im Umgang mit Apps).
- Zudem wurde darauf geachtet, dass es nicht immer nur einen einzigen Lösungsweg (Navigation, Suche oder Bildsuche) gab. Dies sollte bewirken, dass sich die Testpersonen mit den Strukturen der App auseinandersetzen mussten und nicht einen einzigen für sie funktionierenden Weg immer auf alle Aufgaben anwenden konnten.
- Außerdem musste evaluiert werden, ob sich die Aufgabenstellung besser für Eyetracking oder für „Lautes Denken" eignet. Beide Methoden lassen sich nicht kombinieren, da die Blickverläufe bei den Verbalisierungsprozessen verlangsamt und dadurch verfälscht werden. Die Eyetracking-Aufgaben sollten die visuelle Wahrnehmung und Orientierung in der App deutlich machen, die Aufgaben mit „Lautem Denken" beinhalteten komplexere Themen, deren Lösungsstrategien die Benutzer verbalisieren sollten.

Tabelle 29 beschreibt auszugsweise vier von sieben Testaufgaben.

*Testablauf nach Drehbuch*

Für den Usability-Test wurde ein fester Testablauf festgelegt. Dies war notwendig, damit die 45 Tests standardisiert von verschiedenen Testleitern und Testteams durchgeführt werden konnten. Die Tests erstreckten sich auf mehrere Tage und konnten durch die Nutzung von zwei Räumen zeitlich überlappend abgehalten werden. Tabelle 30 zeigt das Drehbuch mit den Aktionen, Beteiligten, Räumen und der notwendigen Technik und Materialien.

**Tabelle 29** Testaufgaben für den Usability-Test in der Fallstudie „Driver's Guide Apps"

| Nr | Szenario und Aufgabe | Eyetracking/ Lautes Denken |
|---|---|---|
| 1 | *Situation:* Sie haben sich einen neuen BMW gekauft. Nun möchten Sie sich über diesen informieren.<br>*Aufgabe:* Wählen Sie die zu Ihrem Fahrzeug passende App und öffnen Sie diese. Betrachten Sie die Startseite 30 Sekunden lang und lesen Sie dabei die Menüpunkte. (**intrinsisch**) | Eyetracking |
| 2 | *Situation:* Während der Fahrt leuchtet das Symbol (!) im Armaturenbrett (Instrumentenkombination) auf.<br>*Aufgabe:* Was bedeutet das Symbol? (**extrinsisch**) | Eyetracking |
| 5 | *Situation:* Sie möchten auf dem Beifahrersitz ein Kind im Kindersitz befördern.<br>*Aufgabe:* Finden Sie heraus, wie Sie den Beifahrer-Airbag deaktivieren. (**extrinsisch**) | Lautes Denken |
| 7 | *Situation:* Sie möchten herausfinden, wie das Funktionsprinzip des Fernlichtassistenten ist.<br>*Aufgabe:* Finden Sie heraus, wie diese Technik funktioniert. (**intrinsisch**) | Lautes Denken |

**Tabelle 30** Drehbuch zum Testablauf der Usability-Tests in der Fallstudie „Driver's Guide Apps"

| Was? | Wer? | Wo? | Technik/ Materialien |
|---|---|---|---|
| **Begrüßung und Einführung** | *Betreuer* | Besprechungsraum | • Datenschutzerklärung<br>• Einverständniserklärung |
| **Pre-Fragebogen** | *Betreuer* | Besprechungsraum | Tablet zum Ausfüllen des Pre-Fragebogens |
| **Usability-Test mit Eyetracking und „Lautem Denken"** | *Testleiter, Technik-Team, Protokollant* | Usability-Labor | • Mobiles Endgerät mit Driver's Guide App<br>• Standalone-Eyetracker<br>• Testaufgaben-Karten<br>• Video-Technik |
| **Interview** | *Testleiter, Technik-Team, Protokollant* | Usability-Labor | • Mobiles Endgerät (kann von Testperson einbezogen werden)<br>• Video-Technik<br>• Interview-Leitfaden für den Testleiter |
| **Verabschiedung** | *Betreuer* | Besprechungsraum | Incentive |

Die Technik „Lautes Denken" wurde während der Bearbeitung der Testaufgabe und in der klassischen Art der Interaktion durchgeführt (siehe Textbox „Lautes Denken in der Umsetzung"). Für die Testleiter wurden mündliche Erläuterungen und Sprachtexte vorbereitet, die standardisiert waren. Dies sollte gewährleisten, dass die Ausführungen der Testleiter in allen Tests gleichartig waren. Die Testperson wurde beispielsweise wie folgt in das Kommentieren eingeführt:

*"Wir möchten mit der Technik „Lautes Denken" arbeiten. Bitte äußern Sie dazu laut alle Ihre Gedanken, die Ihnen bei der Aufgabenbearbeitung durch den Kopf gehen. Äußern Sie sich stets ganz unmittelbar zu Ihren Tätigkeiten mit der App. Wichtig ist, dass wir nicht Sie persönlich testen wollen, sondern die App. Ihre Einschätzungen dienen also ausschließlich der Verbesserung der App."*

---

**„Lautes Denken" in der Umsetzung**

Für die Technik „Lautes Denken" gibt es zwei verschiedene Durchführungsarten. Bei *Concurrent Think Aloud* (kurz: CTA) verbalisieren die Testpersonen ihre Handlungen, Lösungsprozesse oder Erwartungen während der Bearbeitung der Testaufgabe. Der Vorteil ist die direkte Verbindung zwischen System und Benutzerverhalten. Zudem bewirkt diese Art ein intensives Arbeiten mit dem System, da sich der Nutzer in Echtzeit gedanklich intensiv mit seinen Interaktionsprozessen auseinandersetzt. Die Kommentare führen jedoch zu einer Verlangsamung der Bearbeitungszeit und haben damit einen Einfluss auf die Aufgabenperformanz.

Weiterhin kann nach Art der Interaktion zwischen Testleiter und Nutzer unterschieden werden. „Klassisch" würde bedeuten, dass der Testleiter das Verhalten der Testperson so wenig wie möglich beeinflusst. Die Aufgabe des Testleiters ist hier das Zuhören, es gibt kein Hinterfragen oder kein Feedback. Standardworte beispielsweise wie „Lautes Denken nicht vergessen" werden für Situationen festgelegt, in denen die Testperson verstummt. Zulässig sind bei der klassischen Interaktionsart zudem Füllwörter wie „okay" oder „aha", um die Testperson zum Sprechen anzuregen.

Bei „relaxed" hingegen findet ein lockerer Dialog zwischen Testleiter und Testperson statt. Die Bearbeitungsdauer verlängert sich und im negativen Fall kann dies sogar dazu führen, dass die eigentliche Aufgabenstellung aus dem Auge verloren wird.

Neben der synchronen Art kann „Lautes Denken" auch als *Retrospective Protocols* (RTA) durchgeführt werden. Hierbei handelt es sich um eine rückblickende Befragung des Benutzers nach der Aufgabenbearbeitung. Die Testperson muss die Eindrücke und Vorgehensweise aus dem Gedächtnis abrufen. Ein Vorteil hierbei ist, dass die Nutzer die Sicht auf das ganze System haben und nicht nur auf die konkreten Teilaufgaben, wodurch die einzelnen Aspekte eine Gewichtung in der Bedeutung erhalten.

---

**Auswertung und Ergebnisse**

In den Usability-Tests entstanden umfangreiche Daten, die unterschiedlich ausgewertet wurden. Die Pre-Fragebögen wurden sowohl quantitativ und summativ, als auch qualitativ durch Zusammenfassung der Antworten auf offene Fragen zusammengefasst.

Bei den Benutzervideos mit Eyetracking und „Lautem Denken" wurde stets bezogen auf die Testaufgaben ausgewertet. Je Testaufgabe umfasste die Analyse:

- *Effektivität* (Erfolg/Teilerfolg oder Abbruch der Testaufgabe)
- *Effizienz* (Anzahl Touches, Zeitdauer, Eyetracking-Parameter wie z. B. Anzahl Regressionen, lange Fixationsdauern und große Hüllflächen)
- Qualitative Aussagen durch „Lautes Denken"

Die Mobilgeräte Tablets und Smartphones wurden summativ, aber auch getrennt voneinander behandelt. Die Anzahl der Touches variiert beispielsweise deutlich, da durch die größere Anzeige auf Tablets weniger Touches zum Lesen der vollständigen Information nötig waren als auf den Smartphones. Auch die Zeitdauer weist bezogen auf das Endgerät verschieden zu behandelnde Messergebnisse auf, da die Reichweiten der Handbewegungen bis zum Antippen auf den größeren Touchscreens der Tablets längere Zeit beanspruchen als die kurzen Wege bei den Smartphones. Daneben gab es wie bereits geschildert gerätespezifische Unterschiede in der Informationsarchitektur sowie durch das in den Apps realisierte Responsive Design.

Das Betrachten der nachträglichen Interviews erfolgte zunächst durch einfache Transkription und Konnotation der gesprochenen Antworten. Anschließend wurden die verschriftlichten Aussagen qualitativ in die Kategorien Struktur, Navigation, Suche und Gestaltung unterteilt.

*Positives Nutzer-Feedback zu den Apps*

Die Aufgabenstellung war, Feedback von der heterogenen Zielgruppe einzuholen und auch Verbesserungspotentiale ausfindig zu machen. Dabei ist es stets wichtig, positives Feedback zu Funktionen, Inhalten und Design richtig und umfassend festzuhalten und dem Auftraggeber zu kommunizieren. Wenn die Pluspunkte und realisierten Best Practices in der Entwicklung bekannt sind, werden sie nicht versehentlich verändert oder bewusst optimiert, sondern bewusst so beibehalten.

Vorteilhaft fanden die Testpersonen beispielsweise den Gesamteindruck der App, die mit einer modernen und übersichtlichen Gestaltung punktete. Die Bedienung erschien den Nutzern nach einer kurzen Einarbeitungsphase einfach und vertraut. Die für 30 Sekunden eingeblendete Startseite war überschaubar und von den

**Bild 62** Bildsuche (links) und Suche bei der BMW Driver's Guide App für MINI (rechts)

Begriffen her verständlich. Dies bestätigen auch die Eyetracking-Daten: Die mit Blickpunkten „versehene" Fläche auf dem Display war groß (Hüllfläche), so dass alle Informationen – auch in den Randbereichen – betrachtet wurden. Gleichzeitig fanden keine Rücksprünge (Regressionen) zu bereits betrachteten Stellen und bei den einzelnen Begriffen jeweils nur kurze Blickpunkte (Fixationsdauer) statt.

Positiv bewertet wurde auch die Kombination von Text und Visualisierungen. Die multimedialen Elemente, wie etwa die Animationen und die Videos, wurden besonders hervorgehoben. Als weiteres visuelles Element wurde häufig die Bildsuche genutzt, wie in Bild 62 (links) gezeigt. Die einzelnen Komponenten sind nummeriert, in einer Legende beschrieben, mit jeweils antippbaren Links auf relevante Inhalte in der Betriebsanleitung.

*Von den Benutzern favorisierte Funktionen*

Die Videoauswertungen und das abschließende Interview (Antworten siehe Bild 63) erbrachten, dass alle drei Nutzergruppen folgende Funktionen favorisierten:

- Übergeordnete Suchfunktion
- Aufruf der Kurzanleitung des Fahrzeugs
- Videos und Animationen

Daraus kann man den Schluss ziehen, dass die Benutzer bei der mobilen Dokumentation die schnellen Wege zur Information suchen. Den Nutzern kann es nicht schnell genug gehen, die gewünschte Information zu finden, und dies ist die Herausforderung der Informationsarchitektur.

Auch die Suchfunktion sollte aufgrund der Favorisierung sehr gut auffindbar, gestalterisch prägnant und funktional optimal ausgestattet sein – beispielsweise mit Teilwortsuche, generischer Suche oder „Auto-Vervollständigen" bei der Worteingabe (siehe Bild 63 rechts).

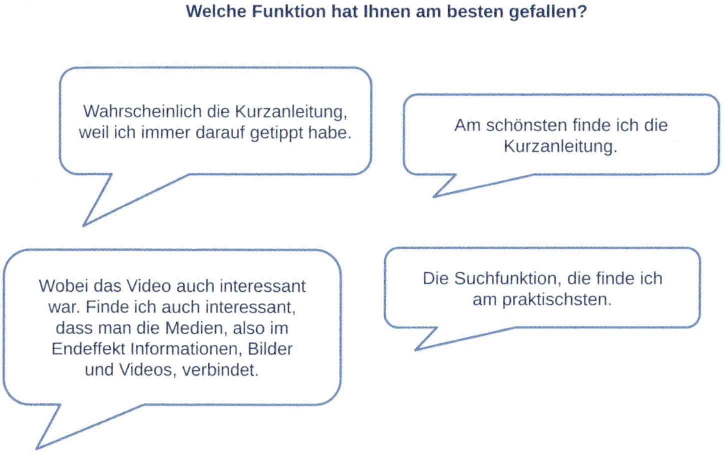

**Welche Funktion hat Ihnen am besten gefallen?**

> Wahrscheinlich die Kurzanleitung, weil ich immer darauf getippt habe.

> Am schönsten finde ich die Kurzanleitung.

> Wobei das Video auch interessant war. Finde ich auch interessant, dass man die Medien, also im Endeffekt Informationen, Bilder und Videos, verbindet.

> Die Suchfunktion, die finde ich am praktischsten.

**Bild 63** Favorisierte Funktionen, ermittelt im Interview der Fallstudie „Driver's Guide Apps"

*Kürzungspotentiale ermittelt*

Zu Beginn dazu ein Zitat aus dem Interview mit einem Benutzer auf die Frage nach der Verständlichkeit der Informationen: *„Also ich habe ja immer nur quergelesen. Ich würde halt sagen, man sollte es irgendwie ein bisschen komprimieren, weil es doch relativ umfangreich war."* Es hat sich auch gezeigt, was allgemein für Mobile Usability bekannt ist: Inhalte müssen so kurz wie möglich sein. Das Lesen auf den kleinen Displays ist anstrengend und ermüdend und das Scrollen ist aufgrund der schmalen Zeilenbreiten mit vielen Touches zu aufwändig. Inhalte, die in einer gedruckten Bordliteratur einen kleinen Abschnitt einnehmen, erzeugen in der App, speziell auf dem Smartphone, einen langen, schmalen Text. Die Inhalte müssen sehr stark komprimiert werden und auch noch stärker als bereits für technische Dokumentation üblich strukturiert werden. Auch Symbole können helfen, Textstellen zu reduzieren.

Ein weiteres Textproblem ist, dass in Handlungsanleitungen gemäß rechtlicher Vorgabe die Warnhinweise stets vor den Schritten stehen. Dazu ein Wortlaut eines Benutzers beim Kommentieren: *„Es nervt, dass zu Beginn immer das kommt, was nicht gemacht werden darf. Das suche ich nicht."* Auf den Mobilgeräten ist den Benutzern der sicherheitsrelevante Vorspann lästig, weil er nicht die gesuchte Information enthält. Hier sind allgemeine Lösungen gefragt, um die Sorgfaltspflicht des Herstellers zu erfüllen und gleichzeitig die Verbotstexte zu kürzen, zusammenzufassen oder durch Piktogramme zu ersetzen, die nur beim Antippen einen Langtext einblenden.

**Fazit und Ausblick**

Die Usability-Studie war umfangreich und mit einem hohen Aufwand an Planung, Durchführung und Auswertung verbunden. Die Testpersonen fanden die Dokumentations-App attraktiv und hilfreich. Als vorrangiges Ziel der Nutzer zeigte sich, dass sie die Informationen möglichst rasch finden möchten. Das wichtigste Mittel dazu ist die Suchfunktion, die alle Dokumente und Medien durchsucht. Oder, wie einige Benutzer wünschten, noch schneller: eine Spracheingabe des Suchbegriffes anstelle des Eintippens eines Wortes. Das selbstständige Durchsuchen und Abgleichen verschiedener Dokumente anhand der internen Verzeichnisse erscheint den Nutzern als zu aufwändig, akzeptiert wurde hierbei höchstens die Kurzanleitung. Dies legt nahe, dass eine Weiterentwicklung in Richtung mediengerechter, knapper Informationseinheiten, wie es im Unterschied zu den Dokumenten die Topiczentrierten Apps bieten, für Entwickler erstrebenswert ist.

> **Fazit über den Mehrwert aus der Studie**
>
> „Die Usability-Studie hat sehr dabei geholfen, Stärken und Schwächen der Bedienoberfläche zu erkennen, um Maßnahmen zur Verbesserung der App einzuleiten. Direktes Kunden-Feedback ergab, dass die Stichwortsuche den höchsten Stellenwert besitzt, weil Kunden auf mobilen Geräten tendenziell schnell ans Ziel gelangen wollen, statt die Anleitung Schritt für Schritt zu lesen. Daher wird die Suche in der Weiterentwicklung der App besonders in den Fokus gestellt. Besonders knapp formulierte Inhalte in der Kurzanleitung stießen aufgrund ihrer Kürze auf große Zustimmung, brachten aber nicht

> immer die gesuchte Antwort, weshalb der Inhalt mit Querverweisen optimiert werden soll. Das inhaltliche Angebot der Apps ist sehr umfangreich und wird auf Smartphones anders als auf Tablets angenommen. Basierend auf den Beobachtungen werden die Apps weiter für die Zielgeräte optimiert."
>
> *Nikolaus Lesnik*, User Interface Design, Abteilung Betriebsanleitung, BMW Group

## 9.2 Video-Tutorials für Imaging Software (Zeiss Microscopy)

Die Vorbesprechung zu diesem Projekt fand im September 2015 zwischen dem Leiter der Technischen Redaktion von Carl Zeiss Microscopy GmbH, München, und mir statt. Der Redaktionsleiter stand vor der Aufgabe, die Dokumentation für eine neue Softwarelösung zu erstellen. Neben der herkömmlichen Onlinehilfe und dem Benutzerhandbuch sollte der Schwerpunkt auf neuen Dokumentationsmedien in Form von intuitiven Videos liegen. Die hauseigene Redaktionsabteilung sollte dazu mit externer Unterstützung aus Sicht von Dokumentationsexperten eine Reihe von Tutorials konzipieren und produzieren.

Als Alternative schlug ich einen anderen Ansatz vor, nämlich den des User-Centered Design-Prozesses. Der Vorteil dieses Ansatzes: Ausrichten von Anzahl und Inhalten der aufwändig zu erstellenden Videos auf die tatsächlichen Bedürfnisse und gleichzeitig Berücksichtigen der Nutzungssituation der Tutorials bei den Anwendern. Nach ZEISS-interner Abstimmung bekam das nun als Usability-Projekt angesetzte Vorhaben den Zuschlag. Die Rahmenbedingungen des Projekts fasst Tabelle 31 zusammen.

Tabelle 31  Projekt-Steckbrief zur Fallstudie „Video-Tutorials für Imaging Software"

| | |
|---|---|
| **Objekt** | Video-Tutorials für die neue ZEISS Imaging Software ZEN 2 core |
| **Produkt/Anleitung** | Anleitung für ein Softwareprodukt |
| **Digitalisierungs-Trend** | Visualisierung und Simulation |
| **Nutzergruppen** | Nutzer der Branchen-Software und Video-Tutorials sind vielfältig:<br>• Kunden aus der Industrie (z. B. stellen Werkstofftechniker oder Materialforscher jeweils homogene Zielgruppen dar)<br>• Händler und Verkaufspartner<br>• Hochschulen mit Studienrichtungen Oberflächentechnologien<br>• ZEISS-Spezialisten aus Produktmanagement und Support |
| **Firma/Abteilung** | Carl Zeiss Microscopy GmbH<br>Software Produkt Management Widefield Research, München |
| **Projektziel** | User-Centered Design von Video-Tutorials und Erstellung von Prototypen nach dem Vorgehensmodell gemäß DIN EN ISO 9241-210 |
| **Phasen** | • Nutzer- und Nutzungsforschung<br>• Gestaltung |

## 9.2 Video-Tutorials für Imaging Software (Zeiss Microscopy)

| Eingesetzte Methoden | • Wettbewerbsanalyse<br>• Persona<br>• Befragung (Telefoninterviews)<br>• Prototyping mit Technik „Lautes Denken" |
|---|---|
| Übertragbar auf | • E-Learning-Medien<br>• Software- und Systemdokumentation<br>• Gebrauchsfilme (Utility-Filme) von technischen Produkten |

### Motivation

In diesem Usability-Projekt mit der Carl Zeiss Microscopy GmbH war der Ausgangspunkt die neue Software *ZEN 2 core*. Die Software wird bei Licht-/Ionen- und Elektronenmikroskopen im Bereich der Bio- und Materialwissenschaften eingesetzt. Die Mikroskope ermöglichen einen „Blick ins Innere" von Proben, wie etwa einem Werkstoff, der auf Materialbruch hin untersucht werden soll. Mikroskop und Software spielen dabei perfekt zusammen: Das Mikroskop zeichnet die Materialprobe oder die lebendigen Bio-Zellen in hochauflösenden Bildern und Videos auf, die Software übernimmt deren Visualisierung und bildanalytische Auswertung. Bild 64 zeigt als Beispiel eine Platine, die in mikroskopischer Auflösung dargestellt ist und die mit dem interaktiven Vermessungs-Tool der Software analysiert wird.

Das Softwareprodukt repräsentiert ein neues Konzept in der Reihe der ZEISS Mikroskopielösungen: Sie wurde nach dem User-Centered Design entwickelt und soll besonders benutzerfreundlich und übersichtlich sein. Die typischerweise hohe Komplexität der Expertensoftware soll bei dieser Lösung minimiert werden. Durch die Konfiguration flexibler Aufgabenabfolgen werden die Benutzer effizient durch

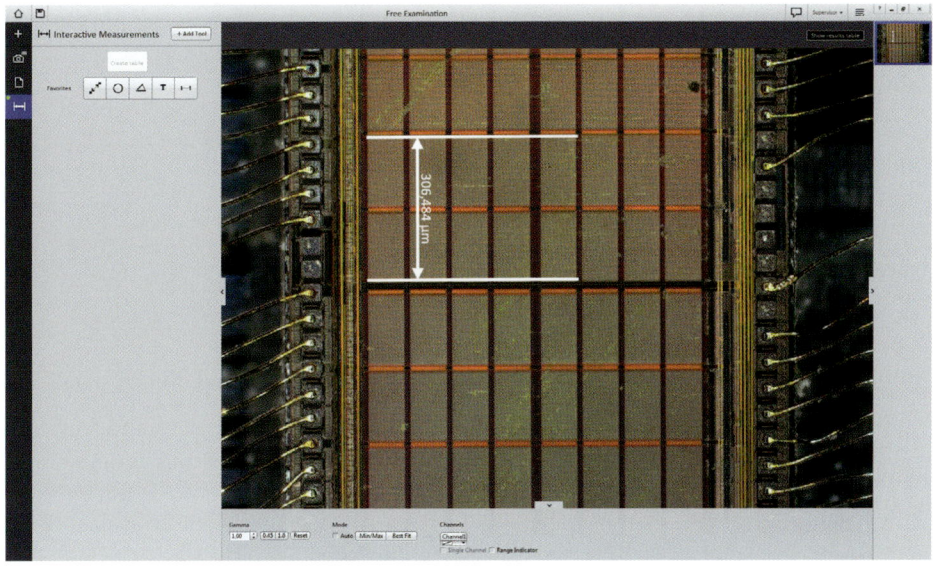

**Bild 64** Anwendungsfall für ZEISS Mikroskopie und Software

die alltäglichen Routineaufgaben geführt. So können auch Nicht-Experten für die Mikroskope serienmäßige Materialprüfungen in der Qualitätssicherung durchführen, die reproduzierbare Ergebnisse gewährleisten.

Die ZEISS-interne Abteilung *Technische Redaktion* sollte Video-Tutorials als zusätzliches, intuitives Dokumentationsmedium für die neue Software erstellen. E-Learning wurde dabei als besonders sinnvoll betrachtet, da die Benutzer sich weitgehend selbstständig in die Software einarbeiten können. Tutorials sind heute zudem durch die vielen „Do-it-yourself"-Videos, zum Beispiel auf YouTube, ein beliebtes Medium. Um sicherzugehen, dass die Videos tatsächlich die benötigten Inhalte bieten, didaktisch gut aufgebaut sind und von den Nutzern als ästhetisch empfunden werden, sollte ein benutzerorientiertes Vorgehen gewählt werden. Professionalität war aber auch auf der Erstellerseite gefordert: Das Konzept sollte die effiziente Erstellung vieler Videos nach gleicher Machart, auch in jeweils verschiedenen Sprachen, ermöglichen.

> **Video-Tutorials für zentrale Use Cases**
>
> „Ziel war es, unseren Anwendern einen schnellen Einstieg in unsere Software zu ermöglichen. Mit den Video-Tutorials können wir häufige und wichtige Anwendungsfälle („Use Cases") äußerst effizient erklären. So kann sich ein Einsteiger ganz gezielt Konzept- und Handlungswissen aneignen und das Erlernte sofort umsetzen. Durch das Usability-Engineering-Projekt können wir zukünftig auf ein Framework zur Erstellung weiterer Tutorials zurückgreifen."
>
> *Friedhelm Viereck*, Leiter Software Produkt Management
> Widefield Research, Carl Zeiss Microscopy GmbH

**Eingesetzte Methoden und ihre Ziele**

Das Projekt hatte ein strukturiertes Vorgehen und nutzte verschiedene analytische und konzeptionelle Methoden und Tätigkeiten in logischer Abfolge. In die Gestaltung der Tutorials wurden von Anfang an repräsentative Benutzer einbezogen. Tabelle 32 fasst die ausgewählten Methoden zusammen.

Tabelle 32 Auswahl von Usability-Methoden für die Fallstudie „Video-Tutorials für Imaging Software"

| Phase Teilnehmer | Nutzer- und Nutzungsforschung | Gestaltung |
|---|---|---|
| Experten | • Wettbewerbsanalyse<br>• Persona | • Prototypen von Videos |
| Benutzer | • Befragung (Telefoninterviews) | • Prototyping mit Technik „Lautes Denken" |

Das Vorgehensmodell nach der Usability-Norm DIN EN ISO 9241-210 stellte den „roten Faden" bei der Planung und Gestaltung der benutzerorientierten Tutorials dar. Ziel war das Erstellen eines schriftlichen Konzeptes für die Tutorials einschließlich Erstellung von Video-Prototypen.

Zu Beginn fanden mehrere Analysen statt:

Die Analyse von Tutorials im Konkurrentenumfeld hatte das Ziel, eine aktuelle Marktübersicht zu gewinnen, und bildete die Grundlage für die Empfehlungen zu „idealen" Video-Tutorials.

Weitere Analysen untersuchten das Softwarepaket ZEN 2 core. Dies war notwendig, um die Tutorials passgenau auf die Benutzung der Software zuzuschneiden.

Die Analyse von Softwaretools zum Erzeugen der Video-Tutorials hatte zum Ziel, eine geeignete Software auszuwählen, die die effiziente Erstellung der Tutorials unter Berücksichtigung von Mehrsprachigkeit ermögliche.

Von Usability-Experten entwickelte fiktive Personas für die verschiedenen Nutzergruppen sollten die Grundlage für das User-Centered Design der Tutorials bilden. Typische Benutzer waren während der Analysephase in Form von Telefoninterviews zu befragen. Dabei sollten die detaillierten Benutzeranforderungen für Inhalte, Umfang und Gestaltung der Tutorials ermittelt werden. Denselben Benutzern wurden zu einem späteren Zeitpunkt Prototypen der Tutorials vorgeführt und sie wurden zu „Lautem Denken" angeregt. Das Benutzer-Feedback sollte im Sinne eines iterativen Vorgehens die Akzeptanz der Tutorials ermitteln und zu weiteren Verbesserungen führen.

**Durchführung und Ergebnisse**

Dieser Abschnitt beschreibt die Durchführung gemäß den genannten Methoden, das Vorgehen und die Ergebnisse.

*Vorgehen nach DIN EN ISO 9241-210*

Die Norm beschreibt ein Vorgehensmodell, wie der Prozess für die Entwicklung gebrauchstauglicher Produkte durchgeführt werden soll. Bild 65 zeigt zur Auffri-

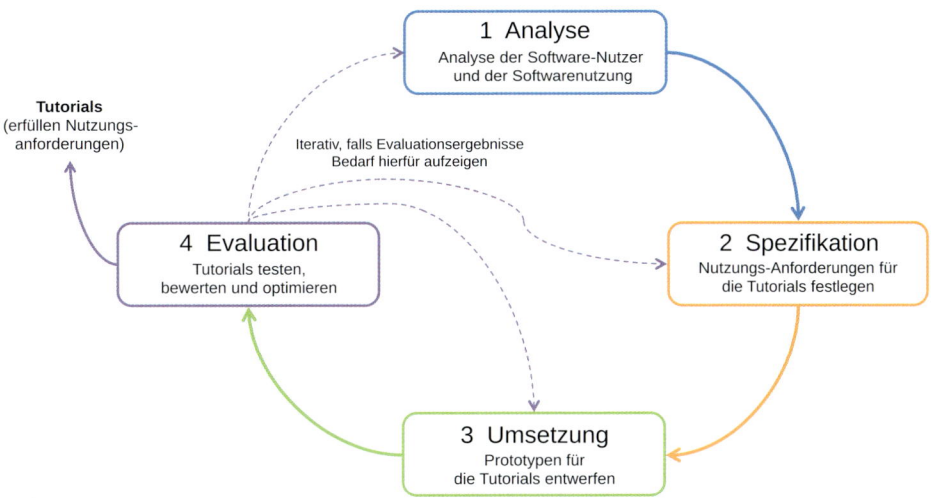

**Bild 65** Vorgehensmodell für die Tutorialentwicklung (in Anlehnung an DIN EN ISO 9241-210)

schung den Aufbau dieses Modells (allgemein erläutert im Kapitel 4.1.1 „Prozess-Normen zur menschzentrierten Gestaltung", Seite 85, das bei diesem Projekt an die Tutorialentwicklung angepasst wurde.

- Übertragen auf das konkrete Projekt stand zu Beginn dieses Prozesses die Analyse der Software-Nutzer und deren Umgang mit dem Produkt (Schritt 1). Die von den Usability-Experten eingesetzten Methoden dazu waren erstens das Erstellen von Personas je Nutzergruppe und zweitens Befragungen von typischen Benutzern in Telefoninterviews.
- Als nächstes mussten Ideen, Anforderungen und Best Practices für die neuen Video-Tutorials ermittelt bzw. definiert werden (Schritt 2). Dazu dienten die Wettbewerbsanalyse und die Analyse der Software *ZEN 2 core*. Auch das Tutorial-Erstellungstool (die Toolanalyse hatte im ersten Schritt als Favorit das Tool Adobe Captivate ergeben) wurde auf seine Möglichkeiten hin analysiert.
- Anschließend konnten entsprechend der Norm erste Entwürfe gestaltet werden (Schritt 3), die eine benutzerorientierte Bedienung vorsehen. Dies wurde in Form von Prototypen für die Tutorials in Adobe Captivate durchgeführt.
- Als letzten Schritt gibt die Norm vor, die erarbeiteten Lösungen zu evaluieren und gegebenenfalls zu überarbeiten (Schritt 4). Dies geschah, indem den Testpersonen die prototypischen Videos vorgeführt wurden; dabei gaben sie durch die Technik „Lautes Denken" ihr Feedback. Die Verbesserungsvorschläge wurden anschließend in einem iterativen Vorgehen in das Konzept und die Prototypen eingearbeitet.

*Im Detail: Wettbewerbsanalyse*

Der bewertende Vergleich von Tutorials anderer Mikroskopie-Hersteller wurde anhand einer Checkliste mit Vergleichskriterien durchgeführt. Die Recherche nach den Tutorials ergab, dass die Mehrzahl der Video-Tutorials nicht auf der Hersteller-Website, sondern auf der Plattform YouTube bereitgestellt wird. Die Videos wurden anhand der Kriterien einzeln analysiert und zusätzlich nach Best Practice und Worst Practice eingeteilt. Beispiele für Worst Practice waren unter anderem unstrukturierte, zu schnelle Handlungsanweisungen, keine Hervorhebungen, unsachliche Sprache sowie aufdringliche Musik. Tabelle 33 fasst die Anforderungen für ein „ideales" Video und Best Practices zusammen.

Tabelle 33   Kriterien für ein „ideales" Video-Tutorial für eine Expertensoftware

| Länge eines Tutorials | Maximal 5 Minuten |
|---|---|
| Anzahl Tutorials | Offen, je nach Komplexität |
| Aufbau | • Anfang: Einleitender Screen mit Musik und Thema<br>• Erklärung, was in dem Tutorial gezeigt wird, und eine allgemeine Information über die Software/Funktion<br>• Genau 1 Handlung bestehend aus mehreren Schritten<br>• Didaktik: Je Anleitungsschritt erst das „Was", dann das „Wie"<br>• Wiederholung der wichtigsten Punkte zum Schluss<br>• Ende: Musik + Claim + Logo + Support-Link |

| | |
|---|---|
| Gestaltung | • Hervorhebung von Fensterbereichen, Buttons und Mauszeiger<br>• Einsatz von Text (Sprechblasen, Hinweise) und Grafiken<br>• Wechsel der Perspektiven; Zoom für gute Lesbarkeit<br>• Gute HD-Video- und Audioqualität |
| Sprache | • Mehrsprachig, vor allem Englisch<br>• Fachsprache für Experten, für Neueinsteiger müssen Fachbegriffe erläutert werden<br>• Seriöser Sprach- bzw. Schreibstil |

### Im Detail: Persona-Methode

Die Personas halfen bei den Design-Anforderungen für die *ZEN 2 core*-Tutorials in der Analysephase und während der weiteren Entwicklungsschritte. Durch die Anwendung der Persona-Methode sollten die potentiellen Nutzer der Software besser verstanden werden. Zusätzlich gewährt diese Methode einen ausführlichen Einblick in die verschiedenen Nutzergruppen. Es wurde immer wieder auf die Personas zurückgegriffen, da der Benutzer der Maßstab der Gestaltung sein sollte.

Aus den Benutzer-Interviews, den Nutzerinformationen von ZEISS selbst sowie den verschiedenen User Levels in der Software konnten drei primäre Personas entwickelt werden (Tabelle 34). Daneben gibt es noch eine sekundäre Persona für Dozenten und Studierende an Hochschulen mit Studienbereichen der Oberflächentechnik und Metallverarbeitung.

**Tabelle 34** Personas in der Fallstudie „Video-Tutorials für Imaging Software"

| Nutzergruppe<br>Persona | Industriekunden | Händler | ZEISS-Spezialisten |
|---|---|---|---|
| Name | Bastian Brunner | Rainer Fröhlich | Luis Bollinger |
| Alter | 52 Jahre | 47 Jahre | 40 Jahre |
| Familienstand | Verheiratet | Verheiratet, 2 Kinder | Verheiratet, 2 Kinder |
| Ausbildung | Studium: Oberflächen- und Werkstofftechnik | Bürokaufmann, Betriebswirt | Chemiker |
| Beruflicher Einsatz | Gruppenleiter Materialprüfung | Geschäftsführer | Prozessingenieur |
| Arbeitszeit | Vollzeit | Vollzeit | Vollzeit |
| Verwendung des Mikroskops | Täglich | 3 mal wöchentlich | Täglich |
| Fähigkeiten | Engagement und Einsatzbereitschaft, offen für Neues | Motivator, Coach | Analytisches Denken, zielorientiert |
| Ziel | Qualitätssicherung durchführen | Top-Schulungen anbieten | Hochwertige Werkstoffe verarbeiten |

*Im Detail: Telefoninterviews mit Benutzern*

Die Befragung hatte das Ziel, im Gespräch mit Anwendern Informationen über Benutzerinteressen zu ermitteln. So sollten Details zum Umgang mit der Software sowie zur Beschaffenheit der Tutorials im täglichen Arbeitsumfeld erfragt werden und daraus Benutzerbedarf für Inhalte, Umfang und Gestaltung der Tutorials abgeleitet werden. Die befragten sechs Anwender stammten aus den ermittelten Nutzergruppen Kunden, Händler und Spezialisten und stellten repräsentative Vertreter der Zielgruppe dar.

Die 20- bis 30-minütigen Interviews wurden telefonisch durchgeführt. Für das Telefoninterview lag ein Interviewleitfaden vor, welcher einen gleichartigen Ablauf bei jedem Teilnehmer sicherstellte. Dieser enthielt einleitend eine Begrüßung, den Zweck der Umfrage und eine Rückfrage auf Einverständnis des Teilnehmers, dass das Telefonat aufgezeichnet wird. Es folgte der Fragenkatalog, der in Fragen zum beruflichen Hintergrund, zum Umgang mit der Software und zu den Wünschen an das Tutorial untergliedert war.

Auszugsweise werden hier die wichtigsten Ergebnisse vorgestellt:

- *Geräuschkulisse*
  Es wird sowohl in Laboren gearbeitet, in denen es keine auffälligen Störgeräusche gibt, als auch in Produktionsumgebungen, die von Maschinengeräuschen geprägt sind. Somit ist es sinnvoll, im Video-Tutorial auf Tonausgabe zu verzichten.

- *Benutzerrollen*
  Die drei Software-Benutzerrollen Supervisor, Operator und Administrator fanden bei den Befragten bisher wenig Verwendung. Für die Tutorials lässt sich folgern, dass bei der Anwendung von Benutzerrollen noch Aufklärungsbedarf besteht.

- *Software-Modi*
  Die meisten Anwender nutzen den Job Mode und den Free Mode. In den Gesprächen wird jedoch deutlich, dass Unklarheit über die Anwendungsszenarien für die beiden Modi besteht, teilweise wird sogar der Zweck der Modi verwechselt. So wird der Free Mode nicht sinnvoll für Routineaufgaben verwendet, für spezielle Aufgaben hingegen der Job Mode. Hier besteht Informationsbedarf zu den Modi anhand von konkreten Anwendungsfällen.

- *Video-Tutorials*
  Auf Basis der Häufigkeit der Nennung kristallisieren sich insbesondere vier gewünschte Themen heraus, die in Tutorials erklärt werden sollten: Job Mode, Erweiterte Tiefenschärfe, Reporting Workflow und Automatische Messprogramme. Gewünschte Merkmale sind längstens zwei- bis fünfminütige Videos mit kurzen Texteinblendungen. Die Einblendung des Mikroskops neben der Software wird nur gewünscht, wenn damit gearbeitet wird. Fachbegriffe der Branche können vorausgesetzt werden, da es sich bei den Anwendern ausschließlich um Fachkräfte handelt. Am Anfang sollten die Videos eine kurze Einleitung oder Übersicht geben, und am Ende ist eine Zusammenfassung sinnvoll.

## 9.2 Video-Tutorials für Imaging Software (Zeiss Microscopy)

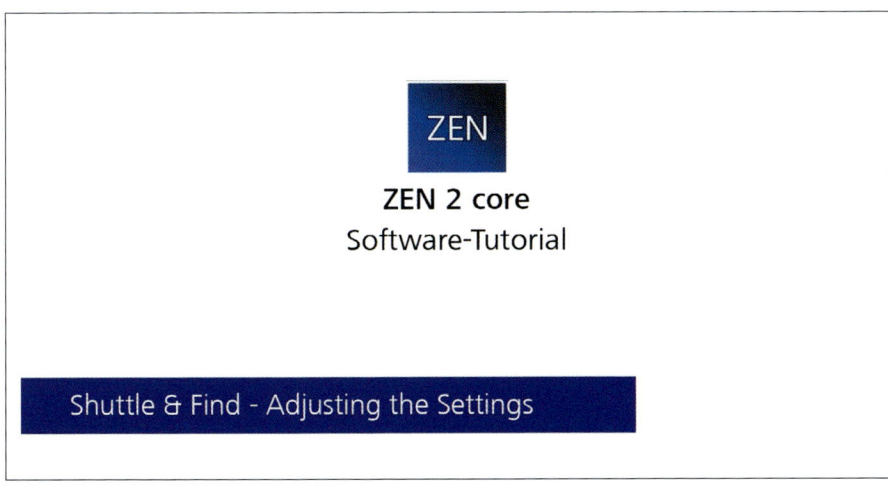

**Bild 66** Titel des ZEISS-Video-Tutorials

*Im Detail: Prototypen der Video-Tutorials*

Bevor die Tutorials praktisch umgesetzt werden konnten, waren weitere Vorarbeiten notwendig. Diese lassen sich in drei Schritte untergliedern:

1. Analyse der Terminologie der ZEISS-Microscopy-Software und -Dokumentation, sowie anschließendes Ausarbeiten einer einheitlichen Terminologie für Fachbegriffe, Bedienelemente und Anweisungstexte.
2. Aufbau des Drehbuchs, didaktisch gegliedert nach Thema, Anweisungstexten, Hinweisen und Tutorialabläufen (User-Aktivität und jeweilige Systemreaktion).
3. Entwicklung des Designs der Tutorials unter Beachtung der Corporate Design Guidelines von ZEISS und der Möglichkeiten der Tutorial-Software Adobe Captivate. Ein Beispiel für das Corporate Design zeigt Bild 66. Das Design ist in Tabelle 35 zusammenfassend beschrieben.

**Tabelle 35** Tutorial-Design der ZEISS-Videos

| | |
|---|---|
| **Effekte** | ZEISS-Tutorials zeichnen sich durch Einfachheit aus, um auf das Wesentliche zu fokussieren. Auf animierte Folienübergänge wird verzichtet. Lediglich der Effekt „Einfliegen von Links" kommt beim Einblenden von einzelnen Listenpunkten, etwa bei der Agenda des Tutorials, zum Einsatz. |
| **Designelemente** | Die Designelemente werden nie gleichzeitig, sondern mit einem zeitlichen Abstand von 2 Sekunden eingeblendet. Es gibt:<br>• Handlungsanweisungen (Sprechblasen) – sie erscheinen kurz bevor der Anwender einen Schritt durchführen muss, und in unmittelbarer Nähe zum relevanten Softwareelement (siehe Bild 67)<br>• Hinweise (blaue Box) für Beschreibungen von Software-Funktionen sowie für Ergebnisse von Handlungen (siehe Bild 68)<br>• Markierungsfelder zum Hervorheben von Software-Elementen (siehe Bild 69) |

9 Fallstudien

| Schrift | • Normale Schriftgröße 48 pt für Texte<br>• Große Schriftgröße 72 pt für Überschriften, Tutorial-Titel in Vor- und Abspann, Erklärung in weißer Schrift bei Markierungsfeld und Website-Link im Abspann |
|---|---|
| Musik/Geräusche | • Keine Hintergrundmusik<br>• Kein Sprechertext<br>• ZEISS-Claim-Musik im Vorspann und im Abspann<br>• Signaltöne für Mausklicks und Texteingaben |
| Maus | • Cursorpfad anzeigen, er hat eine zentrale Rolle, da er die Bedienung der Software eindringlich visualisiert<br>• Doppelte Mauszeigergröße<br>• Mausklicks durch auffälligen roten Punkt hervorgehoben<br>• Weiche Cursorpfade (Kurven), da diese natürlicher wirken als begradigte Pfade |

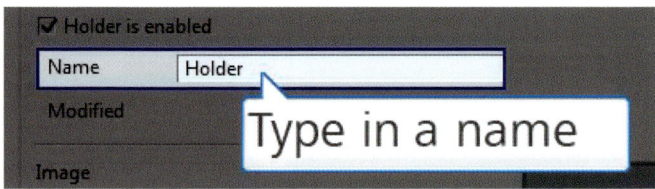

**Bild 67** Beispiel für Sprechblase mit Handlungsanweisung im ZEISS-Video-Tutorial

**Bild 68** Beispiel für Hinweisbox im ZEISS-Video-Tutorial

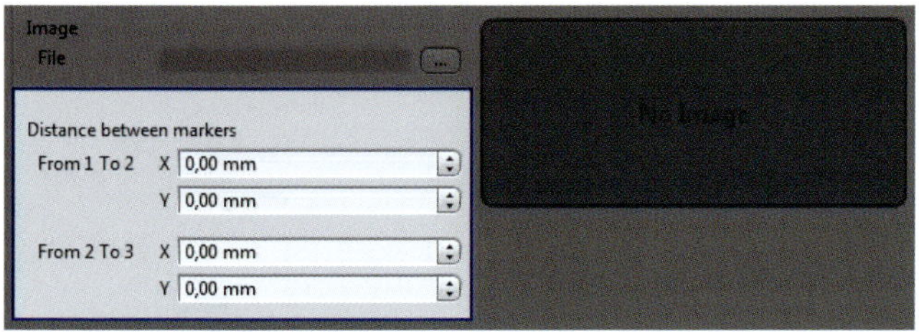

**Bild 69** Beispiel für Markierungsfeld im ZEISS-Video-Tutorial

*Im Detail: Benutzerkommentare zu den Prototypen mittels „Lautes Denken"*

Zwei exemplarische Tutorials wurden Softwareanwendern aus verschiedenen Nutzergruppen vorgeführt, um dadurch Optimierungspotenziale aufzuzeigen. Die Benutzer mussten keine Aufgaben ausführen, sondern betrachteten die prototypischen Tutorials und äußerten dazu laut ihre Gedanken. Aufgrund der örtlichen Distanz der Teilnehmer wurden die Tutorials in einer Skype-Videokonferenz gezeigt und fortwährend von den Testpersonen kommentiert. Bei Bedarf wurde das Tutorial angehalten.

Insgesamt äußerten sich die Probanden positiv zu den Tutorials, konnten jedoch auch konkrete Verbesserungsvorschläge einbringen, beispielsweise:

- Weitere Tutorials zu speziellen Themen, zum Beispiel Bedarf für ein separates Tutorial zur Berichtserstellung, da die Platzierung von verschiedenen Bildern in der Software nicht trivial ist. Auch ein Folge-Tutorial für die Jobvorlage über die konkrete Arbeit mit einer Jobvorlage wird als notwendig erachtet.
- Wunsch nach Praxisnähe durch typischen Anwendungsfall in der Software und Echtheit der Beispieldaten; z. B. war die Angabe der Messergebnisse in Mikrometern mit Nachkommastellen unrealistisch genau.
- Weitergehende Erklärungen werden gewünscht, zum Beispiel zu Voreinstellungen oder zum Zweck der kontextsensitiven Hilfe.
- Erklärung des zentralen Begriffs der „Werkbank", da dieser softwarespezifisch und nicht in der Fachbranche etabliert ist.
- Akzeptanz des Anwenders für Handlungen fördern, indem erst der Zweck erklärt wird, bevor Handlungsschritte vorgeführt werden. Nach jedem Handlungsschritt zudem erläutern, wohin er führt oder welche Funktionen und Systemreaktionen er nach sich zieht.
- Wunsch nach variierender Abspielgeschwindigkeit des Tutorials, für einfache Handlungen schneller und für komplexere Handlungsschritte mit Erklärungen dagegen langsamer.
- Hervorhebung gravierender Softwareänderungen im Vergleich zu anderer ZEISS-Software. Beispielsweise befindet sich der Home-Button in der neuen Software an einer unscheinbaren Stelle. Im Tutorial wurde dieser Button anschließend separat erläutert und dabei durch einen Zoom hervorgehoben.

**Zusammenfassung und Fazit**

Die Wünsche der Anwender wurden in die Tutorials eingearbeitet und diese wurden schließlich in einer finalen Version auf YouTube herausgegeben. Idealerweise könnten die überarbeiteten Tutorials nochmals der gleichen oder einer neuen Testergruppe vorgeführt und Kommentare erbeten werden. Da sich die Vorschläge jedoch auf punktuelle Änderungen bezogen und nicht grundlegend waren, wurde darauf verzichtet. Allerdings wird empfohlen, die weiteren Video-Tutorials dieser Machart zu einem späteren Zeitpunkt einer erneuten Evaluation zu unterziehen. Benutzer-Feedbacks könnten dabei beispielsweise über Remote-Tests eingeholt werden.

Die konzeptionellen Vorgaben für die Tutorials einschließlich der ermittelten Benutzerprofile und Wünsche wurden in einem redaktionellen Leitfaden festgehalten.

Ein weiteres Ziel der Tutorials war die leichte Übersetzbarkeit und Änderungsfreundlichkeit. Ein wesentlicher Punkt dazu war, auf Audio-Kommentare zu verzichten. Dies war auch ein Resultat der Umfrage zur Arbeitsumgebung, die teilweise laut ist. Um das Arbeiten mit Captivate zu erleichtern und die Tutorials besser anzupassen, wurden die Standardformulierungen über die Adobe Captivate-Templates in einem Texteditor angepasst. Beispiel: Bei Rechtsklick wird beim Aufzeichnen automatisch in der Sprechblase der Text „Mit rechter Maustaste auf <Element> klicken" eingefügt. Diese Templates liegen mehrsprachig im System vor.

Als Fazit lässt sich festhalten, dass die wiederholten Befragungen der Benutzer maßgeblich die Qualität der Inhalte, des Aufbaus und der Gestaltung der Tutorials gesteigert haben. Gerade der gewünschte starke Praxisbezug zeigte, dass Tutorials dann hilfreich sind, wenn sie von Technischen Redakteuren unter Mitarbeit von Kunden, Händlern und Spezialisten erstellt werden. Im Vergleich zur Onlinehilfe und zum Handbuch, die Aufbau und Funktion der Software gut erklären können, haben die Video-Tutorials einen noch stärkeren Realitätsbezug zur konkreten Softwareanwendung. Die ersten Tutorials dieser Art sind bereits auf YouTube verfügbar.[102]

> **Videos gewinnen an Usability durch Prototyping**
>
> „Der benutzerorientierte Ansatz aus der Softwareentwicklung wird nun auch in der Entwicklung der Dokumentation und der Tutorials angewendet. Software und elektronische Anleitungen weisen damit die gleiche Nutzerzentrierung und Rollenaufteilung auf. Im Projekt wurde zudem das iterative Prototyping, also das wiederholte Bewerten der Tutorial-Entwürfe durch die Benutzer, eingeführt. Wir setzen diese Methode fort, da sie die Qualität und Benutzerfreundlichkeit der Videos deutlich steigert."
>
> *Christoph Kübler*, Technischer Redakteur im Bereich Software Produkt Management Widefield Research, Carl Zeiss Microscopy GmbH

## 9.3 Self-Service-Beratung im Web (Hochschule München)

Die Studienberatung der Hochschule München kam im Sommer 2015 auf mich zu und bat um fachliche Einschätzung eines neuen Onlinedienstes auf der Website der Hochschule. Der Zeitpunkt war günstig, denn das Web-Projekt befand sich noch in einer frühen Entwicklungsphase. Bis zu diesem Zeitpunkt war in Zusammenarbeit mit einer externen Agentur die Funktionalität und die Abfragestruktur des Onlinedienstes konzipiert und ein funktionaler Prototyp entworfen worden. Änderungen in Hinblick auf Usability waren also noch ohne größeren Aufwand möglich. Zwar führte das im Zeitraum von Oktober 2015 bis Januar 2016 durchgeführte Usability-Projekt zu einem späteren Veröffentlichungstermin als geplant, jedoch konnte im Gegenzug die Akzeptanz der Website durch die Benutzer bedeutend verbessert werden. Die Rahmenbedingungen des Projekts fasst Tabelle 36 zusammen.

**Motivation**

Die Mitarbeiter der Studienberatung gaben als Motivation an, die derzeitigen Serviceleistungen durch Self-Service-Angebote erweitern zu wollen. Die Online-

## 9.3 Self-Service-Beratung im Web (Hochschule München)

**Tabelle 36**  Projekt-Steckbrief zur Fallstudie „Self-Service-Beratung im Web"

| | |
|---|---|
| Objekt | Website der Hochschule München www.hm.edu, insbesondere der neue Onlinedienst der Studienberatung |
| Produkt/Anleitung | Produkt |
| Digitalisierungs-Trend | Internet der Dinge und Dienste |
| Nutzergruppen | Zwei homogene Zielgruppen:<br>• Studieninteressenten: haben noch keine Erfahrung mit dieser Website, ca. 16 bis 20 Jahre<br>• Studierende: haben Erfahrung mit dieser Website, ca. 18 bis 25 Jahre |
| Firma/Abteilung | Hochschule München, Bereich Beratung Immatrikulation, Abteilung Studium |
| Projektziel | Usability-Tests am Prototyp des Onlinedienstes zur Textverständlichkeit, Übersichtlichkeit, Navigation und Gestaltung |
| Phasen | Gestaltung und Evaluation |
| Eingesetzte Methoden | • Expertenevaluation (Heuristiken nach Nielsen und Molich, Normenanalyse DIN EN ISO 9241-151 und Fragebogen IsoMetrics)<br>• Wording-Test<br>• Usability-Tests im Labor, Eyetracking und Interviews<br>• Befragung im Anschluss an den Usability-Test (Fragebogen Attrak-Diff mit „Lautem Denken" kombiniert) |
| Übertragbar auf | • Medienvernetzte personenbezogene Dienstleistungen<br>• Chat- und Onlineberatungsdienste, Self-Service-Angebote<br>• Beratung in der (öffentlichen) Verwaltung<br>• Informationssysteme, Retrieval-Systeme |

Informationsdienste haben den Vorteil, zeit- und ortsunabhängig zu sein. So sollte der neue Onlinedienst einen dynamischen Zugriff auf bereits bestehende Inhalte der umfangreichen Website geben. Zudem sollten die Chatfunktionen und die Online-Terminvergabe das bestehende Beratungsangebot ergänzen.

Laut Angabe der Studienberatung lassen sich viele Anfragen der Ratsuchenden in nur wenigen Sätzen erklären, für die wirklich kein Termin notwendig sei. Typisches Beispiel dabei sei die Frage nach Grenznoten für zulassungsbeschränkte Studiengänge (Antwort: „Grenznoten stehen nicht vorab fest, sie berechnen sich nachträglich aus den zugelassenen Erstsemestern. Grenznoten der letzten Jahre siehe Link auf Website ..."). Für komplexere Fälle sollten weiterhin Termine an der Hochschule selbst angeboten werden. Über eine digitale Terminvergabe mit Anzeige von freien Zeitfenstern sei diese effizient zu gestalten.

> **Vernetzte Beratung für personenbezogene Dienstleistung**
>
> „Gesellschaftliche Veränderungen bedingen auch einen Wandel in der Beratung. Die Beschleunigung des Alltags verändert die Kommunikationsgewohnheiten der Klienten. Die Online-Beratung kann ein Modell für die gesamte öffentliche Verwaltung und deren personenbezogene Dienstleistungen sein. Wesentliches Ziel der neuen Kommunikationswege ist die bessere Erreichbarkeit der Dienstleistungen für die Klienten. Konkret geht es

> hier um eine Vernetzung zwischen Telefon- und Internet-Beratung sowie dem persönlichen Gespräch. Die medienvernetzte Beratung an Hochschulen befindet sich noch in den Anfängen. Eine aktive Gestaltung der mehrschichtigen Online-Beratung ist daher eine zentrale Herausforderung in den kommenden Jahren."
>
> *Pia Hetzel*, Leitung Bereich Beratung Immatrikulation, Hochschule München

Im Vordergrund der Testreihe standen damit folgende Fragestellungen:
- Verstehen die Nutzer die Begriffe und Texte problemlos?
- Sind die vielfältigen Informationen übersichtlich strukturiert?
- Sind Struktur und Navigation logisch?
- Ist speziell die Chatfunktion intuitiv bedienbar?
- Empfindet die Nutzergruppe den Onlinedienst als attraktiv und hat sie eine positive Nutzungserfahrung?

**Planung**

Bei der Planung der Untersuchung des Studienberatungs-Leitsystems galt es zunächst, das Untersuchungsobjekt an sich kennenzulernen, die typischen Nutzergruppen zu definieren und eine geeignete Kombination von Usability-Methoden auszuwählen.

Das Untersuchungsobjekt war ein lauffähiger und weitgehend funktionaler Web-Prototyp. Er konnte auf den in Bild 70 gezeigten verschiedenen Endgeräten getestet werden. Zudem konnten die Entwicklungsdokumente, wie etwa die Abfragestruktur und Navigation, eingesehen werden.

Es gibt zwei Nutzergruppen – einerseits Studieninteressenten, die als Neulinge für die Website zu betrachten sind, andererseits die Studierenden mit Erfahrung. Diese beiden Nutzergruppen werden bereits über eine Zielgruppen-Navigation auf der gesamten Hochschul-Website abgebildet. Auch im Onlinedienst wird der Einstieg durch die parallele, also gleichwertige Anordnung der beiden Nutzergruppen angeboten (links in Grün „Ich bin Studieninteressent", rechts in Rot „Ich bin Studierender"). Für die Usability-Tests wurden jeweils acht Personen je Nutzergruppe, gemischt weiblich und männlich, eingeladen. Die Studieninteressenten hatten einen Erstkontakt mit dem Thema „Studium" und waren 16 Jahre und jünger. Die Studierenden hatten bereits eigene Studienerfahrungen und waren über 18.

Die Methoden wurden je nach Entwicklungsphase des Web-Projektes auf ihre Eignung geprüft. Das Projekt befand sich zum Zeitpunkt der Usability-Untersuchung in der Gestaltungsphase, ein funktionaler Prototyp lag bereits vor.

Die Normenanalysen durch Usability-Experten sollten den Onlinedienst mit den gängigen Web- und Software-Standards vergleichen, um mögliche Schwachstellen bereits im Konzept des Onlinedienstes aufzudecken. Ergänzend dazu wurden von den gleichen Spezialisten die Usability-Heuristiken auf Teile des Prototyps angewendet und bewertet. Im Unterschied zu den Normen, die sehr strukturiert und feingliedrig ihre Anforderungen nennen, geben die Heuristiken die wichtigsten Richtlinien vor und stellen somit eine andere Sichtweise dar.

## 9.3 Self-Service-Beratung im Web (Hochschule München)

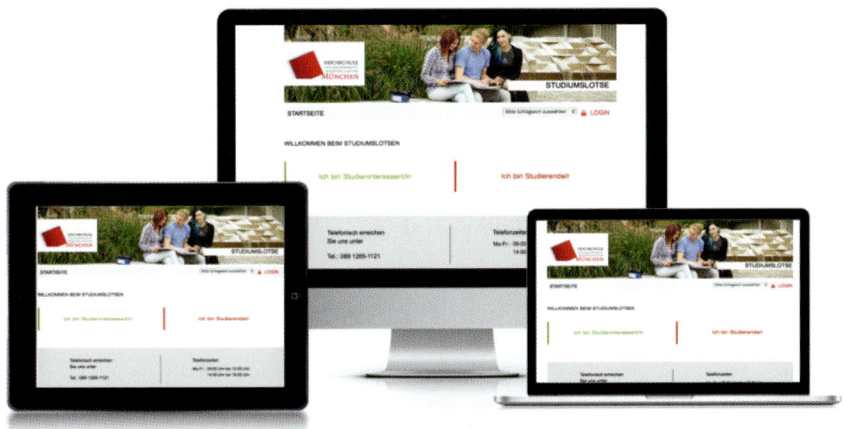

**Bild 70** Die Online-Beratung auf Desktop, Laptop und Tablet als primären Endgeräten

Die Benutzer kamen zu Wort, um auf Basis ihrer Aussagen die verwendeten Begriffe auf ihre Verständlichkeit evaluieren zu können. Am Prototyp selbst fand ein Usability-Test mit konkreten Aufgabenstellungen statt, die zum Teil per Eyetracking aufgezeichnet wurden. Nach dem Usability-Test wurde die Attraktivität des Onlinedienstes mittels eines standardisierten Fragebogens ermittelt, dessen Aussagekraft noch zusätzlich über die Technik „Lautes Denken" qualitativ erhöht wurde.

### Usability-Heuristiken nach Nielsen und Molich

Im Allgemeinen beschreibt eine Heuristik ein analytisches Vorgehen zur Lösungsfindung, bei dem auf der Grundlage eines getesteten Teils des Systems auf das gesamte System geschlossen wird. Bei der Methode der heuristischen Evaluation werden zum Testen des Systems einige vorgegebene Kriterien (Heuristiken) für eine hohe Nutzerfreundlichkeit verwendet. Die heuristische Evaluation findet häufig bereits während des Entwicklungsprozesses statt und die Ergebnisse fließen in den Entwicklungsprozess ein.

Die beiden Usability-Experten Jakob Nielsen und Rolf Molich entwickelten im Jahr 1990 zur Analyse der Nutzertauglichkeit eines Systems 10 Heuristiken.[104] Diese Heuristiken wurden seither häufig verwendet, um sämtliche Aspekte einer gebrauchstauglichen Website zu prüfen und zu optimieren, wie unter anderem von Theresa Neil beschrieben.[104] Die Heuristiken lauten:

1. Sichtbarkeit des Systemstatus (FEEDBACK)
2. Übereinstimmung zwischen System und realer Welt (METAPHER)
3. Benutzerkontrolle und Freiheit (NAVIGATION)
4. Konsistenz und Standards (KONSISTENZ)
5. Fehlervermeidung (PRÄVENTION)
6. Erkennen vor Erinnern (GEDÄCHTNIS)
7. Flexibilität und effiziente Nutzung (EFFIZIENZ)
8. Ästhetisches und minimalistisches Design (DESIGN)
9. Unterstützung beim Erkennen, Verstehen und Bearbeiten von Fehlern (RECOVERY)
10. Hilfe und Dokumentation (HILFE)

**Durchführung**

Insbesondere da mehrere Methoden eingesetzt wurden, die sinnvoll miteinander verzahnt werden mussten, war ein zeitlicher Ablaufplan notwendig. Die benutzerorientierten Methoden waren wie folgt gestaffelt:

1. *Wording-Test*
   Dieser Test steht am Anfang, damit die Testpersonen unbeeinflusst vom aktuellen Wording des Onlinedienstes sind.
2. *Usability-Test mit Eyetracking*
   Durchführung der Testaufgaben, die auf Basis der Schwachstellen ausgewählt wurden, die die Normenanalyse ergeben hatte.
3. *Retrospektive Benutzerinterviews*
   Befragung zu den durchgeführten Aufgaben bezüglich der Eigenschaften dargestellter Informationen (ISO 9241-12) und der Grundsätze der Dialoggestaltung (ISO 9241-110).
4. *Fragebogen AttrakDiff, kombiniert mit Technik „Lautes Denken"*
   Subjektive Bewertung der Attraktivität des nun bekannten Onlinedienstes.

Als Aufzeichnungsmedien wurden beim Wording-Test und beim AttrakDiff-Fragebogen schriftliche Unterlagen sowie Audio-Aufzeichnungen angefertigt. Von einer Videoaufzeichnung wurde bei den Nutzergruppen abgesehen, da sie wegen der fehlenden Benutzerinteraktion mit dem Onlinedienst unnötig war und die Testpersonen ohnehin wegen ihres Alters (teilweise nur 16 Jahre alt) sehr aufgeregt waren und der Leistungsdruck nicht unnötig erhöht werden sollte. Die Usability-Tests und retrospektiven Benutzerinterviews am System wurden mit Videokamera und Eyetracking aufgezeichnet.

**Auswertung und Interpretation**

Die Auswertung der Daten umfasste die Audio-Transkription der gesprochenen Inhalte aus Wording-Test und „Lautes Denken" beim Fragebogen. Dabei wurde ein sogenanntes „einfaches Transkript" erstellt, das nur die wesentlichen Gesten oder Pausen mitnotierte. Die Videos vom Usability-Test waren einerseits Umgebungsvideos, die die Bediensituation und das Interview aufzeichneten, sowie zusätzlich bei einigen Testaufgaben Bildschirmvideos mit Blickverläufen.

Im Folgenden werden die einzelnen Tests mit ihren Auswertungen und Interpretationen beschrieben.

*Auswertung: Normenanalyse*

Die DIN EN ISO 9241-151 betrachtet in der 9241-Normenreihe zur Mensch-System-Interaktion den speziellen Anwendungsbereich der Web-Anwendungen auf PCs, mobilen Geräten oder in vernetzten Systemen. Im Web herrschen besondere Herausforderungen wie etwa das extrem unterschiedliche Wissen der Benutzer, die verschiedenen Ziele der Benutzer und die unterschiedlichen Browser, die Web-Inhalte teils unterschiedlich darstellen.

Wesentliche Ergebnisse aus der Normenanalyse sind im Folgenden zusammengefasst und in Bild 71 veranschaulicht.

## 9.3 Self-Service-Beratung im Web (Hochschule München)

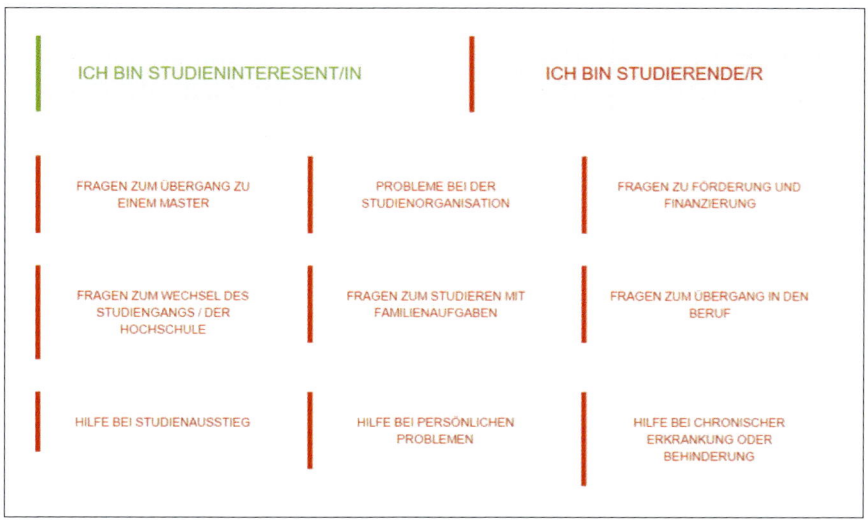

**Bild 71** Normenanalyse im Fallbeispiel Web: Ausgangszustand (oberes Bild), optimierte Seite (unten)

- *Navigation und Suche*
  Positiv zu erwähnen ist, dass dem Benutzer angezeigt wurde, an welcher Stelle er sich gerade befindet, sodass der Navigationsaufwand minimiert ist. Verbesserungswürdig war die Ausgewogenheit der Breite gegenüber der Tiefe der Navigationsstruktur, da die Breite überwog. Außerdem wurde das Öffnen unnötiger Fenster nicht vermieden und es fehlte eine „Schritt-zurück-Funktion". Die Suchfunktion in Form der aktuellen Schlagwortsuche, bei der der Benutzer nur in redaktionell vordefinierten Schlagwörtern suchen konnte, wurde als ungenügend bewertet.

- *Darstellung des Inhalts*
  Zu den positiven Punkten gehörten unter anderem die geeignete (kurze) Seitenlänge und das minimierte vertikale und horizontale Scrollen. Negativ bewertet wurden die Verwendung der Farben (Rot und Grün sind ungeeignet für Farbfehlsichtige!), die schlechte Lesbarkeit des Texts durch Großschreibung aller anklickbaren Wörter und damit auch das erschwerte Überfliegen des Textes. Weiterhin waren Links nicht als solche erkennbar und bisher besuchte Verknüpfungen wurden nicht hervorgehoben. Die verschiedenen Linkziele, z. B. Verknüpfungen, die neue Fenster öffnen, waren nicht kenntlich gemacht.

*Auswertung: ISOMetrics*

Der IsoMetrics-Fragebogen zur Evaluation von Software umfasst sieben Bereiche mit insgesamt 75 Prüffragen. Er liefert konkrete Hinweise auf Fehlfunktionen und Schwachstellen der Software. Im Beispiel des Onlinedienstes waren 29 der 75 Fragen für die Website relevant, die anderen Fragen bezogen sich auf Funktionen, die nur komplexe Softwareprodukte besitzen.

Hier zwei ausgewählte Beispiele für Positiv- und Negativbewertungen:

- *Beispiel für Positiv-Bewertung*
  Von Vorteil war, dass in der Software einfach und schnell zwischen verschiedenen Menüebenen gesprungen werden kann. Dies ermöglicht das gleichzeitige Anzeigen der obersten drei Ebenen, nämlich der Zielgruppen-Navigation und der ersten beiden Themenebenen.

- *Beispiel für Negativ-Bewertung*
  Im Bereich der Selbstbeschreibungsfähigkeit erlangte die Website einen Negativpunkt bei der Frage, ob die Benutzer direkt erkennen können,

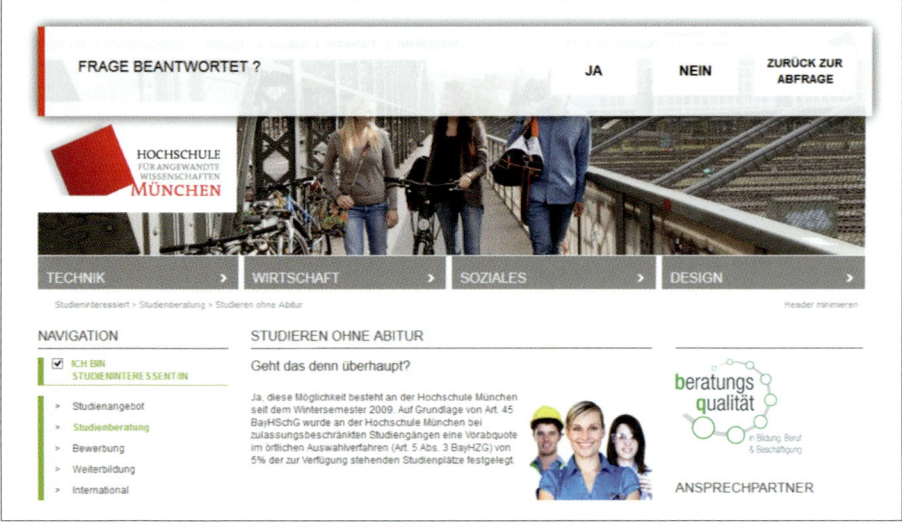

**Bild 72** Negativpunkt bei Selbstbeschreibungsfähigkeit im IsoMetrics-Fragebogen

welche Funktion hinter den verschiedenen Menüs steht. Als Beispiel dafür diente das am oberen Rand in Bild 72 dargestellte Popup „Frage beantwortet? JA / NEIN / ZURÜCK ZUR ABFRAGE". Hier ist nicht ersichtlich, welche Funktion bei JA oder bei NEIN ausgelöst wird. Die Antwort NEIN würde tatsächlich zur Terminvergabe führen. Für diese ermittelte Schwachstelle wurde im anschließenden Usability-Test eine Testaufgabe formuliert, bei der die Testpersonen einen Termin vereinbaren sollten. Dabei sollte überprüft werden, ob das Problem tatsächlich eine Hürde für Benutzer darstellt und wie schwerwiegend sich das auswirkt.

*Auswertung: Usability-Heuristiken*

Für die Bewertung nach den Heuristiken von Nielsen und Molich wurden drei von zehn Heuristiken ausgewählt, die für den Onlinedienst besonders interessant waren und die Anforderungen der Zielsetzung abdeckten. Die Ergebnisse fasst Tabelle 37 zusammen.

Tabelle 37  Ausgewählte Usability-Heuristiken für die Fallstudie „Self-Service-Beratung im Web"

| Heuristik mit Beschreibung | Ergebnisse |
|---|---|
| *Übereinstimmung zwischen System und realer Welt*<br>Anforderung an das Testsystem, dass dieses die Sprache des Benutzers spricht. Dies bedeutet, dass das Produkt keine systemorientierte Terminologie verwendet, sondern Worte, Phrasen und Konzepte, die den Benutzern vertraut sind. | *Positiv*<br>• Zielgruppenorientierte Begriffe: „Ich bin Studierender" und „Ich bin Studieninteressent".<br>• Chronologische Reihenfolge der Menüs „Bachelor", „Master" und „Weiterbildung".<br>• Positionierung des Suchfelds rechts oben.<br>*Negativ*<br>• Nichtlogische Reihenfolge bei den Themen der Studierenden. Deshalb müssen alle Themen der Reihe nach gelesen werden, bevor die benötigte Information aufgerufen werden kann. |
| *Flexibilität und effektive Nutzung*<br>Häufig auftretende Aktionen sollten vom Benutzer angepasst werden können. Fortgeschrittenen Anwendern soll eine schnellere Bedienung erlaubt werden, um die Benutzung des Systems effektiver zu gestalten. | *Positiv*<br>• Das Layout ändert sich nicht ungünstig, wenn die Website über die Browserfunktion in der Größe verändert wird.<br>*Negativ*<br>• Wiederaufnahme einer vorherigen Sitzung ist nicht möglich.<br>• Darstellung, wie zum Beispiel Farbe oder Schriftart/Schriftgröße, ist nicht wählbar. |
| *Ästhetisches und minimalistisches Design*<br>Dialoge sollten keine irrelevanten Informationen enthalten. Jede Information konkurriert um die Aufmerksamkeit des Benutzers. | *Positiv*<br>• Viel Weißraum.<br>*Negativ*<br>• Wiederholt gleiche Dialogbeginne mit „Fragen zu ..." enthalten keine Kerninformation.<br>• Textrahmen haben unterschiedliche Höhen („springen"). |

## Auswertung: Wording-Test

Die Untersuchung der Textverständlichkeit sollte aufzeigen, inwieweit die Begriffe den mentalen Modellen der Zielgruppe entsprechen. Der Wording-Test untergliederte sich in mehrere Stufen. Zu Beginn wurden die Testpersonen in einer offenen Frageform nach Begriffserklärungen gefragt, mit der Formulierung: „Was ist mit diesem Begriff gemeint?" Im Anschluss wurden 16 Begriffe aus der aktuellen Baumstruktur des Onlinedienstes im Original entsprechenden im Vorfeld von Technischen Redakteuren optimierten Begriffen gegenübergestellt. Die Benutzer sollten diese Begriffspaare bewerten und diskutieren, auszugsweise Ergebnisse zeigt Tabelle 38.

**Tabelle 38** Wording-Test: Originale und von Experten optimierte Begriffe im Vergleich

| Original | Optimiert |
|---|---|
| „STUDIUMSLOTSE" <br> Anmerkung: Dies war der Original-Titel. <br> Kommentar Studierender: *„(lacht), äh, keine Ahnung, ja sowas wie Tutoren"* | „Online-Beratung" |
| „Hilfe bei der Orientierung und Entscheidungsfindung" | „Studienwahl, -vorbereitung und -einstieg" <br> Kommentar Studierender: *„Studienwahl – welches Fach ich studieren will; Vorbereitung – einen Vorkurs oder Bücher davor lesen; Einstieg – ist der erste Tag, Infoveranstaltung, was man wie machen muss."* |
| „Fragen zum dualen Studium" <br> Kommentar Studieninteressierter: *„Weiß nicht, vielleicht zwei Studiengänge gleichzeitig studieren. Geht das denn?"* | „Studieren mit betrieblicher Ausbildung kombiniert (duales Studium)" |
| „Probleme bei der Studienorganisation" <br> Anmerkung: Dieser Begriff wurde von keinem der Befragten richtig interpretiert. | „Fristen, Prüfungen und Praktikum" <br> Anmerkung: Diesen Begriff verstanden 87,5 % der Befragten. |

Das Fazit des Wordings-Tests war, dass griffige und konkrete Begriffe für die Inhalte gefunden werden müssen. Dabei können durchaus auch zwei oder drei Inhalte genannt werden, anstelle einer einzigen „Worthülse". Die Begriffe brauchen einen klaren Bezug auf den Inhalt. Weiterhin sollten unnötige Füllwörter gestrichen werden wie z. B. „Probleme bei", „Hilfe zu …". Zudem ergaben sich deutliche Unterschiede zwischen den Studieninteressierten und den Studierenden. Die Neulinge im Studium müssen die Fachwörter erst lernen, daher benötigen sie eine Begriffserklärung zum Fachwort.

## Auswertung Usability-Test mit Eyetracking und retrospektivem Interview

Der Usability-Test bestand aus zwei Teilen: Zunächst mussten sieben Testaufgaben bearbeitet werden, die mit Eyetracking aufgezeichnet wurden. Während der Eyetracking-Aufzeichnung wurden die Testpersonen gebeten, nicht zu sprechen, um die Blickpunkte nicht zu verfälschen. Das Nutzungsverhalten liefert Ergebnisse als Basis für Optimierungen.

## 9.3 Self-Service-Beratung im Web (Hochschule München)

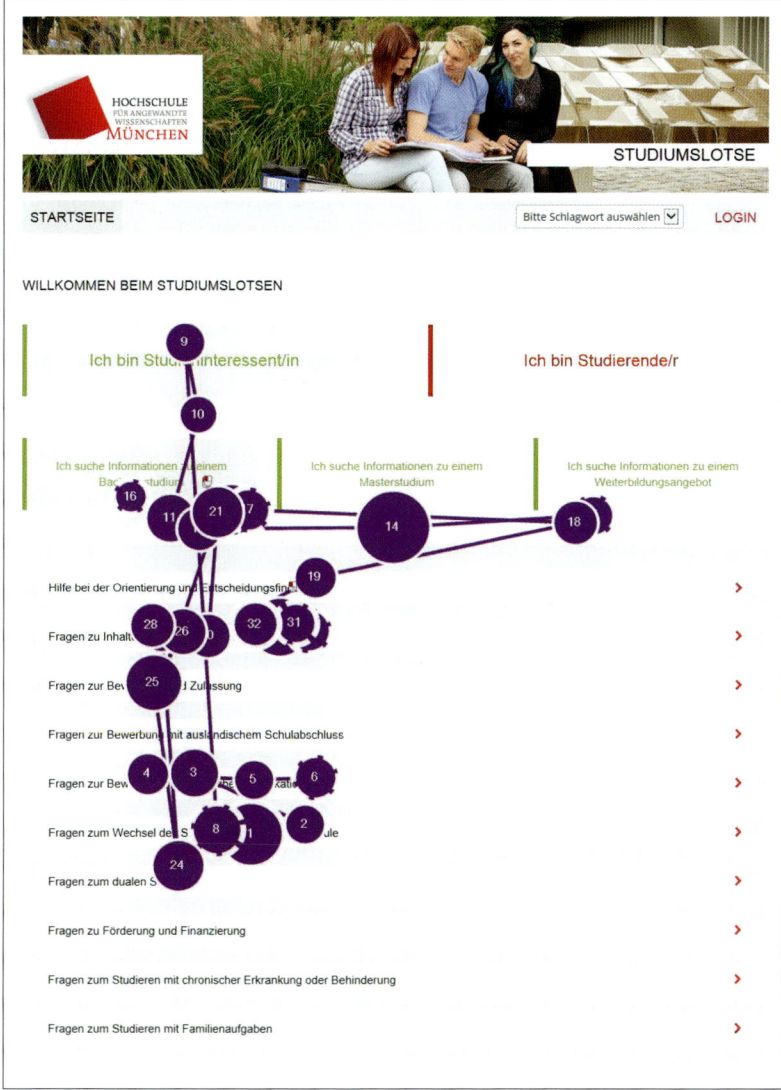

**Bild 73** Eyetracking-Ergebnis: Screen mit Blickpunkten (lila Punkte)

Der zweite Teil war ein anschließendes Interview am Bildschirm, um die subjektiven Ansichten der Nutzer zu hören. Die Testaufgaben begannen mit einfachen Fragen wie „Betrachte die Startseite" (mit automatischem Abbruch nach 20 Sekunden) bis hin zu gemäß den Ergebnissen der Expertenbewertungen schwierigeren Aufgaben wie „Versuche, über den Studiumslotsen einen Telefontermin zu vereinbaren". Die Tests wurden nach der Bearbeitungszeit, nach Anzahl der Klicks und nach den Blickverläufen ausgewertet.

Die Auswertung der Zeitdauer ergab, dass alle Testpersonen etwa die gleiche Arbeitsdauer hatten. Daraus lässt sich schließen, dass das Alter und die Vorkenntnisse nicht relevant sind, was jedoch bei den Studierenden mit Erfahrung hätte erwartet werden können. Auch blieb die Bearbeitungsdauer bis zum Ende ähnlich lange, sodass ein Lerneffekt anhand der gegebenen Strukturen ausblieb. Die Auswertung der Blickverläufe ergab, dass die Aufteilung auf einer Seite gut ist und Gesuchtes gefunden wird. Jedoch zeigten die Blickpunkte auch auf, dass bestimmte Stellen nicht (mehr) gelesen werden, wie z. B. die identischen Satzanfänge mit „Frage zu" (siehe auch Bild 73). Die Konzentration von Hotspots auf mehreren Listenpunkten und das nachträgliche Interview offenbarten Schwierigkeiten mit der Textverständlichkeit der Listenpunkte.

### Auswertung AttrakDiff mit „Lautem Denken"

Der AttrakDiff-Fragebogen sollte ermitteln, wie die Nutzer die Bedienbarkeit und das Aussehen des Onlinedienstes subjektiv wahrnehmen. Beurteilt wurden alle im Fragebogen vorgesehenen Dimensionen: die pragmatische Qualität, die hedonische Qualität und die Attraktivität. In allen Dimensionen gibt es mehrere gegensätzliche Wortpaare (z. B. „widerspenstig – handhabbar") und die Benutzer müssen ihre Einschätzung auf einer Skala von -3 und +3 zwischen diesen beiden Extremen einordnen.

Meine persönliche Erfahrung mit diesem Fragebogen ist, dass die Qualität der Erkenntnisse durch „Lautes Denken" parallel zum Ausfüllen gesteigert werden kann. Die Testpersonen werden dadurch noch stärker zur Reflexion über die Wortpaare angeregt. Tabelle 39 gibt eine Auswahl der Ergebnisse wieder.

**Tabelle 39** Ergebnisse des Attraktivitäts-Fragebogen mit „Lautem Denken" kombiniert

| Wortpaare und Mittelwerte (-3 bis +3) | Kommentare durch „Lautes Denken" |
|---|---|
| Isolierend – Verbindend<br>*Mittelwert: +1,2* | • Verbindend, es werden Fragen gestellt, die beantwortet werden sollen<br>• Auf jeden Fall verbindend, man will, dass einem geholfen wird<br>• Neutral |
| Technisch – Menschlich<br>*Mittelwert: -0,2* | • Kann Website menschlich sein?<br>• Mischung aus beiden, neutral<br>• Eher menschlich, einfache Sprache |
| Nicht vorzeigbar – Vorzeigbar<br>*Mittelwert: +1,6* | • Praktisch und vorzeigbar, als App noch mehr<br>• Kann sich sehen lassen bezüglich Design<br>• Vorzeigbar, da hilfreich |

Die Auswertung des AttrakDiff-Fragebogens macht in erster Linie Tendenzen erkennbar, weniger liefert sie konkrete Vorschläge. Als Tendenz konnte ermittelt werden, dass das neuartige Konzept an sich gut ankommt, praktischer Nutzen vorhanden ist, aber Verbesserungspotential existiert und die Gestaltung durch die Farben als angenehm empfunden wurde. Es zeigten sich deutliche Unterschiede beider Nutzergruppen, wobei die Studierenden, also die erfahrenen Nutzer, deutlich kritischer werteten als die jungen Studieninteressenten.

**Verbesserungsvorschläge und Fazit**

Aus der Vielzahl der Ergebnisse ließen sich die von Experten und Benutzern aufgedeckten Schwierigkeiten zusammenfassen, gewichten und daraus konkrete Verbesserungsvorschläge erarbeiten. Die Vorschläge untergliederten sich nach den folgenden Kategorien:

- *Orientierung/Struktur*
  Einleitende Füllwörter wie „Fragen zu" streichen, Suchfunktion ergänzen, bereits besuchte Links jeweils für die laufende Sitzung hervorheben, Antwortmöglichkeiten im Feedback-Banner umbenennen und Terminvereinbarung aufnehmen, weitere Ebene zur Reduktion von umfangreichen Listen schaffen.

- *Design/Layout*
  Chat-Banner „Wir sind für Sie da" in Größe und Position anpassen und auch für mobile Nutzung sichtbar machen, Strichstärken dicker gestalten.

- *Chatfunktion*
  Auch bei geschlossenem Chatfenster auftretende Dialogaktivitäten anzeigen, Chatpartner-Status anzeigen (z. B. „schreibt gerade …"), Scrollfunktion im Chatverlauf anpassen und Rücksprung zur letzten Nachricht unterbinden.

Als Fazit kann festgehalten werden, dass der Einsatz verschiedener Usability-Methoden von Vorteil war, um einzelne Erkenntnisse zu vertiefen und zu verstärken. Die Ergebnisse zeigten auch, dass keine grundlegenden Änderungen in Aufbau, Navigation und Gestaltung notwendig sind, sondern konkrete, punktuelle Verbesserungen, die jedoch die Akzeptanz des neuen Dienstes deutlich erhöhen. Die derzeit noch fehlenden Möglichkeiten der Individualisierung zu ergänzen, die Self-Services-Nutzer besonders schätzen (und erwarten), ist aus Expertensicht eine wichtige Empfehlung zum konzeptionellen Ausbau in der Zukunft.

---

**Einfache Terminvereinbarung, intelligente Suche und konkrete Begriffe punkten**

„Die Ergebnisse der Usability-Studie verdeutlichten uns, dass wir die Hürde zum Vereinbaren eines Termins zu hoch angesetzt hatten. Daher wurde der Button ‚zur Terminvereinbarung' in den Feedback-Banner mit aufgenommen.
Bei der Auswertung der heuristischen Evaluation stellten wir fest, dass fortgeschrittenen AnwenderInnen eine schnellere Bedienung ermöglicht werden sollte, so dass wir die Online-Beratung mit einer kontextsensitiven Suchfunktion nachgerüstet haben.
Besonders wichtig war uns, mittels eines Wording-Tests zu überprüfen, ob die Zielgruppe unsere Formulierungen nachvollziehen kann. Die Rückmeldung, dass die Bezeichnungen nur das Wesentliche enthalten dürfen und auf Füllwörter verzichtet werden soll, führte zu einer stark verbesserten Übersicht mit klarem Bezug auf die konkreten Themenbereiche."

*Jakob Rotter*, Mitarbeiter Studienberatung, Hochschule München

# 10 Anhang

## 10.1 Software-Tools

In einem Buch zum Thema Informatisierung und Digitalisierung dürfen Software-Tools nicht fehlen, denn der Einsatz von Tools kann Usability-Projekte bei der Planung und Anwendung von Methoden effektiv unterstützen. Für fast alle Usability-Methoden und Techniken stehen spezielle Software-Tools zur Verfügung. In diesem Buch wird eine Auswahl aus einer Fülle von Tools dargeboten. Die Auswahl ist nicht bewertend zu betrachten, denn erstens handelt es sich um gängige Tools und zweitens soll sie lediglich die Vielfalt der Spezialisierung aufzeigen, und zwar jeweils an einem oder wenigen Beispiel-Tools. Zudem stellen die erwähnten Tools nur einen aktuellen Status quo dar, denn neue Tools werden entstehen und andere werden abgelöst werden. Dieser Abschnitt soll Ihnen Impulse geben und Sie anregen, stets selbstständig auf dem Laufenden zu bleiben.

**Planung**

*Planung und Projektmanagement*

Für Usability-Projekte ist es typisch, dass interdisziplinäre Fachleute im Team, meist an verteilten Standorten, zusammenarbeiten. Die Auswahl von Projektmanagement-Tools legt daher den Schwerpunkt auf webbasierte Lösungen (Tabelle 40).

Tabelle 40  Software-Tools für Planung und Projektmanagement (alphabetisch sortiert)

| | |
|---|---|
| **copperproject**<br>www.copperproject.com | • Anwendungsbereich: Geeignet für verteilte Projektteams<br>• Komplexität: mittel |
| **Microsoft Project**<br>http://office.microsoft.com/de-de/project | • Anwendungsbereich: Lösungen für kleine Teams, Lösungen für das Projektmanagement, Lösungen für die Businessebene<br>• Komplexität: hoch |
| **Projectplace**<br>www.projectplace.de | • Anwendungsbereich: Geeignet für verteilte Projektteams<br>• Komplexität: hoch |
| **Projektron BCS**<br>www.projektron.de | • Anwendungsbereich: (Multi-)Projektmanagement<br>• Komplexität: hoch |
| **Teamspace**<br>www.teamspace.de | • Anwendungsbereich: Geeignet für verteilte Projektteams<br>• Komplexität: mittel, schnell einsetzbar |
| **Teamworkprojects**<br>www.teamwork.com/project-management-software | • Anwendungsbereich: Geeignet für verteilte Projektteams, englischsprachig<br>• Komplexität: mittel |

## Projektsteuerung mit Kanban

Um in komplexen Projekten einen Überblick über den Projektfortschritt zu behalten und die Tätigkeiten und Rollen der Beteiligten zu steuern, können Moderatoren mit der Kanban-Methode arbeiten. Anstelle gedruckter Kanban (Karten) lassen sich auch elektronische Kanban-Boards einsetzen (Tabelle 41).

**Tabelle 41** Software-Tools: Kanban-Tools zur Projektsteuerung (alphabetisch sortiert)

| | |
|---|---|
| **Kanboard** <br> *https://kanboard.net* | • Freies OpenSource Kanban-Tool |
| **Leankit** <br> *https://leankit.com/product* | • Enterprise Kanban Tool |
| **TaskBoard** <br> *https://taskboard.matthewross.me* | • Freies OpenSource Kanban-Tool |
| **Trello** <br> *https://trello.com/tour* | • Kanban Board mit zusätzlichen Projektmanagement-Funktionen |

## Methoden-Auswahlhilfen

Diese Methodenchecker bieten eine Übersicht über verschiedene Usability-Methoden an. Die Methoden können dabei etwa nach Projektstatus oder Projektziel gefiltert werden. Als Ergebnis der Filterung empfehlen die Tools bestimmte Methoden (Tabelle 42). Die Tools sind geeignet, um sich einen ersten Überblick zu verschaffen, können jedoch keine Usability-Beratung ersetzen.

**Tabelle 42** Software-Tools: Methoden-Auswahlhilfen (alphabetisch sortiert)

| | |
|---|---|
| **Design Methoden Finder** <br> *www.designmethodenfinder.de* | • Sammlung von Methoden im Arbeitsumfeld eines Designers |
| **Methodencheck** <br> *www.cheval-lab.ch/was-ist-usability/cheval-methodencheck* | • Abfrageorientierter Methodencheck |
| **Usability Toolkit** <br> *http://usability-toolkit.de/usability-methoden/* | • Usability für Web-Projekte mit Filtermöglichkeiten der Methoden |
| **usability.gov** <br> *www.usability.gov* | • Englischsprachiger Methoden- und Tools-Baukasten |

## Nutzer- und Nutzungsforschung

### Online-Befragungen (Fokusgruppe, Interview und Umfragen)

Diese Online-Werkzeuge eignen sich für qualitative und quantitative Erhebungen von Nutzerdaten (Tabelle 43).

# 10 Anhang

**Tabelle 43** Software-Tools zu Online-Fokusgruppe, Online-Interview und Online-Umfragen (alphabetisch sortiert)

| | |
|---|---|
| **Active interview**<br>http://activeinterview.com | • Online Video Interview |
| **Async Interview**<br>https://asyncinterview.com | • Video-Interviews und Audio-Interviews |
| **eQuestionnaire**<br>www.equestionnaire.de | • Online-Umfragen |
| **GroupQuality**<br>http://groupquality.com/products | • Software-Tools für Online-Umfragen, Online-Fokusgruppen und Online-Interviews etc. |
| **KERNWERT**<br>www.kernwert.com/de/index/kernwert/software | • Software-Tools für qualitative Online-Forschung, u. a. Video-Interviews, Online-Fokusgruppen, Fragebögen |
| **LimeSurvey**<br>www.limesurvey.org/de | • Online-Umfragetool (Open Source) |
| **Onlineumfragen.com**<br>www.onlineumfragen.com | • Online-Umfragetool für Unternehmen, Forschung und Private |
| **SurveyMonkey**<br>https://de.surveymonkey.com | • Online-Umfragen<br>• Enterprise-Variante und zur Zusammenarbeit im Team |
| **Umfrageonline**<br>www.umfrageonline.com | • Online-Umfragen |

*Benutzertagebücher*

Tools für Tagebuchstudien finden sich meist bei Software-Herstellern, die ein umfangreiches Softwareprogramm zu Befragungen und Beobachtungen von Usern aus den Bereichen Usability oder Marktforschung anbieten (siehe Tabelle 44).

**Tabelle 44** Software-Tools zu Benutzertagebüchern (alphabetisch sortiert)

| | |
|---|---|
| **ask:us**<br>www.experiencetools.com/tools.php | • Online-Tagebuch und weitere Experience-Tools |
| **flexMR**<br>www.flexmr.net/market-research-tools/all-tools.aspx | • Diary Tools und weitere Marktforschungs-Tools |
| **mQuest**<br>www.cluetec.de/solutions/mquest/ueberblick | • Mobile Offline-Befragungs- und Erhebungssoftware |

*Persona*

Personas lassen sich bereits einfach mit gängigen Office-Tools erstellen. Unter dem Stichwort „User Persona Templates" finden sich dazu im Internet diverse Vorlagen, z. B. für Powerpoint. Es gibt aber auch spezielle Tools für Personas (Tabelle 45).

**Tabelle 45**   Software-Tools zu User Persona (alphabetisch sortiert)

| | |
|---|---|
| **Persona** <br> www.marinersoftware.com/ products/persona | • Software zum Erstellen von Personas sowie weitere Mariner Software Tools, etwa zum Schreiben von Drehbüchern |
| **User Persona Creator** <br> www.xtensio.com/user-persona | • Erstellungstool für User oder Buyer Persona |

### Gestaltung

*Card Sorting*

Card Sorting Tools (Tabelle 46) unterscheiden sich auch in den genutzten Medien. Bei Online Card Sorting können mehrere Teilnehmer die Karten webbasiert sortieren. Daneben gibt es die Tools als Einzelplatzversion für Desktopbetrieb oder Mac.

**Tabelle 46**   Software-Tools zu Card Sorting (alphabetisch sortiert)

| | |
|---|---|
| **OptimalSort** <br> www.optimalworkshop.com/ optimalsort | • Online Card Sorting |
| **Socratic CardSort** <br> www.sotech.com unter „Tools" | • Card Sorting als Online-Service des Anbieters |
| **UserZoom Online Card Sorting** <br> www.userzoom.de/software/ card-sorting | • Online Card Sorting zur Strukturierung von Websites |
| **UXSort** <br> www.uxsort.com | • Card Sorting Software (Einzelplatzversion für den Desktopbetrieb) |
| **xSort** <br> www.xsortapp.com | • Card Sorting Software (Einzelplatzversion, nur für Mac OS X) |

*Prototyping*

Für die Erstellung von Prototypen gibt es verschiedene Arten von Tools (Tabelle 47). Unterschieden wird nach Präsentationsprogrammen und Grafik- und Bildbearbeitungsprogrammen, Multimediawerkzeugen und User-Interface-Prototyping-Werkzeugen. Nur letztere sollen hier mit einer kleinen Auswahl vorgestellt werden, da es sich bei den anderen um bekannte und marktübliche Tools handelt. Mit einigen der speziellen Prototyping-Tools lassen sich lediglich Wireframes erstellen, andere ermöglichen darüber hinaus die Erzeugung interaktiver Low-Fidelity-Prototypen. Die Tools werden in der Regel von Designern und Usability-Experten eingesetzt.

**Tabelle 47**   Software-Tools: Prototyping (alphabetisch sortiert)

| | |
|---|---|
| **Adobe Experience Design CC** <br> www.adobe.com/de/products/ experience-design.html | • Prototyping-Lösung für die Erstellung und Weitergabe von Website- und App-Designs |

| | |
|---|---|
| **Axure**<br>www.axure.com | • Vielseitiges Tool mit Testmöglichkeit des entwickelten interaktiven Prototyps auf mobilem Endgerät<br>• Verfügbar für Mac OS X, Windows |
| **Balsamiq Mockups**<br>https://balsamiq.com/products/mockups | • Erlaubt schnelles Erstellen von Skizzen für User Interfaces per Drag & Drop von vordefinierten Elementen<br>• Verfügbar für Mac OS X, Windows, Linux und als Browserversion |
| **InVision**<br>www.invisionapp.com | • Prototyping-, Kollaborations- und Workflow-Plattform<br>• Prototyping für Web und Mobil, verfügbar unter iOS und Android |
| **Marvel**<br>https://marvelapp.com | • Design-, Prototyping- und Kollaborations-Plattform<br>• Mobile und Web-Anwendungen, verfügbar unter iOS, iPhone und Android |
| **Omnigraffle**<br>www.omnigroup.com/omnigraffle | • Wireframe-Programm mit erweiterten Funktionen für Skizzen, Mindmaps, Flow Charts etc.<br>• Verfügbar für Mac OS X, iPad |

## Evaluation

*Software für Beobachtungsstudien (Usability-Testing, Software-Tools)*

Es gibt eine stetig zunehmende Anzahl von Usability-Tools, vor allem im Niedrigpreis-Segment. Diese Tools sind oft sehr einfach zu bedienen und schnell einsetzbar, jedoch im Vergleich zu professionellen Usability-Testing-Suiten im Funktionsumfang eingeschränkt. Die aufgeführten Software-Tools in Tabelle 48 geben einen kleinen Überblick über die große Bandbreite der Unterstützungssoftware für Usability-Testing.

**Tabelle 48** Software-Tools zur qualitativen Auswertung von Beobachtungsstudien (alphabetisch sortiert)

| | |
|---|---|
| **Dragon NaturallySpeaking**<br>www.nuance.de/dragon/index.htm | • Spracherkennungssoftware und Transkriptions-Programm |
| **Five Second Test**<br>http://fivesecondtest.com | • Test zum Ermitteln des ersten Eindrucks bei digitalen Medien (Website, Logo, Prospekt, Marketingunterlagen) |
| **INTERACT**<br>www.mangold-international.com | • Software zur Sammlung und Analyse von Beobachtungsdaten |
| **MAXQDA12**<br>www.maxqda.de | • Software für qualitative Datenanalyse mit u. a. frei definierbaren Codes |
| **Morae**<br>www.technsmith.com/morae.html | • Suite von Usability Testing Tools |
| **Open Hallway**<br>www.openhallway.com | • Browser-basiertes Usability Testing |
| **Usabilla**<br>https://usabilla.com | • Usability Testing Software für Websites, E-Mails und Apps |
| **UserTesting.com**<br>www.usertesting.com | • Panel-basierter Usability Testing Service |

## 10.1 Software-Tools

*Eyetracking und Mouse Tracking*

Die meisten Eyetracking-Hersteller bieten Eyetracker-Hardware und Software in einer Gesamtlösung an. Es gibt jedoch auch Anbieter von Softwarelösungen zur Unterstützung von Eyetrackern verschiedener Hersteller. Die Eyetracker unterteilen sich in stationäre Remote Eyetracker und mobile Brillensysteme. Online-Eyetracking über die WebCam ist derzeit im Kommen, jedoch aus Qualitätssicht kein Ersatz für die professionellen Eyetracking-Systeme. Tabelle 49 zeigt eine Auswahl der verschiedenen Systeme.

**Tabelle 49** Hardware und Software für Eyetracking (alphabetisch sortiert)

| | |
|---|---|
| **EyeTracking** *www.eyetracking.com* | • Gesamtlösungen für Eyetracking |
| **Eyezag** *www.eyezag.de* | • Online-Eyetracker via WebCam mit Eyetracking-Software |
| **Gazepoint** *www.gazept.com* | • Gesamtlösungen für Eyetracking |
| **iMotions** *https://imotions.com/software/eye-tracking* | • Software, einsetzbar für unterschiedliche Eyetracker-Hardware |
| **interactive minds** *www.interactive-minds.de* | • Gesamtlösungen für Eyetracking |
| **MangoldVision** *www.mangold-international.com/de/software/mangoldvision* | • Gesamtlösungen für Eyetracking |
| **SMI Vision** *www.smivision.com* | • Gesamtlösungen für Eyetracking |
| **Tobii Pro eye tracking** *www.tobiipro.com* | • Gesamtlösungen für Eyetracking |

Eine kostengünstige Alternative zum Eyetracking bietet *Mouse Tracking*. Die Tools kommen ohne spezielle Aufzeichnungs-Hardware aus. Es werden die Klicks und Mausbewegungen von Benutzern auf Web, Software oder App aufgezeichnet. Die Auswertungen ähneln denen von Eyetracking, wie etwa Heatmaps, und veranschaulichen das aufgezeichnete Verhaltensmuster.

# 10.2 Normen

**Usability-Normenreihe DIN EN ISO 9241**

Einen Überblick über die Usability-Normenreihe DIN EN ISO 9241 gibt Tabelle 50.

**Tabelle 50**   Die Normenreihe DIN EN ISO 9241

| Norm 9241- | Ausgabedatum | Ergonomie der Mensch-System-Interaktion |
|---|---|---|
| 11 | 2016 | Gebrauchstauglichkeit: Begriffe und Konzepte |
| 13 | 2008 | Benutzerführung |
| 14, 15, 16, 143 | 1999 bis 2012 | Dialogführung mittels: Menüs (14), Kommandosprachen (15), direkter Manipulation (16), Formulardialogen (143) |
| 110 | 2008 | Grundsätze der Dialoggestaltung |
| 112 | 2015 – Entwurf | Grundsätze der Informationsdarstellung |
| 125 | 2016 – Entwurf | Anleitung zur visuellen Informationsdarstellung |
| 129 | 2011 | Individualisierung von Software |
| 151 | 2008 | Leitlinien zur Gestaltung von Benutzungsschnittstellen für das World Wide Web |
| 154 | 2013 | Sprachdialogsysteme |
| 161 | 2014 – Entwurf | Leitfaden zu visuellen User-Interface-Elementen |
| 171 | 2008 | Leitlinien für die Zugänglichkeit von Software |
| 20 | 2009 | Leitlinien für die Zugänglichkeit der Geräte und Dienste in der Informations- und Kommunikationstechnologie |
| 210 | 2011 | Prozess zur Gestaltung gebrauchstauglicher interaktiver Systeme |
| 220 | 2016 – Entwurf | Prozesse zur Ermöglichung, Durchführung und Bewertung menschzentrierter Gestaltung für interaktive Systeme in Hersteller- und Betreiberorganisationen |
| 300, 302 bis 307, 331, 333, 391 | 2009 bis 2016 | Ergonomische Anforderungen und Messtechniken für elektronische optische Anzeigen |
| 400, 410, 4111, 420 | 2007 bis 2014 | Physikalische Eingabegeräte |
| 910, 920, 960 | 2011 bis 2015 | Taktile und haptische Interaktionen |

**Normenreihe Software-Benutzerdokumentation ISO/IEC 2651x**

Einen Überblick über die Normenreihe zur Software-Benutzerdokumentation ISO/IEC 2651x gibt Tabelle 51.

**Tabelle 51** Die Normenreihe ISO/IEC 2651x für Software-Benutzerdokumentation

| Norm | Ausgabedatum | System- und Software-Engineering |
|---|---|---|
| ISO/IEC/IEEE 26511 | 2011 | Requirements for managers of user documentation |
| ISO/IEC/IEEE DIS 26513 | 2016 – Entwurf | Requirements for Testers and Reviewers of User Documentation |
| ISO/IEC/IEEE 26514 | 2010 | Requirements for designers and developers of software documentation |
| ISO/IEC/IEEE 26515 | 2011 | Developing user documentation in an agile environment |

**Norm für Gebrauchsanleitungen DIN EN 82079-1**

DIN EN 82079-1 (2011): Erstellen von Gebrauchsanleitungen – Gliederung, Inhalt und Darstellung – Teil 1: Allgemeine Grundsätze und ausführliche Anforderungen

## 10.3 Literatur

*Digitalisierung: Produkte 4.0 und Anleitungen 4.0*

Bauernhansl, Thomas (Hrsg.); ten Hompel, Michael (Hrsg.); Vogel-Heuser, Birgit (Hrsg.): Industrie 4.0 in Produktion, Automatisierung und Logistik: Anwendung, Technologien, Migration. Springer Fachmedien: Wiesbaden 2014 – *Standardwerk zu Industrie 4.0 mit Beiträgen von Wissenschaftlern und Technologen. Behandelt wird auch die Mensch-Maschine-Interaktion in Szenarien der vernetzten Industrie.*

Belwe, Andreas; Schutz, Thomas: Smartphone geht vor. Wie Schule und Hochschule mit dem Aufmerksamkeitskiller umgehen können. hep Verlag, Bern: 2014 – *Buch bietet Einblick in die Denkweisen der Generationen X, Y und Z, die durch jeweils andere Technologien und Medien geprägt sind. Der Fokus liegt auf Lehr-Lern-Prozessen in Schule, Studium, Beruf und Familie.*

Böcher, Kornelius R.; Thiele, Ulrich: Pocketguide für die Technik-Redaktion, Über 450 aktuelle Stichwörter kompakt erläutert. WEKA MEDIA: Kissing 2014 – *Das handliche Buch ist eine Fundgrube für die Fachbegriffe in der Technikkommunikation. Geeignet für alle Fachleute, die Berührungspunkte mit Technischer Kommunikation haben.*

Böcker, Martin; Robers Ralf: Kundendokumentationen für Konsum- und Investitionsgüter – Kritische Erfolgsfaktoren für Management und Erstellung. DIN Praxis, Beuth Verlag: Berlin 2015 – *Das bei DIN Praxis veröffentlichte Fachbuch ist ein umfassendes Standardwerk zur Kundendokumentation. Die Anforderungen sind differenziert nach den Branchen Konsumgüter, Investitionsgüter und Software-Produkte.*

Grünwied, Gertrud: Software-Dokumentation. Reihe EDV-Praxis, Bd. 668, expert Verlag: Renningen 2013 (3. Auflage) – *Das Buch widmet sich der Anwenderdokumentation von Softwareprodukten. Es richtet sich an Technische Redakteure, Studierende und Quereinsteiger, die sich systematisch in die wesentlichen Aspekte der Software-Dokumen-*

*tation einarbeiten möchten. Viele Beispiele vermitteln Praxisnähe und zeigen Lösungen auf.*

Hoffmann, Walter; Hölscher, Brigitte G.; Thiele, Ulrich: Handbuch für technische Autoren und Redakteure. Produktinformation und Dokumentation im Multimedia-Zeitalter. Publicis Publishing: Erlangen 2002 – *Dieses Standardwerk richtet sich an Technische Redakteure und umfasst nahezu jedes Gebiet der Technischen Kommunikation.*

tekom Schriften zur Technischen Kommunikation: Technische Kommunikation und mobile Endgeräte. Band 19. Hrsg. Hennig, Jörg; Tjarks-Sobhani, Marita. Verlag tcworld GmbH: Stuttgart: Lübeck 2014 – *Herausgeberschrift mit Fachbeiträgen von Experten und Praktikern zu Anforderungen und Möglichkeiten mobiler Endgeräte für die Technische Kommunikation sowie daraus resultierender veränderter Arbeitsweise Technischer Redakteure zur Umsetzung mobiler Dokumentation.*

Broda, Sonja: Mobile Technische Dokumentation, Studie zu Einsatzmöglichkeiten mobiler Endgeräte in der Technischen Dokumentation, tekom Hochschulschriften, Band 19, Hrsg. Hennig, Jörg; Tjarks-Sobhani, Marita. Verlag Schmid-Römhild, Lübeck: 2016 (2. Auflage) – *Umfassender Überblick über Grundlagen, Nutzen, Technologien und Einsatzmöglichkeiten für mobile Endgeräte in der Technischen Dokumentation. Praxisbezug zur Online-Befragung in der Dokumentationsbranche sowie Beispiele aus Forschung und Praxis.*

*Usability*

Eberhard-Yom, Miriam: Usability als Erfolgsfaktor. Cornelsen: Berlin 2010 – *Das Buch beleuchtet Usability für Websites und Onlineshops als strategischen und wirtschaftlichen Erfolgsfaktor eines Unternehmens. Für Einsteiger geeignet.*

Gralak, Michal; Stark, Thorsten: Schnelleinstieg App Usability. Franzis: Haar bei München 2015 – *Guter Überblick über Grundlagen von Apps in Bezug auf Hardware und Design Style Guides, systematisch gegliedert nach Android, iOS und Windows.*

Krug, Steve: Don't make me think! Web & Mobile Usability. Das intuitive Web. 3. Auflage. mitp: 2014 – *Pflichtlektüre für alle Usability-Interessierten zu zentralen Prinzipien intuitiver Websites und Apps, verfasst von einem erfahrenen Usability-Profi.*

Nielsen, Jakob; Budiu, Raluca: Mobile Usability. Für iPhone, iPad, Android, Kindle. mitp: Heidelberg 2013 – *Hier ist Praxis aus Forschungsarbeit entstanden, sehr konkrete und anschauliche Informationen zu Strategie, Design und Texten für Mobilgeräte.*

tekom Schriften zur Technischen Kommunikation: Usability und Technische Dokumentation. Band 11. Hrsg. Hennig, Jörg; Tjarks-Sobhani, Marita. Verlag Schmidt-Römhild: Lübeck 2007 – *Sammelband mit Aufsätzen über die wechselseitige Beziehung zwischen Technischer Dokumentation und Usability. Thematisiert werden Zielgruppenanalysen, Evaluationsmöglichkeiten, Kosten, Barrierefreiheit von Informationsangeboten, rechtliche und normative Aspekt sowie Stand der Forschung.*

*Prozesse und Planung*

Preußig, Jörg: Agiles Projektmanagement. Scrum, Use Cases, Task Boards & Co., Haufe: Freiburg 2015 – *Kompaktes Buch, das praxisnah die neue Form des Projektma-*

nagements schildert. Klarer Aufbau des Buches von agilen Grundwerten über agile Prinzipien, agile Techniken und agile Methoden bis hin zum agilen Team.

Richter, Michael; Flückiger, Markus: Usability Engineering kompakt. Benutzbare Produkte gezielt entwickeln. Springer Vieweg: Heidelberg 2013 – *Das Buch beschäftigt sich mit Software-Entwicklungsprozessen mittels benutzerorientierter Vorgehensmodelle. Im Zentrum stehen gängige Usability-Methoden für die einzelnen Prozessschritte, Planungsaktivitäten und die unternehmensweite strategische Usability.*

Rüping, Andreas: Dokumentation in agilen Projekten. dpunkt.verlag: Heidelberg 2013 – *Buch behandelt die (häufig vernachlässigte) entwicklungsbegleitende Dokumentation und stellt die neuen Chancen bei der agilen Entwicklung sehr fundiert dar.*

*Nutzer- und Nutzungsforschung*

Baxter, Kathy; Courage, Catherine: Understanding Your Users: A Practical Guide to User Research Methods (Interactive Technologies). Morgan Kaufmann: 2015 – *Umfassendes Handbuch über die Methoden der Nutzerforschung und deren Anwendung. Für Einsteiger und Experten im Bereich User Experience geeignet.*

Sauro, Jeff; Lewis, James R.: Quantifying the User Experience. Practical Statistics for User Research. Morgan Kaufmann: Amsterdam 2012 – *Buch behandelt das eher seltene Thema der quantitativen Daten zur Nutzerforschung und stellt Statistik szenariobasiert dar.*

Schnell, Rainer; Hill, Paul B.; Esser, Elke: Methoden der empirischen Sozialforschung, Oldenbourg: München 2013 – *Lehrbuch über Theorie und Methoden (u. a. Befragungen, Beobachtungen) der empirischen Sozialforschung.*

tekom Schriften zur Technischen Kommunikation: Zielgruppen für Technische Kommunikation. Band 17. Hrsg. Hennig, Jörg; Tjarks-Sobhani, Marita. Schmid-Römhild: Lübeck 2013 – *Herausgeberbuch mit Fachbeiträgen von Experten und Praktikern zu Zielgruppen und Zielgruppenkriterien (Geschlecht, Alter, Kulturspezifik etc.) für Technische Kommunikation. Behandelt die Konsequenzen von Zielgruppendefinitionen auf technische Texte, Visualisierungen, Usability, Branchenrelevanz und Rechtliches.*

*Gestaltung*

Arndt, Henrik: Integrierte Informationsarchitektur. Die erfolgreiche Konzeption professioneller Websites. Springer X.media.press: Heidelberg 2006 – *Grundlagenwerk über Strukturierung und Visualisierung von Web-Inhalten mit Aspekten der User Experience.*

Florin, Alexander: User Interface Design. Usability in Web- und Software-Projekten. Books on Demand GmbH: Norderstedt 2015 – *Thematisch weit gespanntes Buch und daher für einen ersten Überblick oder als Nachschlagewerk geeignet. Für die praktische Umsetzung von Designelementen werden die HTML-Befehle gleich einem Kompendium aufgezeigt.*

Moser, Christian: User Experience Design. Mit erlebniszentrierter Softwareentwicklung zu Produkten, die begeistern. X.media.press. SpringerVieweg: Heidelberg 2012 – *Fundierte und umfassende Informationen zu User Experience Design für Software. Gliederung nach den Entwicklungsschritten von Ideenfindung über Design-Konzepte bis Usability Testing.*

Schilling, Karolina: Apps machen. Der Kompaktkurs für Designer – Von der Idee bis zum klickbaren Prototypen. Hanser: München 2016 – *Buch bietet umfassendes Know-how zu benutzerzentrierter Konzeption und Design von Apps.*

Semler, Jan: App-Design. Alles zu Gestaltung, Usability und User Experience. Rheinwerk Design: Bonn 2016 – *Umfassendes Buch über Grundlagen guten App-Designs (Farbe, Typographie, Icons etc.) sowie über die Vorgehensweise beim nutzerzentrierten Design.*

Weissgerber, Monika: Schreiben in technischen Berufen. Der Ratgeber für Ingenieure und Techniker: Berichte, Dokumentationen, Präsentationen, Fachartikel, Schulungsunterlagen. Publicis Publishing: Erlangen 2010 – *Das Buch beschäftigt sich mit Schreibregeln von Texten, in denen technische Inhalte beschrieben oder die Leser zu etwas angeleitet werden.*

*Evaluation*

Sarodnick, Florian; Brau, Henning: Methoden der Usability Evaluation. Wissenschaftliche Grundlagen und praktische Anwendung. Praxis der Arbeits- und Organisationspsychologie. Hans Huber, Hogrefe: Bern 2016 (3. Auflage) – *Buch schildert kognitive und arbeitspsychologische Aspekte im User-Centered Design sowie Methoden der Usability-Evaluation.*

Rubin, Jeffrey; Chisnell, Dana: Handbook of Usability Testing. How to Plan, Design, and Conduct Effective Tests. Wiley: Indianapolis 2008 – *Umfangreiches Kompendium zum Usability-Testing mit Schwerpunkt auf Usability-Methoden.*

# Endnoten

[1] Forschungsunion Wirtschaft-Wissenschaft/acatech (2013): Umsetzungsempfehlungen für das Zukunftsprojekt Industrie 4.0. Abschlussbericht des Arbeitskreises Industrie 4.0, S. 17 https://www.bmbf.de/files/Umsetzungsempfehlungen_Industrie4_0.pdf

[2] Wired.de. https://www.wired.de/collection/gadgets/google-und-levi-s-entwickeln-eine-smarte-jacke-fuer-radfahrer

[3] Google ATAP. Project Jacquard. https://atap.google.com/jacquard

[4] Buzzfeed, 33 Insanely Clever Products that came out in 2014, Nr. 5 Bluesmart – Carry-On Bag, https://www.buzzfeed.com/mallorymcinnis/gadgets-galore?utm_term=.bpvJpQDLJ#.eeg3XaBk3

[5] Wikipedia: Internet der Dinge. https://de.wikipedia.org/wiki/Internet_der_Dinge Abschnitt „Beispiele"

[6] Hannich, Frank & Schmidt, Jessica: Intelligent Self-Service, BSI Business Systems Integration AG, 2012, https://www.bsi-software.com/de-de/studien-trendanalysen/self-service-studie.html

[7] Detecon International GmbH, Studie (2014): Customer Self-Services. Effizienz und Kundenbindung im Zeitalter der Digitalen Transformation, https://www.detecon.com/sites/default/files/20140502%20CSS_Studie_DE.pdf, S. 10

[8] Gepäckaufgabeautomat, Bildquelle http://www.hamburg-airport.de/Check_in_und_Gepaeckabgabe_jetzt_auch_am_Automaten_moeglich.php

[9] Grünwied, Gertrud & Schäfer, Anne: Zielgruppen für Usability-Untersuchungen, In: tekom Schriften zur Technischen Kommunikation „Zielgruppen für Technische Kommunikation", S. 88-99

[10] Verbundprojekt Future Self Service, http://www.future-self-service.de

[11] Studienberatung online – eine hybride Beratungsform für Studierende und Studieninteressierte von Reindl R. & Weiß S., e-beratungsjournal.net, Fachzeitschrift für Onlineberatung und computervermittelte Kommunikation, 8. Jahrgang, Heft 1, Artikel 6, April 2012, http://www.e-beratungsjournal.net/ausgabe_0112/reindl_weiss.pdf

[12] Hellfritsch, Edgar: Kontextualität und Konnektivität als Möglichkeiten mobiler Dokumentation, In: tekom Schriften zur technischen Kommunikation „Technische Kommunikation und mobile Endgeräte", S. 39-41

[13] Raluca Budiu: Mobile: Native Apps, Web Apps, and Hybrid Apps, Nielsen Norman Group, 14.09. 2013. https://www.nngroup.com/articles/mobile-native-apps/

[14] Internetworld: Das Ende der Apps durch Chatbots. http://www.internetworld.de/mobile/expert-insights/prophezeiung-appokalypse-verfrueht-1108111.html)

[15] WDR Media Group, Von Printmedien zu digitalen Medien. https://wdr-mediagroup.com/geschaeftsfelder/p-z/printdigitalisierung/

[16] Der Pädagoge Marc Prensky führte 2001 den Begriff der Digital Natives für eine Generation ein, die mit digitalen Technologien aufgewachsen und vertraut ist. Im Unterschied dazu sind Digital Immigrants Personen, die die digitale Welt erst im Erwachsenenalter kennengelernt haben.

# Endnoten

[17] Belwe, Andreas & Schutz, Thomas (2014): Smartphone geht vor, S. 85

[18] Henseler, Wolfgang: Keynote Vortrag IN01 „User Experience 4.0", tekom Frühjahrstagung 2016, Folie 16. http://tagungen.tekom.de/f16/tagungsprogramm/vortragsfolien-download/

[19] Steve Jobs: How Steve Jobs got the ideas of GUI from XEROX. https://www.youtube.com/watch?v=J33pVRdxWbw

[20] DIN EN ISO 9241-11, S. 4

[21] Henseler, Wolfgang: t3n 3. Quartal 2013, Design-Trend Einfachheit, S. 38ff. [ONLINE] URL: http://t3n.de/magazin/entwicklungen-trends-zukunft-interface-designs-233385/

[22] Henseler, Wolfgang: WebMagazin Volume 1.2013, „Be Natural. Be Intuitive", S. 34ff.

[23] vgl. GEGENWAeRTs: Natural User Interface – Vom GUI zum NUI, 2011. http://gegenwaerts.com/2011/05/09/natural-user-interface-vom-gui-zum-nui/

[24] Gaissmaier, Miriam & Amann, Christoph: DOKUMI, tekom INTRO 2014

[25] tekom INTRO: DOKUMI – Infos, wie ich will. http://www.tekom.de/fileadmin/Bilder/intro/Beitrag2_DOKUMI.pdf

[26] Geplante eDok Richtlinie der tekom. http://www.tekom.de/tekom-blog/mehr-klarheit-in-der-elektronischen-dokumentation-durch-edok.html

[27] Schäfer, Anne: Studie „Meins kann mehr", Bild S. 125 „Ansicht eines Videos, Testphase 3", Bezug der Studie unter http://www.trk.hm.edu/forschung/studien/index.de.html

[28] bitkom, Presseinformation 16.06.2015, Mehr als jeder Dritte schaut Video-Anleitungen im Internet, www.bitkom.org/Presse/Presseinformation/Mehr-als-jeder-Dritte-schaut-Video-Anleitungen-im-Internet.html

[29] JIM Studie 2015 „Jugend, Information, (Multi-) Media", mpfs Medienpädagogischer Forschungsverbund Südwest, S. 33 ff., http://www.mpfs.de/fileadmin/JIM-pdf15/JIM_2015.pdf

[30] LevelsBeyond.com, Studie „Brands not meeting consumer desire for Video" (2014), S. 8-9

[31] Forward AdGroup, Studie „Video Effects 2015", http://www.burda-forward.de/advertising/marktforschung/digitalmarkt/info/video-effects-2015/

[32] Valentin, Katrin (Hrsg.), Empirische Exploration nichtkommerzieller Video-Tutorials im Internet, 2015, S. 87-88. http://www.katrin-valentin.de/wp-content/uploads/2015/04/Doku-Tutorials.pdf

[33] bitkom, 25.03.2015, 44 Millionen Deutsche nutzen ein Smartphone, http://www.bitkom-research.de/Presse/Pressearchiv-2015/44-Millionen-Deutsche-nutzen-ein-Smartphone

[34] tekom Schriften zur Technischen Kommunikation „Technische Kommunikation und mobile Endgeräte".

[35] Broda, Sonja: Mobile technische Dokumentation, tekom Hochschulschriften, 2. Auflage, 2016

[36] tekom Leitfaden Mobile Dokumentation, 2013, http://www.tekom.de/publikationen/broschueren/leitfaden-mobile-dokumentation.html

[37] Grünwied, Gertrud (2013): Software-Dokumentation, S. 24-52

[38] Anne Arundel Community College, https://www.aacc.edu/tutoring/file/skimming.pdf

[39] Weissgerber, Monika (2010): Schreiben in technischen Berufen.

[40] Localytics: 23 % of Users Abandon an App After One Use; May 26, 2016; http://info.localytics.com/blog/23-of-users-abandon-an-app-after-one-use

[41] AZQuotes zu Ted Nelson. http://www.azquotes.com/author/10735-Ted_Nelson

[42] Krömker, Heidi & Norbey, Marcel: Utility, Usability und User Experience 2041: Ein Traum wird wahr. In: tekom Schriften zur Technischen Kommunikation „Technische Kommunikation im Jahr 2041", Band 16, S. 111-115

[43] Apple OS X Human Interface Guidelines. https://developer.apple.com/library/mac/documentation/UserExperience/Conceptual/OSXHIGuidelines/, Stand: 08.02.2015

[44] Apple Help Programming Guide, Figure 1-2 A query entered in the search field of Help Viewer. https://developer.apple.com/library/mac/documentation/Carbon/Conceptual/ProvidingUserAssitAppleHelp/user_help_concepts/apple_help_concepts.html#//apple_ref/doc/uid/TP30000903-CH205-BABIGCDB

[45] Apple iOS Human Interface Guidelines. [ONLINE] URL: https://developer.apple.com/library/ios/documentation/UserExperience/Conceptual/MobileHIG/

[46] Android Developer Portal – Design, http://developer.android.com/index.html

[47] Windows Developer – Windows App > Entwerfen. https://developer.microsoft.com/de-de/windows/design

[48] Gralak, Michal & Stark, Thorsten (2015): Schnelleinstieg App Usability, S. 39-150

[49] Microsoft Windows App-Guide, Richtlinien für App-Hilfe. https://msdn.microsoft.com/windows/uwp/in-app-help/guidelines-for-app-help

[50] Biadsi, Sofiyan (2016): Bachelorarbeit „Usability-Engineering zur Optimierung einer benutzerorientierten Website – am Beispiel eines Jobvermittlungsportals", Hochschule München. http://www.trk.hm.edu/forschung/bachelorarbeiten/inhaltsseite_1.de.html

[51] SAP SE, Softwarehersteller für Unternehmenssoftware mit Sitz in Walldorf (Deutschland). www.sap.com

[52] DIN EN ISO 9241-13 Benutzerführung, S. 9

[53] Heuer, Jens-Uwe: Rechtliche Aspekte von Usability, In: tekom Schriften zur Technischen Kommunikation „Usability und Technische Dokumentation", S. 156-157

[54] Galbierz, Martin u. a., Kommentar: Gebrauchsanleitungen nach DIN EN 82079-1, Hrsg. DIN, Beuth Verlag, Berlin: 2014

[55] leo.-Studie „Funktionaler Analphabetismus in Deutschland" 2010, S. 19-20 http://blogs.epb.uni-hamburg.de/leo/files/2014/01/9783830927754-openaccess.pdf

[56] ISO/IEC 26514, Figure 1 – Sample process of defining the usability goals for an electronic mail system, S. 18

[57] Der Begriff User-Centered Design hat sich seit den 1990er Jahren zunehmend durchgesetzt und den Begriff Usability Engineering nach und nach abgelöst. https://de.wikipedia.org/wiki/Nutzerorientierte_Gestaltung

[58] DIN Praxis Kundendokumentation, Böcker, Martin & Robers, Ralf, S. 118-121

[59] DIN Praxis Kundendokumentation, Böcker, Martin & Robers, Ralf, S. 118, ergänzt durch Themen aus dem Inhaltsverzeichnis, S. X - XIV

[60] Beck, Kent u. a.: Das agile Manifest. http://agilemanifesto.org

[61] Die klassische Kanban-Formel lautet: Anzahl Kanbans = (Durchschnittlicher täglicher Bedarf × Wiederbeschaffungszeit) / Inhalt pro Kanban Behälter. http://www.kanban-system.com/de/kanban-system-was-ist-das/

[62] Preußig, Jörg (2015): Agiles Projektmanagement, S. 119

[63] Eberhard-Yom, Miriam (2010): Usability als Erfolgsfaktor, S. 122-124

[64] Richter, Michael & Flückiger, Markus (2013): Usability Engineering kompakt, S. 29-30

[65] Meyer, Maren: Usability-Tests Technischer Dokumentationen. In: tekom Schriften zur Technischen Kommunikation „Usability und Technische Dokumentation", S. 100-106

[66] Straub, Daniela: Qualität von Technischer Dokumentation prüfen – Methoden im Überblick. In: tekom Schriften zur Technischen Kommunikation „Usability und Technische Dokumentation", S. 26

[67] Dillman, Don. A & Smyth, Jolene D. & Christian, Leah Melani (2014): Internet, Phone, Mail and Mixed-Mode Surveys: The Tailored Design Method. WILEY.

[68] Goodwin, Kim (2008): „Getting from research to personas: harnessing the power of data", www.cooper.com/journal/2008/05/getting_from_research_to_perso

[69] tekom Dokupreis, http://www.tekom.de/dokupreis.html

[70] in Anlehnung an Danforth, „Conducting a Solid UX Competitive Analysis", 1.3.2014. http://danforth.co/pages/2014/03/01/conducting-a-solid-ux-competitive-analysis/

[71] Goldman Sachs. 2016. *Profiles in Innovation: Virtual & Augmented Reality.* http://www.goldmansachs.com/our-thinking/pages/technology-driving-innovation-folder/virtual-and-augmented-reality/report.pdf

[72] Statista. 2014. Virtual Reality – Prognose zum Umsatz weltweit bis 2018 | Statistik. http://de.statista.com/statistik/daten/studie/318536/umfrage/prognose-zum-umsatz-mit-virtual-reality-weltweit/

[73] Bastian, Matthias. 2016. *Oculus Rift und Virtual Reality: Fünf Jahre weiter dank Facebook?.* https://vrodo.de/oculus-rift-und-virtual-reality-fuenf-jahre-weiter-dank-facebook/

[74] The Guardian. 2014. *Facebook closes its $2bn Oculus Rift acquisition. What next? | Technology | The Guardian.* https://www.theguardian.com/technology/2014/jul/22/facebook-oculus-rift-acquisition-virtual-reality.

[75] Brillen-Sehhilfen.de. Mißfeldt, Martin (2016) *Wie funktioniert eine VR-Brille?.* http://www.brillen-sehhilfen.de/vr-brillen/funktionsweise-vr-brille.php.

[76] IKEA. 2016. *IKEA Store Experience.* http://www.ikea.com/us/en/about_ikea/newsitem/040516_Virtual-Reality

[77] Wilson, Mark. 2016. *Why Virtual Reality Will Change Design Forever | Co.Design | business + design.* http://www.fastcodesign.com/3058756/why-virtual-reality-will-change-design-forever

[78] Grünwied, Gertrud (2007): Psychophysiologische Parameter der Software-Usability: experimentelle Studie zur Korrelation zwischen Eye-Tracking-Parametern und Software-Designdomänen. Open Access Repositorium der Universität Ulm. Dissertation. http://dx.doi.org/10.18725/OPARU-842

[79] NIST: Industry Usability Reporting. www.nist.gov/itl/iad/vug/iusr.cfm

[80] Koch, Christoph (2016): Bachelorarbeit „Usability-Evaluation zur Optimierung von Technischer Dokumentation – am Beispiel der Betriebsanleitung des Dreiseitenkippers", Hochschule München

[81] Rauch, Dustin (2016): Usability-Testing nativer Apps – drei Erhebungsformen im empirischen Vergleich, In: Forschungsbeiträge der eResult GmbH, www.eresult.de

[82] Bortz, Jürgen & Döring, Nicola (2006): Forschungsmethoden und Evaluation für Human- und Sozialwissenschaftler. Berlin: Springer, S. 186

[83] Hassenzahl, Marc & Burmester, Michael & Koller, Franz (2003). AttrakDiff: Ein Fragebogen zur Messung wahrgenommener hedonischer und pragmatischer Qualität. In J. Ziegler, & G. Szwillus, Mensch und Computer 2003. Interaktion in Bewegung, S. 187-196. Stuttgart, Leipzig: B.G. Teubner.

[84] Online-Fragebogen ISONORM 9241/10. http://www.ergo-online.de/site.aspx?url=html/software/verfahren_zur_beurteilung_der/fragebogen_isonorm_online.htm

[85] Lewis, James R., Article „Psychometric Evaluation of the PSSUQ Using Data from Five Years of Usability Studies", In: International Journal of Human-Computer Interaction, 09/2002. https://www.researchgate.net/publication/220302199_Psychometric_Evaluation_of_the_PSSUQ_Using_Data_from_Five_Years_of_Usability_Studies

[86] Güll, Bianca (2015): Bachelorarbeit „Erstellung und Erprobung einer Leitlinie zur Entwicklung auditiver, technischer Anleitungen", Hochschule München, http://www.trk.hm.edu/forschung/bachelorarbeiten/inhaltsseite_1.de.html

[87] Güll, Bianca (2015): Bachelorarbeit „Erstellung und Erprobung einer Leitlinie zur Entwicklung auditiver, technischer Anleitungen", Hochschule München, http://www.trk.hm.edu/forschung/bachelorarbeiten/inhaltsseite_1.de.html, S. 80

[88] Wikiquote zu Steve Jobs. https://en.wikiquote.org/wiki/Steve_Jobs

[89] Mutschler, Bela & Reichert, Manfred (2004): Usability-Metriken als Nachweis der Wirtschaftlichkeit von Verbesserungen der Mensch-Maschine-Schnittstelle. http://dbis.eprints.uni-ulm.de/160/1/MuRe04.pdf

[90] Bosenick, Tim: Usability-Kosten, In: tekom Schriften zur Technischen Kommunikation „Usability und Technische Kommunikation", S. 132 - 135

[91] Mutschler, Bela & Reichert, Manfred (2004): Usability-Metriken als Nachweis der Wirtschaftlichkeit von Verbesserungen der Mensch-Maschine-Schnittstelle. http://dbis.eprints.uni-ulm.de/160/1/MuRe04.pdf S. 9-10

[92] Transline Dr.-Ing. Sturz GmbH (2006): Kostensenkung durch bessere Dokumentation? https://www.transline.de/wissenswertes/kostensenkung-durch-bessere-dokumentation/

[93] Kalbach, James (2003): Von Usability überzeugen. In: Heinsen, Sven; Vogt, Petra (Hrsg.): Usability praktisch umsetzen. Handbuch für Software Web Mobile Devices und andere interaktive Produkte. Hanser, S. 7-21.

[94] Karat, Claire Marie: „A business case approach to usability cost justification." In, R. Bias and D. Mayhew, Eds Cost-Justifying Usability, Academic Press, NY, 1994.

[95] Konferenz Mensch und Computer. http://www.mensch-und-computer.de

[96] Bosenick, Tim: Usability-Kosten, In: tekom Schriften zur Technischen Kommunikation „Usability und Technische Kommunikation", S. 120-121

[97] piKnowledge: Internationales Webdesign: Worauf Unternehmen achten sollten https://www.pinuts.de/blog/online-marketing/internationales-webdesign

[98] Bosenick, Tim: Usability-Kosten, In: tekom Schriften zur Technischen Kommunikation „Usability und Technische Kommunikation", S. 127

[99] Hoffmann, Walter & Hölscher, Brigitte & Thiele, Ulrich (2002): Handbuch für technische Autoren und Redakteure. „Der kleine Benutzertest", S. 396

[100] u.a. Moser, Christian (2012): User Experience Design, S. 226-227

[101] Faulkner, Laura; Behavior Research Methods, Instruments, & Computers 2003, 35 (3), 379-383, http://www.simplifyinginterfaces.com/wp-content/uploads/2008/07/faulkner_brmic_vol35.pdf

[102] Carl Zeiss Microscopy, Video-Tutorials zu „ZEN 2 core" auf YouTube: https://www.youtube.com/playlist?list=PL542ED8AF999E4F27

[103] Nielsen Norman Group, 10 Usability Heuristics for User Interface Design, https://www.nngroup.com/articles/ten-usability-heuristics/

[104] Neil, Theresa: Designing Web Interfaces, http://designingwebinterfaces.com/6-tips-for-a-great-flex-ux-part-5

# Index

3D-Prototyp 130, 178

## A

Abkürzungen 30, 70, 75, 76, 78, 79, 103
Abkürzungsverzeichnis
Accessibility. *Siehe* Barrierefreiheit
Advocatus Diaboli 140, 161
Agile Entwicklung 69, 94, 99, 237
Aktorik 16, 17, 21
Analphabetismus 81, 89, 189
Animationen 40, 42, 44, 74, 81, 94, 195, 206
Anleitungs-App.
  *Siehe* Dokumentations-App
Anleitungsvideo 39, 40, 42, 43, 45, 54, 69, 110, 170, 194, 208
Anwender-Community.
  *Siehe* Community
Apps 24, 35, 42, 52, 57, 66, 68, 123, 149, 167, 169, 194
Asynchroner Remote-Test 147, 148
AttrakDiff-Fragebogen 152, 222, 228
Attraktivität 151, 152, 153, 221, 228
Attraktivität, multimodale 58, 60
Augmented Reality 40, 42, 44, 45

## B

Barrierefreiheit 67, 76, 84, 94
Befragung 103, 107, 119, 139
Befragung, Evaluation 134, 150, 158
Befragung, Nutzerbedürfnisse 104, 112, 209

Befragung, Software-Tools 231
Benchmarking 103, 122
Benutzerassistenz 59, 60, 65, 68, 71, 83, 96, 173
Benutzerbefragung.
  *Siehe* Befragung
Benutzer-Feedback.
  *Siehe* Feedback von Nutzern
Benutzerführung, in Software 75
Benutzermeinungen 105, 107, 150, 175, 180
Benutzertagebücher 103, 111, 115, 178, 232
Benutzertagebücher, Referenzbeispiel 172
Beschriftungen 45, 74, 103, 131
Big Data 19, 39, 63
Bildsuche 195, 202, 206

## C

Card Sorting 88, 103, 105, 125, 127, 176, 188, 190, 233
Card Sorting, Referenzbeispiel 171
Chatbots 28
Chatfunktion 21, 24, 41, 62, 219, 229
Cloud 19, 21, 69, 182
Cognitive Walkthrough 103, 135, 164, 165
Community 39, 60, 62, 63
Contact-Verfahren 61, 62, 63
Customer Experience.
  *Siehe* Kundenerlebnis
Customer Service.
  *Siehe* Kundenservice
Cyber-physikalische Systeme (CPS) 17, 18, 59

## D

Datenbrille 20, 21, 42

Datenschutz 28, 33, 146, 147, 162
Demografische Daten 32, 119
Desktop-Computer 24, 35, 65, 68, 132, 179, 221
Dialoggestaltung, Grundsätze 73
Dienstleister, Usability 186
Digitale Benutzerassistenz 44, 45, 195
Digitale Informationsmedien 41
Digitales Zeitalter 15
Digitale Transformation 31, 35
Digital Natives 5, 21, 32
Disruptive Technologien 16
Dokumentations-App 44, 109, 110, 194, 195

## E

E-Book 44
E-Book-Reader 200
Effektivität 60, 63, 73, 83, 141, 182, 204
Effizienz 60, 63, 73, 83, 141, 153, 182, 204
Eingabegeräte 77, 78
Eingebettete Benutzerinformation 39, 40, 45, 83, 126, 192
E-Learning 42, 209, 210
Entwicklungsprozesse 92
Entwicklungsteam 89, 95, 97, 98
ePub-Format 44
Evaluation, Methoden 104, 134
Evaluation, Software-Tools 234
Expertenevaluation 75, 103, 108, 134, 163, 176, 180, 219
Extrinsische Motivation 202, 203

# Index

Eyetracking 53, 103, 132, 133, 136, 139, 146, 149, 160, 186, 193, 139
Eyetracking, Hardware und Software 235

## F

Fallstudien 194
Farben 33, 64, 74, 75, 143, 176, 224, 225, 228
Feedback von Nutzern 40, 61, 91, 97, 112, 116, 135, 195, 207, 211
Filter, Filterfunktion 47, 74, 90, 144
Fokusgruppe 103, 112, 231
Formatives Testen 125, 156, 188
Fragebogen 103, 104, 114, 112, 150
Fragebogen, Nutzung mobiler Geräte 200
Fremdsprachen 78, 90, 94, 97, 176
Funktionales Design 196

## G

Gebrauchsfilm. *Siehe* Anleitungsvideo
Gedächtnis 49, 109, 204, 221
Generationen X, Y und Z 32
Gestaltung, Methoden 104, 125
Gestaltung, Software-Tools 233
Grafische Bedieneroberflächen (GUI) 35

## H

Hallway-Testing 192, 234
Haptische Interaktionen 79
Heterogene Zielgruppe 102, 195, 197
Heuristische Evaluation 84, 103, 135, 164, 221
Hilfe-App. *Siehe* Dokumentations-App
Hochschulforschung 186
Homogene Zielgruppe 102, 208, 219
Hybrid-App 26, 45

## I

Individualisierte Information 25, 39, 59, 195
Individualisierung, von Software 75
Industrie 4.0 15, 18, 19, 41
Industrielle Revolution 15
Informationsdarstellung 74
Informationsentwickler 6, 11, 65, 68, 80, 88, 91, 96, 97, 102, 105, 126, 170, 189
Informationsentwicklung 87, 92, 97
Innovatives Produkt. *Siehe* Neuartiges Produkt, Methoden-Mix
Interdisziplinäres Team 86, 95, 98, 130, 135, 230
Internationale Nutzer 176, 190
Internationale Tests 148, 186, 190, 191
Internationale Umfragen 112
Internationalisierte Produkte 188
Internet der Dienste 20, 219
Internet der Dinge (IoT) 16, 17, 19, 20, 21, 35, 59
Interview 103, 104, 112, 119, 140, 143, 112, 214
Interview, nach Usability-Test 158, 195, 206, 222, 226
Intrinsische Motivation 202, 203
IsoMetrics-Fragebogen 154, 224
ISONORM 9241/10-Fragebogen 154

## K

Kanban 98, 231
Konnektivität 25
Konnotation 104, 113, 161, 162, 205
Konsistenz 27, 75, 94, 221
Kontextbezogene Information 25, 34, 38, 45, 74
Kontextualität 25

Konzepttest. *Siehe* Prototyping
Kosten, von Usability 181, 187
Kundenerlebnis 31, 58, 196
Kundenservice 21, 34, 77, 91, 183
Kurzanleitung 41, 170, 171, 195, 206, 207

## L

Labor. *Siehe* Usability-Labor
Labortest 58, 99, 138, 144, 181, 190, 195, 219
Lautes Denken 104, 131, 136, 195, 202, 203, 204, 209, 216, 222, 228
Leitfaden Usability der DAkks 87
Lesestrategien 47
Likert-Skala 157

## M

Marktbeobachtung 89, 91, 111
Marktforschung 57, 101, 119, 133, 186, 232
meCUE-Fragebogen 154
Meinungsdaten von Benutzern. *Siehe* Benutzermeinungen
Mentale Transformation 33
Methoden. *Siehe* Usability-Methoden
Methoden-Auswahlhilfen 231
Methoden, in Fallstudien 195, 209, 219
Methoden-Mix 174
Mobile Dokumentation 39, 44, 177, 195
Mobiles Internet 25
Mobilgeräte 24, 26, 28, 30, 44, 50, 66, 68, 79, 132, 145, 174, 195, 200, 204, 207
Mouse Tracking 193, 235
Multimediale Information 39, 42, 54, 69, 127, 206
Multimedia-Norm (ISO 9241-112) 74

# Index

## N

Native App 26, 27, 45, 149, 174
Natürliche Bedieneroberflächen (NUI) 35
Navigationsstruktur 127, 188, 195, 223, 229
Neuartiges Produkt, Methoden-Mix 176
Neues Produkt, Methoden-Mix 175
NFC 19, 52, 54
Normative Aspekte, Usability von Anleitungen 80
Normenreihe für Usability (ISO 9241) 71, 236
Normenreihe Software-Benutzerdokumentation 83, 236
Normen-Übersicht 236
Norm für Gebrauchsanleitung (DIN EN 82079-1) 80, 237
Norm für Multimedia (ISO 9241-112) 74
Notifications 30, 35
Nutzen, von Usability 181
Nutzergruppen. *Siehe* Zielgruppen
Nutzerorientierte Prozessmodelle 85
Nutzer- und Nutzungsforschung 231
Nutzer- und Nutzungsforschung, Methoden 104, 111
Nützlichkeit. *Siehe* Utility
Nutzungskontext 13, 35, 72, 73, 105, 109, 116, 120, 141
Nutzungssituation 25, 37, 46, 88, 108, 114, 116, 121, 126, 135
Nutzungssituation, Anleitung 52, 202, 208
Nutzungsszenarien. *Siehe* Use Cases

## O

Orientierung und Navigation 30, 130, 159, 162, 175, 176, 229
Out-of-the-Box-Test 103, 109, 138, 149, 178

## P

Panels, Rekrutierung 58, 146, 147, 186, 191, 234
Paper Prototyping 103, 130, 178
PDF-Format 42, 44
PDF-Handbuch 42, 44, 163, 170, 172
Persona 103, 118, 121, 126, 175, 177, 209, 232
Personalisierbare Information 39
Personalisierung 34, 69
Personas, Referenzbeispiel 167
Planung 85
Planung, Software-Tools 230
Post-Study-Fragebogen 156
Predictive Maintenance 18, 19, 32
Projektmanagement, Software-Tools 230
Projektsteuerung 98, 231
Prototyping 103, 130, 178
Prototyping, Kosten 188
Prototyping, Software-Tools 233
Prozessmodelle, nutzerorientiert 85
Prozess-Normen 85, 86
PSSUQ-Fragebogen 156
Pull-Verfahren 34, 38, 60, 62, 63, 76, 90
Push-Mail 54, 55
Push-Verfahren 30, 34, 35, 38, 52, 60, 62, 63

## Q

QUIS-Fragebogen 158

## R

Rapid Prototyping 103, 130, 178
Rechtliche Aspekte, Usability von Anleitungen 80
Rekrutierung 117, 191, 195, 197, 198
Relaunch eines Produkts, Methoden-Mix 178
Reliabilität 150, 156

Remote-Usability-Test 58, 103, 109, 138, 144, 180, 190
Responsive Design 26, 205
Responsive Website 54, 55
Ressourcen 73, 88, 99, 184

## S

Scanning 5, 38, 47, 49, 51, 136
Scrollen 27, 46, 207, 224
Scrum 95, 97
Selbstbedienungssystem. *Siehe* Self-Service
Self-Service 21, 22, 218
Sensorik 16, 17, 21, 30, 36
Sicherheit 21, 69, 79, 84, 89, 123, 183
Sicherheitshinweise 90, 94, 142, 143
Sicherheit von Maschinen, ISO 12100 81
Skimming 5, 38, 47, 48, 50, 136
Smart Devices 19
Smarte Information 36, 40, 59
Smartphone 19, 23, 24, 26, 28, 31, 35, 44, 52, 57, 108, 195, 208
Smartwatch 29, 30, 31
Software-Dokumentation 45, 82
Softwareentwicklung 87, 95, 97, 98, 99, 120, 218
Software-Tools 230
Spielerisches Entdecken 54
Sprachdialogsystem 77
Stresssituation 109, 177
Strukturtest. *Siehe* Card Sorting
Styleguides 64
Suche, Suchfunktion 39, 47, 50, 62, 64, 83, 144, 195, 206, 223, 229
SUMI-Fragebogen 156, 158
Summatives Testen 134, 155, 190
Synchroner Remote-Test 146

249

## T

Tablet 24, 26, 179, 195, 204, 208, 221
Taktile und haptische Interaktionen 79
Tauglichkeit. *Siehe* Utility
Technik-Generationen. *Siehe* Generationen X, Y und Z
Technische Redakteure 6, 11. *Siehe auch* Informationsentwickler
Telefoninterview 112, 209, 214
Terminologie 40, 69, 75, 92, 94, 97, 123, 188, 215
Terminologietest. *Siehe* Wording-Test
Testaufgaben 141, 139
Testobjekt 106, 108, 139, 145, 150, 160, 187, 191
Touch 36, 78, 79, 179, 191, 204, 207
Touchscreen 35, 51, 57, 66, 73, 78, 205
Transkription 104, 113, 161, 162, 205, 222
Transkriptions-Software 234
Tutorial. *Siehe* Anleitungsvideo

## U

Übersetzung 69, 78, 82, 90, 91, 93, 94, 176, 188
Übersetzungskosten 191
Ubiquitäre Intelligenz 16
UEQ-Fragebogen 152, 153
Unboxing. *Siehe* Out-of-the-Box-Test

Usability, Definition 57, 58, 59
Usability Engineering 85. *Siehe* User-Centered Design
Usability-Labor 108, 138, 144, 186, 203
Usability-Methoden 100, 187
Usability-Probleme 140, 149, 163, 164, 184, 192, 197
Usability-Test 103, 105, 136, 149, 178, 180, 195, 200, 219
Usability-Test, Beschreibungsformate 141
Usability-Test, Kosten 190
Use Cases 37, 95, 103, 104, 107, 120, 126, 176, 177, 201, 210
Use Cases, Referenzbeispiel 167
User Assistance. *Siehe* Benutzerassistenz
User-Centered Design (UCD) 85, 87, 104, 109, 136, 182, 183, 208
User Experience 13, 33, 37, 58, 68, 73, 116, 150
Utility 58, 59, 84
Utility-Film. *Siehe* Anleitungsvideo

## V

Validität 150, 156
Verhaltensbeobachtung 103, 106, 116, 119, 186, 192
Verhaltensbeobachtungs-Software 140, 234
Video. *Siehe* Anleitungsvideo

Videoaufzeichnung 145, 148, 160, 222
Videokonferenz 112, 149, 150, 217
Virtual Reality 77, 133

## W

Warnhinweise. *Siehe* Sicherheitshinweise
Wearables 17, 20, 28, 29, 30, 31
Web-App 26, 45
Web Usability 77, 218
Wer-macht-was-Matrix 103, 108, 125, 126, 178
Wer-macht-was-Matrix, Referenzbeispiel 170
Wettbewerbsanalyse 103, 104, 108, 122, 175, 209, 212
Wirtschaftlichkeitsbetrachtung 181
Wizard-of-Oz 110
Wording 103, 105, 125, 127, 176, 180
Wording-Test 88, 103, 188, 219, 222, 226
Workflow-Assistenten 45, 59

## Z

Zielgruppen 69, 81, 84, 88, 92, 101, 143, 194
Zielgruppenanalyse 37, 81, 89, 90, 112
Zielgruppendefinition 112, 118, 197
Zufriedenheit. *Siehe* Zufriedenstellung
Zufriedenstellung 60, 73, 83, 136, 141

Manfred Noé

# Projekt-PR

**Vom Kulturprojekt bis zum Großflughafen**

Ca. März 2017, ca. 248 Seiten, gebunden
ISBN 978-3-89578-467-5, ca. € 34,90

Aktive und reaktive Projekt-PR ist ein wichtiger Erfolgsfaktor im Projektmanagement, völlig unabhängig von der Größe des Projekts. Verantwortlich dafür sind die Projektmanager, gemeinsam mit allen, die Verantwortung für die Planung, Finanzierung und Ausführung eines Projekts tragen.

Das Buch beschreibt das ganzheitliche Beziehungsmanagement im Rahmen von Projekten und erläutert anhand vieler Beispiele, warum Projektmanager ihr Projekt auch vermarkten und verkaufen müssen und wie sie damit einen wesentlichen Beitrag für das Image des Projekts und ihres Unternehmens oder ihrer Organisation leisten. Der Autor beginnt bei der Konzeption der PR-Arbeit, zeigt die Bedeutung der PR in Bezug auf den Kunden, beschreibt die betreffenden Verantwortlichkeiten im Projekt sowie die klassische Medienarbeit in Presse, Rundfunk und Fernsehen und schließt mit Content-Strategien, dem Einsatz von Social Media im Rahmen der Projekt-PR sowie praktischen Checklisten.

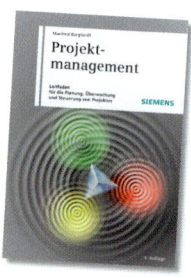

Burghardt, Manfred

# Projektmanagement

**Leitfaden für die Planung, Überwachung und Steuerung von Projekten**

9., überarbeitete und erweiterte Auflage, 2012,
839 Seiten + 56 Seiten Beiheft, gebunden
ISBN 978-3-89578-399-9, € 119,00

Das Buch ist ein umfassendes, anerkanntes und bewährtes Standardwerk für Projektleiter, Projektplaner und Projektmitarbeiter. Klar strukturiert und verständlich vermittelt es die Methoden und Vorgehensweisen im Management von Projekten. Außerdem dient es als Nachschlagewerk für alle diejenigen, die bereits längere Zeit mit PM-Aufgaben betraut sind. Für die 9. Auflage wurde das Buch gründlich überarbeitet und aktualisiert. Ergänzt wird das Buch durch einen ausführlichen Fragenkatalog zur Planung und Analyse von Projekten und ein Beiheft mit Merkblättern für das Erstellen projektspezifischer Checklisten.

www.publicis-books.de

Beatrice Ermer, Markus Weinländer

## Internationales Marketing

**Rahmenbedingungen, strategische Ansätze und Businessplan**

Ca. März 2017, ca. 256 Seiten, gebunden
ISBN 978-3-89578-465-1, € 32,90

Dieses Buch führt kurz und knackig in die Thematik ein, es erläutert die wesentlichen Aufgaben und liefert praxisnahe Lösungen für die internationale Vermarktung von Produkten im B2B und B2C-Bereich.

Im Vergleich zu bekannten Lehrbüchern bietet „Internationales Marketing" deutlich mehr Praxisnähe, gegenüber praxisorientierten Marketingbüchern erschließt es die Besonderheiten auf dem internationalen Markt. Studierenden vermittelt es einen Überblick über Zusammenhänge, Vorgehensweisen und Instrumente, Praktiker unterstützt es beim Einstieg in internationale Märkte und als Ideenlieferant zur Verbesserung ihrer Arbeit.

Elke Meyer, Stefanie Widmann

## FlipchartArt

**Ideen für Trainer, Berater und Moderatoren**

4., überarbeitete und erweiterte Auflage, 2014,
216 Seiten, viele farbige Abbildungen, gebunden
ISBN 978-3-89578-433-0, € 34,90

Das Buch bietet mehr als 200 Beispiele zur Gestaltung von Flipcharts und Gestaltungsmöglichkeiten, aus denen jeder Anwender mit wenig Aufwand seinen individuellen Stil ableiten kann. Die Vorbereitung von Seminaren, Besprechungen oder Workshops wird damit deutlich vereinfacht, der Zeitaufwand reduziert und die Eindringlichkeit der Botschaft erhöht. Dieses Buch gehört in jeden Moderatoren- und Beraterkoffer, in jedes Trainergepäck.

www.publicis-books.de

Ralf Lanwehr, Henning Staar, Sven Voelpel

## Spielfeld Arbeitsplatz

**Managementwissen mit Kick.
Für Führungskräfte und engagierte Mitarbeiter**

2. Auflage, 2017,
270 Seiten, gebunden
ISBN 978-3-89578-468-2, € 27,90

Wahrscheinlich das einzige Managementbuch, das fachlich auf dem neuesten Stand ist und Inhalte so entspannt vermittelt. Themen sind unter anderem:

- Persönlichkeit, Selbstreflexion, Selbstvertrauen, Work-Life-Balance
- Zusammenarbeit, Kommunikation, gegenseitiges Vertrauen
- Ziele, Feedback, Motivation, Charisma, Führungspsychologie, Mikropolitik, Machtfaktoren, Führungsrollen
- Coopetition, Kreativität, Innovation, Balance, Konzentration auf die Gegenwart und die Zukunft

Sven Voelpel, Anke Fischer

## Mentale, emotionale und körperliche Fitness

**Wie man dauerhaft leistungsfähig bleibt**

2015, 199 Seiten, gebunden
ISBN 978-3-89578-450-7, € 24,90

Wie können wir hohe Leistung vollbringen, ohne uns derart zu verausgaben, dass irreparable Defizite entstehen? Dieses Buch bietet Tipps und Empfehlungen, Checklisten, Selbsttests, Strategien und Maßnahmen, mit denen wir unsere Fitness typgerecht optimieren können.

www.publicis-books.de

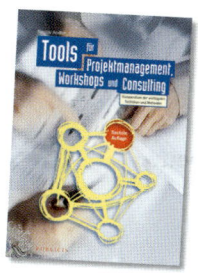

Nicolai Andler

## Tools für Projektmanagement, Workshops und Consulting

**Kompendium der wichtigsten Techniken und Methoden**

6. Auflage, 2015,
512 Seiten, gebunden
ISBN 978-3-89578-453-8, € 49,90

Nicolai Andler präsentiert in seinem erfolgreichen Standardwerk 152 Tools, gegliedert nach den Aufgabenkomplexen Situationsanalyse und Problemdefinition – Informationssammlung und -bewertung – Kreativität, Ideengenerierung und -bewertung – Zielformulierung – Strategische, organisatorische und technische Analysen, IT-Analysen – Evaluation, Priorisierung, Entscheidungstechniken – Projektmanagement und -kontrolle.

Das Buch richtet sich an Projektmanager und -mitarbeiter, Berater, Trainer und Führungskräfte sowie an Studenten. Es bietet eine umfassende Sammlung der wichtigsten Tools und zeigt, wann man welches Tool einsetzt und wie man es anwendet.

Bernd Rodewald

## Ihr Wegweiser zu rationalen Analysen und Entscheidungen

**Wie man Fehler vermeidet und die richtigen Schlüsse zieht**

Ca. Mai 2017, ca. 248 Seiten, gebunden
ISBN 978-3-89578-466-8, ca. € 24,90

Der perfekte Wegweiser zu rationalen und besseren Analysen und Entscheidungen! Das Buch bietet das relevante Wissen, um Management-, Experten- oder politische Argumente, Daten und Aussagen zu hinterfragen sowie im Privat- und Berufsleben die richtigen Entscheidungen zu treffen.
Mit vielen praktischen Beispielen!

www.publicis-books.de

Monika Weissgerber

## Schreiben in technischen Berufen

**Der Ratgeber für Ingenieure und Techniker:
Berichte, Dokumentationen, Präsentationen,
Fachartikel, Schulungsunterlagen**

2. Auflage, 2011, 376 Seiten, gebunden
ISBN 978-3-89578-392-0, € 29,90

Sprache, Stil und Grammatik sind keine Geheimwissenschaft! Das Buch richtet sich an Angehörige technischer Berufe und Informatiker. Es zeigt Fehler, wie sie häufig in technischen Texten vorkommen, und bietet dazu Selbsttests und Übungen. Außerdem behandelt es Bestandteile von Publikationen wie Überschriften, Inhaltsverzeichnisse oder Stichwortverzeichnisse. Fachbegriffe werden verständlich erklärt, das Buch ist klar formuliert und leicht zu lesen. Damit eignet es sich nicht nur für Praktiker, sondern ebenso für die Ausbildung.

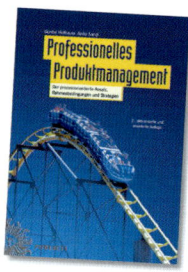

Günter Hofbauer, Anita Sangl

## Professionelles Produktmanagement

**Der prozessorientierte Ansatz,
Rahmenbedingungen und Strategien**

2. Auflage, 2011,
578 Seiten, gebunden
ISBN 978-3-89578-376-0, € 59,90

Klar strukturiert und leicht lesbar stellt dieses Buch systematisch und umfassend die relevanten Erfolgsfaktoren des Produktmanagements dar. Im ersten Teil erläutert es die Rahmenbedingungen des Produktmanagements, im zweiten Teil beschreibt es in einem umsetzungsnahen Referenzmodell den Kernprozess des Produktmanagements in 11 Phasen. Das Buch richtet sich an Betriebswirte, Ingenieure und Wirtschaftsingenieure in Vertrieb und Marketing, Produktentwicklung, Beschaffung und Fertigung, an Praktiker, Berufseinsteiger und Studierende.

www.publicis-books.de